宋代文化研究

四川大学古籍整理研究所
四川大学宋代文化研究中心 编

○ 第三十三辑

上海古籍出版社

图书在版编目(CIP)数据

宋代文化研究. 第三十三辑 / 四川大学古籍整理研究所，四川大学宋代文化研究中心编. -- 上海：上海古籍出版社，2024.12. -- ISBN 978-7-5732-1455-3

Ⅰ. K244.03

中国国家版本馆 CIP 数据核字第 20242QP033 号

宋代文化研究
（第三十三辑）
四川大学古籍整理研究所
四川大学宋代文化研究中心 编
上海古籍出版社出版发行
（上海市闵行区号景路 159 弄 1-5 号 A 座 5F　邮政编码 201101）
（1）网址：www.guji.com.cn
（2）E-mail：guji1@guji.com.cn
（3）易文网网址：www.ewen.co
上海惠敦印务科技有限公司印刷
开本 700×1000　1/16　印张 22　插页 3　字数 349,000
2024 年 12 月第 1 版　2024 年 12 月第 1 次印刷
ISBN 978-7-5732-1455-3
K·3777　定价：98.00 元
如有质量问题，请与承印公司联系

顾　　问（以姓氏笔画为序）
　　　　　三浦国雄　王水照　邓小南　朱瑞熙
　　　　　刘　琳　安平秋　龚延明　曾枣庄
主　　编　郭　齐　尹　波
执行主编　陈希丰
编　　委（以姓氏笔画为序）
　　　　　刁忠民　王兆鹏　王智勇　王瑞来
　　　　　尹　波　刘复生　李文泽　杨世文
　　　　　吴洪泽　陈广宏　周裕锴　郭　齐
　　　　　曹家齐　粟品孝　彭　华　舒大刚
编　　辑（以姓氏笔画为序）
　　　　　陈希丰　梁燕妮　马　琛

著作权使用声明

本刊已许可中国知网（《中国学术期刊（光盘版）》电子杂志社）以数字化方式复制、汇编、发行、信息网络传播本刊全文。该社著作权使用费将合并本刊稿酬一起支付。作者向本刊提交文章发表之行为，即视为同意上述声明。

目　录

—特稿—
利用文集、方志研究南宋史的省思 …………………………… 黄宽重　1

—人物与家族—
霅川之变后真德秀求退心态发覆及乞祠禄的以退为进之法 …… 罗墨轩　12
王正己行年系地谱 …………………………………………………… 高武斌　27

—政治与军事—
宋代将兵驻地再考 …………………………………………………… 张新焱　73

—学术与思想—
会通蜀洛，融贯三教：李石"出入六经，网罗百氏"的思想
　　…………………………………………………………… 蔡方鹿　郑建松　92
南宋后期朱熹《四书集注》疏义的形成与演变 …………………… 陈健炜　107

—史学与文献—
魏了翁文集刊刻流传考 ……………………………………… 尹　波　郭齐　126
乐史《广卓异记》考——兼论宋人引"某朝书"问题 …………… 姚鲁元　138
点校本《续资治通鉴长编》宋神宗熙宁部分新校正 ……………… 刘　冲　181
朱胜非《渡江遭变录》钩沉 ………………………………………… 帅　克　243

—札记—

《宋史·乐志》校札二十一则 ……………………………… 刘 术 255

《宋史·洪遵传》"厘为三司"辨正 ……………………… 朱安祥 270

点校本《建炎以来系年要录》中的地名订误 …………… 王 琪 272

—综述—

近百年南宋川陕军政问题研究述评 …………………… 陈希丰 284

《宋代文化研究》稿约 …………………………………………… 343

Contents

Reflection on the Study of Southern Song Dynasty History
    through Collected Works and Gazetteers ······ Huang Kuanchong   1

Zhen Dexiu's Attitude to Retire and His Application for
    Positions in Palaces and Temples as Strategy after the
    Zhachuan Incident ················· Luo Moxuan   12

The Chronology and Location of Wang Zhengji ············ Gao Wubin   27

Re-examination of the Army Post in Song Dynasty ········ Zhang Xinyan   73

Linking up Sichuan and Henan, Connecting Confucianism,
    Buddhism, and Taoism Li Shi's Thought that across
    the Confucian Classics and Other Schools ············· Cai Fanglu   92

On the Formation and Evolution of the Annotations to
    Zhuxi's Collected Comments on the Four Books
    during Late Southern Song ················· Chen Jianwei   107

On the Print and Circulate of Wei Liaoweng's Collected
    Works ······················· Guo Qi and Yin Bo   126

Examination on Yue Shi's *Guangzhuo yiji* ············· Yao Luyuan   138

Corrections on the Xining Section of the Punctuated
    Version of *Xu zizhitongjian changbian* ············· Liu Chong   181

Probe into Zhu Shengfei's *Dujiang zaobianlu* ············ Shuai Ke   243

21 Collation Notes on the *Yuezhi of Songshi* ············· Liu Shu 255

Differentiation and Correction on the *Biography of Hong Zun* in *Songshi* ································· Zhu Anxiang 270

Corrections on the Place Names of the Punctuated Version of *Jianyanyilai xinianyaolu* ··················· Wang Qi 272

Review on the Research of the Political and Military Issue in Sichuan and Shanxi in Southern Song for the Last Hundred Years ························· Chen Xifeng 284

利用文集、方志研究南宋史的省思

台北"中研院"历史语言研究所兼任研究员　黄宽重

摘　要：南宋史事复杂多变，可资利用的典籍为数浩繁，其中士人文集及地方志即为重要研究资源，但从早期受典藏条件之限，到现今已转为丰富泛滥，如何有效掌握利用，增益研究成果与质量，愿提供个人利用心得，供学界参考。其一是认识士人文集的文体性质及掌握版本信息，善用珍善精校文集，并理解不同版本《四库全书》的优劣，择善而用，以确保研究质量；在讨论人物、事件时，宜关注南宋政治变动中触及敏感与忌讳的议题，多方比较、考订，尤须注意时空环境的影响与改变，避免仅以少数史料评价人物。其二，关注方志的特点与不足。方志保存了丰富地方史料，如保留主导编纂的长官丰富的文字记录，并有助于掌握列入方志人物的人际关系；其内容偏于制度及静态的记述，需与文集参照，始能掌握地方社会的发展与变化。

关键词：士人文集；地方志；版本；点校整理；典籍数字化

前　言

学界鉴于《宋史》记南宋史事过于简略且多偏失，因此研究南宋史多倚赖资料繁多的《宋会要辑稿》、士人文集、地方志、笔记小说、各种石刻及文物为重要史料。其中，文集和地方志尤为本人多年来研究南宋史的重要资源，深知这两类史料的重要性；但历时既久，除搜集史事外,本人对其性质及涉及的议题亦多所关注,也曾撰文探讨。谨综合整理个人与学界同道利用文集、方志的经验,提供若干观察意见,敬请同道指教;惟限于篇幅,谨举例简单说明。

一、南宋的重要性与研究的困境

南宋是赵宋在江南重建的政权,虽然仅历152年,却被认为是中国历史上很重要的时代,而且由于雕版印刷兴盛,众多士人官僚均记录所历生平事迹、家国要务及其学术思想等,内容极为丰硕而且多样,深具研究价值;但受到两项内外因素的影响,以致学界的研究成果仍难呈现其重要性。

其一是政治因素影响学界对历史的认知,这是海峡两岸宋史同道共同经历且熟知的,其中尤其明显影响对南宋史的全面、深入且客观的了解。同样,宋代史籍庞杂、版本歧异,梳理不易,也是影响研究成果的重要因素。《宋史》篇幅虽多,但仓促成篇,内容简略,论述亦有偏失,非第一手重要史料,尤其缺乏像《续资治通鉴长编》般叙事有序之编年史籍。至于为数极夥的《宋会要》及士人文集、方志、笔记小说、金石文物,则内容繁杂、零散,且重要珍善典籍均藏于各图书馆,不易搜集、整理。受这两项因素影响,南宋史的研究发展成果颇为受限。

但近三十年来,受惠于政治、经济整体环境的改变,顺畅的学术文化交流,搜集整理传统典籍成为风潮,加以政府大力推动,宋代典籍文献的出版成果尤为显著,如《全宋诗》《全宋词》《全宋笔记》《全宋文》等的整理点校,乃至宋元方志等汇集出版,都让原本窘困的研究资源与环境明显获得改善,尤其数字科技引进并飞跃发展之后,更极大地改变了资料保存、流传的方式。纸本与数字资源所形成的新环境,让研究条件大为改善,且其利用方式,势将扭转现有的研究方式。因此,目前的问题,是面对过多的研究资料,如何进一步深入认识传统史籍的内涵,以免流于仅靠"检索"词汇成为研究主流的危险。

当前正逢研究资源极大丰富,研究方法与辅助工具发展神速,为南宋史蓬勃发展的转型时刻,本人愿就长期利用宋代典籍研究南宋史的经验,以对南宋史研究较重要且个人接触、使用较多的文集与方志为例,提供几点不成熟的观察心得,供同道参考。

二、利用文集研究宜关注的议题

　　士人文集和方志，都是研究南宋史的重要史籍。在南宋朝廷政策鼓励和社会经济环境改善的有利条件下，通过举业争取仕进的士人激增，受惠于雕版印刷的蓬勃发展，不论任官与否，士人多有记录其亲历的成长、仕宦、参政、议政乃至旅游、生活事迹的习性，甚而整理成文集，进而出版。由于仕历、人际交流丰富多样，所记的文体类型也多，通过士人文集，我们得以更完整地获取个人生平事迹、家族、乡里乃至国家的实况，内容远远超越《宋史》列传所记。不过，文集所留存者多以撰者立场为主，知人论事不免有个人主观的价值判断，也受限于时代环境的局限，这点为学界所熟知，研究时应审慎利用。

　　除此之外，利用文集尚有两点值得关注。

　　一是形式性，即文集中不同文体类型的利用。目前南宋士人文集所留存的文体类型繁多，包括奏议、书札、制诰、记、序、表、疏、题跋、讲义、人物传记（墓志、行状、神道碑、圹志）、记文、杂著、诗、词、青词、稿、策问、致语、祝文、赋、铭、表笺、挽词等，类目众多，唯因作者仕历、参政、人际关系及学识经历不同，而有许多差异。目前史学界仍多利用诗、词、人物传记、奏议、书札乃至记、序、题跋作为研究史料，相对而言，制诰、启、疏等文体，其撰述较格式化，因而较少吸引学界注意与利用。但此一现象，近来颇有突破，如王瑞来利用书启讨论南宋荐举，即为显例。此外，"疏"除了佛道常用之外，亦见于请人捐助钱粮，如刘宰即有相关著作传世。而制诰除有助于裨补个人传记之外，其撰述内容亦涉及对个人的评价。① 可见文集中各类文体，均有研究利用价值，值得深入挖掘，扩大研究资源。

　　形式性方面，另一个值得关注的是应掌握并妥慎利用版本讯息。南宋是士人刊行著作大兴的时代，也是版本较为复杂、成为议题的时期。其一是南宋士人的著作受多种环境变化的影响，其蒐藏、保存与流传情况变化复杂，昔日研究虽多通过收藏家掌握典籍流传，梳理典藏情况、比较版本优劣以为利用，

---

① 这方面邓小南教授有精彩的讨论，参见《书法作品与政令文书：宋人传世墨迹举例》，收入氏著《宋代历史探求：邓小南自选集》，北京：首都师范大学出版社，2015年，第340—349页。

现今则多有点校本可阅读,但亦受点校者掌握信息与学力制约,而有质量优劣之别。目前学界大多利用四川大学古籍研究所费时整理的《全宋文》,此诚为嘉惠学界的重大功臣,但《全宋文》启动计划时,许多珍善版本尚未面世,因此仍有不少遗编或不足。最近不少重要典籍精校本的出版,可以补其缺,如《楼钥集》《洪咨夔集》《吴潜全集》《张浚集辑校》等均属佳作;①加上李伟国费时15年补编的《宋文遗录》,②对研究南宋史,尤其中晚期历史有极大帮助。

除上述点校本外,本人早期亦发现胡铨(1102—1180)的《澹庵集》和程珌(1164—1242)的《洺水集》也有多种不同版本流传,经由比勘及多方补辑,其内容较《四库全书》本增补甚多。如可补《洺水集》者计26篇,关于程珌生平事迹者达19篇;③关于《澹庵集》,有《四库》的六卷本与道光年间刊的三十二卷本,本人在此之外尚辑得87篇,若将三者合辑,虽与本传所述百卷尚有距离,但已有助于掌握胡铨一生事历及高、孝两朝的政事。④ 从这两个例子,可见南宋士人文集的增补工作,仍有发展空间。

其二是《四库》诸本之间的比较。在学界努力下,目前对于古籍整理已有重大成就,但似仍聚焦于增补、修订文渊阁《四库全书》本,其实就已刊布的《四库》诸本内容进行比较工作,仍有其学术意义。1997年由杨讷、吴晓明编辑的《文渊阁四库全书补遗——据文津阁四库全书补》,⑤是世人第一次将两种《四库》阁本的集部进行比对、录异,并以实例说明文渊阁本与文津阁本的歧异及其价值。此书辑录118种文渊阁本文集所遗录的诗文共1160条,增补作者生平事迹共282条,其中以陈东(1086—1127)109条最多,余如吴儆(1125—1183)17条、李纲(1083—1140)48条、李昂英(1201—1257)20条等,均未见于

---

① [宋]楼钥撰,顾大朋点校:《楼钥集》,杭州:浙江古籍出版社,2010年;[宋]洪咨夔撰,侯体健点校:《洪咨夔集》,杭州:浙江古籍出版社,2018年;[宋]吴潜撰,汤华泉校:《吴潜全集》,合肥:安徽大学出版社,2021年;[宋]张浚撰,陈希丰辑校:《张浚集辑校》,北京:中华书局,2023年。

② 李伟国:《宋文遗录》,上海:上海书店出版社,2022年。

③ 黄宽重:《四库全书洺水集补遗》,《书目季刊》第8卷第3期(1974年9月,台北),第13—20页。最近徐阳在《文献》发表《再论程珌〈洺水集〉的版本源流》,对《洺水集》进行更全面、深入的探索,对本人著作有完整梳理与补正,参见《文献》2022年第6期,第99—120页。

④ 黄宽重:《〈胡澹庵集〉的传本与补遗》,收入《宋史丛论》,台北:新文丰出版公司,1993年,第145—192页。

⑤ 杨讷、吴晓明编:《文渊阁四库全书补遗——据文津阁四库全书补》,北京:北京图书馆出版社,1997年。

文渊阁本。尤为重要的是所录宋祁(998—1061)《宋景文集》共481条为文渊阁本失收,亦较《全宋文》多394条。而汪元量(1241—1318)《湖山类稿》,文津阁本较文渊阁本多23首诗,这些诗虽亦收录于孔凡礼辑校的《增订湖山类稿》,①但文津阁本仍具参校价值,凡此可见《四库》诸本的比较,对研究宋史仍然重要。②

此外,尚可发现文渊阁本错简、脱漏之例,如王之道(1093—1169)《相山集》卷二一《故武节大夫陈文叟墓志》(第6下—9上页)应与《赠故太师王公神道碑》的脱误有关,此恐系抄录自《永乐大典》时失误所致。文渊阁本《慈湖遗书》卷一八(第29下—31上页)所录《宋杨公伯明封志》与《宋慈溪线孙孝子墓志铭》其实是由四篇墓志资料割裂而来。③

此外,本人曾发现两本《四库全书》的底本,一是藏于台北图书馆的崇祯己巳刊本《洺水集》,为文渊阁本的底本;二是在傅斯年图书馆发现其所蒐藏的《可斋杂稿》为《四库全书》的底本。经比勘后,曾撰文举出《四库》本关于民族意识的篡改、抽换与补遗。④

除了上述掌握、认识士人文集的文体性质,以扩展研究议题及掌握版本情况,寻找精良的点校本,以及了解学界引用频繁的《四库全书》的问题之后,选择珍善版本,以避免遗误,确保研究质量外,在研究南宋史时,更应了解南宋建立政权以致内外政情复杂且频繁变动,由此所形成的政争与人事纠葛,其影响极为重大。参与其事的官僚如何记录与评述所历事件,可谓极费苦心;他们或隐晦而言,甚至有所禁忌,为避免因言而招祸,不少人待事过境迁,才又见记事。这种因政治环境变动而影响知人论事评价的现象,虽然非常重要,却不易察觉,研究者往往径以一时之论为确论,以致有所遗误,甚至遭受误导而不自知。其实厘清南宋政治生态变化及其与文献记事的关系,是认识南宋政权特

---

① [宋]汪元量撰,孔凡礼辑校:《增订湖山类稿》,北京:中华书局,1994年。
② 参见黄宽重:《文津阁本宋代别集的价值及其相关问题——以〈文渊阁四库全书补遗〉为例的讨论》,《故宫学术季刊》第15卷第2期(1998年1月,台北),第27—62页;后收入《文献》第77期(1998年7月,北京),第181—194页。
③ 黄宽重:《文渊阁四库全书本错简、脱漏示例——以〈相山集〉与〈慈湖遗书〉为例》,《古今论衡》第1期(1998年10月,台北),第63—69页。
④ 黄宽重:《版本对历史研究的重要性:以若干宋代典籍的比勘为例》,收入《南宋军政与文献探索》,台北:新文丰出版公司,1990年,第325—348页。

质的重要视角。

因政治敏感,时人习于采取忌避的因应策略,特别是为宰执重臣撰写行状、墓志的文字,在涉及宋金关系及高、孝二帝的敏感政治议题时,都避免具体触及,事例甚多。例如在金海陵王(1122—1161)南侵时,坚持高宗亲征并撰写亲征诏文的陈康伯(1097—1165),对稳定时局贡献最大,但他在乾道元年(1165)死后,仅获"文恭"的谥号,而且在神道碑中,对高宗的避战及康伯力主亲征的态度,都简略带过,到绍熙五年(1194)孝宗逝世、他配享孝宗后,朝廷才借题跋墓志,阐扬他抗金的主张;同时他所撰的亲征诏书重新问世,也才再度唤醒世人对他抗金事功的认识,直到嘉泰元年(1201)改谥"文正",让他获得身后的哀荣。① 更显著的事例是朱熹(1130—1200)的好友魏掞之(1116—1173),他于乾道五年(1169)六月抗疏批判孝宗召回近侍曾觌(1109—1180),孝宗十分介意,到乾道九年(1173)魏掞之死,张栻(1133—1180)写墓表、朱熹写墓铭,二人对此事的过程均以"于是时事有安危治乱之机"的文字带过,22 年后即庆元元年(1195)朱熹在《跋魏元履墓表》中说当时未能评述,是"时觊势方盛,熹窃过忧,恐贻异时丘陇之祸,故不欲察察言之,而敬夫复表其墓,亦放此意。故常私念,使吾亡友尽言之忠,不白于后世,其咎乃繇于我,每窃愧焉",于是再写跋文,"因得追补志铭之阙,庶有以慰元履于地下,而自赎其顾望回隐之咎"。②

此二例表明利用史料讨论南宋各朝敏感的政治问题及牵涉的人物、事件,都需要更为谨慎小心,多方考察,详细比较、考订,探询时间差与源流变化,才不至于陷入研究盲区。

在政局复杂多变的南宋,有不少士人官僚为避免影响仕途、确保其职位,广泛建立人际关系,也不免转身投向新执政者,以顺应时势,但在其个人传记中都被隐晦、简化或抹去处理。若缺乏相关史料,对照时空因素与人际关系,实难以仅凭个人传记作为评价人物地位的依据。这一点在探讨南宋中期兼涉学术与政治、经历多样且形象复杂的人物时尤须注意。举两例说明:其一是

---

① 杨俊峰:《绍兴辛巳亲征诏草的隐没与再现——兼论和议国是确立后历史书写的避忌现象》,《台湾师大历史学报》第 53 期(2015 年 6 月),第 1—42 页。
② [宋]朱熹撰,陈俊民校订:《朱子文集》卷八三《跋魏元履墓表》,台北:德富文教基金会,2000年,第 4126 页;另参津坂贡政:《朱熹の伝记题跋をめぐって》,收入宋代史研究会研究报告第十二集《宋元明士大夫と文化变容》(2023 年 7 月),第 107—136 页。

被视为推动党禁的核心人物何澹。他于乾道二年(1166)中进士,此后五十余年间出入朝廷、地方,是南宋中期纵横捭阖于政坛的名宦,其中尤以弹劾赵汝愚(1140—1196)、惩治道学分量最重。李心传即认为他"主伪学之禁者凡六年",但他却在韩侂胄(1152—1207)被杀、史弥远(1164—1233)掌政后,先后任知建康府、知江陵府等要职,且得与被禁的叶适(1150—1223)、楼钥(1137—1213)、卫泾(1159—1226)等人往来密切,显示其转变关系之复杂。① 其二是曾列名党籍的项安世(1153—1208),他曾为道学门徒,及卷入党禁风波之后,先回避与师友的联系,既而赞成韩侂胄北伐,对恢复抱持乐观,投身在新执政团队中。这些转变的轨迹,在《宋史·项安世传》或其个人著作中,所记均甚为简略。这两个案例显示,研究南宋史事时,不宜只靠个人传记或少量资料即评断其成败功过。

此外,值得注意的是南宋朝廷对象征荣誉的谥号的颁赐过程,也能看到时空环境和人物评价的密切关系。宋代赐谥程序和级别,在《宋会要辑稿》礼五八和《宋史·礼志》中都有规定,凡有具体事迹、有功朝政的高官名儒,都获谥号,以示尊荣;在其传记中,则特别标列。由于极少说明赐谥时间,因此多以为传主死后即获荣衔。但细考相关资料,可以发现许多名宦是在死后数年甚或数十年之后才获谥号,显然与政局即人事纠葛有关。这类例子很多,在此仅举三例说明:一是从韩侂胄执政时受到禁锢到史弥远执政后得到推扬,原本无法达到赐号标准,甚至遭罢的道学家,如朱熹、吕祖谦(1137—1181)、张栻、沈焕(1139—1191)、舒璘(1136—1198)、陆九渊(1139—1192)等人,在政局改变后随之获谥,此余风甚至及于周敦颐(1017—1073)和二程(程颢,1032—1085;程颐,1033—1107),此外也包括黄榦(1152—1211)、陈亮(1143—1194)、尤袤(1127—1194)。二是官职虽未达赐谥标准,但因曾任皇太子的老师而受谥,如胡沂(1106—1174)、陈良翰(1108—1172)。三是宰执大臣因受政治变化而延迟获谥,例子极多,如李纲死于绍兴十年(1140),至淳熙十六年(1189)高宗死后一年才获"忠定"谥号,相距 50 年;王伦(1084—1144)死于绍兴十四年(1144),到绍熙元年(1190)才获"节愍"谥号,前后间隔 46 年;虞允文(1110—

---

① 邓小南对其转变与人际关系有深刻的探讨,见邓小南《何澹与南宋龙泉何氏家族》,《宋代历史探求:邓小南自选集》,北京:首都师范大学出版社,2015 年,第 449—493 页。

1174)死于淳熙元年(1174),到绍熙元年(1190)才获谥"忠肃";赵雄(1129—1194)死于绍熙四年(1193),到嘉定二年(1204)获谥"文定";辛弃疾(1140—1207)死于开禧三年(1207),至德祐元年(1276)获谥"忠敏";史弥坚(1166—1232)死于绍定五年(1232),到淳祐二年(1242)才获"忠宣"谥号。其中李纲一生主战,是两宋之际重大政治事件的亲历者和决策者,死于和议弥漫的绍兴十年(1140),却无谥号,直到淳熙十四年(1187)十月高宗死后,宋廷才议谥,十六年(1189)孝宗内禅前定谥为"忠定"。因采石之役获孝宗赞赏的虞允文,曾独相两年,甚得信任,后请抚西师为入关中计,但入蜀后无所作为,孝宗甚为不满,直到四年后门人赵雄入相,才使他获得"忠肃"谥号。①

三、利用方志研究宜关注事项

地方志是认识中国州县事务的基础文献。它的起源甚早,但到宋代才将地理、制度、人物、风土结合成地方州县编纂的体例,同时兴起编纂风气,到南宋更盛,成为由官府与当地缙绅共同组织规划、合力撰述的地方文献。其内容除山川、制度沿革之外,尤着重于阐扬先民开辟本地的传统及其事迹,兼及风俗名胜、举业名录等,无不意在彰显乡里的荣光;而从税赋、财政、吏治,也体现中央治理的深入,兼及官、民协力折中解决地方纠纷,化解矛盾的各种努力与措施。在宋以前,仅能看到相关史书对地方政治社会的零散记述;可以说到宋代,地方志成为认识地方政治和社会最重要的一手史料。

朝廷重视地方志书,并有计划地编纂,虽然起于北宋,但到南宋才成为风气。各地相继展开编纂,文风甚盛,富裕的江南州县遂将修纂方志视为家邦盛事,如嘉定八年(1215)刘宰(1165—1239)即认为史弥坚编纂地方志,是"尽还承平文物之旧"的壮举,②因此,企图心较强或雅号文教的地方长官,都在兴学或从事建设之余,组织地方士人致力于编纂地方志。江南富盛州县如明州(庆

---

① 以上参见黄宽重:《南宋史料与政治史研究——三重视角的分析》,《中国社会科学》2017年第8期,第161—177页;后改题为《南宋史研究的三重视角》,收入《艺文中的政治——南宋士大夫的文化活动与人际关系》,台北:台湾商务印书馆,2019年,第51—78页。
② [宋]刘宰:《漫塘集》卷八《回知镇江史侍郎弥坚》,《景印文渊阁四库全书》第1170册,台北,台湾商务印书馆,1986年,第5页上。

元府)、临安府、平江府、绍兴府、镇江府、建康府、福州,都曾相续修志,且内容多元、丰富,让学界对南宋的地方社会有较完整的认识,也可补正史或舆地纪事之不足,有助了解中央与地方间的互动关系。在地方志中,其活动的主体是低阶士人官僚、胥吏、地方豪绅及争取仕进的士人,以及一部分返乡待阙或引年致仕的乡居士人。他们共同建构乡里社会及推动的各项营建成果,是认识地方政治秩序运作的基础,更彰显本地的特色。

宋元方志数量不多,涉及的版本问题不似士人文集复杂。以目前情况,利用1989年中华书局出版的《宋元方志丛刊》8大册,另加《永乐大典》所辑,当已完备。但细看方志的内容,有三种情况值得留意:首先是不少方志对推动编修方志的长官之各项施政建设皆留下记录文字,有的甚至篇幅极长,这些文字对了解当时地方建设有所帮助,也可补辑这些长官的著作,具有学术意义,但也可从中反映传统社会的官场文化,如《嘉定镇江志》之于史弥坚,《景定建康志》的马光祖(1200—?),《咸淳临安志》的潜说友(1216—1277),以及《开庆四明志》的吴潜(1195—1626)。特别是吴潜,他是晚宋重要宰执,历事繁多,但因得罪贾似道(1213—1275)而遭罢死,留存史料相当有限,仅见《履斋遗稿》四卷(文渊阁《四库全书》)及《许国公奏议》四卷(《十万卷楼丛书》)本),但《开庆四明志》十二卷中几乎每卷都有他的文字,甚至诗文,这是了解他宝祐年间事迹极为重要的史料,足以补其文集之缺;可惜长久均未受重视,幸现由汤华泉编校之《吴潜全集》,已将上述诸书汇整刊行。①

除当地长官的文献、事迹外,尚值得注意的是,地方人物因特殊的机缘而得以列名地方志的人物传中,更显示官场文化的巨大影响。这从《宝庆会稽续志》收录的人物传记,就可看到当地长官汪纲(?—1228)为迎合宰相史弥远,遂在人物传中增列其岳父潘畤(1126—1189)、老师孙应时(1154—1206),潘、孙其实是低阶士人官员。孙应时的后人在这个机缘下,又获官员协助,编纂三十二卷《烛湖集》出版,让这位仅任低阶官员、事功不显却笃志实践的道学追随者的一生事迹得以被保留下来,而为世人所知。此外,在汪纲的影响下,南宋初年名宦李光(1078—1159)的事迹更获得改述。李光因反对秦桧(1091—1155)主和而被贬死海南岛,他的事迹在《嘉泰会稽志》中约有800字,但《宝庆

---

① [宋]吴潜撰,汤华泉编校:《吴潜全集》,合肥:安徽大学出版社,2021年。

会稽续志》则主张前志中"李光事迹尤多舛误",因此大力更正,增加他和秦桧角力的细节,全文增至2 000字;李光正是潘畤的岳父。这类记载于《宝庆会稽续志》实所多见,这种现象即反映了政治环境与官场文化的密切关系。①

方志固然是研究南宋地方社会的重要典籍,不过方志的撰述内容偏于制度性或静态的记录,而且纳入记录的人物层级,虽不及列入正史本传者所具有的全国知名度,但仍有事迹可稽,或位居官职,或是豪富之人,由此显示方志对地方事务难有动态的掌握,对众多庶民家族也较难观照,显现其内容的局限性。为弥补此一不足,需要借助该地乡居士人或曾履职官员的文集来对照、印证,才能对基层社会的环境、生态和结构有更完整的认识。如从晚宋乡居士人刘宰记录并反映边区镇江受到政治变动的冲击及庶民社会生态,与两本《镇江志》结合观察,就能更贴切且生动地反映地区社会与国家政务的紧密关系。②

结　　论

南宋的典籍文献非常丰富,但版本繁多,又分藏于不同单位,早期研究者在搜集史料之余,尤需费心辨析版本,以免影响学术质量;台湾的出版界虽然刊印了若干典籍,但数量不足,加以早年海峡两岸隔绝,这些因素皆让早期研究者在利用时极为不便。及至90年代,受惠于中国自80年代起所推动的古籍整理计划,情况有明显改善;加上两岸交流频繁,书籍流通更为便捷,版本更为多样。到2000年以后大规模集体性点校成果陆续推出,名家精校个别士人文集及补遗工作也陆续完成,既大为丰富研究资源,也避免了版本影响质量的弊病。再辅以数字科技的发达,各类资料库广泛流传,两相配合,研究南宋的史料数量从贫瘠趋于丰富,质量亦大有提升,是研究上的一大改变。这是南宋史研究发展的一大契机,对研究者而言也带来挑战。面对此巨大转变,相信同道都有思索与应对之道;本人既不谙电脑技术,又已退出职场,对此议题不敢多赞一词。

---

① 参见黄宽重:《孙应时的学宦生涯:道学追随者对南宋中期政局变动的因应》,台北:台大出版中心,2018年,第261—265页。

② 黄宽重:《居乡怀国:南宋乡居士人刘宰的家国理念与实践》,台北:三民书局,2023年。

不过，鉴于近十年来，北京大学历史系苗润博教授致力发掘宋代重要典籍，细致探索其源流，梳理其版本，推动文献内涵的深度研究，①加上《文献》等古籍整理学刊，通过严谨的审查，刊登优秀考索论文，让文献研究蔚然成风，成果十分显著，已然引领坚实治史学风的成长，是可喜的现象。笔者拟从个人以传统治史技艺研究南宋史的经验，追随同道之后，总结上述观察，简述几点浅见，作为本文的结论，敬请不吝指教：

一、充分认识文集中不同文体的性质与内涵，及其对不同历史议题研究的价值，善加阐扬，以开发新的研究议题与视野。

二、南宋内外政治环境复杂多变，政局变动迅速，执政、人事更迭频繁，尤其因受时局变动的影响，在利用史料、讨论相关人物的关系与评价时，应注意时序，多方参考，避免过信单一记录。

三、方志是丰富吾人了解南宋地方发展及与中央互动的重要资料，但也要认识编纂背后的政治因素、人际关系及其静态描述等不足。

四、南宋时代的中国，时局复杂，变化多端，文集、方志、笔记小说及石刻出土文物，对各层面均有涉及，宜充分检视，结合利用，不宜偏废。

五、正视数字科技对人文研究的冲击与影响，关注其发展趋势，筹思应对之道，唯宜充分掌握文献精确意涵，勿全靠检索所得词汇研究议题，以免丧失人文研究的主体性。

---

① 参见苗润博：《文献清源与史学问径》，北京：中华书局，2023年。

霅川之变后真德秀求退心态发覆及乞祠禄的以退为进之法

香港大学中文学院博士研究生 罗墨轩

摘　要：宋理宗即位后，真德秀面对严酷的政治环境，短时间内连续撰写大量的求退乞免状文，而后自请祠禄，但获祠时又再度乞免祠禄，这种快速的态度转变呈现出士人面对祠禄复杂的情感世界。真氏一方面利用了祠禄的惩戒性，另一方面试图摆脱祠禄的优待性，以表明对史弥远擅权的不满。真氏的乞祠反映了士人乞祠的以退为进之法，展示了祠禄制度的双面性，为开拓制度与士人心态研究的边际、寻找文学与历史的结合点提供了可能的方向。

关键词：真德秀；祠禄制度；乞祠；士人心态；政治功能

一、引　言

祠禄制度为宋代独有，意即宋廷以管理某处宫观或岳庙的名义，安置闲散官员并借名予俸。① 历史学界对祠禄制度的考察已取得了相当丰富的成果。其中最系统者为香港学者梁天锡的《宋代祠禄制度考实》。梁著

---

① 祠禄官与宫观官概念存在重叠。按照汪圣铎的意见，宋代宫观官可分广、狭两义，广义上的概念有三种类型：一是实际执掌宫观事务的宫观官，二是兼职宫观官，三是专职但无实际执掌的宫观官；狭义上的概念则特指最后一种，宋人所谓"奉祠"、今人所谓"宋代独有"的祠禄官便属于这一类型。见汪圣铎：《关于宋代祠禄制度的几个问题》，《中国史研究》1998年第4期。

从祠禄制度的发轫勃兴、置官沿革、祠官分布、奉祠居止、获祠资历、祠官任期与迁转、影响等方面对该制度进行了全方位的考察。其余研究大多在梁著基础上补充细节,共同完善祠禄制度的研究图景。① 尽管学界研究珠玉在前,然在祠禄与士人的关系方面仍存在研究空间。朝廷主动予祠和士人主动乞祠两种方式往往代表着两种不同的获祠性质,时代背景与政治环境的差异也催生了士人对祠禄的灵活利用和丰富情感,故梁著虽能在翔实的史料中为我们呈现祠禄制度发展的脉络,但具体到奉祠个体身上,情况往往更为复杂,这是现有研究无法一一细说的地方。

熙宁变法是祠禄制度演进过程中的重要一环。在熙宁变法之后,以祠禄任官的数量不仅有所增加,且在此前以优待为主的功能基础上增加了惩戒异党、打击政敌的作用:"宋制,设祠禄之官,以佚老优贤。先时员数绝少,熙宁以后乃增置焉……王安石亦欲以此处异议者。"②但实际上,彼时以祠禄施以惩戒主要是为了打击新法异党,故而整体上以祠禄置官者仍属少数:"王安石创宫观,以处新法之异议者,非泛施之士大夫也。"③特别是到了南宋以后,因背海立国、版图缩小,官多阙少的情况日益严峻,宋廷始以祠禄大量置官:"时奉祠者,在千员以上。"④故而从整体数量上看,南宋以祠禄任官者要远远超过北宋,且闲废而无所执掌的祠禄官随之大量出现,"奉祠"也成为大量南宋士人的集体经验。这就造成南北宋士人在面对祠禄时表现出了相异的心态与情感。北宋时,士人对祠禄的书写相对较少,且流露的感情常常表现为感激、轻松与自适,如苏轼写道:"使臣得同草木之微,共沾雷雨之泽。"⑤沈遘则云:"池篽严以望幸兮,于以见承平之多像;耒耜载以就田兮,于以见黎民之乐生。"⑥而南宋士人对

---

① 可参看梁天锡:《宋代祠禄制度考实》,台北:学生书店,1978年;白文固:《宋代祠禄制度再探》,《中州学刊》1989年第6期;冯千山:《宋代的祠禄与宫观(上)》,《宗教学研究》1995年第3期;冯千山:《宋代的祠禄与宫观(下)》,《宗教学研究》1995年第4期;汪圣铎:《关于宋代祠禄制度的几个问题》,《中国史研究》1998年第4期;张振谦:《北宋宫观官制度流变考述》,《北方论丛》2010年第4期。
② [元]脱脱等:《宋史》卷一七〇《职官十·宫观》,北京:中华书局,1977年,第4080页。
③ [宋]王栐撰,诚刚点校:《燕翼诒谋录》卷四《宫观优老》,北京:中华书局,1981年,第36页。
④ 梁天锡:《宋代祠禄制度考实》,第302页。
⑤ [宋]苏轼:《提举玉局观谢表》,见孔凡礼点校:《苏轼文集》卷二四,北京:中华书局,1986年,第708页。
⑥ [宋]沈遘:《奉祠西太乙宫赋》,见曾枣庄、刘琳编:《全宋文》卷一六一九,第七四册,上海:上海辞书出版社、合肥:安徽教育出版社,2006年,第189页。

祠禄与祠官身份的书写则呈现出更加丰富的面向，其中既有对祠禄制度"佚老优贤"之初衷的突破，也更加突出了该制度"于优厚之中寓闲制之意"①的双重性质。士人乞祠（又称丐祠）是一种主动向祠官身份靠拢的行为。现有研究指出，南宋士人大多因陷入政治纷争而乞祠，故而这一行为往往能够反映国家政事分歧，亦能寄托个人对时局的看法。② 乞祠行为由是便具备了更加丰富的政治意味，对该行为的考察也被赋予了十分重要的意义。

由于祠禄制度的优待性质，因此士人乞祠常常出于政治上的避祸需要，但情况也并非全部如此——南宋大儒真德秀在霅川之变前后的一系列行为，便为我们展现了乞祠的另一种功能：以退为进。论及南宋理学则必谈朱熹，而真德秀作为朱熹之后理学发展的关键人物，同样常常成为学界考察的热点。就近几年的成果来看，一方面，学界仍然热衷于考察他以理学家身份对绾合文道关系所做的努力；另一方面，在理学官方化、政治化的关键阶段，真德秀所扮演的角色和起到的重要作用也为学界津津乐道。③ 这主要是因为真德秀强调理学的实用性与政治化，④故而真氏对政治的参与度非常高："立朝不满十年，奏疏无虑数十万言，皆切当世要务"，⑤他对自身思想体系的建构与实践，也与政治参与密不可分。所以，如要在思想层面对真氏有更加深入的研究，讨论他在宋廷的政治进退与心态变化是一个重要的基础和前提。

二、权相政治与真氏的丐祠始末

上一节交代了士人乞祠对于考察南宋党争与官僚生态的意义，同时开拓了真德秀个人研究方面的话题。本节将梳理真德秀的乞祠与奉祠经历，说明

---

① 《宋史》卷一七〇《职官十·宫观》，第4082页。
② 侯体健：《论南宋祠官文学的多维面相：以周必大为例》，《文学遗产》2018年第3期。
③ 可参看李法然：《追摹"圣人之道"：〈续文章正宗〉中的理事关系与文道关系》，《复旦学报》2021年第5期；李昇：《南宋理学家编纂诗文选本研究》，上海：上海古籍出版社，2021年；孔妮妮：《论晚宋理学家对君臣观的学术建构与价值诠释——以真德秀为中心的考察》，《史林》2020年第2期；许浩然：《从词臣背景看真德秀与理学的关系》，《北京大学学报》2016年第5期；夏福英、姜广辉：《建构"帝王之学"的知识体系——真德秀〈大学衍义〉"格物致知之要"解析》，《中国哲学史》2015年第1期。
④ 田浩：《朱熹的思维世界》，西安：陕西师范大学出版社，2002年，第292页。
⑤ 《宋史》卷四三七《真德秀传》，第12964页。

以真氏乞祠作为考察对象的可行性。

在真德秀的政治生命中,共有三轮乞祠,分别是嘉定乞祠、宝庆乞祠与端平乞祠,其中以宋理宗宝庆元年(1225)的乞祠最值得关注。据《真文忠公文集》,真德秀于是年八月连进《乞宫祠状》与《再乞宫祠状》,连续乞祠,然皆未获允。是次乞祠有以下两个值得注意的特点。

第一,从这次乞祠发生的背景来说,有两个突出的特征。一是史弥远擅权。自嘉定元年(1208)起,史弥远逐渐成为把持朝政的权相。秦桧爵位的恢复、嘉定和议的促成,无不是史弥远擅权的直接表现。直到他参与到宁宗、理宗的皇位交替事务中,制造了震惊朝野的霅川之变,逼死已废的皇子赵竑:"天锡至,谕旨,逼竑缢于州治,以疾薨闻",①权势可谓达到巅峰。二是史弥远为树立政治形象,利用理学士人刘爚写给自己的一封书信中提到的"第一欲起朱元晦,次荐引诸贤"②之语,拉拢党禁时理学人士。对于曾被归为伪学党人的朱熹、彭龟年、杨万里、吕祖俭等人,史弥远"或褒赠易名,或录用其后",同时又"召还正人故老于外",③形成了表面上"一时气象,人以为小庆历、元祐"④的繁荣景象。尽管史弥远对理学的真正态度是"阳崇之而阴摧之",⑤但理宗本人的确希望通过推崇理学来缓解即位之初"朕心终夕不安"⑥的焦虑。同时,蒙古政权也在文化上尊崇儒学,与南宋政权形成了文化层面的政治竞争。⑦ 在这样的局面下,除了理学之外,君主再无其他方式来吸引士人的向心。⑧ 这样两种近乎相反的政治生态共存于彼时的南宋朝廷中,成为我们探讨真德秀乞祠行为的时代背景。

第二,真德秀乞祠前后的一系列行为值得注意。嘉定十七年(1224)闰八

---

① [明]陈邦瞻:《宋史纪事本末》卷八八《史弥远废立》,北京:中华书局,1977年,第993页。
② [宋]真德秀:《刘文简公神道碑》,见曾枣庄、刘琳主编:《全宋文》卷七一八九,第三一四册,第62页。
③ 《宋史》卷四一四《史弥远传》,第12417页。
④ [宋]吴潜:《上史相书》,见曾枣庄、刘琳编:《全宋文》卷七七七四,第三三七册,第233页。
⑤ [清]黄宗羲著,[清]全祖望补修,陈金生、梁运华点校:《宋元学案》序录,北京:中华书局,1986年,第18页。
⑥ 《宋史》卷四三七《魏了翁传》,第12967页。
⑦ (美)刘子健(James T. C. Liu)著,赵冬梅译:《中国转向内在:两宋之际的文化内向》,南京:江苏人民出版社,2002年,第147—148页。
⑧ 方震华:《转机的错失——南宋理宗即位与政局的纷扰》,《台大历史学报》2014年第53期。

月,理宗即位,召真德秀还朝,并任命其为中书舍人兼侍读,又命为礼部侍郎兼直学士院、侍读。真德秀却在很短的时间内接连撰写了大量的请免类札文,先后要求辞去礼部侍郎兼直院、修国史、实录院同修撰,但皆未得准允。宝庆元年(1225)六月,真氏更是连续四次要求辞免直院,直到七月初第四次乞免时才获允许。仅仅一个月后,"给事中王塈、盛章始驳德秀所主济王赠典"。① 真氏遂于八月十八日、二十二日、二十六日连上三表,自请黜责,表现出强烈的求退意识。他的乞祠表文写于当年八月九日与十四日,恰好发生在辞直院与乞黜责之间,从而成为求退过程中的重要一环。但是,当祠禄到来时,他又撰表乞免。综合以上来看,真氏的心态在短时间内发生了剧烈的变化。这种前后行为的反差为我们探讨真氏的乞祠行为与祠禄制度功用的多样性提供了一种可能。

嘉定乞祠与端平乞祠则或因染疾,或因自谦,所陈乞祠之理由皆属官场所用的一般套语,并未蕴含深刻的个人心曲。嘉定年间,真德秀任江东转运副使,先逢旱灾,又遇蝗灾,他本人也身体抱恙,时有眩晕,故进状乞祠以求退:

> 欲稍稍振举,事求其是,则违忤必多,愈招怨詈。用是怵惕,不能自安。兼从祈禬以来,骤得眩晕之疾,坐立稍久,即欲僵仆。窃念本路灾伤至重,非精明强力者不足以任救荒之责,如某驽庸,重以疾疢,诚恐上孤隆委,下误民生。用敢申吁天朝,乞垂矜察,俾解漕职,畀以祠官。②

面对灾情,真氏在文中陈述了三点困难:一是全力救灾则违忤必多,二是身染疾恙而坐立难久,三是灾伤至重而力有不逮。这些理由固然不是生搬硬造,但并不意味着真德秀全然无力面对这三重困难。他在地方任上赈济灾民、弹劾贪官、肃清吏治,百姓颇为感激,纷纷指着道旁的墓地说:"此皆往岁饿死者,微公,我辈已相随入此矣。"③可见真氏虽在状文中陈述难处,言语中流露出难以任事的自责与惶恐,但一者此文乃属公文性质,难免言不由衷,二者真氏此前虽与史弥远就对金关系相争而自请外放,但仍保持着儒者的淑世情怀,没

---

① 《宋史》卷四三七《真德秀传》,第 12962 页。
② [宋]真德秀:《江东乞祠申省状》,见曾枣庄、刘琳主编:《全宋文》卷七一六一,第三一三册,第 10 页。
③ 《宋史》卷四三七《真德秀传》,第 12960 页。

有表现出畏惧政争的心理。因此,这样的文字不过是官场公文的套话,而非他个人心境的真实写照。

真德秀在端平二年(1235),即生命的最后一年,也有乞祠之举:"三乞祠禄,上不得已,进资政殿学士,提举万寿观兼侍读,辞。"①但真氏是次乞祠乃是因疾而请,理宗的予祠则体现出明显的礼遇优待性质,与宝庆年间的情况已大不相同。此时,史弥远已经去世,作为理学宗师的真德秀,以经筵侍读得以亲近理宗,颇受倚重,最终高居参知政事。但真氏此时已经身体抱恙,甚至他的乞祠表文此时都需要学生刘克庄来代笔。借刘克庄之笔,真德秀向理宗表达了渴望得一外祠的愿望:"欲望圣慈,察臣不欺,悯臣几殆,姑停新渥,速畀外祠。"②但真德秀最终奉祠万寿观,仍属京祠,为此他也再次找到刘克庄写了乞免札文:"抑臣之宠以消弭其灾屯,容臣之归以保全其出处。收还殊渥,改畀外祠。"③终未得准允。恐怕这是因为理宗对真德秀仍有重用之心,故没有让他远走他方。但可惜的是,真氏四月二十九日获祠,仅仅数日后,便于五月初二日与世长辞。由是,真德秀晚年的乞祠,目的应较为单纯,即引疾而请,而朝廷的予祠,性质也相对单一,即优待礼遇。凡此种种都与宝庆年间寄托复杂心曲的乞祠产生了差异。因此,我们仍然把考察重点放到真氏宝庆年间的乞祠上面。

基于上文所论,我们可就真德秀宝庆年间的乞祠特点进行总结。一、真氏宝庆年间的乞祠与史弥远擅权直接相关,蕴含着特殊的政治意味。二、真氏的乞祠与辞免求黜紧密相连,是他求退历程中的重要一环。三、真氏对祠禄的态度短时间内呈现出从追求祠禄到乞辞祠禄的前后反差,其中应当寄托着隐微的个人心曲。

三、身陷政争与真氏的求退心态

由于真德秀宝庆元年(1225)的乞祠是其求退行为中的一环,故本节拟先就这段时间真氏的整体心态演进做出讨论,作为进一步考察真氏乞祠行为的

---

① 《宋史》卷四三七《真德秀传》,第12964页。
② [宋]刘克庄:《代西山乞祠表》,见辛更儒笺校:《刘克庄集笺校》卷一一五,北京:中华书局,2011年,第4766页。
③ [宋]刘克庄:《代西山辞资政殿学士京祠侍读表》,见辛更儒笺校:《刘克庄集笺校》卷一一五,第4767页。

先导。

从嘉定和议签订开始，真德秀就对史弥远的主和政策颇为不满："往来之称谓，犒军之金帛，根括归明流徙之民，皆承之唯谨，得无滋嫚我乎？"①虽然在对金关系上，真、史两人的行为都不能算是误国之举，但由于"尚同之习"的熏染，加之史弥远本就具有更多的政治资本，在政争中具备培植党羽、排斥异己的天然优势，②因此真德秀同样对史弥远的大权独揽而群臣噤若寒蝉的状态忧心忡忡："故人务自全，一辞不措，设有大安危、大利害，群臣喑嘿如此，岂不殆哉！"③对于史弥远的擅权行为，真德秀有很清晰的认识。嘉定七年（1214），真德秀主动请求外放的行为也很清晰地表明他不愿与史弥远为伍的立场："吾徒须汲汲引去，使庙堂知世有不肯为从官之人。"④

直到理宗继位，真德秀依然坚持着自己的立场。即便史弥远曾在真德秀入朝途中给他施加压力，令其勿言霅川之变："谕以勿及甲申之事，公但唯唯"，⑤但真氏入朝之后，从嘉定十七年（1224）九月辞免赴行在到宝庆元年（1225）九月辞免祠禄，这一年的时间内接连辞免朝廷任命的状文，便是他亮明立场的典型文本。在这批文本中，真德秀通过两种方式表达着自己与史弥远的抗争之意。

一是用公文常用之套语来书写乞免文字，所述不外自谦、才乏、智短等。比如真德秀辞免招赴行在时说："如某者，问学荒疏，器能谫薄，徒以书生之末技，误蒙文考之殊知。"⑥辞免礼部侍郎兼直院时说："礼乐诗书，少虽涉略，文章翰墨，久已荒疏。"⑦连续四次辞免直院时，真德秀在第一篇状文中称："文字之官，非精思不能称职，若劳心著述，必有性命之忧。"⑧在第三篇状文中，他又向

---

① 《宋史》卷四三七《真德秀传》，第12957页。
② 沈松勤：《南宋文人与党争》，北京：人民出版社，1986年，第137页。
③ 《宋史》卷四三七《真德秀传》，第12958页。
④ [宋]刘克庄：《西山真文忠公行状》，见辛更儒笺校：《刘克庄集笺校》卷一六八，第6504页。
⑤ [宋]刘克庄：《西山真文忠公行状》，见辛更儒笺校：《刘克庄集笺校》卷一六八，第6512页。
⑥ [宋]真德秀：《辞免召赴行在状》，见曾枣庄、刘琳编：《全宋文》卷七一五八，第三一二册，第417—418页。
⑦ [宋]真德秀：《辞免礼部侍郎兼直院状》，见曾枣庄、刘琳编：《全宋文》卷七一五八，第三一二册，第418页。
⑧ [宋]真德秀：《辞免直院状》，见曾枣庄、刘琳编：《全宋文》卷七一五九，第三一二册，第423页。

理宗反复强调了这一点:"昨来申控之词,谓若劳心著述,必有性命之忧,盖出真情,初非伪饰。"①甚至在辞免修史时,他搬出了前朝曾巩的标准来表达自己才有不逮之意:"其明足以周万事之理,其道足以适天下之用,其知足以通难知之意,其文足以发难显之情。"②如同真氏在嘉定年间的乞祠,这些公文的套语弱化了语词本身所要表达的含义和士人本身的心境写照,即真氏的才力与身体状况究竟如何已不再重要,转而凸显的是语词背后"辞免"这一行为的意义。真德秀不愿接受朝廷的任命,是因为他已清楚地认识到史弥远大权独揽而理宗渊默难为的格局,故而真氏采用一般的套语,但却在短时间内连续乞退,其行为本身就已经彰显了不愿同朝的态度。

二是采用暗讽的方式表达对抗之心态,突出表现在他自请黜责的状文中。尽管史弥远曾警告他勿言霅川之变,但真德秀不避威慑,入朝后仍然向理宗谈及赵竑并为其鸣冤:"霅川之变,非济王本志,前有避匿之迹,后闻讨捕之谋,情状本末,灼然可考",③"如霅川之议不询于众……皆人所难言"。④ 于是,史党对真德秀展开了更为猛烈的攻击:"时相以其负人望,有主眷,屡诱怵以祸福,使附己,公不为动,乃与其党谋逐公。"⑤为此,真德秀连进三状,自请黜责,特别是第三篇状文,将自己的心态展露无遗。这里节录于下:

> 昔孟子事齐之宣王,道未尝少行也,徒以王由足用为善。至其去也,犹三宿出昼以冀王之追己。此圣贤事君之心,为臣子所当取法焉者也。况某以凡材而适遇聪睿好学之君、始初清明之政,不惟显用其身,而且施行其言,亦独何心,忍于去上之左右哉?特以本朝旧章,尊重言责,凡台臣议论所及,不必明指姓名,皆当引去,朝廷亦不复固留。所以伸言路之风采,存朝廷之纪纲,而养士大夫之廉耻,一举而所全者三焉,非细事也。伏观近者台中所陈,其于某妄言之罪可谓明

---

① [宋]真德秀:《三辞免直院状》,见曾枣庄、刘琳编:《全宋文》卷七一五九,第三一二册,第424页。
② [宋]真德秀:《辞免修史状》,见曾枣庄、刘琳编:《全宋文》卷七一四九,第三一二册,第274—275页。
③ 《宋史》卷四三七《真德秀传》,第12961页。
④ [宋]魏了翁:《参知政事资政殿学士致仕真公德秀神道碑》,见曾枣庄、刘琳编:《全宋文》卷七一一〇,第三一一册,第72页。
⑤ [宋]刘克庄:《西山真文忠公行状》,见辛更儒笺校:《刘克庄集笺校》卷一六八,第6514页。

> 斥之矣,然而未即弹劾者,盖由有委曲保全之意,欲其自为去就故也。今若顽然不知引去,则是傲言路也,傲言路则是慢朝廷也。①

真德秀在文章开头就用了孟子三宿出昼之事,指明贤者事君的标准,以此表达自己对理宗的拳拳忠心。按照孟子事齐宣王的标准,君子不当轻易离君主远去,但真氏却说自己有妄言之罪,朝廷不予深究已是法外开恩,自己应当识时务一些,主动离开,否则便有轻慢朝廷之嫌。很显然,话说到这个地步,已带有一些赌气的色彩,背后蕴藏着对朝中现状的强烈不满与暗中讽刺。以此反观真德秀运用的孟子典故,也应带有痛诉不能见容于朝廷,不能如孟子受齐宣王礼遇般受到尊重,或多或少也带有一些对理宗不能任事的讽刺。真氏自请黜责,看似是将罪责揽在自己身上,却处处剑指史弥远,饱含着士人面对权臣的斗争精神。

最终,真德秀于宝庆元年(1125)十一月再遭朱端常弹劾:"朱端常言魏了翁封章谤讪,真德秀奏札诋诬",②落职去国。正应真德秀入朝前遇到的道士顾泾之言:"公之此行,不满百日当归。"③

要之,真德秀接连辞免任命的行为并非是退而求全的懦弱,相反,他对史弥远大权独掌、堵塞言路的政治高压一直心存不满,特别是霅川之变后理宗"朝廷待济王亦至矣"④的态度让真德秀彻底认清史弥远熏天的权势。但真德秀一直保持着儒者的淑世精神与社会责任感,他不仅直接对史弥远提出建议:"今将上承天意,下结人心,以为治安长久之计,其道非它,亦惟于友爱天伦加之意而已",⑤也在受到史弥远的警告后仍然向理宗连对三札,言明三纲五常:"臣闻国于天地,必有与立焉,三纲五常是也",⑥规劝理宗当顺天意、收人心,从而强基固本。即便是在自请黜责后,当真德秀听闻原不属于理学集团的胡梦昱同样对史弥远上书时,仍然对此击节叹赏:"下僚乃有斯人,吾

---

① [宋]真德秀:《三乞黜责状》,见曾枣庄、刘琳编:《全宋文》卷七一五九,第三一二册,第429页。
② 《宋史》卷四一《理宗本纪一》,第787页。
③ [宋]真德秀:《赠顾泾序》,见曾枣庄、刘琳编:《全宋文》卷七一六七,第三一三册,第111页。
④ 《宋史》卷四三七《真德秀传》,第12961页。
⑤ [宋]真德秀:《上相府书》,见曾枣庄、刘琳编:《全宋文》卷七一六四,第三一三册,第57页。
⑥ [宋]真德秀:《召除礼侍上殿奏札》,见曾枣庄、刘琳编:《全宋文》卷七一四六,第三一二册,第217页。

当端拜。"①以上都彰显了真氏作为一个儒者的立朝大节。当暂且抛开乞祠时,我们发现他对朝廷任命的取舍,表面上似是一种官员例行的公事,但背后却隐含着他不愿与史弥远同流合污的政治立场。

四、祠禄制度与真氏的乞祠行为

以上,文章暂时抛开祠禄,剖析了真德秀自理宗即位到落职去国的整体心态变化。在此基础上,我们将视野转回真氏的乞祠行为与乞祠文本中,探讨真氏乞祠及他得祠而复拒的行为背后蕴藏的深意,以此挖掘祠禄制度对士人心态产生的影响。

真德秀在宝元年间的乞祠最令我们费解的一个问题是:他曾在八月两度自请祠禄,皆未获允,但当九月二日祠禄真的到来时,他却再次请辞,不愿接受祠禄。短短一个月内,真德秀心态发生如此变化的原因何在?笔者拟从真氏的乞祠行为本身和乞祠文本两个层面入手尝试做出回答。

从乞祠行为本身来看,真德秀两次乞祠蕴含的情绪变化与他这段时间的整体心态走向具有一致性。乞祠作为真氏求退过程中的一个环节,同样蕴含着对史弥远的对抗心理。

这首先与祠禄制度的性质变化有关系。如引言所论,熙宁变法是祠禄制度发展的重要分水岭,其因在于王安石用祠禄来打击政敌、安置异党,但我们应注意的是,在熙宁变法前,无所任事的祠禄官就已经出现,如《石林燕语》所言:"自是学士、待制、知制诰,皆得为提举,因以为优闲不任事之职。"②另外,即使是在祠禄被赋予惩戒功能之后,祠禄置官也同样有优礼不任事之用,而非全用作打击政敌,如《却扫编》所言:"熙宁间又有以使居外者,王荆公以使相领集禧观,使居金陵,张文定公以宣徽南院使领西太一宫,使居睢阳之类,皆优礼也。"③这提醒我们,祠禄制度的发展并不是单一的线性结构,其"佚老优贤"的

---

① [宋]胡知柔编:《象台首末》卷五《赐谥省札》,《景印文渊阁四库全书》第447册,台北:台湾商务印书馆,1986年,第40页。
② [宋]叶梦得撰,宇文绍奕考异,侯忠义点校:《石林燕语》卷七,北京:中华书局,1984年,第95页。
③ [宋]徐度:《却扫编》,北京:中华书局,1985年,第17—18页。

初衷并没有因为惩戒性的增加而消失。祠禄制度的发展历程更像是大树生长,是一个不断开枝散叶的过程。打击政敌的功能便是新生一"叶",而其带有优待色彩的"主干"并没有因此而消失。由是,无论以祠禄置官是否与政争挂钩,祠禄制度都同时具备优待和闲置两种性质。

对祠禄制度性质的讨论能够帮助我们认识真德秀的乞祠以及得祠而复拒的行为。从行为本身的角度讲,由于祠禄具有闲废的性质,特别是在当前政争的大背景中尤其如此,故而真德秀主动选择乞祠,与他辞免直院一样,昭示着自己不愿同朝的对抗态度。纵观真氏在理宗即位前后的乞免状文,从一开始的辞免礼部侍郎兼直院,修国史兼实录院同修撰,到后来的辞免直院、乞求奉祠和自请黜责,恰好是一个求退力度逐渐加大的过程。而这样的求退,偏偏彰显了真氏以退为进的姿态,他求退的力度越大、求退的心思越重,对史弥远的对抗之意便愈深。

真氏得祠复拒的行为则更加耐人寻味。一方面,由于祠禄挥之不去的优待性,故而当他在宝庆元年(1225)八月底遭莫泽弹劾而得到祠禄,提举隆兴府玉隆万寿宫时,便意图通过辞免祠禄的方式来表明自己不愿受此优待的态度,换言之即不愿受史党恩惠。这同样是以退为进之法的表现。我们甚至可由此大胆推测,真德秀不愿接受祠禄的态度表明他或许能够意识到自己当初乞祠一定会失败,所以不过是将其作为众多求退手段中的一种加以使用,做做姿态,目的就在于摆明自己不与史党同流的态度。另一方面,朝廷予祠与他主动请祠性质不同。尽管祠禄带有优待性,但朝廷主动予祠多少也带有放逐的意味在其中。因此真德秀对祠禄的放弃也意味着他失去了一个宝贵的进身之机。他在《辞免除职宫观状》中写道:

> 念吾君真有不世之资,在微臣当效勿欺之报,而思虑太过,语言不伦,虽见察于渊衷,卒莫逃于公论。①

可见真德秀内心的焦灼和斗争,他仿佛在抓住最后的机会将自己心中的委屈不平之意镶嵌在文字中间,同时也带有一种对理宗的规劝意味。

---

① [宋]真德秀:《辞免除职宫观状》,见曾枣庄、刘琳编:《全宋文》卷七一五九,第三一二册,第430页。

从真德秀乞祠的文字上看，同样可以窥见他寄寓在字里行间的对抗心理。真氏为朝廷上了两篇乞祠状文。在第一篇文章中，真德秀除了在开头简要追述了一下朝廷的礼遇外，基本用了一整篇的篇幅来描述自己的病情，言辞之间颇为恳切：

> 念臣婴疾以来，衰证具见，拜跪稍多，则不胜喘急，视瞻略久，则顿觉昏花。秉骑有上下之艰，趋走有颠仆之虑。窃自揣凋残之质，难久污清切之班。乃者秋气浸凉，宿疢骤作，肌肤消减，筋力支离，体既虚羸，足复赤肿。①

真氏所述确然是实情。如前所论，真德秀屡屡延后回朝日期，于嘉定十七年（1224）十二月二十六日方离开潭州，踏上回乡旅途，不想来年正月，"全家番病，子妇损孕，息女丧亡，悲忧感触，旧疾复作"②。当他入朝之后，又患上了足病："某见患右足赤肿，行履艰难，欲请今月初六日以后，朝假五日将理"，③境况可谓凄惨。这样的写法，属于乞祠的一般套路，也在真德秀乞祠的第二篇状文中屡屡出现，兹不赘引。但若将两篇乞祠状文进行对读，我们便会发现在真德秀的后上状文中，有一段在引疾等套语之外的话，颇耐人寻味：

> 窃见圣上虚怀忘我，有仁皇之度，发言中理，有孝宗之风。退而喜悦，为之不寐，自昔有志之士，尝患遭时之艰。今某何幸，既值英睿好学、从善如流之君，而广厦细毡，从容劝诵，又无非可言之地，深愿勉殚尺寸，少补涓埃，曾未三月，遽求引去，揆之于义，夫岂忍为？④

这段文字的行文思路，非常容易令我们想到真德秀的《三乞黜责状》。二者具有很高的相似性，即都指出若逢圣明之君，作为臣子求退引去，于情于义都说不通的道理。但两篇文字亦有明显的差异。真德秀运用客观的议论，在《三乞黜责状》中引孟子与齐宣王的典故讲出了上述君臣关系的道理，而后转

---

① ［宋］真德秀：《乞宫祠状》，见曾枣庄、刘琳编：《全宋文》卷七一四九，第三一二册，第 275 页。
② ［宋］真德秀：《展假状》，见曾枣庄、刘琳编：《全宋文》卷七一五九，第三一二册，第 421 页。
③ ［宋］真德秀：《为足疾请朝假状》，见曾枣庄、刘琳编：《全宋文》卷七一五九，第三一二册，第 425 页。
④ ［宋］真德秀：《再乞宫祠状》，见曾枣庄、刘琳编：《全宋文》卷七一五九，第三一二册，第 426 页。

入了一段颇有赌气意味的倾诉,隐喻着自己的政治立场。而在《再乞宫祠状》中,真德秀却更为直截了当地运用主观的陈述,形容理宗"虚怀忘我""发言中理",可谓对他大加褒扬,而后表达自己意欲乞祠而退的惶恐。经过前文的讨论,我们已知道真氏乞祠这一行为本身就昭示着自己的对抗心态,故而我们并不排除后半部这段表达自己惶恐之意的文字有套语之嫌,但前文"仁皇""孝宗"之语,便显示出这段文字实际上还包含着一层讽劝意味。

"仁皇"一词,多用作对当朝皇帝的尊称,但用在这里应是宋仁宗的代称,理由有三:一是真氏的这篇《再乞宫祠状》在《四库全书》本中记曰"仁宗",直接证明了"仁皇"与"仁宗"之称的通用性。二是后文"孝宗"所指应为宋孝宗赵昚,而从四六写作的角度看,前文的"仁皇"应与"孝宗"相对,故为仁宗的可能性较大。三是宋代士人在文章中常有以"仁皇"指代宋仁宗的习惯。① 可见,真德秀是将理宗与仁宗、孝宗相提并论了。然而,理宗即位之初,即使杨太后自宝庆元年(1225)四月起已不再垂帘听政,但朝廷"依然操纵在史弥远和她手中,理宗不过是一个傀儡而已"。② 可以说,理宗一直处于"渊默十年无为"③的状态之中,又怎能与仁宗孝宗相比拟呢?我们不排除真氏对理宗的称赞有套语之嫌,亦有为表露乞祠之意张本的作用,但他又为何不论他人而独举仁、孝二帝呢?

原因在于仁宗孝宗,皆可堪两宋较有作为的君主。虽然隆兴北伐失败后,孝宗渐渐失去了即位之初的雄心,但至少在主战主和激烈辩论,张浚、虞允文、史浩、汤思退、洪适等人你方唱罢我登场的大环境中,孝宗较好地处理了各方意见的平衡。曾觌、龙大渊、王抃、张说、甘昇等近幸的出现,虽然引起了士人

---

① 比如方岳写道:"仁皇庆历之盛,先自宫禁裁损一切用度。"见[宋]方岳:《代范丞相条十事奏状》,见曾枣庄、刘琳编:《全宋文》卷七八八一,第三四一册,第350页。刘克庄写道:"小金紫公仕仁皇朝,所交游皆天下第一流人,余襄公亦其一也。"见[宋]刘克庄:《余襄公帖》,见辛更儒笺校:《刘克庄集笺校》卷一〇二,第4267页。《清波别志》中讲:"仁皇一朝人才之盛,如文正公、文忠公、师鲁,皆第一流人。"见[宋]周辉撰,刘永翔、许丹整理:《清波别志》卷上,《全宋笔记》第五六册,郑州:大象出版社,2019年,第146页。真德秀本人也曾写过:"载仰仁皇之世,方兴西夏之师。"见[宋]真德秀:《贺谏议启》,见曾枣庄、刘琳编:《全宋文》卷七一六五,第三一三册,第74页。上述例子中的"仁皇"一词,均明确地指代宋仁宗。

② 何忠礼:《南宋政治史》,北京:人民出版社,2008年,第313页。

③ [宋]黄震:《古今纪要逸编》,鲍廷博辑:《知不足斋丛书》九,东京:中文出版社,1980年,第5570页。

的不满和激烈的反近习运动,但在一定程度上也说明了孝宗试图绕过宰执,把权力牢牢掌握在手中:"孝宗惩创绍兴权臣之弊,躬揽权纲,不以责任臣下。"①是故王曾瑜先生称宋孝宗虽在改变宋金关系方面不是成功者,但在恢复和加强皇权方面却是成功者。② 而宋仁宗更无需赘言。虽然仁宗一朝,名士辈出,党争激烈,大到西北边事的总体战略和内部因庆历新政而展开的君子小人之辨,小到水洛城与公使钱案,但宋仁宗始终调和着多方势力之间的关系,没有令任何一个宰执成为一家独大的权相。可见,真德秀不举他人,而独举仁、孝二帝,一是奉劝理宗要积极求进,有所作为,二是奉劝理宗要掌握权力,不可使相权独大。这种讽劝意味的话语在劝诫理宗的同时,也带有对史弥远擅权的不满与讽刺。在乞祠这样一个求退的语境中,真德秀依然在践行自己的政治理念,足可见一位儒者的济世精神。

五、结　语

经由前论,笔者认为真德秀并非对祠禄有强烈的占有欲,他的乞祠是一种姿态,而非实际的需要。类似的情况在南宋其他士人身上也有出现。由是,祠禄制度下奉祠环境与士人乞祠的相互纠缠,应能为我们考察祠禄制度和士人心态变化提供一些有益的思考,开拓一条新的路径。

从辞官到乞祠再到乞黜责,真德秀的求退是一个力度逐渐加大的过程。无论是这一系列行为本身的性质与用途,还是他在相关状文中的行文逻辑、用语用词和表露的态度,均反映着他与史弥远相抗争的政治立场。祠禄则在其中扮演了一个重要的角色。祠禄制度的特殊之处,在于同时具备惩戒性与优待性。真德秀巧妙地利用了这一特点,完成了政治话语的表达。一方面,他利用祠禄的惩戒性,表达对祠禄的渴望。该行为由于被放置于一系列求退行为当中,故其自身就是一种与史弥远正面的对抗。另一方面,他也利用了祠禄的优待性,在祠禄到来时表达辞免之意。这种不受史党恩惠的行为同样具有一

---

① 《宋史》卷三九四《林栗传》,第 12027 页。
② 王曾瑜:《宋孝宗时的佞幸政治》,收入《宋史研究论文集第十辑——中国宋史研究会第十届年会及唐末五代宋初西北史研讨会论文集》,兰州:兰州大学出版社,2004 年,第 21 页。

定的政治意味,彰显着真氏的对抗态度。同时,他也在乞祠状文的一系列套语中,尽可能地表达对理宗的规劝和对史弥远的暗讽。这些都可被视作是乞祠行为的"以退为进"之用。

祠禄是众多南宋士人的集体记忆,它优礼与惩戒并存的双重性质帮助士人在魏阙与江湖之间找到了一个微妙的平衡点,往往能够为我们展示士人丰富而复杂的情感世界。笔者认为,士人对祠禄的选择,看似是一种求退之举,但在很多时候是一种"以退为进"之法。以上我们只是以真德秀为例进行了讨论,类似的情况也同样发生在其他士人身上,只不过会以更加丰富的面相展露出来。比如陆游激烈语气中蕴含的愤慨,时见讽刺和甘愿自退的傲骨;魏了翁圆熟表达中寄托的身陷政争的心酸与不甘;朱熹则习惯于游走在朝堂与江湖之间,常以乞祠作为个人的成长与价值实现的有效方法,将祠禄用于学术方面的进益,淡化了其中的政治意味。这为我们勾勒出丰富的乞祠景观。

士人乞祠寄寓的心态有非常丰富的面相。本文仅尝试以真德秀为中心,考察士人乞祠行为中的"以退为进"之法。由于士人乞祠离不开公文写作,也就意味着离不开使用套语,从而无法尽诉衷肠。故如要全面反映士人寄托在乞祠中的种种心态,是一件非常困难的事情,但站在历史研究和文学研究的结合点上,乞祠行为已经为我们审视祠禄制度的特殊和士人四六写作的情感提供了一种新的渠道。如我们想要全面反映士人乞祠的心态,全面总结祠禄制度对士人产生的影响,量化历史研究或可成为不妨一试的办法。以上俱是此话题在未来可能有所开拓的研究进路。笔者希望借助这篇文章,提醒我们在历史研究和文学研究中,要对那些易忽视的制度和文章加以留意,以此完善历史与文学的跨学科研究图景。

王正己行年系地谱

汉江师范学院文学院讲师 高武斌

摘 要：王正己是生活于南宋高宗、孝宗、光宗三朝的一位普通中层官僚，同时也是著名词人辛弃疾的重要友人。相较以往学界对名宦巨儒的关注，全面认识王正己，不仅可以为探求南宋士人的学宦生涯、政治态度与文学好尚提供一个新的视角，还可借此深化对辛弃疾所处时代背景与相关词作的深层理解。本文以楼钥《朝议大夫秘阁修撰致仕王公墓志铭》为主要线索，结合《宝庆四明志》《宋史》《宋会要辑稿》《建炎以来系年要录》《嘉泰吴兴志》等相关史料勾稽出王正己一生的活动轨迹。在编谱方法上，本谱强化了对谱主生平地理信息的考索，编年与系地并重，以求深化对王正己生平的全面考察，故文题以"行年系地谱"代替以往惯用的"年谱"，以突显这一新特色。

关键词：南宋；王正己；辛弃疾；行年系地谱

王正己，南宋高宗、孝宗、光宗时期的一位中层官僚。他出身于明州鄞县卓有声望的桃源王氏家族，以恩荫入仕。王正己先被同郡两位宰相史浩、魏杞接连举荐，后又得到宰相叶衡、王淮赏识，甚至还不时受到孝宗奖渥。但王正己的宦途却颇为坎坷，生平三仕三已，始终无缘中枢。王正己有两项施政主张颇受争议：一是倡导废湖为田；二是论广西盐事，主张官般官卖。这两项举措都是孝宗时期国家经济政策中的重大议题。王正己作品仅存诗1首，文4篇，诗歌风格酷似苏轼。另外，王正己知音识曲，辛弃疾与其惺惺相惜，并为其作词3首，包括名作

《摸鱼儿·淳熙己亥自湖北漕移湖南同官王正之置酒小山亭为赋》。

字号

王正己,原名慎言,字正之,因避孝宗讳改。又字伯仁,号"酌古居士"。

楼钥《朝议大夫秘阁修撰致仕王公墓志铭》(以下简称《墓志铭》):"公旧名上字从'忄'从'真',下字'言',以避孝宗嫌名改焉,字伯仁。父旧字正之,至今以旧字行。"①据此,王正己本名王慎言,因孝宗名"眘",故避讳改名为正己,字为伯仁,但后来仍多用旧字。又《宝庆四明志》卷八《叙人·王说传》载:"朝散郎正己,字正之。"②又《墓志铭》载:"藏书至二万卷,手抄为多,号'酌古居士',又以名其堂。"③知其喜藏书,故号"酌古居士"。

按:《桃源乡志》卷二《古迹志》载:"酌古堂,在泥峙堰下、陶家埠东,王应求先生建堂,家焉。"又"桃源书院,宋桃源王先生说,即其旧宅酌古堂改建之,以教授乡里生徒三十余年,熙宁九年(1076),其孙王勋上其事于朝,神宗御书'桃源书院'四大字以赐之。岁月既久,屋因颓废"。④王应求即王说,为王正己曾祖父,酌古堂原为其宅,后于此教授乡里,经王勋上其事于神宗,改名"桃源书院"。王正己以"酌古"名其堂,并以此为号,当有仍其曾祖之旧的缘故。

籍贯

明州鄞县桃源(今在浙江省宁波市鄞州区)。

《墓志铭》:"其先桐庐人,六世祖镐仕吴越,为明州衙推,因家于鄞之桃源。"⑤又王正己《王氏圆通庵记》:"王氏系出琅琊,后徙睦之桐庐。周显德中,有讳仁镐者,仕吴越,为明州衙推,于慎言为六世祖。因名数于鄞,而世以桃源为居。"⑥王氏家族自唐末吴越国始便定居桃源。

《宋史》卷八八《地理志》:"庆元府,本明州,奉化郡,建隆元年,升奉国军节

---

① [宋]楼钥著,顾大朋点校:《楼钥集》卷一○七,杭州:浙江古籍出版社,2010年,第1837页。
② [宋]胡矩修,方万里、罗濬纂:《宝庆四明志》卷八《叙人·王说传》,《宋元方志丛刊》第5册,北京:中华书局,1990年,第5079页。
③ 《楼钥集》卷一○七,第1840页。
④ [清]臧麟炳、杜璋吉纂:《桃源乡志》卷二《古迹志》,北京:方志出版社,2006年,第47页。
⑤ 《楼钥集》卷一○七,第1837页。
⑥ 章国庆编:《宁波历代碑碣墓志汇编》,上海:上海古籍出版社,2012年,第156页。

度。本上州，大观元年，升为望。绍兴初，置沿海制置使。八年，以浙东安抚使兼制司；十一年，罢；隆兴元年，复置。淳熙元年，魏惠宪王自宣州移镇，置长史、司马。绍熙五年，以宁宗潜邸，升为府。……县六：鄞，望。奉化，望。慈溪，上。定海，上。象山，下，昌国，下。"①又"余杭、四明，通蕃互市，珠贝外国之外，颇充于中藏云"。② 南宋建都临安后，明州的重要性凸显，成为南宋重要的对外贸易港口。绍熙五年，升为庆元府。鄞县则为明州州治所在。又据《宝庆四明志》卷一三《鄞县志·乡村》："桃源乡在县西，管里一村二：石马里、黄姑林村、林村。"③桃源在县西，管一里两村。

世系

桃源王氏为乡里望族。王正己曾祖说，字应求；祖玩；父勋，字上达。

　　王正己曾祖王说是桃源王氏家族命运改变的关键人物，他教授乡里三十余年，不仅惠及地方，子孙辈更在举业上多有斩获，并由此奠定了王氏在明州的声望，至王正己时桃源王氏已成为明州声望显赫且富有政治影响力的大族。

　　宋神宗曾为王说"桃源书院"题名，以奖誉王说对乡里教育文化发展的贡献。鄞县人全祖望《宋神宗桃源书院御笔记》载："桃源书院旧在城西武陵之林末，即王先生酌古堂也。迨王氏之裔由林末迁鄮湖，而书院未尝移，明初始为官所有，乃移之鄮湖。独宋神宗之御书，历七百余年，巍然无恙。呜呼！是真王氏之球璧也哉。'五先生'之倡道，其三皆以布衣终身，即仕者亦不达，而先生独邀宸奎之赐，固异数也。（严注：宋时桃源王说应求，同季父致，招楼郁、杨适、杜醇诸公，因就妙音院，立孔子像，讲贯经史，学者宗之。应求所著《五经发源》五十卷，奏议、书疏、诗文二百十一篇，荐者列其事，召为明州长史，应求辞，殁，建桃源书院，赠银青光禄大夫，赐紫金鱼带。）桑海历劫，天府金石之藏，且不可保，而是额乃独留，一若有鬼神呵护之者，王氏之子孙，其幸为何如。吾乡之得拜御书者，宋时自先生始，其后遂日多。"④王说是明州历史上对教育文

---

① ［元］脱脱等：《宋史》卷八八《地理志》，北京：中华书局，1977年，第2175页。
② 《宋史》卷八八《地理志》，第2177页。
③ ［宋］胡榘修，方万里、罗濬纂：《宝庆四明志》卷一三《鄞县志·乡村》，《宋元方志丛刊》第5册，第5159页。
④ ［清］全祖望撰，朱铸禹汇校集注：《全祖望集汇校集注·鲒埼亭集外编》卷二二，上海：上海古籍出版社，2000年，第1156—1157页。

化具有杰出贡献的"庆历五先生"之一。全祖望《庆历五先生书院记》描述了鄞县五先生在宋朝教育与儒学发展中的意义及对地方文化的贡献:"有宋真、仁二宗之际,儒林之草昧也。当时濂、洛之徒方萌芽而未出,而睢阳戚氏(同文)在宋,泰山孙氏(复)在齐,安定胡氏(瑗)在吴,相与讲明正学,自拔于尘俗之中。亦会值贤者在朝:安阳韩忠献公、高平范文正公、乐阳欧阳文忠公,皆卓然有见于道之大概,左提右挈。于是学校遍于四方,师儒之道以立,而李挺之、邵古叟辈,共以经术和之,说者以为濂、洛之前茅也。然此乃跨州连郡而后得此数人者以为师表,其亦难矣。而吾乡杨、杜五先生者,骈集于百里之间,可不谓极盛与。夷考五先生皆隐约草庐,不求闻达,而一时牧守来浙者,如范文正公、孙威敏公(沔),皆抠衣请见,惟恐失之。最亲近者则王文公(安石),乃苦陈(执中)、贾(昌朝)二相,非能推贤下士者也,而亦知以五先生为重。文公新法之行,大隐、石台、鄞江已逝,西湖、桃源尚存,而不肯一出以就功名之会,年望弥高,陶成倍广,数十年以后,吾乡遂称邹、鲁、丘、樊缊褐,化为绅缨,其功为何如哉。"文中,严元照注"五先生"曰:"大隐杨适、石台杜醇、西湖楼郁、鄞江王致、桃源王说。说乃致之侄。"①由此可知,"五先生"中王致与王说为叔侄关系,两人为王正已先祖。《庆历五先生书院记》又云:"五先生之讲堂皆已不存,即鄞江、桃源二席,亦非旧址。予乃为别卜地于湖上,而合署之。"②据此,王致、王说叔侄在"五先生"中对后世影响尤甚。

以王说为起点,桃源王氏很快跻身于四明最有影响力的大族之列。《宝庆四明志》卷八《叙人·王说传》:"王说,字应求,鄞人。以其学教授乡里余三十年,熙宁九年以特恩补将仕郎为州长史,无田以食,无桑麻以衣,怡然自得。没,门人舒亶铭之。先是,有王致,亦州闾所师,至今郡庠以与杨公适、杜公醇、楼公郁并祠,谓之'五先生'云。说之弟该,字蕴之,登庆历六年进士第,王安石宰鄞时与之友善,以诗章相唱酬,与兄齐声仕不偶。……遗稿十卷。长子瓘,字符圭,登元丰五年进士第,喜藏书,以文称。季子珩,字彦楚,登大观三年进士第,仕至宗正少卿,年八十卒。有《考经传异同论》三卷、《臆说》五卷、《时政更张议》四卷、《字学撮要》二卷、《杂言》三卷、《和杜诗》一百七十一篇……长子

---

① 《全祖望集汇校集注·鲒埼亭集外编》卷一六,第1037—1038页。
② 《全祖望集汇校集注·鲒埼亭集外编》卷一六,第1039页。

瑾,字符圭。登元丰五年进士第,喜藏书,以文称。季子珩,字彦楚。登大观三年进士第,仕至宗正少卿。年八十卒……勋字上达,说之孙也。以太学上舍登政和八年进士第。高宗东巡,命为鄞宰,徙提举广南市舶,以廉称,终朝散郎。正己,字正之,勋长子也。"①又《延祐四明志》卷四《人物考·桃源王先生》:"王先生说,字应求,鄞人。鄞江王大隐、杨先生之门人也,与弟该皆著名,教授乡里三十余年。熙宁中以特恩补州长史,无田以食,无麻桑以衣,怡然自得,子孙世其学。子珩,宗正少卿。孙勋,提举广南市舶,一钱之利皆归有司,家人不识舶货之名。及卒,贾胡率钱二百万为赙,正己却之曰:'吾父以廉直闻,虽贫犹能负丧以归。'不愧廉叔度也,清白之传,实先生家训,正己终大府卿。"②又《墓志铭》载:"曾祖说,以学行为乡里所宗师,实五先生之一也,以季子宗正少卿珩赠银青光禄大夫。祖玩,赠朝奉郎。父提举也,终左朝散郎,赠金紫光禄大夫。"③《桃源乡志》卷三《列传志三·醇儒》载:"王说,字应求,大隐杨先生适之门人也。又与仲父致鄞江先生相为师友,与弟该并有盛名。于鄞西三十里,地名陶家埠(在资寿山之东)即所居之酌古堂,改建为桃源书院,讲明正学,以教授乡里三十余年。间从游问道者,望慕景附,人因号为'小邹鲁'。熙宁元年(1068),神宗特恩补将仕郎、明州长史,御书'桃源书院'四大字以赐之。后登九年(1076)进士第。先生世守清介,无田以食,无桑麻以衣,而怡然自得。所置廪田,惟以养从游之士而已。子孙世传其学,子珩,进士,宋政少卿。孙勋,进士,提举广南市舶,俱有清白名,实先生家训也。学者即其所居,因称为桃源先生。卒葬于青龙山,特赠银青荣禄大夫,从祀郡邑之乡贤祠。"④楼钥为王正己弟王正功所作《朝请大夫致仕王君墓志铭》亦载:"吾乡五先生俱以文行师表士子,惟桃源王先生暨我高祖之后皆大,盖其启迪后学,德泽之及来裔者,源深而流长矣。先生之子宗正少卿珩、孙广南市舶勋继登进士科,提举疏财尚义,以廉节著,所积尤厚。……曾祖说,先生也,赠银青光禄大夫。祖玩,赠朝奉

---

① [宋]胡矩修,方万里、罗浚纂:《宝庆四明志》卷八《叙人·王说传》,《宋元方志丛刊》第5册,第5079—5080页。
② [元]马泽修、袁桷纂:《延祐四明志》卷四《人物考·桃源王先生》,《宋元方志丛刊》第5册,第6186页。
③ 《楼钥集》卷一〇七,第1837页。
④ [清]臧麟炳、杜璋吉编:《桃源乡志》卷三《列传志三·醇儒》,第80页。

郎。父赠金紫光禄大夫。"①据此可知王说及其子孙在文行仕进方面的一系列成就。

楼钥《墓志铭》开篇不无自豪地称"绍兴七年有旨：'王勋召赴行在所。'三十二年有旨：'王正己不畏强御，节概可称，三省详加访问，其人如在，可与甄录。'寻召赴行在。二人盖父子也"②，强调高宗与孝宗两位皇帝分别对王正己父子的特别关照，以凸显桃源王氏在当时的声望。王正己仕至太府卿，桃源王氏至王正己辈，家族在学宦两方面均达到高峰期。

母蔡氏。

《墓志铭》："母蔡氏、元氏、薛氏，赠武陵、永宁、普宁郡夫人。公蔡出也，事后母尤谨。"③

妻楼氏。

《墓志铭》："娶楼氏，徽猷阁直学士赠少师之季女，封宜人。先七年卒，赠恭人。"④又楼钥为王正己弟王正功所作《朝请大夫致仕王君墓志铭》："嫂即某先祖少师之季女也。"⑤王正己妻先于其七年去世，卒于淳熙十六年(1189)。

按：徽猷阁直学士赠少师指楼异。《宋史》卷三五四《楼异传》："进徽猷阁知学士。"⑥又楼钥《跋先大父徽猷阁直学士告》："政和间，先大父少师被命守乡邦，再任至四年。"⑦

楼氏与王氏同为明州望族，累世通婚。《朝请大夫致仕王君墓志铭》载："惟王氏、楼氏自二先生以道义定交，至太府婿吾门，姻好稠叠。"⑧二先生指王正己曾祖父王说与同为"庆历五先生"之一的楼郁。又《墓志铭》："同郡楼鋂……其婿也……孙女五，长适同郡楼滶。"⑨王正己女儿及孙女皆有适楼氏者。王正己与弟弟王正功去世后，其墓志铭便为侄子楼钥所撰。

---

① 《楼钥集》卷一〇七，第1841页。
② 《楼钥集》卷一〇七，第1836页。
③ 《楼钥集》卷一〇七，第1837页。
④ 《楼钥集》卷一〇七，第1839页。
⑤ 《楼钥集》卷一〇七，第1845页。
⑥ 《宋史》卷三五四《楼异传》，第11164页。
⑦ 《楼钥集》卷一〇七，第1275页。
⑧ 《楼钥集》卷一〇七，第1841页。
⑨ 《楼钥集》卷一〇七，第1839页。

有两弟：长弟正功，字承甫；季弟，正民。

《墓志铭》:"既免丧,首以金紫遗泽奏长弟。少卿尚无恙,自欲任公,又请与季弟,必欲自取世科。"①又《朝请大夫致仕王君墓志铭》载:"是生三子：长太府卿,讳正己；次即君也,朝请大夫,讳正功；季知安庆府,讳正民。三人以节谊政术能世其家。尝一同奏子,兴固未艾也。……君旧名上字从'忄'从'真',下曰'思',字有之,后以避孝宗嫌名改焉,遂字承甫。"②据此,长弟正功,原名慎思,字有之,因避孝宗讳改焉。

宋徽宗宣和元年己亥(1119),一岁
生于明州鄞县桃源乡(浙江省宁波市鄞州区)。

宋徽宗宣和二年庚子(1120),二岁
在鄞县(浙江省宁波市鄞州区)。

宋徽宗宣和三年辛丑(1121),三岁
在鄞县(浙江省宁波市鄞州区)。

宋徽宗宣和四年壬寅(1122),四岁
在鄞县(浙江省宁波市鄞州区)。

宋徽宗宣和五年癸卯(1123),五岁
在鄞县(浙江省宁波市鄞州区)。

宋徽宗宣和六年甲辰(1124),六岁
在鄞县(浙江省宁波市鄞州区)。

宋徽宗宣和七年乙巳(1125),七岁
在鄞县(浙江省宁波市鄞州区)。

宋钦宗靖康元年丙午(1126),八岁
随父在京兆府(陕西省西安市)。

楼钥《酌古堂文集序》:"惟公天资颖悟,虽世家四明,而幼随父金紫仕西北,如京洛故家子弟。"③以此知王正己自幼随父居住。

《桃源王氏宗谱》卷三录王正己为其父所撰《宋广南提举王公墓志》载：

---

① 《楼钥集》卷一〇七,第1837页。
② 《楼钥集》卷一〇七,第1841页。
③ 《楼钥集》卷四九,第922页。

"(王勋)调光州固始县尉,以赏历秩,历陕西五路制置司干办公事,知鄞县,以乡邑不得志,数月并去。辟浙西宣谕司干办公事,知湖州武康县丞。郡守以治绩奏,改知长兴县。秩满,召对称旨,授提举广南路市舶。借小品服,累官至左朝散郎。"又卷十五《存疑》云:"此篇墓志,因咸丰乙卯岁修其墓,亲手抄来,确确可证。"①据此,王勋"历陕西五路制置司干办公事"当即为楼钥《酌古堂文集序》所云"幼随父金紫仕西北",故本年王正己当随父在西北抗金前线。

又《宋史》卷三六二《范致虚传》载:"靖康元年,召赴阙,道除知京兆府。时金人围太原,声震关中,致虚修战守备甚力。朝廷命钱盖节制陕西,除致虚陕西宣抚使。金人分道再犯京师,诏致虚会兵入援。钱盖兵十万至颍昌,闻京师破而遁,西道总管王襄南走。"②又卷四四七《徐徽言传》:"金人再犯京师,陕西制置使范致虚纠合五路兵赴难,檄徽言守河西。"③北宋于靖康元年为抗击金兵,于陕西京兆府临时设置制置使以拱卫京师。制置使初为范致虚,后为钱盖。王勋时任陕西五路制置司干办公事,王正己随其父在京兆府,京兆府治长安。

宋钦宗靖康二年高宗建炎元年丁未(1127),九岁
随父在京兆府(陕西省西安市)。

宋高宗建炎二年戊申(1128),十岁
随父返鄞(浙江省宁波市鄞州区)。

按:金人攻破汴京后,王正己当随父返乡。

宋高宗建炎三年己酉(1129),十一岁
十二月,父王勋被高宗命为鄞宰。随父在鄞(浙江省宁波市鄞州区)。

《宝庆四明志》卷八《叙人·王说传》:"高宗东巡,命(勋)为鄞宰。"④据《建炎以来系年要录》卷三〇:"(建炎三年十二月)己卯,上次明州。"⑤又《宋史》卷二五

---

① 此两段《桃源王氏宗谱》资料转引自张安如《儒雅名世,清白传家:宋代鄞县桃源王氏家族考述》,见宁波海曙桃源书院文化发展有限公司编《桃源书院》,宁波:宁波出版社,2018年,第37页。
② 《宋史》卷三六二《范致虚传》,第11328页。
③ 《宋史》卷四四七《徐徽言传》,第13191页。
④ [宋]胡矩修,方万里、罗浚纂:《宝庆四明志》卷八《叙人·王说传》,《宋元方志丛刊》第5册,第5079页。
⑤ [宋]李心传著,胡坤点校:《建炎以来系年要录》卷三〇,北京:中华书局,2013年,第685页。

《高宗纪》:"(十二月)丙子,帝至明州。"①据此,高宗命王勋为鄞宰在本年十二月。

宋高宗建炎四年庚戌(1130),十二岁

在鄞县(浙江省宁波市鄞州区)。

《宝庆四明志》卷一二《鄞县志·县令》载:"王勋,左朝奉郎。建炎四年正月到任。"又载:"徐注,左宣教郎。建炎四年十一月到任。"②徐注为王勋继任,其到任与王勋在同年,知王勋任鄞县知县不足一年。

宋高宗绍兴元年辛亥(1131),十三岁

在鄞县(浙江省宁波市鄞州区)。

宋高宗绍兴二年壬子(1132),十四岁

父王勋为浙西宣谕司干办公事,随父在临安(浙江省杭州市)。

据王正己《宋广南提举王公墓志》,王勋罢鄞宰后辟浙西宣谕司干办公事(见上文)。《建炎以来系年要录》卷六〇:"(绍兴二年十一月己卯)是日,宣谕五使刘大中、胡蒙、朱异、明橐、薛徽言同班入见,上谕曰:'比所下诏令,州县徒挂墙壁,皆为虚文。今遣卿等,务令民被实惠。守令,民之师帅,县令尤亲于民,奸赃之吏,必须按发,公正奉法之人,必须荐举。如山林不仕贤者,亦当具名以闻。平反狱讼、观风问俗等事,并书于历,朕一一行之。此非寻常遣使比也。'乃诏异改浙东、福建,蒙浙西,大中江东、西,徽言湖南,而橐使广东、西如故。其分镇地分,令镇抚使选清廉强明官,遍历所部。"③又《宋会要辑稿·职官》四一之二:"(绍兴二年)十一月二十二日,诏宣谕官朱异改差浙东福建路,胡蒙改差浙西路,刘大中改差江南东西路,薛徽言改差湖南路,明橐依旧广南东西路。"④本年浙西宣谕使为胡蒙。

《宋史》卷八八《地理志》:"两浙路。……南渡后,复分临安平江镇江嘉兴四府、安吉常严三州、江阴一军,为西路。"⑤又《建炎以来系年要录》卷六六:"(绍兴三年六月戊子)度支员外郎、权监察御史胡蒙宣谕浙西还,上命蒙先以

---

① 《宋史》卷二五《高宗纪》,第471页。
② [宋]胡榘修,方万里、罗浚纂:《宝庆四明志》卷一二《鄞县志·县令》,《宋元方志丛刊》第5册,第5142页。
③ [宋]李心传著,胡坤点校:《建炎以来系年要录》卷六〇,第1204页。
④ [清]徐松:《宋会要辑稿·职官》四一之二,北京:中华书局,1957年,第3167页。
⑤ 《宋史》卷八八《地理志》,第2173页。

御定手历及所申明利害,进册来上。是日入见。蒙出使七阅月,所按吏八人,荐士六人。论者以为蒙所言,皆吕颐浩风指也。后半月,擢蒙为右司员外郎。"①两浙西路治所在临安。胡蒙以度支员外郎、权监察御史身份宣谕浙西,治所当在临安。王勋为宣谕使干办公事,王正己当随其在临安。

宋高宗绍兴三年癸丑(1133),十五岁

父王勋知湖州武康县丞,随父在湖州武康县(浙江省湖州市德清县)。

据王正己《宋广南提举王公墓志》,王勋辟浙西宣谕司干办公事后又知湖州武康县丞(见上文)。

宋高宗绍兴四年甲寅(1134),十六岁

父王勋知湖州长兴县,随父在湖州长兴(浙江省湖州市长兴县)。

《墓志铭》:"先是,公之父知湖州长兴县,有治声。"②

按:《嘉泰吴兴志》卷一五《县令题名》长兴县下列有王勋,但未注明在任年月。③ 但同书卷一四《郡守题名》载:"(陈与义)绍兴四年九月二十一日以徽猷阁直学士左奉议郎到任,五年二月二十五日召除给事中。绍兴八年四月初二日以资政殿学士、左大中大夫到任,至七月十一日准敕依所乞,提举临安府洞霄宫。"④陈与义绍兴四年至五年,知湖州。又绍兴七年,经陈与义举荐,王勋提举广南市舶(见下文)。长兴县隶属湖州,故王勋当于绍兴四年至五年间为陈与义下属,因治绩显著得其认可,被举荐。

宋高宗绍兴五年乙卯(1135),十七岁

随父在湖州长兴县(浙江省湖州市长兴县)。

宋高宗绍兴六年丙辰(1136),十八岁

随父在湖州长兴县(浙江省湖州市长兴县)。

宋高宗绍兴七年丁巳(1137),十九岁

父王勋提举广南市舶,随父在广州(广东省广州市)。

《建炎以来系年要录》卷一一二:"(绍兴七年七月戊寅)左朝散郎王勋提举

---

① [宋]李心传著,胡坤点校:《建炎以来系年要录》卷六六,第1288—1289页。
② 《楼钥集》卷一〇七,第1836页。
③ [宋]谈钥纂:《嘉泰吴兴志》卷一五《县令题名》,《宋元方志丛刊》第5册,第4791页。
④ [宋]谈钥纂:《嘉泰吴兴志》卷一四《郡守题名》,《宋元方志丛刊》第5册,第4783页。

广南市舶。勋知长兴县,有荐其治状者,上召对而有是命。"①荐举王勋的是陈与义与沈与求。《墓志铭》:"高宗皇帝以广南舶政大弊,命二府大臣择士人修絜者为之。枢密沈公与求、参政陈公与义俱以为荐。既对,擢提举市舶,果以清裁著名。"②

按:《宋史》卷三七二《沈与求传》:"(六年)出知明州。七年,上在平江,召见,除同知枢密院事,从至建康,迁知枢密院事。"③绍兴六年,沈与求知明州。王氏家族为明州望族,沈当在明州与王氏家族结缘,故本年与陈与义一起推举王勋。

又按:广南东路市舶司治所位于广州。李焘《续资治通鉴长编》卷一二载:"(开宝四年六月)壬申,初置市舶司于广州。"④

宋高宗绍兴八年戊午(1138),二十岁

在广州(广东省广州)。父母继殁,辞贾胡所赠二百万赗。

王正己《王氏圆通记》:"绍兴午未间,提广舶使者,俸入差厚……未几□先公捐馆舍。"⑤又《墓志铭》:"既对,擢提举市舶,果以清裁著名。岁大疫,夫妇继殁,贾胡哀之,率钱二百万为赗。公时才冠,固却之,且曰:'吾父以廉直闻,吾虽贫旅,犹能负丧以归,不愧廉叔度也。'闻者叹服,以为有是父而有是子。"⑥又《宝庆四明志》卷八《叙人·王说传》:"勋与妻薛氏俱殁官所,群胡念其清苦,哀金钱二百万为赗,正己不受。"⑦又王应麟《四明七观》载:"王正己,字正之,庆历乡先生说之后。父勋,提举广南市舶,一钱之利皆归有司,家人不识舶货之名。及卒,贾胡率钱二百万为赗,正己固却之曰:'吾父以廉直闻,虽贫旅,犹能负丧以归。'不愧廉叔度也。"⑧据上述材料中"绍兴午未间""公时才冠"知王正己父

---

① [宋]李心传著,胡坤点校:《建炎以来系年要录》卷一一二,第2100页。
② 《楼钥集》卷一〇七,第1836页。
③ 《宋史》三七二《沈与求传》,第11543页。
④ [宋]李焘:《续资治通鉴长编》卷一二,开宝四年六月壬申条,北京:中华书局,2004年,第266页。
⑤ 章国庆编:《宁波历代碑碣墓志汇编》,第156页。
⑥ 《楼钥集》卷一〇七,第1836页。
⑦ [宋]胡榘修,方万里、罗浚纂:《宝庆四明志》卷八《叙人·王说传》,《宋元方志丛刊》第5册,第5079页。
⑧ [宋]王应麟著,张晓飞点校:《四明文献集·外二种》之《深宁先生文钞摭余编》卷三,北京:中华书局,2010年,第366页。

母俱殁及辞赙事在本年。王正己辞赙事为他赢得了广泛的声誉,成为其仕宦生涯中的重要政治资本。

宋高宗绍兴九年己未(1139),二十一岁

在鄞县(浙江省宁波市鄞州区)。以叔祖王珩荫补将仕郎。

《墓志铭》载:"少卿尚无恙,自欲任公,又请与季弟,必欲自取世科。少卿谕勉再三,始授将仕郎。"①又楼钥《酌古堂文集序》:"既冠而孤,叔祖宗正少卿欲命以官,力辞之,欲以与其季而自奋于科级。少卿以公昆弟三人,必使之受,而以遗泽官其长弟,又自以一官与季子,可以见王氏之义风。公之自立者,已可知矣。"②

按:宗正少卿为王正己叔祖王珩,王正己为将仕郎乃受其泽惠。《宝庆四明志》卷八《叙人·王说传》:"季子珩,字彦楚。登大观三年进士第,仕至宗正少卿。年八十卒。"③王珩是桃源王氏在政界中的精英,在朝廷与地方皆有深刻的影响力。

楼钥《跋蒋亢宗所藏钱松窗诗帖》载王珩与同乡名公巨卿退闲后组织"五老会"事:"吾乡旧有五老会,宗正少卿王公珩、朝议蒋公璿、郎中顾公文、衡州薛公朋龟,太府少卿汪公温思,外祖也。皆太学旧人,宦游略相上下,归老于乡,俱年七十余,最为盛事。礼部侍郎高公闶、起居舍人吴公秉信皆自以后辈不敢与。王、薛二公下世,参政王公次翁致仕寓居,嘉慕义风,始议为八老会。朝议徐公彦老、布衣陈公先而后至,顾、蒋、汪公、参政洎高、吴二公继之,然已不及前日之纯全矣。"④王珩、薛朋龟去世后,王次翁将之前的"五老会"扩充为"八老会",但楼钥称"然已不及前日之纯全矣",对其颇不在意。从另一面看,足见王珩在"五老会"中的核心作用及其在士人中的威望。袁燮《刑部郎中薛公墓志铭》亦谈及"五老会",对其赞不绝口,艳羡不已:"绍兴间,吾乡年高德劭者有五人焉,其学问操履,俱一邦之望,时时合并,有似乎唐之九老,本朝之耆英,故谓之'五老',绘而为图,传之至今。左朝请大夫、衡州使君薛公,其一也。

---

① 《楼钥集》卷一○七,第 1837 页。
② 《楼钥集》卷一○七,第 1837 页。
③ [宋]胡矩修,方万里、罗浚纂:《宝庆四明志》卷八《叙人·王说传》,《宋元方志丛刊》第 5 册,第 5079 页。
④ 《楼钥集》卷七三,第 1312—1313 页。

公既与四人者以道义相交，而又得贤婿焉，曰礼部侍郎高公，学有根柢，气类相若，讲明义理，日益精微。于是乎家庭间肃肃雍雍，熏蒸陶染，不扶而植，为子若孙者，乌得而不贤哉！"①王珩以其拥有的丰厚政治资本与优质人脉为王正己的仕途奠定了良好基础。

抚养其弟。

楼钥为王正功所作《朝请大夫致仕王君墓志铭》载："幼孤，鞠于兄嫂。"②

宋高宗绍兴十年庚申(1140)，二十二岁

在鄞县(浙江省宁波市鄞州区)。**一意于学，与王从相与通经考古。**

楼钥《酌古堂文集序》："既而翻然曰：'学不必尔仕，以行其志足矣。'遂不复为举子业，而一意于学。忍贫深居，穷经阅史，手自编辑。"③又《墓志铭》："既而幡然曰：'仕行吾志，不负所学足矣，何必尔？'遂不复事举业，而与信州王使君从，相与通经考古，务为有用，至今二王为桃源之望焉。"④

按：王从，字正夫，北宋初年名相王旦五世孙，曾知信州，故《墓志铭》称"王信州"，自题文集曰《三近斋余录》，惜已佚。杨万里为《三近斋余录序》："正夫讳从，其官簿尝历弋阳主簿、福州司理参军、知丽水县、干办诸粮料院、倅临安、添倅天台、知信州、主管建宁府武夷山冲佑观。年六十终，官朝散郎。"又其子请求杨万里为《三近斋余录》作序在"嘉泰三年(1203)七月四日"，序中称王从卒"后二十六年，其诗文乃出，士大夫争传之"，⑤可推知王从生于宣和元年(1119)，与王正己同岁。王从恬于仕进，不慕名利。《三近斋余录序》称其"清峻简远，有二子(孟浩然、贾岛)之风"，"自幼有官，然其于世未汲汲也"⑥，因此能同王正己相与精研诗文。

王从诗歌师法晚唐、江西诗派。《三近斋余录序》云："如'落木森犹力，寒山淡欲无'，如'地迥高楼目，天寒故国心'，如'凉风回远笛，暝色带归舟'，如

---

① [宋]袁燮：《絜斋集》卷一八，《景印文渊阁四库全书》第1157册，台北：台湾商务印书馆，1985年，第246页。
② 《楼钥集》卷一〇七，第1844页。
③ 《楼钥集》卷四九，第922页。
④ 《楼钥集》卷一〇七，第1837页。
⑤ [宋]杨万里著，辛更儒笺校：《杨万里集笺校》卷八三，北京：中华书局，2007年，第3348—3349页。
⑥ 《杨万里集笺校》卷八三，第3348页。

'尘心依水净,归鬓与山青',不减晚唐诸子矣。又如'堕蕊尽教输燕子,嫩寒犹及占梨花',如'一番风雨催寒食,千里莺花想故国',如'身闲更得凭陵酒,花早殊非爱惜春',如'秋生列岫云尤薄,泉漱悬崖路更悭',置之江西社中何辨焉?"①王正己早期诗风与其相似。《墓志铭》:"少嗜山谷诗,造诣已深。"②即指与王从交往学习时的喜好。

王正己弟王正功亦与王正己、王从共同读书作诗。楼钥《朝请大夫致仕王君墓志铭》:"少喜为诗,周旋太府与王信州之间,佳句与之相下上。"③又载:"(嘉泰)三年正初属疾,癸未终于家,享年七十有一。"又"幼孤,鞠于兄嫂。少长省事,自念孝养无及,以事亲之礼事之"。④ 据此,王正功生于绍兴元年(1131),绍兴八年(1138)父母继殁后,由其兄嫂王正己夫妇抚养,故本年得随王正己就学于王洋,其时王正功十岁左右,与《墓志铭》所言年"少"相符。

宋高宗绍兴十一年辛酉(1141),二十三岁

在鄞县(浙江省宁波市鄞州区)。一意于学。

宋高宗绍兴十二年壬戌(1142),二十四岁

在鄞县(浙江省宁波市鄞州区)。一意于学。

宋高宗绍兴十三年癸亥(1143),二十五岁

在鄞县(浙江省宁波市鄞州区)。一意于学。

宋高宗绍兴十四年甲子(1144),二十六岁

在鄞县(浙江省宁波市鄞州区)。一意于学。

宋高宗绍兴十五年乙丑(1145),二十七岁

以叔祖王珩任洪州丰城(江西省宜春市丰城市)主簿。

《宝庆四明志》卷八《叙人·王说传》:"以叔祖珩任为丰城主簿。"⑤又王正己《王氏圆通庵记》文末署"绍兴乙丑三月初四日□□□功郎新洪州丰城县主

---

① 《杨万里集笺校》卷八三,第3348页。
② 《楼钥集》卷一〇七,第1840页。
③ 《楼钥集》卷一〇七,第1845页。
④ 《楼钥集》卷一〇七,第1843—1844页。
⑤ [宋]胡矩修,方万里、罗濬纂:《宝庆四明志》卷八《叙人·王说传》,《宋元方志丛刊》第5册,第5079页。

簿慎言谨记"。① 署名既谓"新洪州丰城县主簿",王正己当在本年始任丰城县主簿。

宋高宗绍兴十六年丙寅(1146),二十八岁

在洪州丰城(江西省宜春市丰城市),险被劾罢。

《墓志铭》:"为洪州丰城县主簿,漕檄部纲,方诣台受要束,使者却谒,叱铃下卒迫遣。公不胜愤,遽乞休致,遂遭重劾。公处之如平时,使者罢,乃免。"②此事显示了王正己的刚直不阿,王正己仕途屡遭挫折多与此性格有关。姑系于是年。

宋高宗绍兴十七年丁卯(1147),二十九岁

在洪州丰城(江西省宜春市丰城市)。见王洋等人作诗,欲效法陈与义、陈克。

楼钥《酌古堂文集序》:"及见王紫微洋诸公作诗,直欲追俪陈简斋及子高辈,一语不苟作,名公多畏服之。"③此为王正己居乡精研学术期间事,姑系于本年。

按:王洋,字符勃,原籍东牟,侨居山阳,晚年寓居信州,有《东牟集》存世。周必大《王元勃洋右史文集序》:"文章以学为车,以气为驭。车不攻,积中固败矣;气不盛,吾何以行之哉? 东牟王公之文,吾能言之,以六经为美材,以子史为英华,旁取骚人墨客之辞润泽之,犹以为未也。挟之以刚大之气,行之乎忠信之途。仕可屈,身不可屈。食可馁,道不可馁。如是者积有年,浩浩乎胸中,滔滔乎笔端矣。赋大礼则丽而法,传死节则赡而劲,铭记则高古粹美,奏议则切直忠厚。至于感今怀昔,登高望远,忧思愉佚,及摹写戏笑,一皆寓之于诗文。大篇短章,充溢箱箧。嗣子昌祖惧夫散轶而无传也,厘为三十卷,属某为之序。昔叶少蕴尝问公,刘贡父精于汉史,以其谓杜诗'功曹非复汉萧何'为误用事,信乎? 公曰:'《高记》萧何为主吏计。孟康注,功曹也。王定国犹知之,诗史岂误哉?'少蕴叹服。公之于学,可谓不苟矣。官太学时,实代秦丞相,而直道正辞,亦摈弗用。晚守鄱阳,洪忠宣适获罪于秦,无敢过其居者。公独修舍盖故事。坐是罢郡。方势利之门大开,既不阅

---

① 章国庆编:《宁波历代碑碣墓志汇编》,第156页。
② 《楼钥集》卷一〇七,第1837页。
③ 《楼钥集》卷四九,第922页。

焉,又从而回之,其气何如哉?故因论公文章渊源,而以二事实之,庶几来者有考焉。公讳洋,字符勃,宣和末登甲科,绍兴初以右史赞善。尝命直徽猷阁,历典三郡,所至有异等效云。淳熙元年十月一日。"①从序中可知,王洋性情耿介,数次忤秦桧意。官太学时,因直道正辞,被秦桧摈置。洪皓自金归宋,得罪秦桧,王洋又因与其往来被罢。其诗文忠厚刚大,精于用典。如绍兴十年金兵南侵所作《和秀实寄诗》:"去年河南归故地,今年朔方兵又起。血牲面埋曾几时,无乃奸盟神不喜。嗟尔万人来远荒,岂无战士伤金疮。封疆万里尚越境,金帛露积犹多藏。国家弥文今尚武,已碎铜山铸铜虎。勿矜突骑饮长河,肃慎燕陲吾北土。且知成功俱自天,天心可卜因丰年。但令三钱博斗米,任尔自枕干戈眠。"②诗歌抒发抗金复国的强烈愿望,并希企丰年,惟使北伐无后顾之忧,全篇洋溢着积极乐观的爱国主义情怀,风格沉郁雄浑、劲健豪壮,深得杜诗精髓。陈简斋指陈与义,子高指陈克,此时俱已去世,故曰"追俪"。陈与义师法杜甫,以爱国题材而知名。陈克诗歌同样多忧国忧民,抒写家国身世之慨,与陈与义诗风相同。

绍兴十年至十一年的宋金战争,又一次广泛激荡起南宋士大夫的抗金情绪。王正己诗学王洋,上宗陈与义、陈克,诗风从江西技法转为面向现实,体现了他对国家民族的关切与责任感。

又按:本年王洋知饶州。《建炎以来系年要录》卷一五六:"(绍兴十七年四月)己巳,徽猷阁直学士、提举江州太平观洪皓责授濠州团练副使,英州安置。皓丁内艰,既终丧,复遂请祠。于是直徽猷阁王洋知饶州,而左奉议郎陈之渊添差通判,二人与右承议郎、通判州事李勤积不相能。勤幸以评进,告皓有欺世飞语,洋、之渊皆与闻之。殿中侍御史余尧弼即奏皓造为不根之言,簧鼓众听,几以动摇国是,望窜逐裔;洋、之渊亦乞置之典宪。诏罢洋、之渊,而皓有是命。"③又《宋史》卷三〇《高宗纪》:"(绍兴十七年五月)己巳,洪皓责濠州团

---

① [宋]周必大著,王瑞来点校:《周必大集校证》卷二〇《省斋文稿二十》,上海:上海古籍出版社,2020年,第291—292页。
② [宋]王洋:《东牟集》卷二,《景印文渊阁四库全书》第1132册,台北:台湾商务印书馆,1985年,第335页。
③ [宋]李心传著,胡坤点校:《建炎以来系年要录》卷一五六,第2960—2961页。

练副使,英州安置。"①《宋史》卷三七三《洪皓传》:"李勤又附会,诬皓作欺世飞语,责濠州团练副使,安置英州。"②王洋本年因与秦桧所憎恶、奉祠在家的洪皓往来,而被秦桧亲信李勤弹劾罢职。清陆心源《宋史翼》卷二七《王洋传》亦载此事:"移饶州。洪忠宣为秦桧所忌,无敢过其居者,洋独修舍盖故事,适通判州事李勤与洋积不相能,讦忠宣有欺世处语,洋与闻之,坐是十五年罢为直徽猷阁主管台州崇道观,寓居信州上绕之南池,有荷花水木之胜,因号王南池,辟宴坐一室,号半僧寮,与吕本中、曾几相唱和,善诗,著有文集三十卷,绍兴二十三年卒。"③但传中王洋罢知饶州的年代有误,其时非在绍兴十五年,而是十七年,上述《建炎以来系年要录》与《宋史》中有确证。王洋在江西士林中享有盛誉,与江西士人吕本中、曾几、王庭珪、陈康伯及洪皓、洪迈等洪氏家族成员等皆有密切往来,诗歌酬唱频繁。《墓志铭》中所言"见王紫微洋诸公作诗"中的"诸公"或有上述诗人在内。

饶州与洪州毗邻,王正己见王洋等人作诗,当在本年或稍早,姑系于此。

宋高宗绍兴十八年戊辰(1148),三十岁
在洪州丰城(江西省宜春市丰城市),任主簿。

宋高宗绍兴十九年己巳(1149),三十一岁
在鄞县(浙江省宁波市鄞州区)。不畏强御,秉公申案,忤上司意,称疾而归。

《墓志铭》:"帅以公易理官,有寓公为时相姻党,先与一富民有他憾,会冢舍失瑞香花,以疑似诬之。逮系郡狱,讽公文致其罪。公证其无他,又忤帅意,竟称疾而去。游宦之始,所立已然。"④

按:王正己申案"忤帅意,竟称疾而去"之事另有他载。《宝庆四明志》卷八《叙人·王说传》:"以叔祖珩任为丰城主簿,连帅张澄俾对易理曹。时相姻党王铁,家豫章,冢舍亡瑞香花,与一富民有他憾,因诬之,帅讽理曹文致其罪,正己直之,忤帅意,称疾寻医以归。"⑤又《续资治通鉴》卷一三七:"(绍兴三十二

---

① 《宋史》卷三〇《高宗纪》,第 566 页。
② 《宋史》卷三七三《洪皓传》,第 11562 页。
③ [清]陆心源:《宋史翼》卷二七《王洋传》,北京:中华书局,1991 年,第 289—290 页。
④ 《楼钥集》卷一〇七,第 1837 页。
⑤ [宋]胡榘修,方万里、罗浚纂:《宝庆四明志》卷八《叙人·王说传》,《宋元方志丛刊》第 5 册,第 5079 页。

年十二月)辛巳,帝曰:'昨闻臣僚言……沈昭远为王铁家治盗,欲锻炼富民,多取其赔偿,王正己为司理,卒平反之。此皆不畏强御,节概可称。三省详加访问其人,如在,可与甄录。'"①据此可知《墓志铭》中"寓公"为王铁。王铁乃秦桧舅舅王本之子,故称"时相姻党"。但《宝庆四明志》与《续资治通鉴》对讽王正己诬富民之"帅"记载不同。据《建炎以来系年要录》卷一五九:"(绍兴十九年六月)甲寅,敷文阁直学士、知广州王铁,卒。"②又张元干《亦乐居士文集序》:"惜乎天不假年,位未称德,善类尽伤。后六年,公之第三子湑叔济手裒先人平生所著,总若干篇,厘为六卷,名曰《亦乐居士文集》……绍兴二十四年九月晦日。"③可知王铁去世于绍兴十九年六月。同时,《南宋制抚年表》显示,本年王铁仍有部分时间知广州,而其继任者薛弼二月份自福州改知广州,④则王铁于本年二月份起当寓居洪州。又据《南宋制抚年表》,这段时间的洪州知州,五月之前为沈昭远,之后为张澄。⑤ 因此,王正己处理此案时,适值两任知州换届,王正己当面临二人的共同施压。

宋高宗绍兴二十年庚午(1150),三十二岁

在鄞县(浙江省宁波市鄞州区)。居乡苦读,甘守清贫。

《墓志铭》:"归而攻苦食淡,左图右书,饘粥几不继,泊如也。"⑥

宋高宗绍兴二十一年辛未(1151),三十三岁

在鄞县(浙江省宁波市鄞州区)。居乡苦读,甘守清贫。

宋高宗绍兴二十二年壬申(1152),三十四岁

在婺州(浙江省金华市),任司法参军。

《墓志铭》:"又二年,始授婺州司法参军。"⑦

---

① [清]毕沅:《续资治通鉴》卷一三七《宋纪·高宗绍兴三十二年》,北京:中华书局,1957年,第3656页。
② [宋]李心传著,胡坤点校:《建炎以来系年要录》卷一五九,第3020页。
③ [宋]张元干:《芦川归来集》卷九,上海:上海古籍出版社,1978年,第156页。
④ 吴廷燮撰,张忱石点校:《北宋经抚年表·南宋制抚年表》之《南宋制抚年表》卷上,北京:中华书局,1984年,第451—452页。
⑤ 吴廷燮撰,张忱石点校:《北宋经抚年表·南宋制抚年表》之《南宋制抚年表》卷上,第451—452页。
⑥ 《楼钥集》卷一〇七,第1837页。
⑦ 《楼钥集》卷一〇七,第1837页。

宋高宗绍兴二十三年癸酉(1153),三十五岁

在婺州(浙江省金华市),任司法参军。

宋高宗绍兴二十四年甲戌(1154),三十六岁

在婺州(浙江省金华市),任司法参军。

宋高宗绍兴二十五年乙亥(1155),三十七岁

在婺州(浙江省金华市),任司法参军。

宋高宗绍兴二十六年丙子(1156),三十八岁

在婺州(浙江省金华市),任司法参军。

宋高宗绍兴二十七年丁丑(1157),三十九岁

在婺州(浙江省金华市),任司法参军。

宋高宗绍兴二十八年戊寅(1158),四十岁

在婺州(浙江省金华市),任司法参军。

宋高宗绍兴二十九年辛巳(1159),四十一岁

在婺州(浙江省金华市),任司法参军。

宋高宗绍兴三十年庚辰(1160),四十二岁

以史浩荐,知泰州海陵县(浙江省泰州市海陵区)。

《墓志铭》:"诏举县令,会稽郡王史公浩为司封郎,以公姓名进,知泰州海陵县。"①又《宋史》卷三九六《史浩传》:"三十年,普安郡王为皇子,进封建王,除浩权建王府教授。诏建王府置直讲、赞读各一员,浩守司封郎官兼直讲。……三十一年,迁宗正少卿。"②楼钥《太师保宁军节度使致仕魏国公谥文惠追封会稽郡王史公神道碑》:"绍兴二十有九年,太师、会稽郡王史浩以国子博士奏事殿中,高宗一见契合,属目送之……明年,孝宗封建王,迁司封员外郎,兼直讲。"③据此,史浩推举王正己在本年。

按:史浩为孝宗潜邸旧臣,曾两任丞相。本年史浩甫一升迁,王正己便获其首推,这得益于史王两家长久而又密切的家族交往。

首先,史浩与王正己同为明州鄞县人,两家先祖有师徒关系。全祖望《庆

---

① 《楼钥集》卷一〇七,第1837页。
② 《宋史》卷三九六《史浩传》,第12065页。
③ 《楼钥集》卷九八,第1702页。

历五先生书院记》述及了史氏与五先生的师徒渊源:"五先生之著述不传于今,故其微言亦阙……再世兰芽,陜南弗替,史冀公父子之纯孝也……则五先生之渊源可知矣。嗟乎! 岂特一时之盛哉。"其下注文曰:"史冀公简为鄞江先生高弟,事母最孝,实开越公之先。或谓其作吏用杖者,旧志之谬也。越公为西湖先生高第,再世与丰清敏公同门。"①史浩曾祖与祖父分别为"五先生"中王致与楼郁的门人。史简是史浩曾祖,"鄞江先生"指王说的叔父王致,而王说是王正己的曾祖。"越公"为史浩祖父史诏,"西湖先生"指楼郁,而王正己的妻子则是楼郁的曾孙女。

其次,史浩与王正己姻亲汪大猷情意甚笃。《敷文阁学士宣奉大夫赠特进汪公大猷神道碑》指其"妻硕人同郡楼氏",又言"女史楼夫人长公十岁,亦封郡夫人。两家贺宾盈门,燕集者累月,士大夫荣之"。②汪氏与王氏一样,与同郡楼氏以婚姻为纽带,关系牢固。汪大猷与王正己同为楼异女婿。由此,也间接与王氏产生连带姻亲关系。

汪大猷又与同郡多位仕及宰相的高级官员往来密切。周必大《敷文阁学士宣奉大夫赠特进汪公大猷神道碑》载:"公立朝尽心职业,深为孝宗所知。虽与史丞相浩同里同年、魏丞相杞少相从、蒋丞相芾并为储僚,而公恬于进取,一无附丽。"③又楼钥《龙图阁待制赵公神道碑》:"(赵粹中)居鄞十年,夷然不以得丧芥蒂。与太师史公、丞相魏公、尚书汪公为真率之集。"④另史浩有诗《待魏丞相汪尚书赵侍郎致语口号》:"燕集西湖锦绣园,花迎晴晓露方晞。把杯且共寻前约,控手何须悟昨非。已喜一翁归绿野,更看三杰上黄扉。云台指日标鸿烈,应许严陵老钓矶。"⑤"汪尚书"指汪大猷,可知史浩与魏杞、汪大猷聚会频繁。汪大猷豪华的人脉网络当会惠及王正己。

史浩后又曾与孝宗论及王正己并与其有诗词往来(见后文),显示史浩与王正己交情匪浅。

---

① 《全祖望集汇校集注·鲒埼亭集外编》卷一六,第 1037—1038 页。
② 《周必大集校证》卷六七《平园续稿二十七》,第 988—989 页。
③ 《周必大集校证》卷六七《平园续稿二十七》,第 989 页。
④ 《楼钥集》卷一〇五,第 1822 页。
⑤ [宋]史浩:《鄮峰真隐漫录》卷三八,《景印文渊阁四库全书》第 1141 册,台北:台湾商务印书馆,1985 年,第 830 页。

宋高宗绍兴三十一年辛巳(1161),四十三岁

在泰州海陵(浙江省泰州市海陵区),任知县。

宋高宗绍兴三十二年壬午(1162),四十四岁

在泰州海陵(浙江省泰州市海陵区),任知县。六月,孝宗继位,因避讳,改名。

《墓志铭》:"公旧名上字从'忄'从'真',下字'言',以避孝宗嫌名改焉,字伯仁。"①

召赴行在(浙江省杭州市)。

《墓志铭》:"三十二年有旨:'王正己不畏强御,节概可称,三省详加访问,其人如在,可与甄录。'寻召赴行在。"②

陈募弩手利害呈张浚。

《墓志铭》:"张忠献公浚募万弩手,官吏畏怖,奔走恐后。公独以邑民方脱兵火之酷,募既难从,聚亦无用,陈利害以献。旁观为之股栗,公亦谒告以俟。忠献以书逊谢,慰勉安职,人始服公有守而叹忠献之乐善也。"③张浚招募万弩手在本年。《宋史》卷三二《高宗纪》:"(五月)甲寅,命张浚专一措置两淮事务兼节制淮东西、沿江州郡军马。……(壬戌)命张浚置御前万弩营,募淮民为之。"④又《宋史》卷三六一《张浚传》:"(三十二年)浚招集忠义,及募淮楚壮勇,以陈敏为统制。且谓敌长于骑,我长于步,卫步莫如弩,卫弩莫如车,命陈敏专治车。"⑤

按:王正己为史浩所举荐,而史浩主守,反对张浚向金发动进攻,故王正己反对张浚招募万弩手。

宋孝宗隆兴元年癸未(1163),四十五岁

在临安(浙江省杭州市)。正月,对垂拱殿,改宣教郎,干办行在诸军粮料院。

《墓志铭》:"隆兴改元正月,对垂拱殿,上意响纳,改宣教郎,干办行在诸军粮料院。"⑥

---

① 《楼钥集》卷一〇七,第1837页。
② 《楼钥集》卷一〇七,第1836页。
③ 《楼钥集》卷一〇七,第1837—1838页。
④ 《宋史》卷三二《高宗纪》,第610页。
⑤ 《宋史》三六一《张浚传》,第11307页。
⑥ 《楼钥集》卷一〇七,第1838页。

宋孝宗隆兴二年甲申(1164),四十六岁

在临安(浙江省杭州市)。七月二日,上《乞诏有司立限发放立功军士经由奏》。

《宋会要辑稿·职官》二七之五九:"二年七月二日,诸军粮料院王正己言:切见军士立功,获升转资级,报本院注籍之后,往往半年方得省寺经由。乞诏有司,严立近限,太府司农下诸军粮料院置历发放,以三日为期。其或违慢,委自长贰觉察行罚。"①

宋孝宗乾道元年乙酉(1166),四十七岁

在临安(浙江省杭州市)。干办行在诸军粮料院。

宋孝宗乾道二年丙戌(1166),四十八岁

在临安(浙江省杭州市)。丞相魏杞荐对祥曦殿,权司农司主簿。

《墓志铭》:"乾道二年,诏荐监司郡守,丞相魏公杞在琐闼,荐对祥曦殿。权司农司主簿。"②

按:魏杞与王正己同郡。朱熹《魏丞相行状》:"丞相魏公杞,字南夫。幼时转寓四明……尉余姚,与太保史公为代,后又相继秉钧,为盛事。越帅秋阅,必欲以军礼,他尉皆羞,公独戎服执挝,庭趋自仪,神色夷然,识者叹其器量。尉满,丞相史公为代,念公之贫,故迟其来。公以书促之,史公浩报云:'我迟其行,公促我至,近世交情所罕闻也。'邑人传之以美谈。"③魏杞虽原籍寿春,但自幼居于四明,与同郡史浩情谊尤笃,为终生至交。同时也与王正己姻亲汪大猷往来密切(见上文)。王正己获魏杞举荐,除为乡党外,其间当有史浩、汪大猷的牵线搭桥。

宋孝宗乾道三年丁亥(1167),四十九岁

在临安(浙江省杭州市)。权司农司主簿。

宋孝宗乾道四年戊子(1168),五十岁

知江阴军(江苏省无锡市江阴市)。

《墓志铭》:"知江阴军,在任得旨,沿江郡籍民为兵,防江守城,为大军声

---

① [清]徐松:《宋会要辑稿·职官》二七之五九,第2966页。
② 《攻媿集》卷一〇七,第1838页。
③ 曾枣庄、刘琳主编:《全宋文》卷五六七三,上海:上海辞书出版社;合肥:安徽教育出版社,2006年,第252册,第373页。按:该文原出四明丛书本《魏文节遗书》附录引《魏氏宗谱》,《全宋文》于文末注云:"此行状不见于诸家著录,出处可疑,俟考。"(第381页)

援。公抗疏列上徒扰良民,无益备御者七条。且言旧尝为山水寨,骚动两淮,竞进图册,谓得胜兵数十万。完颜亮深入,乃无一人为用。虏退,起焚官寺,声言欲烧弃山水寨案牍,以绝后害,此最深切著明者。公以此罢,而他郡亦徒扰如公言。"①又《嘉靖江阴县志》卷一二《官师表》载"乾道四年戊子,右通直郎王正己为知军,六年,潘甸为知军"。② 知王正己乾道四年、五年知江阴军。

宋孝宗乾道五年己丑(1169),五十一岁

知江阴军(江苏省无锡市江阴市),反对籍民为兵,防江守城,被罢。

《墓志铭》:"公以此罢,而他郡徒扰如公言。"③其事见上文。

宋孝宗乾道六年庚寅(1170),五十二岁

在鄞县(浙江省宁波市鄞州区),作《废湖辨》。

王正己《废湖辨》:"广德湖兴废害,南丰之记备矣,东南秔稻以水为命,而曰废之,非愚则陋,此古今之所甚重,是宜南丰之所特书。虽然,未可以一概论也。《易》曰:'变而通之以尽利。'夫变则易,通则难,知变而不能通,何利之有?今谓湖无所利,则兴筑之功岂为徒劳?历代以来,七乡所仰,不可诬也。谓湖为有可利,则废罢之后,未尝病旱,数十年内,万目所视,不可诬也。盖鄞之西南,其镇四明,重山复岭,旁连会稽,深阻数百里,万壑之流,来为大溪,而中贯之下连鄞江,倾入巨海,沛然莫之御。故民田不蒙其利,而并海斥卤,五日不雨则病。此湖之所以与七乡秔稻以为命者也。自唐大和中,县令王元暐为它山石堰,横截大江,抑朝宗奔猛之势,溪江遂分上下之流,悬绝数丈,水始回环,汇于七乡,以及于城郭。江沱海浦,昔时潮汐之所往来,皆澄泓清甘,分支别派,触冈阜则止,然后民田厌于水矣。故自大中以后,始有废湖之议,知其有以易之也。不然,一方之人,岂其轻举如是?历代建谓不可悉数,至政和卒成之,迨今逾五十年,亢阳之旱不为少矣,公私无粒米之耗,常与东乡承湖之田同为丰凶,相等贵贱,非若它所,岁以旱诉蠲租减赋,与夫民田所耗得不偿失者等也。其故何耶?是则石堤之利,有以易之。此变而通之之利,其理明甚,人第弗察

---

① 《楼钥集》卷一〇七,第 1838 页。
② [明]赵锦修,张衮纂,刘徐昌点校:《嘉靖江阴县志》卷一二《官师表》,上海:上海古籍出版社,2011年,第 201 页。
③ 《楼钥集》卷一〇七,第 1838 页。

耳。不然，虽时月不可支，安能及数十年无所害耶？夫利害至于数十年不变，天理人事既已大定，议者犹欲追咎，过矣。湖之为田七百顷有奇，岁益谷无虑数十万斛，输于官者什二三。斗大之州，所利如此，讵可轻议哉？士大夫不揣其本而齐其末，且未尝身历亲见，徒习饭豆羹芋之谣，与夫南丰之文焜耀辨论，震荡心目，其亦不思甚矣。故余作《废湖辨》。"①据文中"至政和卒成之，迨今逾五十年"，知《废湖辨》作于致和年间废湖后约五十年。由政和末，即政和八年（1118）后推五十年为乾道四年（1168），文中即曰"逾"，当在乾道四年稍后，本年王正己罢退还乡，姑系于是年。

按：广德湖兴废与否在宋代一直争论不休。熙宁二年（1169），曾巩通判越州时，为鄞县张侯作记盛赞其治理广德湖之功绩。王正己《废湖辨》中所称"南丰之文"即曾巩所作《广德湖记》。政和末年，王正己岳父楼异上奏垦湖为田，徽宗纳其说，朝廷开始大规模废湖为田。金兵南侵，废湖之政作罢。建炎后，又有郡人王庭秀恐将来复有兴湖之说，撰《水利说》以作警示。绍兴九年，废湖复田说被提上日程。《宋会要辑稿·食货》七之四五载，绍兴九年五月二十四日，权发遣明州周纲言："尝考明州城西十二里有湖名广德，周回五十里，蓄诸山之水利以灌溉鄞县七乡民田，其利甚广。自政和八年守臣楼异请废为田，召人请佃，得租米一万九十余石。至绍兴七年，守臣仇悆又乞令见种之人输田主，径纳官租，增为四万五千余石。臣尝询之老农，以谓湖未废时，七乡民田每亩收谷六七石，今所收不及前日之半，以失湖水灌溉之利故也。计七乡之田不下二千顷，所失谷无虑五六十万石，又不无旱干之虑。乞还旧物，仍旧为湖。伏望特降指挥施行。"②又《建炎以来系年要录》卷一二八载，绍兴九年五月，"诏两浙转运司措置明州广德湖利害，申尚书省。湖在州西十里外，周回五十里，灌民田近二千顷亩，收谷六七斛。自政和末，始废为田，得租米万九千余斛。近岁仇悆为首，又倍增之。（绍兴七年）然民失水利，所损谷入，不可胜计。至是中书、门下省检正诸房公事周刚自明州召归，请复废田为湖，故有是旨焉"。③由此可知，绍兴九年，南宋朝廷又因废湖后，导致灌溉不利，损失收

---

① [宋]胡矩修，方万里、罗浚纂：《宝庆四明志》卷一二《鄞县志·叙水》，《宋元方志丛刊》第5册，第5149—5150页。
② [清]徐松：《宋会要辑稿·食货》七之四五，第4928页。
③ [宋]李心传著，胡坤点校：《建炎以来系年要录》卷一二八，第2415—2416页。

成,再次废田复湖。但这次废田复湖为时很短。据《建炎以来系年要录》卷一四八载:绍兴十三年三月辛亥,"明州言:'自废广德湖田,岁失官租三千余斛,请复以为田。'从之"①,绍兴十三年朝廷又再次废湖为田。嘉定七年(1214),程覃上《乞浚治东钱湖淤札子》言:"窃见庆元为郡,濒海近江,并无陂塘,全仗东钱湖及广德湖、它山水飞溉田亩。广德湖久已成田,饷水军,不敢复议。"②据此,嘉定七年,广德湖被垦为田,供养军队既久,已不容再被商讨。至此,宋代围绕广德湖兴废的争论终于画上了句号。

广德湖的兴与废各有利弊,并无绝对对错。《宋史》卷三五四《楼异传》载:"政和末,知随州,入辞,请于明州置高丽一司,创百舟,应使者之须,以遵元丰旧制。州有广德湖,垦而为田,收其租可以给用。徽宗纳其说。改知明州,赐金紫。出内帑缗钱六万为造舟费,治湖田七百二十顷,岁得谷三万六千。加直龙图阁、秘阁修撰,至徽猷阁待制。郡资湖水灌溉,为利甚广,往者为民包侵,异令尽泄之垦田。自是苦旱,乡人怨之。"③总体说来,废湖为田有功于国,然无利于民,因此站在不同的立场,对废湖为田的态度就会截然相反。这一点在《桃源乡志》中《楼异传》的正文与注文中对比最为明显。《桃源乡志》卷三《列传志二·名宦》:"楼异,字试可,乡先生郁之孙也。政和七年(1117)守乡郡,如废广德湖为田,计七百余顷,收粮三万七千余石,以供高丽使之费,甚称上意。卒立庙于湖中以祀之,赐额'丰惠'。但以湖田租额作税额,民佃湖者苦之。元以来,论者以其有功于国,无利于民,奏罢其祭。寻复之,以子钥贵,赠太史楚国公。"这段正文主要记叙了楼异废湖为田对解决朝廷粮食收入与高丽来朝所费起到的正面作用,以及楼异生前与死后所获得的嘉奖,虽略有小贬,然主要态度还是褒赞。但是在其后编者臧麟炳所附注文的评价却态度鲜明地站在民间的立场对此加以批评:"敬修氏曰,人臣事君,务引之于道。郡伯牧民,贵养之以惠。以利导君,已非臣道所宜,况废湖为皇田,以贻斯民无穷之害。至于今日犹纷纷议折议减不已也。若嚣胭废而人材衰之论,犹其者矣。后世夺民

---

① [宋]李心传著,胡坤点校:《建炎以来系年要录》卷一四八,第2802页。
② [宋]胡榘修,方万里、罗浚纂:《宝庆四明志》卷一二《鄞县志·叙水》,《宋元方志丛刊》第5册,第5151页。
③ 《宋史》卷三五四《楼异传》,第11163页。

田以为皇庄,其基于此欤?"①

本年前后王正己撰文为废湖为田作辩,说明乾道年间围绕广德湖的兴废争论依然非常激烈。王正己是首倡废广德湖为田的楼异的女婿,他支持与延续了楼异的立场。清代全祖望《甬上族望表》"桃源王氏"条载:"'庆历五先生',王氏居其二,本自庄溪来。鄞江先生第一,桃源先生第二,望春先生第三,提举第四。太府亦少有清名,而以婿于楼氏,故迁居广德湖上,率子弟辈为塞湖之倡,又著《废湖辨》以抗李庄简公,则谬矣。今楼楚公庙所谓王四太保配享者,即太府也,是则可惜也矣。深宁先生《四明七观》犹列太府于旧德,吾不谓然。王氏共四望。"②全祖望这段话指出,王正己于楼异之后,率族人迁居于已废湖为田的"广德湖上",并为之作《废湖辨》。"李庄简公"指李光,李光于绍兴八年任参知政事后,强烈建议还田为湖,上文所引绍兴九年,要求恢复湖面的举措就发生在李光当政之时,因此全祖望认为王正己的作法是在对抗李光之前的努力,并亮明态度,认为这是错误的。也因此,全祖望认为王正己倡言废湖有损清名,反对王应麟在《四明七观》中对王正己的褒奖,并将他剔除于王氏先贤之列。全祖望对王正己的非议,说明围绕广德湖兴废之辨的争论是激烈而长远的,同时也折射出这个问题由宋以至清,在国家经济中的重要性。

宋孝宗乾道七年辛卯(1171),五十三岁

起知饶州(江西省上饶市鄱阳县)。

《墓志铭》:"起知饶州,改严州,复改饶州。"③

宋孝宗乾道八年壬辰(1172),五十四岁

在饶州(江西省上饶市鄱阳县),以事忤宪司,劾罢。主管台州崇道观。

《墓志铭》:"以事忤宪司,劾罢。主管台州崇道观。"④姑系于本年。

宋孝宗乾道九年癸巳(1173),五十五岁

退闲居鄞(浙江省宁波市鄞州区),主管台州崇道观。

---

① [清]臧麟炳、杜璋吉编:《桃源乡志》卷三《列传志二·名宦》,第72页。
② 《全祖望集汇校集注·甬上族望表》卷上,第2641页。
③ 《楼钥集》卷一〇七,第1838页。
④ 《楼钥集》卷一〇七,第1838页。

宋孝宗淳熙元年甲午(1174),五十六岁

在临安(浙江省杭州市)。叶衡以辞赙事荐,召用。除尚书吏部员外郎,权右司郎官,遂为真。

《墓志铭》:"以叶丞相荐,除尚书吏部员外郎,权右司郎官,遂为真。"①又《宋宰辅编年录》卷一八《孝宗淳熙元年》:"(四月己卯)叶衡端明殿学士、签书枢密院事……(十一月)丙午,曾怀罢右丞相。……同日,叶衡右丞相。……(淳熙二年)九月乙未,叶衡罢右丞相。"②据此,王正己由叶衡举荐除官在本年。

另,《宋史》卷一六三《职官志》:"(吏部)郎中、员外郎……元丰官制行,置吏部郎中,主管尚书左、右选及侍郎左、右选各一员,参掌选事而分治之。凡郎官,并用知府资序以上人充,未及者为员外郎。"③又卷一六一《职官志》:"左司郎中、右司郎中、左司员外郎、右司员外郎,各一人,掌受付六曹之事,而举正文书之稽失,分治省事:左司治吏、户、礼、奏钞、班簿房,右司治兵、刑、工、案钞房,而开拆、制敕、御史、催驱、封桩、印房,则通治之,有稽滞,则以期限举催。"④王正己在此阶段接连除官、迁官,发生在淳熙元年十一月至淳熙二年九月不足一年的时间段内,足见其受叶衡重视。这也是王正己仕宦生涯中最顺畅的一段时期。

按:王正己与辛弃疾当在本年相识。辛弃疾同样被叶衡重视并连续被举荐。《宋史》卷四〇一《辛弃疾传》:"辟江东安抚司参议官,留守叶衡雅重之,衡入相,力荐弃疾慷慨有大略,召见,迁仓部郎官、提点江西刑狱。"⑤又《宋史》卷三四《孝宗纪》:"(淳熙二年六月)以仓部郎中辛弃疾为江西提刑,节制诸军,讨捕茶寇。"⑥又《宋史》卷一六三《职官志》:"仓部郎中、员外郎,参掌国之仓庾储积及其给受之事。凡诸路收籴折纳,以时举行;漕运上供封桩,以时催理;应供输中都而有登耗,则比较以闻。岁以应用刍粟前期报度支,均定支移、折变之数。"⑦辛弃疾与王正己俱被叶衡重视、举荐,又同在尚书省任职,两人在淳熙元

---

① 《楼钥集》卷一〇七,第1838页。
② [宋]徐自明撰,王瑞来校补:《宋宰辅编年录校补》卷一八《孝宗淳熙元年》,北京:中华书局,1986年,第1221—1229页。
③ 《宋史》卷一六三《职官志》,第3836页。
④ 《宋史》卷一六一《职官志》,第3790页。
⑤ 《宋史》卷四〇一《辛弃疾传》,第12162页。
⑥ 《宋史》卷三四《孝宗纪》,第659页。
⑦ 《宋史》卷一六三《职官志》,第3850页。

年十一月至淳熙二年六月之间当有交往。

宋孝宗淳熙二年乙未(1175)，五十七岁

在临安(浙江省杭州市)。闰九月，因叶衡罢相而免官，再奉祠。

《墓志铭》："叶公去国，公亦遭论，再奉祠。"①叶衡罢相在本年九月。《续资治通鉴》卷一四四："(淳熙二年)九月，乙未，叶衡罢。时汤邦彦奉使，入辞，恨衡摆己，因奏衡有讪上语。帝大怒，罢知建宁府。"②又周必大淳熙二年九月十六日作《叶衡罢右丞相除知建宁府制》："可罢右丞相兼枢密使，依前通奉大夫，知建宁府。"③叶衡罢相后，王正己很快受牵累，不到一月即被放罢。《宋会要辑稿·职官》七二之二："(淳熙二年闰九月)十九日，右司员外郎王正己放罢。以言者论其所居之职，废法徇情，为害滋甚，故有是命。"④王正己于叶衡被罢后三日即随之免官。

宋孝宗淳熙三年丙申(1176)，五十八岁

在鄞县(浙江省宁波市鄞州区)。奉祠居乡。

宋孝宗淳熙四年丁酉(1177)，五十九岁

在鄞县(浙江省宁波市鄞州区)。奉祠居乡。

宋孝宗淳熙五年戊戌(1178)，六十岁

知婺州(浙江省金华市)。

《墓志铭》："除严州，改婺州。"⑤

按：《淳熙严州图经》中有南宋严州历任知州的具体名单与在任日期⑥，其中并无王正己，知其并未赴严州任。又明万历《金华府志》卷一一《官师》载"王正己，淳熙五年由朝奉郎任"，其继任者韩元吉于"淳熙五年由龙图阁学士再任"。⑦ 故王正己当在本年知婺州。

---

① 《楼钥集》卷一〇七，第1838页。
② [清]毕沅：《续资治通鉴》卷一四四《宋纪·孝宗淳熙二年》，第3856页。
③ 《周必大集校证》卷一〇二《玉堂类稿二》，第1487页。
④ [清]徐松：《宋会要辑稿·职官》七二之二，第3989页。
⑤ 《楼钥集》卷一〇七，第1838页。
⑥ [宋]陈公亮：《淳熙严州图经》卷一《题名》，《宋元方志丛刊》第5册，北京：中华书局，1990年，第4302页。
⑦ [明]王懋德纂修，陆凤仪等编：《金华府志》卷一一《官师》，《中国地方志丛书》第498号，台北：成文出版社有限公司，1983年，第682页。

在临安(浙江省杭州市)。内引奏事,获孝宗褒纳。

　　《墓志铭》:"内引奏事,尤加褒纳,至漏下数刻。"①

　　按:王正己本年复起,并获孝宗褒纳,当缘于史浩再相后的举荐。《宋史》卷三九六《史浩传》:"五年,复为右丞相。上曰:'自叶衡罢,虚席以待卿久矣。'浩奏:'蒙恩再相,唯尽公道,庶无朋党之弊。'上曰:'宰相岂当有党,人主亦不当以朋党名臣下。朕但取贤者用之,否则去之。'"②又《宋宰辅编年录》卷一八《淳熙五年》:"(三月)壬子,史浩右丞相。……十一月甲戌,史浩罢右丞相。……浩自是年三月拜右丞相,是月罢,在相位八阅月。"③史浩任相后即开始大量举荐人才。史浩在《论朋党记所得圣语》谈及其与孝宗论宰相推举人材及朋党:"淳熙五年五月七日,宰臣史某奏:'臣去国十六年,跧伏山林,绝不与士夫往来。今蒙圣慈,俾再辅政,人材能否,不能周知,虽加访问,未必能尽。今在堂求差遣者数百人,秖取已经堂除、无过犯或有荐举人,先次授之。或有过犯,已复官改正及已曾经任、未曾堂除人次之。臣无阿私,唯尽公道,庶无朋党之弊,惟陛下加察。'上曰:'宰相岂当有朋党,人主亦不当以朋党名臣下。既已名其为党,彼安得不结为朋党?朕但取贤者用,否则去之,且如叶衡既去,人以王正己为其党,朕固留之,以王正己虽衡所引,其人自贤,则知朕不以朋党待臣下也。'"④此段谈话特别点出王正己,说明王正己也是史浩所荐官员之一。孝宗力排众议,并不以王正己为叶衡党徒,并"固留之",因此王正己得以复起。

宋孝宗淳熙六年己亥(1179),六十一岁

在鄂州(湖北省武汉市),任荆湖北路转运判官。

　　《墓志铭》:"治婺数月,改荆湖北路转运判官。"⑤

春,辛弃疾由湖北转运副使改湖南转运副使,为之送别。辛弃疾有词相赠。

　　辛弃疾《摸鱼儿·淳熙己亥自湖北漕移湖南同官王正之置酒小山亭为赋》:"更能消几番风雨?匆匆春又归去。惜春长怕花开早,何况落红无数。春

---

① 《楼钥集》卷一〇七,第1838页。
② 《宋史》卷三九六《史浩传》,第12067页。
③ [宋]徐自明撰,王瑞来校补:《宋宰辅编年录校补》卷一八《淳熙五年》,第1234—1238页。
④ [宋]史浩撰:《鄮峰真隐漫录》卷一〇,《景印文渊阁四库全书》第1141册,第612页。
⑤ 《楼钥集》卷一〇七,第1838页。

且住。见说道天涯芳草无归路。怨春不语。算只有殷勤,画檐蛛网,尽日惹飞絮。　长门事,准拟佳期又误。蛾眉曾有人妒。千金纵买相如赋,脉脉此情谁诉?君莫舞。君不见玉环飞燕皆尘土!闲愁最苦。休去倚危栏,斜阳正在,烟柳断肠处。"①由题序知此词作于本年。

与湖广总领周嗣武、鄂州知州赵善括再为辛弃疾置酒送别。辛弃疾为赋《水调歌头·淳熙己亥自湖北移漕湖南周总领王漕赵守置酒南楼席上留别》。

辛弃疾《水调歌头·淳熙己亥自湖北移漕湖南周总领王漕赵守置酒南楼席上留别》:"折尽武昌柳,挂席上潇湘。二年鱼鸟江上,笑我往来忙。富贵何时休问,离别中年堪恨,憔悴鬓成霜。丝竹陶写耳,急羽且飞觞。　序兰亭,歌赤壁,绣衣香。使君千骑鼓吹,风采汉侯王。莫把离歌频唱,可惜南楼佳处,风月已凄凉。在家贫亦好,此语试平章。"据邓广铭先生考证,词题中周总领为湖广总领周嗣武,赵守为知鄂州赵善括。②

七月,移知湖州(浙江省湖州市)。

《墓志铭》:"移知湖州。"③又《嘉泰吴兴志》卷一四《郡守题名》:"王正己,朝散郎,淳熙六年七月到十一月罢。"④知王正己七月移知湖州。

十一月,罢知湖州(浙江省湖州市)。

《墓志铭》:"未半年罢,而版曹以一全年逋欠,奏公镌两秩,不辩也。"⑤又据上文知王正己十一月罢任。

宋孝宗淳熙七年庚子(1180),六十二岁

在鄞县(浙江省宁波市鄞州区),奉祠居乡。

《墓志铭》:"又为外祠。"⑥

宋孝宗淳熙八年辛丑(1181),六十三岁

在鄞县(浙江省宁波市鄞州区),奉祠居乡。

---

① [宋]辛弃疾撰,邓广铭笺注:《稼轩词编年笺注》卷一《江淮两湖之什》,上海:上海古籍出版社,2007年,第68页。
② 《稼轩词编年笺注》卷一《江淮两湖之什》,第70—71页。
③ 《楼钥集》卷一〇七,第1838页。
④ [宋]谈钥纂:《嘉泰吴兴志》卷一四《郡守题名》,《宋元方志丛刊》第5册,第4785页。
⑤ 《楼钥集》卷一〇七,第1838页。
⑥ 《楼钥集》卷一〇七,第1838页。

宋孝宗淳熙九年壬寅(1182),六十四岁

在静江府(广西省桂林市),任广南西路转运判官兼提举盐事。

《墓志铭》:"除广南西路转运判官。"①又《宋会要辑稿·食货》二八之一三:"(淳熙九年二月)广西运判兼提举盐事王正己、广东提监林枅、浙西抚干胡庭直奏到广西所行官般官卖,诚为民害,若两路改作通行客钞,诚为利害。"②王正己本年二月已为广南西路转运判官兼提举盐事。

宋孝宗淳熙十年癸卯(1183),六十五岁

在静江府(广西省桂林市)。四月,奏广西盐事。

《宋史全文》卷二七上《宋孝宗》:"夏四月丙申……广西运判王正己奏云:'陛下加惠远方,恐官卖科扰,民无所告,复行客钞以救其弊,德至渥也。陛下本以宽裕远民,而令来两路通行,却成发泄东钞。借使两路分画界分,西路漕计不亏,诸郡可以支吾,亭户不致贫乏,岂非陛下之本意。顾闻缺乏之端,有如二十余州上下煎熬,倘有申请,朝廷岂能坐视,必须应副,则东路虽有赢余,亦是朝三暮四,恐徒纷扰。'又云:'顷年章潭为广东提举盐事,力主两路通行之议,及就移西路运判,客纱不敷,漕计大窘,寝食几废。又得东路二十八万缗,遂以少宽。即同帅臣范成大乞行官卖。此则易地而不可行者,岁月未久,可以覆按。'又云:'绍兴间通行客钞能三十余年者,以西路有折科招籴之类。后既住罢,漕计遂窘,因有官卖之法,其后更易不定,大概以东钞通行、西钞不登为患。万一必须通行,则西路漕计或缺,亦须预作指画,不可临期缺误,然不若分路为允也。'"③

按:王正己给孝宗的这封言广西盐事的奏疏虽然语气婉转,但主张却很明确,即力主实行官般官卖法,反对钞盐法。淳熙十年前后广西盐法变更的始末,李心传《建炎以来朝野杂记》有多条记录。《建炎以来朝野杂记》甲集卷一四《广盐》条载:"九年,上命奉议郎胡庭直奉使岭南,详议盐法。庭直还,言钞法甚便。诏罢官卖,复通商。(十月己未)擢庭直太府寺丞。(十二月壬寅)寻出为提举广南东路常平茶盐、同措置广西盐事,使行其法。明年春,降诏谕二广官吏以更法之故(正月乙未)。夏,又迁庭直湖广、广西转运判官兼提举盐

---

① 《楼钥集》卷一〇七,第1838页。
② [清]徐松:《宋会要辑稿·食货》二八之一三,第5285页。
③ [宋]佚名,汪圣铎点校:《宋史全文》卷二七上《宋孝宗》,中华书局,2016年,第2275—2276页。

事,同措置广东盐事。(四月己酉)胡本詹体仁所荐,体仁时为吏部侍郎,即命知静江府。(四月庚戌)其后,又置都提举广南盐事官一员,俾掌其政。淳熙末,体仁坐改法不当抵罪,于是官般如焉。"①又乙集卷一六《广西盐法》:"广西钞盐之法,詹体仁所请也。体仁尝为广西漕,知官般之法有未便者,故欲以客钞易之。及入为起居郎,乃荐浙西安抚司干办公事胡庭直,令往广东、西与帅、漕及两路提举等司详议盐法。淳熙九年二月庚戌也。其冬,庭直使还,与广西运判兼提盐王正己、广东提举常平茶盐林枅共奏:'官卖之法害民,客钞为便。'……其年十二月己亥也。后数日,擢庭直太府寺丞。又数日,除广东提举盐事,使行其法。明年正月,体仁亦除吏部侍郎。四月,诏以体仁陈奏二广利害,深知民瘼,除集英殿修撰、知静江府。旋迁敷文阁待制。十五年三月,又诏以体仁宣劳累载,升敷文阁直学士。广西穷远,自乾道以来,盐法更变不常,凡商人之稍有资财者,皆迁徙而去,商贩退不通,官般又罢,而军食遂阙。……(十六年正月)丙午,诏体仁予在外宫观,从所请也。……子远乃见上,乞重黜体仁,仍从两司所奏,依旧法行下。丙辰,诏体仁落职学士,罢宫祠,送袁州安置。"②这条记载中称时任广西运判兼提盐的王正己于淳熙九年十二月附议詹体仁所倡议的钞盐法,认为"官卖之法害民,客钞为便",实际上与王正己的立场不合,是胡庭直歪曲王正己立场的虚假陈辞。这一点楼钥在《墓志铭》中有明确澄清。《墓志铭》完整交代了王正己在此次广西盐法更改中的态度与处境:"议臣请行客贩钞盐。荐浙西帅属胡庭直至二广议可否。公首贻书于胡,又奏其事。胡还朝,尽变前说,议臣亦驳公所陈。金字牌踵至,必欲施行。公不为屈,复辩析甚苦。大略谓:'西路官卖诚非盐法之善。然科折有弊,尚可禁止。若客钞有亏,无法可救,漕计立见空匮。诸郡取办,势必不胜弊而又变矣。臣去替不远,计任内决可支吾,岂以利害不及身,遂为诡随,以欺陛下?'移公漕湖南,而议臣帅桂林,以庭直代公,且领盐事,行其说。庭直身受其弊,以忧死。既而公私告乏,民不聊生。孝宗闻之震怒,议臣坐严谴而法果变矣。"③据此,王正己自始至终态度明确地反对钞盐法。文中"议臣",指詹仪之,字体仁。詹仪

---

① [宋]李心传撰,徐规点校:《建炎以来朝野杂记》甲集卷一四,北京:中华书局,2000年,第297页。
② [宋]李心传撰,徐规点校:《建炎以来朝野杂记》乙集卷一六,第782—785页。
③ 《楼钥集》卷一〇七,第1838页。

之为理学中人,曾师从朱熹、张栻等人,楼钥在文中不点其名,当是为其讳。詹仪之派胡庭直到广西与时任广西转运判官兼提盐的王正己商议钞盐法的可行性,王正己陈言认为不可行,但胡庭直"尽变前说",于是便有了《建炎以来朝野杂记》中所云,胡庭直还朝后与王正己"共"奏赞成变更盐法的说辞。胡庭直上奏后不久,王正己又再次向孝宗奏钞盐法之不可行,当是辩明与重申其主张官般法的立场。但孝宗此时已心属"钞盐法",王正己被迫移官湖南运判,这也可进一步证明《建炎以来朝野杂记》中所言王正己赞同"钞盐法"的说法与事实并不相符。

围绕着广西盐法变革的争论,并没有因为王正己的出局而落下帷幕。据《续资治通鉴》,淳熙十年孝宗"诏广盐实行钞法,罢官般官卖"。① 十一年四月癸酉又"诏广西经略詹仪之、运判胡庭直,开具到现行盐钞,已为详细,可恪意奉行"。② 但"钞盐法"在广西的推行却困难重重,以致顶替王正己的胡庭直竟然"愁死",而倡议提出者詹体仁在淳熙十六年,也因"钞盐法"引发的种种弊端及恶果被反复弹劾,终被罢遣,盐法又恢复到当初的"官般法"。朱熹《答詹帅书》云"王正己倾尝一见,虽不甚款,然意其老成更练,所虑必深,恐尚可咨访,以尽利病之实,此固高明所不惮也"③,明确指出,王正己老成更练,对治民之方往往能深思熟虑,他的意见可供咨访,但詹体仁显然没有听从。

食盐是南宋财政的重要来源,在不同时段,不同地区,或用官方专卖的"官般法",或行以商业买卖的"钞盐法",两法各有利弊,无所谓优劣,要视具体情况而定。但从"钞盐法"运行结果来看,它的效果确实不如"官般法"。王正己坚持"官般法"终被调任,从中可看出两点:一、王正己具有施政才干,他所主张的治理手段与方法颇能切合当下实际;二、其人个性耿介,不畏强御。这两点也可由王正己出仕以来的其他事迹得以佐证。楼钥《酌古堂文集序》谈及王正己的文章与施政,称"未尝无为而作文,遇论事则明白洞达,援据审谛,切于世务。理之所在,无所回挠,压之以万钧,震之以雷霆,不动也。如江阴论民兵之终于无益,广西论盐法之不可轻变,其为宰掾,看定四方章奏之类,皆如五谷

---

① [清]毕沅:《续资治通鉴》卷一四九《宋纪·孝宗淳熙十年》,第3977页。
② [清]毕沅:《续资治通鉴》卷一四九《宋纪·孝宗淳熙十一年》,第3985页。
③ [宋]朱熹撰,尹波、郭齐点校:《朱熹集》卷二七《书》,成都:四川教育出版社,1996年,第1156页。

药石之适于实用"①，即道出了王正己上述两个特点。楼钥在《墓志铭》赞语中总结王正己一生仕历为"三仕三已，踣而复起"②，一定程度上，其仕出于他的才能，其罢则由其个性耿直，不能迎合所导致。

需要补充一点的是，王正己在给孝宗的奏书中提到广南西路"官般法"本出自其好友范成大所乞行，则王正己的盐法主张是其友人的延续。《宋史》卷三八六《范成大传》："起知明州，奏罢海物之献。"③据于北山《范成大年谱》，范于淳熙七年(1180)三月知明州，楼钥作有贺启，期间，范成大与魏杞、汪大猷交往并作诗。④ 上述众人，或是王正己姻亲，或是其友人，并且这一年，王正己奉祠在家，他与范成大或在淳熙七年相识。

在潭州(湖南省长沙市)，任湖南运判。

《墓志铭》："移公漕湖南。"⑤

与王炎同游南岳衡山，有诗唱和。

王炎《和王右司游南岳得晴》："笑披鹤氅上坡陀，风籁无声日气和。绝顶琼瑶蒙竹树，上方宫殿隔藤萝。雪花夜堕方如许，天宇晨开岂有他。一点春阳温厚意，积阴消释自无多。"⑥又《和王右司游南岳三绝》："懒跨狨鞍趁晓班，却穿蜡屐小游山。山头草木生光彩，玉节曾行紫翠间。乔岳雄于楚粤间，众丘迤逦酿高寒。青藜挂到云霄上，见得心如眼界宽。祝融独秀压群峰，登览虽终兴未穷。人物与山争峻特，也宜班爵视三公。"⑦又《和王右司回雁峰韵》："宦途多远游，王事无宁居。人生亦何求，意足即有余。候雁到衡阳，不肯更南去。达人识其几，青云首回顾。不受宠辱惊，进退皆裕如。平生金石心，此诗岂欺予。田园归去来，千载渊明语。妙句当并传，来哲定深许。"⑧

按：王炎，《宋史》无传，陆心源《宋史翼》卷二四辑有小传，可略知其生平。

---

① 《楼钥集》卷四九，第922—923页。
② 《楼钥集》卷一〇七，第1841页。
③ 《宋史》卷三八六《范成大传》，第11870页。
④ 于北山：《范成大年谱》，上海：上海古籍出版社，2006年，第294—302页。
⑤ 《楼钥集》卷一〇七，第1838页。
⑥ [宋]王炎：《双溪类稿》卷四，《景印文渊阁四库全书》第1155册，台北：台湾商务印书馆，1985年，第461页。
⑦ [宋]王炎：《双溪类稿》卷四，《景印文渊阁四库全书》第1155册，第462页。
⑧ [宋]王炎：《双溪类稿》卷四，《景印文渊阁四库全书》第1155册，第462页。

《全宋诗》录王炎诗502首。《全宋词》收其词52首。王正己曾为右司,又本年为湖南运判。下年,王正己改任江西提刑,王炎另有《送王右司移江西宪》相赠,故知题中王右司即为王正己。南岳即衡山,两宋时属潭州。王炎诗中回雁峰为衡山诸峰之一。故王炎此三首均为两人同游南岳时所作,惜王正己原作不存。

王炎作《上王右司书》,请修葺府之学校。

　　王炎《上王右司书》:"炎闻六经载事之简严而用法之精密者,莫过于《春秋》。……潭,衡湘会府也,使节帅符莅焉,其学校宜崇丽显敞,始足以称价藩之体。今为屋数百楹,养士溢百人,而先圣之殿、御书之阁、师生之庐寖以颓剥,炎以为此台府所以宜垂意也。……台府有意为之,其事亦无甚难者。炎寒乡晚出,家世中衰,为贫而仕,默默在此且一年矣。右司持节鼎来,炎旅进退于属吏之中,辱降辞色眷予之,是以敢有所请。惟少垂顷刻之暇,察其区区之怀,而恕其喋喋之罪,不胜幸甚。干冒威严,流汗无地。"①

　　按:王炎时为州学教授。《宋史翼》卷二四《王炎传》载:"秩满,授潭州教授,以教养为己责。"②王炎留意于州学,故向时为转运副使的王正己请求拨款,修葺潭州学府。

宋孝宗淳熙十一年甲辰(1184),六十六岁

在潭州(湖南省长沙市)。改任江西提刑,王炎作《送王右司移江西宪》道贺赠别。

　　王炎《送王右司移江西宪》:"日边好音来,绣斧移轺车。九重寄视听,四牡烦询咨。才德难两全,有实时所须。平生经纶学,丰蓄乃啬施。底柱阅颓波,去就难招麾。湘滨督飞輓,未曾费符移。举鞭有流钱,民瘠亦自肥。揽辔不可留,父老结去思。星台照芹水,寒士增光辉。心旌绕门阑,意往身縶维。叱驭岂惮行,愿言谨驰驱。遥知章贡上,喜色生里闾。旧闻珥笔风,家有城旦书。公行将直指,淑问如皋苏。桁杨无幽枉,雨露皆沾濡。东望尺五天,入觐聊假途。善类望主盟,至尊渴谋谟。正须画麒麟,未用思莼鲈。"③

在赣州(江西省赣州市),任江西提刑。

　　《墓志铭》:"为江西提刑。"④

---

①［宋］王炎:《双溪类稿》卷二〇,《景印文渊阁四库全书》第1155册,第653—655页。
②［清］陆心源:《宋史翼》卷二四《王炎传》,第260页。
③［宋］王炎:《双溪类稿》卷四,《景印文渊阁四库全书》第1155册,第463页。
④《楼钥集》卷一〇七,第1838页。

按：江西提刑司治所在赣州。

宋孝宗淳熙十二年乙巳(1185),六十七岁

在赣州(江西省赣州市)。春,周必大有书问候。

周必大《与王宪正己书》载:"(淳熙十二年)某窃以岁事更新,恭惟提刑右司平反底绩,台候动止万福。特辱诲翰,不胜慰感。牛口滩薄惊舟御,乃赣石常事,不必介怀。庐陵路铃曲折,极荷垂教。见令戚侯就帅司兼领,正合来谕,自此且未除人也。向宰甚荷周旋,近漕司奏乞拨油麻钱五万补助赣州,三省方商议。此乃志道刮刷州县以自肥,而不思白撰财赋,科罚百姓,贻患无穷,其所得能几何耶?宁有盗臣,诚可叹也。忽忽具复,究所怀。愿加保颐,以俟严召。"①

按：周必大时为枢密使。

在建康(江苏省南京市),任江东运判。

《墓志铭》:"易节江东,未到,改运判。"②

在扬州(江苏省扬州市)。十月,任淮南运判。

《墓志铭》:"又移淮南。"③据《宋史全文》卷二七下《宋孝宗》:"(十二年冬十月)上因言:'淮漕阙人,可改差王正己,正己平平,淮上事亦简。'"④知王正己本年十月任淮南运判。

按：孝宗评价王正己"平平",非平庸意,而指为政宽简。《墓志铭》谓王正己"剖符数郡,持节几半东南,所至无聚敛之政,省鞭扑之苛。不徒以文法临宾属,而有父兄教子弟之意。荐举必公,按刺至寡,而端毅简默,望风畏之。及其即之也温,洞见肺肝,一善可取,口之不置"⑤,此即孝宗所言"平平"之意。又淮南转运司治所在扬州。

宋孝宗淳熙十三年丙午(1186),六十八岁

在扬州(江苏省扬州市)。任淮南运判。越部辩明镇江军帅张诏不法事。

《墓志铭》:"孝宗擢公于下僚,奖待优渥。漕淮南时,或言镇江军帅张诏不

---

① 《周必大集校证》卷一九七《书稿十二》,第3038页。
② 《楼钥集》卷一〇七,第1838页。
③ 《楼钥集》卷一〇七,第1838页。
④ [宋]佚名,汪圣铎点校:《宋史全文》卷二七下《宋孝宗》,2323页。
⑤ 《楼钥集》卷一〇七,第1838页。

法,几中深文,特命公竟其事。公为辩明,止坐薄责。前此监司未有越所部而治事者,眷倚之意可知。"①此事在漕淮南期间,姑系于是年。

至仪真(江苏省扬州市仪征市),为天开图画亭命名,并作《天开图画亭》。

《隆庆仪真县志》卷一四《艺文考》中有王正己《天开图画亭》:"夜来残暑麈西风,秋声摵摵先井桐。纤云四卷天开容,一碧万里磨青铜。使君退食新凉逢,厌看凝寝江云浓。领客欲送孤飞鸿,城隅高亭湿青红。旷望四野开心胸,前瞻江山胜而雄。琉璃波光群玉峰,水墨正尔难为工。天开地辟今古中,此景自若无初终。天岂为我施新功,我心得之眼相从。收入几席无遗踪,锦囊得助防诗穷。向来神秀造化钟,李成郭熙将无同。强名图画托天公,抚掌一笑浮金钟。"下注"四明人,发运判"②,知此诗作于其漕淮南时,姑系于本年。

天开图画亭为王正己取黄庭坚诗所命名之亭。《隆庆仪真县志》卷二《形胜考》载:"天开图画,宋淳熙间武经大夫姚恪建亭记。"又同卷《名迹考》:"天开图画亭,旧志在郡圃西城之上,郡守姚恪建,右司王正己名,盖取黄山谷'天开图画即江山'之句。"③

仪真南宋时隶淮南东路。《宋史》卷八八《地理志》:"真州,望,军事。本上州。乾德三年,升为建安军。至道二年,以扬州之六合来属。大中祥符六年,为真州。大观元年,升为望。政和七年,赐郡名曰'仪真'。建炎三年,入于金,寻复。"④

宋孝宗淳熙十四年丁未(1187),六十九岁

在建康(江苏省南京市)。九月,除宝文阁直学士,任江东运判。

《宋会要辑稿·职官》六二之二六:"(十四年)九月七日,诏淮南转运判官王正己职事修举,除直宝文阁。"⑤又《墓志铭》:"以职事修举,直宝文阁、江东运判。"⑥

---

① 《楼钥集》卷一〇七,第1840页。
② [明]申嘉瑞:《隆庆仪真县志》卷一四《艺文考》,上海:上海古籍书店,1963年。
③ [明]申嘉瑞:《隆庆仪真县志》卷二《形胜考》。
④ 《宋史》卷八八《地理志》,第2180—2181页。
⑤ [清]徐松:《宋会要辑稿·职官》六二之二六,第3795页。
⑥ 《楼钥集》卷一〇七,第1838页。

在临安（浙江省杭州市），任左司郎官。

《墓志铭》："俄除左司。"①

宋孝宗淳熙十五年戊申（1188），七十岁

在临安（浙江省杭州市），迁中书门下省检正诸房公事。

《墓志铭》："迁中书门下省检正诸房公事。"②

高宗山陵竣事，进《圣德孝感记》。

《宝庆四明志》卷八《叙人·王说传》："高宗山陵竣事，尝进《圣德孝感记》，上曰：'卿文似韩愈，已宣付史馆。'"③又《宋史》卷三二《高宗纪》："淳熙十四年十月乙亥，崩于德寿殿，年八十一。谥曰圣神武文宪孝皇帝，庙号高宗。十六年三月丙寅，攒于会稽之永思陵。"高宗崩于淳熙十四年十月，十六年三月下葬。山陵竣事当在本年，姑系于此。

宋孝宗淳熙十六年乙酉（1189），七十一岁

在临安（浙江省杭州市）。正月，借礼部尚书接送伴金国贺正旦使。

《墓志铭》："借礼部尚书接送伴金国贺正旦使。正房使之非仪，折傧者之踞肆，无不声服。"④据周必大《思陵录》："（正月）丁酉，晴。上先御后幄，引送伴使副王正己等。"⑤知事在正月。

二月，光宗继位，赐金紫大夫，迁宗正少卿。

《墓志铭》："太上皇帝践阼，赐金紫，迁宗正少卿。"⑥又《宋史》卷三五《孝宗纪》载："（十六年二月）壬戌，下诏传位皇太子。是日，皇太子即皇帝位。帝素服驾之重华宫。"⑦

改太府卿。

《墓志铭》："自以任子不当预玉牒史事，力辞，改太府卿。"⑧

---

① 《楼钥集》卷一○七，第 1838 页。
② 《楼钥集》卷一○七，第 1838 页。
③ ［宋］胡榘修，方万里、罗浚纂：《宝庆四明志》卷八《叙人·王说传》，《宋元方志丛刊》第 5 册，第 5080 页。
④ 《楼钥集》卷一○七，第 1839 页。
⑤ 《周必大集校证》卷一七三《杂著述十一·思陵录下》，第 2691 页。
⑥ 《楼钥集》卷一○七，第 1839 页。
⑦ 《宋史》卷三五《孝宗纪》，第 691 页。
⑧ 《楼钥集》卷一○七，第 1839 页。

按:"任子"指王正己以门荫入仕。《宋史》卷一六四《职官志》:"(宗正)卿掌叙宗派属籍,以别昭穆而定其亲疏,少卿为之贰,丞参领之。凡修纂牒、谱、图、籍,其别有五:曰玉牒,以编年之体叙帝系而记其历数,凡政令赏罚、封域户口、丰凶祥瑞之事载焉。曰属籍,序同姓之亲而第其服纪之戚疏远近。曰宗藩庆系录,辨谱系之所自出,序其子孙而列其名位品秩。曰仙源积庆图,考定世次枝分派别而系以本宗。曰仙源类谱,序男女宗妇族姓婚姻及官爵迁叙而著其功罪、生死。凡录以一岁,图以三岁,牒、谱、籍以十岁修纂以进。"①宗正少卿需专门的文章与修史才能,乃科举出身的官员所擅长。王正己非由科举出身,故坚决推辞。

宋光宗绍熙元年庚戌(1190),七十二岁

在饶州(江西省上饶市鄱阳县)。除秘阁修撰、江东提刑。

《墓志铭》:"丐外,除秘阁修撰、江东提刑。"②

按:据王晓龙《宋朝提点刑狱司治所位置及变更情况表》,江南东路提点刑狱司治所在饶州。③

在平江府(江苏省苏州市)。五月,为浙西提刑。

《墓志铭》:"俄改浙西。"④

按:王正己好友范成大所撰《吴郡志》卷七《官宇》载:"(两浙西路)提点刑狱司,在乌鹊桥西北,绍兴元年建。"⑤同卷又载王正己任浙西提刑的具体时间:"王正己,以朝请大夫、充秘阁修撰、新江东提刑改除,绍熙元年五月初三日到任。十二月初三日,准敕以陈乞宫祠差,主管建宁府武夷山冲祐观。"⑥知本年五月至十二月,王正己在浙西提刑任。

夏,作茉莉诗,范成大次韵作《次王正之提刑韵谢袁起岩知府送茉莉二槛》。

周必大《资政殿大学士赠银青光禄大夫范公成大神道碑》:"俄寿皇内禅。公

---

① 《宋史》卷一六四《职官志》,第3887页。
② 《楼钥集》卷一〇七,第1838页。
③ 王晓龙:《宋代提点刑狱司制度研究》,北京:人民出版社,2008年,第182页。
④ 《楼钥集》卷一〇七,第1838页。
⑤ [宋]范成大撰,陆振岳点校:《吴郡志》卷七《官宇》,南京:江苏古籍出版社,1999年,第77页。
⑥ 《吴郡志》卷七《官宇》,第83页。

行至婺州，以腹疾力请奉祠，从之。"①孝宗于淳熙十六年二月禅位于光宗，范成大请祠归乡当在此之后不久，因此得以与王正己交往唱和。范成大《次王正之提刑韵谢袁起岩知府送茉莉二槛》："千里移根自海隅，风帆破浪走天吴。散花忽到毗耶室，似欲横机试病夫。燕寝香中暑气清，更烦云鬟插琼英。明妆暗麝俱倾国，莫与矾仙品弟兄。"②据诗中"暑气清"，知作于夏天。王正己原作已佚。

范成大《双瑞堂记》："绍熙初元夏四月，吴郡袁使郡为政之再阅月也……使郡名说友，字起岩，建阳人。嘉平日，石湖范成大记。"③又范成大《吴郡志》卷一一《牧守》："袁说友，以朝请大夫、浙东提举除，淳熙十六年七月二十八日到任。绍熙元年三月，除直秘阁、知平江府。"④又卷七《官宇》："袁说友，朝议大夫、直秘阁。绍熙元年三月到，二年五月赴召。"⑤据上文，知袁说友为王正己前任。卸任后，袁说友又知平江府，并与范成大、王正己相互往来。

秋，茉莉渐过，木犀正开，范成大作《王正之提刑见和茉莉小诗甚工今日茉莉渐过木犀正开复用韵奉呈二绝》呈王正己。次日，又呈《复用韵记昨日坐中剧谈及赵家琵琶之妙呈王正之提刑二绝》。

范成大《王正之提刑见和茉莉小诗甚工今日茉莉渐过木犀正开复用韵奉呈二绝》："南花宜夏不禁凉，犹绕珍丛觅旧香。留得典刑传菊圃，别篘新酒待重阳。（自注：事吴中有茉莉菊花。）茉莉吟余又木犀，碧瑶叶底露金支。从今日日须搜句，莫遣砚池生网丝。"⑥据"南花宜夏不禁凉"知时已秋天。又《复用韵记昨日坐中剧谈及赵家琵琶之妙呈王正之提刑二绝》："病来六结总龟藏，不用浓熏戒定香。花下酒边非我事，但余消瘦是东阳。曹穆新声和者稀，如今妙手属天支。转关㩉索都传得，想见飞凰舞绿丝。"诗末自注："正之云：'《转关六幺㩉索》《梁州历统薄媚》《醉吟商》《胡渭州》，此四曲，承平时专入琵琶，今不复有传者。'余按《北梦琐言》载黔南节度王保义女弹琵琶，梦吴人授曲，内有《醉

---

① 《周必大集校正》卷六二《平园续稿二十二》，第 913 页。
② ［宋］范成大：《石湖诗集》卷三〇，《景印文渊阁四库全书》第 1159 册，台北：台湾商务印书馆，1985 年，第 822 页。
③ ［宋］范成大撰，陆振岳点校：《吴郡志》卷六《官宇》，第 57 页。
④ ［宋］范成大撰，陆振岳点校：《吴郡志》卷一一《牧守》，第 151 页。
⑤ ［宋］范成大撰，陆振岳点校：《吴郡志》卷七《官宇》，第 82 页。
⑥ 《石湖诗集》卷三〇，《景印文渊阁四库全书》第 1159 册，第 823 页。

吟商》一调,其来远矣。"①据诗题及诗末自注,知王正己精熟词乐。另,又据范成大《戏题赵从善两画轴三首》自注曰:"王正之云:'从善家有琵琶妓甚工。'病翁未得见,借此画以戏之。"②知王正己尤通琵琶。

冬,因疾求归。主管建宁府武夷山冲祐观。

《墓志铭》:"以末疾求归。主管建宁府武夷山冲祐观。"③又上文提及"十二月初三日,准敕以陈乞宫祠差"。

病中寄诗范成大,范成大作《次韵王正之提刑大卿病中见寄之韵正之得请归四明并以饯行》为王正己饯行。

范成大《次韵王正之提刑大卿病中见寄之韵正之得请归四明并以饯行》:"名卿绪前辈,风格如玉山。累累培塿中,见此高孱颜。揽辔忽思归,无人解縻贤。飘飘架紫车,浮云视朱丹。向来小病恼,体力今已安。胡为犯风雪,江湖行路难。呼酒暖征衫,宁计斗十千?倡酬悔不数,长怀悲短缘。离合固常事,匆忙增惘然。浩荡海山春,登临想臞仙。笑我守荒径,老茧深裹缠。拟题忆郐句,思咽冰下泉。迟公寄新作,使我头风痊。"④诗中范成大表达了对王正己精神风韵的钦羡及对其即将离去的伤感,并希望王正己回鄞县后再寄新作,以使其头风得以"治愈"。

新诗获范成大极力赞赏。

《墓志铭》:"晚又以杜少陵、苏长公为标准。石湖参政范公成大见公近诗,喑曰:'不惟把降幡,殆将焚笔砚矣。'"⑤又楼钥《酌古堂文集序》亦云:"近时以诗鸣,如石湖范公见诗,亦自言欲焚其稿。"⑥由上文范成大所存与王正己的诗歌唱和,亦可确证范成大对王正己诗歌极力赞赏,惜王正己除《天开图画亭》外,诗歌全部亡佚。

辛弃疾为作《水调歌头·和王正之右司吴江观雪见寄》。

辛弃疾《水调歌头·和王正之右司吴江观雪见寄》:"造物故豪纵,千里玉

---

① 《石湖诗集》卷三〇,《景印文渊阁四库全书》第1159册,第823页。
② 《石湖诗集》卷三一,《景印文渊阁四库全书》第1159册,第827页。
③ 《楼钥集》卷一〇七,第1839页。
④ 《石湖诗集》卷三一,《景印文渊阁四库全书》第1159册,第827页。
⑤ 《楼钥集》卷一〇七,第1840页。
⑥ 《楼钥集》卷四九,第922页。

鸾飞。等闲更把,万斛琼粉盖玻璃。好卷垂虹千丈,只放冰壶一色,云海路应迷。　老子旧游处,回首梦耶非。谪仙人,鸥鸟伴,两忘机。掀髯把酒一笑,诗在片帆西。寄语烟波旧侣,闻道莼鲈正美,休裂芰荷衣。上界足官府,汗漫与君期。"①据词意及词中"垂虹"知王正己时在平江府。垂虹亭为平江府吴江上的一大名胜。《吴郡志》卷一七《桥梁》:"利往桥,即吴江长桥也。庆历八年,县尉王廷坚所建。有亭曰'垂虹',而世并以名桥。《续图经》云:'东西千余尺,前临太湖、洞庭三山,横跨松江。行者晃漾天光水色中,海内绝景。唯游者自知之,不可以笔舌形容也。'垂虹亭,兵火后复创。亭前乐轩已不复立,中兴驻跸武林,往来憧憧千万。承平时,此桥方为大利。有议以石杗易木杗者,或谓非是,然亦卒不果易。绍兴三十二年,虏亮犯淮,中外戒严。或献计枢庭,乞行下平江焚长桥。时郡守洪遵持不可。而县民已有知之者,相与聚哭于圮下矣。"②王象之《舆地纪胜》卷五《平江府》亦载:"垂虹亭,在吴县利往桥,东西千余尺,用木万计,前临具区,横绝松陵,湖光海气荡漾一色,乃三吴之绝景,桥有亭曰垂虹。"又"吴江桥,在吴江上名利往桥。庆历八年建,有亭曰垂虹,三吴之绝景也"。③

　　按:此词邓广铭先生《稼轩词编年笺注》将之系于淳熙二、三年(1175或1176)。并云:"据楼钥《攻媿集》,王正之于叶衡为相时任右司郎官。另据《宋会要辑稿》职官七二之二:'(淳熙二年闰九月)十九日,右司员外郎王正己放罢。以言者论其所居之职,废法徇情,为害滋甚,故有是命。'词中有'莼鲈正美,休裂芰荷衣'句,其唱和盖在王氏已罢右司之后。"④邓先生的考证仅为推测。本年王正己为浙西提刑,浙西提刑司治所在平江府吴县,正是辛词中吴江垂虹亭所在,故该词当作于本年。

宋光宗绍熙二年辛亥(1191),七十三岁

在鄞县(浙江省宁波市鄞州区)。居乡奉祠。

　　《墓志铭》:"主管建宁府武夷山冲祐观。"⑤

---

① 《稼轩词编年笺注》卷一《江淮两湖之什》,第43—44页。
② [宋]范成大撰,陆振岳点校:《吴郡志》卷一七《桥梁》,第283—284页。
③ [宋]王象之:《舆地纪胜》卷五《平江府》,北京:中华书局,1992年,第293—295页。
④ 《稼轩词编年笺注》卷一《江淮两湖之什》,第45页。
⑤ 《楼钥集》卷一〇七,第1839页。

春,甫归乡,史浩为作《次韵王正之惊蛰有感言归》。

史浩《次韵王正之惊蛰有感言归》:"闻说天家起阿香,揽桃催杏脸无央。夜蟾不解照仙李,朝雨何妨梦楚王。知买扁舟成折柳,剩哦佳句作甘棠。故园风物虽云好,何必归程遽许忙。"①据诗题知此是初春惊蛰时作。诗中"甘棠"出自《诗经·甘棠》,史浩以此称美王正己在任嘉政,并叹惜其归隐略早,有惋惜之意。此时史浩亦退居乡里。

与史浩席间唱和,史浩作《浣溪沙·即席次韵王正之觅仙哥鞋》。

史浩《浣溪沙·即席次韵王正之觅仙哥鞋》:"一握钩儿能几何?弓弓珠蹙杏红罗。实时分惠谢奴哥。香压幽兰兰尚浅,样窥初月月仍多。只堪掌上恹琼波。"②本年王正己退闲乡里,史浩有诗相赠。又史浩于绍熙五年(1194)去世,故系于是年。

宋光宗绍熙三年壬子(1192),七十四岁

在鄞县(浙江省宁波市鄞州区)。居乡奉祠,主管建宁府武夷山冲祐观。

宋光宗绍熙四年癸丑(1193),七十五岁

在鄞县(浙江省宁波市鄞州区)。再奉祠。

《墓志铭》言王正己"既再任"③,知其再次奉祠。

赵汝愚欲重起之。

楼钥《跋王额之所藏赵忠定公帖》:"绍熙之末,丞相赵忠定公方在西府,慨然欲收召天下故老之有清德雅望者聚之朝。时太府卿王公正己,吏部郎中丰公谊诸人,皆其选也。以年高退处于家,皆欲尽起之,庶几大老归周。明年忠定当国,王公时已休官,丰公称至,适以烦言而去,此事遂已。尔后事愈多变,而诸老亦尽矣,可胜叹哉!大卿,某姑之夫也。从其孙额之见忠定公旧书,读之使人流涕。"④

按:"西府"指枢密院。据《宋史》卷三六《赵汝愚传》,赵绍熙四年知枢密院事,绍熙五年为右丞相。⑤

---

① [宋]史浩:《鄮峰真隐漫录》卷三,《景印文渊阁四库全书》第1141册,第554页。
② [宋]史浩:《鄮峰真隐漫录》卷四八,《景印文渊阁四库全书》第1141册,第904页。
③ 《楼钥集》卷一〇七,第1839页。
④ 《楼钥集》卷七三,第1315页。
⑤ 《宋史》卷三六《赵汝愚传》,第11983—11987页。

宋光宗绍熙五年甲寅(1194),七十六岁

在鄞县(浙江省宁波市鄞州区)。八月,乞致仕。

《墓志铭》:"绍熙五年八月乞致其事。"①

十月,转朝议大夫。

《墓志铭》:"十月,以今上覃恩转朝议大夫。"②

宋宁宗庆元元年乙卯(1195),七十七岁

在鄞县(浙江省宁波市鄞州区)。与亲友共组真率会。

楼钥《约访王卿正己巳而中辍次韵》:"归来亲戚话通情,准拟流花得再行。已荷适斋容接武,敢从酌古邈渝盟。乌衣门巷人非远,绿野樽罍计未成。官已得闲身未暇,因仍恐或过清明。"③

按:据此诗知王正己归乡后常与亲友集会,所集之会为汪大猷主盟的"真率会"。

汪大猷"真率会"的具体情况,由楼钥的两首诗可得知大概。楼钥《士颖弟作真率会次韵》:"何羡祖希情好隆,朱陈累世意交通。舅甥巾屦频相接,兄弟樽罍喜更同。参坐幸容攻媿子,主盟全赖适斋翁。日来愈得清闲趣,斗酒不妨时一中。"④又《约同社往来无事形迹次韵》:"家舅年益高,何止七十稀。神明曾未衰,发黄齿如儿。义概同古人,闾里咸归依。度量海深阔,仁爱佛慈悲。居然三达尊,后生愿影随。为作真率集,率以月为期。平生持谦柄,自牧何太卑。善学柳下惠,不欲慕伯夷。一乡有善士,收拾略不遗。以此娱我老,今是胜昨非。乡党既恂恂,朋友亦偲偲。凡我同盟人,共当惜此时。间或造竹所,宁容掩朱扉。耆英古有约,不劝亦不辞。此意岂不美,谨当守萧规。达哉杜陵客,从他人见嗤。"⑤据两诗,楼钥所言真率会有几大特征:一、适斋,即楼钥舅舅汪大猷,为真率会之主盟者;二、与会者皆为亲友;三、每月一会;四,不拘形迹,轻松自由,以"真率"为本色。楼钥《约访王卿正己巳而中辍次韵》中多处内容与"真率会"相合。尤其是首联与颔联,指明这是一次由汪大猷(适斋)主持,

---

① 《楼钥集》卷一〇七,第1839页。
② 《楼钥集》卷一〇七,第1839页。
③ 《楼钥集》卷一一八,第2060页。
④ 《楼钥集》卷一一八,第2062页。
⑤ 《楼钥集》卷一一八,第2058页。

王正己(酌古)作东的集会。

楼钥参与汪大猷所主盟的真率会始于庆元元年(1195)。欧阳光《宋元诗社研究丛稿》考证曰:"其(楼钥)所撰猷《行状》,谓大猷于绍熙二年(1191)致仕回乡,卒于庆元六年(1200)。《行状》云:'公既谢事,而钥得奉祠,六年之间,有行必从,有唱必合,徒步往来,殆无虚时,剧谈倾倒,其乐无涯。'以大猷之卒年上推六年,为庆元元年(1195),此一期间,当即该真率会的活动时间。"①又据楼钥《周伯范墓志铭》:"明年是为嘉定元年(1208)三月二十九日,以疾卒于家……吾邦旧有真率之集,仲舅尚书汪公主盟期事,君实预焉。余投闲一纪,从容其间。君少余一岁,棋品又相近,在会中尤为亲密。"②周伯范曾预真率会,其卒于嘉定元年(1208),此时楼钥已投闲一纪,由此上推十二年,即为庆元元年(1195),此正可与上述考证相印证。

又按:王正己与侄楼钥相得甚欢,除共同参与"真率会"外,还有其他诗酒往来。《墓志铭》:"某不肖晚出,以威姑之故,辱在亲党。省事以来,蒙诲予特异。比点朝行,闻公林泉甚适,梦寐欲侍巾屦。归而相得愈欢,以为不负我所期也。剧谈痛饮,或连日不倦,人之云亡,有识共叹,岂某一夫之私。"③楼钥又有诗《杨圣可棋集余方归自桃源不及预次韵》:"屏处尤便野性慵,故人何幸总相逢。赋归敢慕陶彭泽,自免犹希郝曼容。棋酒交欢情正洽,江山得助景方浓。嗟余误入桃源去,归路满城闻晚钟。"诗中"桃源"当是王正己住处,楼钥当时常往桃源拜访姑父王正己。

宋宁宗庆元二年丙辰(1196),七十八岁

在鄞县(浙江省宁波市鄞州区)。三月三日卒。

《墓志铭》:"庆元二年三月二日属疾,却药不进,翌日终于正寝,享年七十有八。"④

去世后一年楼钥作《吊王卿之丧次韵》悼念。

楼钥《吊王卿之丧次韵》:"去岁同登百尺楼,相期春晚更重游。舟藏大壑夜俄去,桥跨清溪花自流。五纪情亲真是梦,四山风物总成愁。一朝千古尚何

---

① 欧阳光:《宋元诗社研究丛稿》,广州:广东教育出版社,1993年,第243页。
② 《楼钥集》卷一一五,第1994页。
③ 《楼钥集》卷一〇七,第1840页。
④ 《楼钥集》卷一〇七,第1839页。

及,空使文皇叹薛收。"①

按:王卿,即王正己。楼钥《约访王卿已而中辍次韵》(见前文)中自注王卿为王正己。据诗中首句"去岁同登百尺楼",知作于王正己去世后一年。

---

① 《楼钥集》卷一一八,第2062页。

宋代将兵驻地再考

香港大学中文学院博士研究生 张新焱

摘要：将兵制是宋代军事制度的一次重要变革，其影响一直延续到南宋后期。宋代将兵驻地分布广泛，王曾瑜与李昌宪已对大多数驻地地点加以考证，但河北路、京东路、京西路、陕西路、河东路尚有一些将兵驻地仍未能确定具体地点。本文通过考证现存史料，对前人未能确认及有讹误的驻地加以补正，并且对河北是否曾增设二十将、河东十二将是否被宋人统计时遗漏等问题给出解释，确定了北宋将兵驻地的最终数量在一百四十个左右。

关键词：将兵；正将；副将；驻地

将兵制是宋代军事制度的一次重要变革，其影响一直延续到南宋后期。对于将兵制的研究，最初始于王曾瑜先生的《宋朝兵制初探》[1]，在此书中王先生对于将兵制的产生、发展及内容都进行了开创性的研究，初步根据《续资治通鉴长编》的记载列出了环庆、泾原、东南各处将兵驻地，但仍有大量将兵驻地未能确定。随后李昌宪先生的《宋代将兵驻地考述》[2]（以下简称《考述》）一文

---

[1] 王曾瑜：《宋朝兵制初探》，北京：中华书局，1983年，第97—98页。

[2] 李昌宪：《宋代将兵驻地考述》，收入邓广铭、王云海主编：《宋史研究论文集》，开封：河南大学出版社，1993年，第320—340页，后又收入《五代两宋时期政治制度研究》，北京：生活·读书·新知三联书店，2013年，第72—87页。

对于将兵的驻地又进行了更加深入的探索,基本上对所有将的驻地都给出了考证或猜测的地点。王曾瑜先生的《宋朝兵制初探》再版改名为《宋朝军制初探》①(以下简称《初探》),在吸取了《考述》一文的部分成果的基础上对将兵驻地相关内容进行了增订修改,排除了《考述》的推测部分,可考证部分的结论与《考述》相差不大。囿于材料所限,前人的一些考证还不够详尽,有些还存在错误。本文试图进一步运用更多材料探讨宋代将兵的驻地问题,力求能够将这一军制问题勾勒得更加清晰。

在讨论将兵的驻地之前有以下几个问题需要明确:首先,将兵的驻地并非局限于固定的一地,随着军事任务需求的变化,将兵的驻地有时也会临时发生改变。如环庆路第四将按《续资治通鉴长编》本应在怀安镇,《曾公遗录》记载"近因筑新边,移第四将李浦于定边城驻扎,却乞移归怀安镇,令照管怀明一行部族",②史籍往往不会记录这些临时的变化,但在西北边防地带此类变化应该不少。

其次,将兵也需要根据军事任务需求进行更戍,每将通常都是整将出戍,对于经常外出更戍的路一级单位如开封府界、京东路、京西路等,驻地只长期驻扎一部分将兵。出戍地点经常会发生变化,但将兵的住营地点一般变化不大,这里所讨论的将兵驻地都是将兵的固定营地所在。

再次,由于禁军在编入将兵之前往往分为多个指挥,屯驻于多个州县,出于军事任务需求和补给的需要,在形成将兵后也未必是全部集中于正将和副将所在的两地,有可能有数个指挥在其他地点驻扎。如建炎元年被派驻到临安府的京畿第二将,就是"陈留、雍丘、尉氏、鄢陵、阳武屯驻兵"③,驻地范围已经大大超出《永乐大典》卷一八二零七所记载第二将驻扎的陈留一地,甚至还有未见记载于京畿将兵驻地的鄢陵和阳武。

开封府界将兵驻地:

《考述》引用《宋史翼》中出现的"京畿第十四副将",认为徽宗时府界至少增加了四将的兵力。此条记载最早出自明代成书的《莆阳文献》,传主林师益

---

① 王曾瑜:《宋朝军制初探(增订本)》,北京:中华书局,2011年,第114—125页。
② [宋]曾布撰,顾宏义点校:《曾公遗录》卷九,北京:中华书局,2016年,第255页。
③ [宋]潜说友:《咸淳临安志》卷五七《武备》,收入《宋元方志丛刊》,北京:中华书局,1989年,第3863页。

自鸡泽县尉上书,"论边防利害,讥切时政,留京师听旨。金房深入,臣僚以师益所论多可采,有旨差充京畿第十四副将"①。然而府界将兵自宋神宗创立时起,人数就严重不足,"府界诸路将下阙禁军数万不少,朝廷虽累经招拣,终未足数"②。宋徽宗时期由于财政压力,禁军人数更一直呈减少趋势,虽然一度为建四辅而新增几万兵力,但随即就迅速被裁汰,到后期甚至"翊卫京城之兵营十无一存者"③。以一将三千人的兵力计算,新增四将约有一万二千人,这样大规模的兵力增加,丝毫不见于其他文献记载,是不太可能的。南宋成书的《朝野类要》也只是记载"京师旧有十将,今第二将驻扎临安府者,缘昔日差出招捉寇盗因而屯此也"④,说明在南宋人的认知中截至建炎元年京畿第二将迁至杭州时京畿的兵力也只有十将而已。不过山西艺术博物馆藏《宋武功大夫高公墓志》也确实有"京畿第十一将"的说法,说明北宋末年京畿路确实是曾经授予过超出十将以上的官职,但不论"京畿第十一将"还是"京畿第十四副将"应该都只是一个虚衔,也就是所谓"添差",为了抬高传主的身份,在墓志和传记的记载中略去了添差的字样。添差将官的情况经常出现于南宋东南十三将,如宋高宗时都遇"添差东南第二副将,庐州驻扎"⑤,宋孝宗时贺允"添差东南第四将,明州驻扎,不厘务"⑥。

京东、西路将兵驻地:

《考述》根据京东路指挥数的情况认为南京应有二至三将,其中宁陵县也应有一将,这无疑是非常正确的。但《考述》认为广济军以一县之地驻八指挥的兵力因而应有一将的设置,这就有可商榷之处。据李纲拟定的一份各地帅府、要郡、次要郡名单,京东路的帅府、要郡为青州、徐州、袭庆府(兖州)、莱州、

---

① [明]郑岳纂,吴伯雄点校:《莆阳文献·林苏王陈林传第十八》,扬州:广陵书社,2016年,下册第73页。
② [宋]李焘《续资治通鉴长编》卷三〇六,元丰三年七月甲戌条,北京:中华书局,2004年,第7440页。
③ [宋]晁说之:《景迂生集》卷三《负薪对》,《景印文渊阁四库全书》第1118册,台北:商务印书馆,1986年,第52页。
④ [宋]赵升编,王瑞来点校:《朝野类要》卷五《京畿将》,北京:中华书局,2007年,第105页。
⑤ [宋]李心传撰,胡坤点校:《建炎以来系年要录》卷一八五,绍兴三十年七月辛丑条,北京:中华书局,2013年,第3590页。
⑥ [清]徐松辑,刘琳、刁忠民、舒大刚、尹波等校点:《宋会要辑稿》职官六〇,上海:上海古籍出版社,2014年,第4683页。

登州、密州、东平府(郓州)、应天府、济南府(齐州)、濮州、兴仁府(曹州)①,包含了京东路所有已知的将兵驻地,未能确认的两处将兵驻地应有极大概率也在这一名单之中。而广济军不但不在这一名单内,甚至也不在五处次要郡之列。《宋史·地理志》记载"熙宁四年,废军,以定陶县隶曹州。元祐元年,复为军"②。广济军不在名单内当是废军之后地位逐渐降低的结果,因此广济军成为将兵驻地之一的可能并不大。

《考述》以驻军数量来寻找将兵驻地的方法也存在一定局限性,京东路已知的几个将兵驻地中,虽然曹、郓二州都屯有相对较多的兵力,但徐、青、齐这三州的驻军数量却并没有明显的数量优势。如果把这五州放在一起寻找共性的话,不难发现这些将兵驻地都是节度军州,说明在选定将兵驻地时是有考虑到传统重镇的战略意义的,因此京东路的两个未确定的将兵驻地应即为剩下的两个节度军州密州和兖州。

熙宁八年至十年苏轼知密州时曾作诗描述宋神宗置将兵的状况:"君王有意诛骄虏,椎破铜山铸铜虎。联翩三十七将军,走马西来各开府。南山伐木作车轴,东海取鼍漫战鼓。汗流奔走谁敢后,恐乏军兴污质斧。"后文描述宋神宗变法的执行情况为苏轼亲身经历,"保甲连村团未遍,方田讼牒纷如雨。尔来手实降新书,抉剔根株穷脉缕"③,故之前所述积极筹备将兵的场景也应该是苏轼在密州亲眼所见,即密州置有一将。

另外,虽然京东第二将于谷熟县和徐州都有驻军,但第二正将实应驻于谷熟县,苏轼曾提到"雷胜,陇西人,以勇敢应募得官,为京东第二将。膂力绝人,骑射敏妙。按阅于徐,徐人欲观其能,为小猎城西"④。从文意来看,第二将雷胜只是借阅兵的机会才偶然来到徐州,如果雷胜是长期在徐州驻扎的话,出猎应该是很平常的事情,徐州人也不会"欲观其能",甚至"观者数千人"。

---

① [宋]李纲撰,王瑞明点校:《李纲全集》卷六一《乞于沿河沿江沿淮置帅府要郡札子》,长沙:岳麓书社,2004年,第657页。
② [元]脱脱等撰:《宋史》卷八五《地理志一》,北京:中华书局,1977年,第2112页。
③ [清]王文诰辑注,孔凡礼点校:《苏轼诗集》卷一三《寄刘孝叔》,北京:中华书局,1982年,第633—634页。
④ [宋]苏轼撰,孔凡礼点校:《苏轼文集》卷一〇《猎会诗序》,北京:中华书局,1986年,第326页。

《考述》认为京西第一将在西京洛阳、京西第五将在京西南路、京西第十将在郑州,这些应该都是正确无误的。其中京西第五将在京西南路还有其他证据,如京畿第二将一样,南宋时仍然保有京西第五将的编制,孟珙因抗金有功"升京西第五正将,枣阳军总辖"①,驻地迁移至枣阳军当是因为宋金战争的微调,京西第五将应该是一直在京西南路的范围内才得以在南宋继续保留编制,应在有记载驻扎禁军的襄、邓二州之一,第六将已知在邓州,则第五将应在襄州。

前述以节度军州为将兵驻地的标准,京西路也完全符合,已知的许、孟、陈、邓、滑五州加上《考述》猜测的西京、襄州、郑州都是节度军州,则剩余的第八、第九将驻地应即为蔡州和汝州②,李纲奏议中曾提到"杜湛下人兵只计二千余人,原系蔡州将兵"③,即可为证。《三朝北盟会编》记载"银术陷汝州""将兵王俊聚众后据伞盖山"④。汝州在政和四年升为陆海军节度⑤,可能就与增设为将兵驻地有关。

河北路将兵驻地:

《考述》和《初探》都认为河北初置十七将不久后就又增加了二十将,这对史料的解读较为片面。《考述》和《初探》作为河北路有三十七将的证据的两条史料都出自《续资治通鉴长编》,一条是熙宁七年十二月,"至于检中上书,草泽亦能道三十七将,二十万兵"⑥,另一条是熙宁八年四月,"近复置立河北三十七将,各专军政,州县不得关预"⑦。但就在这两条史料之后的元丰三年九月,还有"陕西四十二将、河北京东府界三十七将,皆朝廷所选择,然尚多庸人"⑧这样的说法,如果说这时河北将兵已经增加到了三十七将,那怎么仍然会有"河北

---

① 《宋史》卷四一二《孟珙传》,第 12370 页。
② 京西路颍州于元丰二年也升为顺昌军节度,但其本是团练州,级别较低,只是因为是宋神宗旧封才得以升级,其指挥的驻扎兵力也明显偏少,故不可能是将兵驻地。参见《续资治通鉴长编》卷二九九,第 7228 页。
③ 《李纲全集》卷六九《乞拨还韩京等及胡友等两项军马奏状》,第 733 页。
④ [宋]徐梦莘著:《三朝北盟会编》卷一一四,建炎元年十二月二十四日己卯,上海:上海古籍出版社,2019 年,第 834 页。
⑤ 《宋史》卷八五《地理志一》,第 2117 页。
⑥ 《续资治通鉴长编》卷二五八,熙宁七年十二月辛卯条,第 6305 页。
⑦ 《续资治通鉴长编》卷二六二,熙宁八年四月丙寅条,第 6388 页。
⑧ 《续资治通鉴长编》卷三〇八,元丰三年九月癸亥条,第 7476 页。

京东府界三十七将"的说法呢?《文献通考》记载"陕西诸路四十二将,河北诸路三十七将""而东南才十三将""合诸路九十二将"①,恰好描述了元丰四年二月设东南十三将时全国的将兵数量,这里所说的河北诸路三十七将是包括了河北、府界、京东、京西的三十七将。在《皇朝编年纲目备要》中也有同样的记载,并且明确指出河北、府界、京东、京西三十七将"所领屯戍等兵二十万人"②,证明了把第一条史料中的二十万兵解读为仅河北一路的将兵是不正确的。而第二条史料提到的"河北三十七将"这种说法,《续资治通鉴长编》中确实是有一些河北第十八将及以上的编制记载,似乎可以加以印证,但这些记载却都仅见于熙宁七年十二月到熙宁八年十二月的短短一年之中,很可能是因为最初置将兵时的规划是以河北、陕西两大区域划分,河北包括河北、开封府界、京东、京西,陕西包括陕西、河东,在创置初期就习惯用河北加上连续编号去称呼河北区域内不属河北路的将兵,后来为避免混淆才改为用各路独立的编号。

《考述》总结河北将兵驻地的两条重要规律是一路副总管兼任本路第一将驻在本路首府且河北四路将兵番号通排,据此可以把已知的各路首府驻扎的将兵列出来,即定州路的定州第一将、高阳关路的瀛州第六将、真定府路的真定府第十一将,再加上已知第十五将在澶州,并且真定府路至少也应该有三将,则大名府路的首将可知是大名府的第十四将。这样可以确定定州路是第一至五将,高阳关路是第六至十将,真定府路是第十一至十三将,大名府路是第十四至十七将。以下分别讨论各路尚未确定的将兵驻地情况。

定州路已知第一、二将在定州,其他各州中,驻兵最多且战略意义最为重要的当属保州,应有一将的编制。翟进曾"改河北第四将,往至遂城"③,广信军和安肃军都是由易州遂城县所分置出来,战略意义都颇为重要,"其安肃军、广信军切须以宿将重兵镇守控扼,以备侵轶之患"④,驻扎的兵力也差不多,"知广信军张叟二千五百""知安肃军王澈二千"⑤,和已知驻有一将的霸州兵力五千

---

① [元]马端临著,上海师范大学古籍所、华东师范大学古籍所点校:《文献通考》卷五九《职官考十三》,北京:中华书局,2011年,第1777页。
② [宋]陈均著,许沛藻、金圆、顾吉辰、孙菊园点校:《皇朝编年纲目备要》卷一九,北京:中华书局,2007年,第468页。
③ 《宋史》卷四五二《翟进传》,第13302页。
④ [宋]包拯撰,杨国宜校注:《包拯集校注》卷一《论保州事》,合肥:黄山书社,1999年,第36页。
⑤ 《三朝北盟会编》卷七四,第560页。

人比起来又都不足，应该是两地共驻有一将的兵力。在剩下的州军中，则以深州驻军最多，且深州地处交通要道，"深州武强道旁，系北使过往路"①，也有驻扎一将的价值。在保州、广信军、安肃军的防御体系中，保州处于核心地位，保州一将的番号理应排在广信、安肃军一将之前，这一点从一方保定古莲池碑刻题记所记保州知州兼河北第三将可以确认："元祐四年九月十一日，客省副使、权定州路兵马钤辖、知保州军州、监管内劝农事、兼保州广信安肃军沿边都巡检、兼河北第三将李谅刻石"②。则可以推论出第三将在保州、第四将在广信军和安肃军、第五将在深州的顺序。

高阳关路已知第六将在瀛州、第七将在冀州、第九将在沧州、第十将在霸州，未能确认驻地的就只有第八将。恩州即贝州的驻军数量在高阳关路虽然仅次于冀州，即使是在宋神宗实行并营之后也仍然有十几指挥，但因为宋仁宗时于此地爆发王则叛乱而改州名并罢节度，出于防范之目的而不在此设将的可能很大。韩琦曾说："近复置立河北三十七将，各专军政，州县不得关预。雄州地控极边，亦设将屯"③，由上下文语义可知雄州驻有一将，即第八将的驻地在雄州。

真定府路可确定的驻地只有第十一将在真定府④，待确定的是第十二将和第十三将，在其他州中，相州和邢州是节度军州，有极大的可能驻有剩余两将。《续资治通鉴长编》中记载曾布提到"熙宁中尝以相州一将兵出戍河东，欲令更戍秦晋"，宋哲宗与三省商议后"遣河北第十三将戍泾原"⑤，由上下文可知熙宁中派出的相州一将兵应即为河北第十三将，则第十二将应在邢州。山西艺术博物馆藏《田子茂墓志铭》记载田子茂曾任"同管辖训练河北(弟)〔第〕十二将军马，磁州驻扎"及"同管辖训练河北(弟)〔第〕十三将兵马，洺州驻扎，又移赵州"⑥，"同管辖训练"且指出了具体驻地，说明田子茂的驻扎地点应和正将所驻地点不同，由于真定府路其他三州都在此范围内，从侧面印证了第十二、十三

---

① 《续资治通鉴长编》卷二五八，熙宁七年十二月壬辰条，第6306页。
② 梁松涛、马学良：《保定古莲池刻石所见宋人诗作》，《文献》2012年第1期。
③ 《续资治通鉴长编》卷二六二，熙宁八年四月丙寅条，第6388页。
④ 参见《初探》第118页，《考述》认为第十一将在永宁军，有误。
⑤ 《续资治通鉴长编》卷五一六，元符二年闰九月壬辰条，第12285页。
⑥ 参见冯文海：《山西忻县北宋墓清理简报》，《考古》1958年第5期。墓志录文见《三晋石刻大全·太原市迎泽区卷》，太原：三晋出版社，2014年，第35页。

将的驻地只能在邢州和相州。

大名府路已知第十四将在大名府、第十五将在澶州，《考述》收入《五代两宋政治制度研究》时补充了第十六将在棣州，第十七将的驻地尚待确定。文彦博在熙宁七年判大名府时曾上奏请求取消河北预雇车牛，其中提到"本道所管八州内，怀、卫属河北西路。近累准西路转运司牒：准朝旨，逐将下合用大平车一百六十乘并牛畜，于逐将所领军马住营州军，预令民间结保承认，遇兵行日，量支雇钱，随军前去"①。河北西路转运司关于将兵雇牛的文牒影响到了怀州和卫州，才促使文彦博写下这篇奏议，则可知怀州和卫州应至少合驻有一将。文彦博后文又提到"澶、魏、博州三将合用车牛，东路转运司并不曾行下诸州"，魏州即大名府，由此可以确定博州也驻有一将。《李昭受墓志》记载其官衔为"河北第十七将训练怀卫州军马卫州驻扎"②，可知第十七正将在卫州，怀州所驻为副将，也可推定第十六正将或副将在博州，以河北东路的三将番号连排而河北西路的一将单独置于最后，这也是合乎情理的。

河东路将兵驻地：

河东路的将兵情况比较特殊，虽然早在熙宁九年就有"河东第七副将"的记载，但依前文所述，《文献通考》和《皇朝编年纲目备要》记载元丰四年全国将兵总数为九十二将，其中河北诸路三十七将、陕西诸路四十二将、东南十三将，刚好合计九十二将，却唯独缺少了河东路的将兵。《初探》认为此处存在差误③，但宋朝的官方记载应该不会算错这么简单的加法，也不会大意漏掉计算河东路，笔者认为出现这一偏差的原因是各路的将数在创立将兵法之时就早已有一个规划，也就是说这里的九十二将是创建之初的规划总数，而河东路的将数正如府界、京东、京西的将数是记在河北诸路下一样，是记在陕西诸路下的。把陕西各路的将数都按熙宁七年至元丰元年间最初设立时的数量统计就会发现，鄜延路九将、环庆路八将、秦凤路四将、泾原路五将、熙河路四将，合计三十将，与陕西四十二将刚好相差河东路的十二将。《文献通考》和《皇朝编年纲目备要》作为后出文献，在总结全国将数时仅采用了创建之初的规划数目作

---

① [宋]文彦博撰，申利校注：《文彦博集校注》卷二二《乞罢河北预雇车牛》，北京：中华书局，2016年，第697页。

② 何新所编著：《新出宋代墓志碑刻辑录（北宋卷）》，北京：文物出版社，2019年，第306页。

③ 参见《初探》第125页。

为标准说法,并没有考证当时各路实际的将数,事实上在东南十三将编成之时有些路的将数和最初相比是有所增加的,总数也就已经超过了九十二将,如沈括记叙元丰四年讨伐西夏时有"陕西河东六经络(略)四十七将"①,应该就是在陕西河东四十二将的基础上加上了泾原路和熙河路新增的九将,再减去河东路用以防范契丹的四将。

河东路第一将的驻地存在争议,《考述》和《初探》认为第一将在太原府,而张春梅、马长泉则根据地理位置推定第一将在麟州②。这两种说法看起来都有其道理,河东路第一副将"驻横阳堡"③,即在麟州管辖范围内,如果第一正将在太原府,正副将之间距离未免太远。而《宋史·兵志》记载太原府驻扎禁军有三十余指挥,这应该至少有两将的兵力,如果只有第二将驻扎在太原府,就很难解释剩余兵力的去向。其实第一、二将所辖军队应该就是太原府驻扎的三十几指挥,但出于军事部署的需要不会始终停留在太原府,正如河北路的军队到京东、西路就粮,实际上居留在京东、西路,但在籍的记载驻地还是会记为河北路。关于河东路的兵力调动情况,"二将以备北,一将在岚、石,一将在府州,而八将番戍河外"④这段话是非常精确的描述,即除了防御契丹的两将和在岚、石、府州的两将不会出戍,其他各地的将兵都会轮流到河外戍守,所谓河外,即指麟、府、丰三州⑤。也就是说河东路的大部分兵力都会经常在麟、府、丰州出现,但驻防的根据地还是在河东各地,张春梅、马长泉没有注意到河东内地将兵需要上番戍守这一事实,错误地认为是将兵的驻地发生了变化,对多处将兵驻地的考证都存在谬误。

第一、第二将确定在太原府之后,尚余第四、第十将驻地待确认。张春梅、马长泉根据河东第四副将在汾州推断河东第四将也在汾州,这无疑是不正确

---

① [宋]沈括:《长兴集》卷二《延州重修嘉岭英烈王庙碑记》,《景印文渊阁四库全书》第1117册,第305页。
② 张春梅、马长泉:《北宋河东路将兵法考述》,《平顶山学院学报》2018年第3期。
③ [宋]苏过原著,舒大刚、蒋宗许、李家生、李良生校注:《斜川集校注》卷八《孙团练墓志铭》,成都:巴蜀书社,1996年,第593页。
④ 《续资治通鉴长编》卷三四四,元丰七年三月庚申条,第8264页。
⑤ 《续资治通鉴长编》卷三一四:"将河外三州汉蕃军马除量留城守人外尽数团结",元丰四年七月壬辰条,第7603页。《续资治通鉴长编》卷四五六:"河外麟、府、丰州上番四将并兼都同巡检",元祐六年三月丁丑条,第10924页。

的,且不论副将往往和正将不在同一驻地,元祐元年曾命汾州第三将等"并差副将一员兼本处都监",由于是"除边要州军及人使经由道路,更不差兼外"①,如果第四将也在汾州,显然也应与第三将一样被列出来,正如潞州第五、第六将,晋州第七、第八将一样,不在此差兼范围内的唯一解释只能是第四将不在汾州。宋人提到"忻代二州,宁化岢岚二军控契丹之朔云"②,而岢岚军已知驻扎有第十一将,防御契丹的另一将应在忻、代二州驻扎。府谷县文管会藏《折克俭墓志铭》记载"充河东第四副将,管辖忻、汾、平定军兵马,忻州驻扎",可见第四副将的主要兵力驻扎在忻州,那么第四将的正将就应该在代州。剩余的第十将,笔者认为应在隰州,因为隰州本就驻有七指挥兵力,已比岚、石州要多,"熙宁五年,废慈州,以吉乡县隶州"③,在推行将兵法时隰州又兼有了慈州的兵力,合计有十三指挥之多,理应设有一将。

陕西路将兵驻地:

鄜延路的将兵驻地相对陕西其他各路较为不清晰,唯一能够确定的是第一将在延安府、第八将在河中府、第九将在鄜州。《考述》根据《续资治通鉴长编》"以延州第六将主簿崔顺孙为通直郎"④的记载认为第六将在延州,这是值得商榷的,《续资治通鉴长编》引《吕惠卿家传》对鄜延路九将的驻地描述"其六据边境之要,其一治延,其二在下番二州"⑤,而之后沈括、种谔提出鄜延路军事改革计划:"除本路九将外更增置四将,以新招土兵分隶。沿边八将驻扎边面,次边三将驻于金明、青涧城、延州,近里两将在鄜州、河中府"⑥,宋神宗派徐禧、李舜举去商讨此事,但随即就发生了永乐城之战,此计划也就随之不了了之。可以看出沈括计划中在鄜州、河中府的两将就是《吕惠卿家传》中在下番二州的两将,《吕惠卿家传》和沈括计划中延州的一将应即为延安府的第一将,第六将应该是驻扎在延州所辖的沿边堡寨,而并非如第一将一样驻扎在延州州治附近。新增四将中两将在边境要地,两将在次边的金明、青涧城,由于沈括的

---

① 《续资治通鉴长编》卷三八六,元祐元年八月己酉条,第9398页。
② [宋]晁说之:《景迂生集》卷三《重地》,《景印文渊阁四库全书》第1118册,第58页。
③ 《宋史》卷八六《地理志二》,第2134页。
④ 《续资治通鉴长编》卷三二八,元丰五年七月壬午条,第7890页。
⑤ 《续资治通鉴长编》卷二九八,元丰二年五月己巳条,第7242页。
⑥ 《续资治通鉴长编》卷三二六,元丰五年五月丙午条,第7858页。

计划根本未及实行,故鄜延原有九将的实际驻地不可能在新增的金明、青涧两地,则《考述》认为第四将在青涧城、第七将在金明寨的结论都是错误的。《考述》还根据"鄜延路经略司言西人寇顺宁寨,差第三副将张守德等至赤羊川掩袭"①认为第三将在保安军顺宁寨,这也并不正确,第三副将只是被派出掩袭进攻顺宁寨的敌军,并不一定要驻扎在顺宁寨,据黑水城出土文书所载"有第七正将潘大夫将已俸白米壹旁计壹拾陆石与知城苗武节,要请本色□□"②,这里的知城即知金汤城,换十几石米这种事情自然不至于搬运到其他城镇去换,可见第七将的驻地就在保安军金汤城,而保安军的兵力最多也就只有一将,则第三将必然不在保安军而是在延州下属的堡寨。至于第四将的驻地,《陕西金石志》收录了《鄜延路第四将重修廨宇记》,其中提到"侯驻兵于此""过怀宁,观其宏丽严肃"③,则可知第四将在怀宁寨,这恰与《顺治清涧县志》中怀宁寨"金大定中置第四将营"④相合,很有可能金朝置将时沿用了北宋时期的将兵编制,《顺治清涧县志》还有绥平城"金大定中置第三将营"和白草寨"金大定中置第二将营"的记载,应该也可以据此推断北宋的第二将和第三将分别在白草寨和绥平寨。至于第五将也不在《考述》和《初探》推断的塞门寨,《续资治通鉴长编》有这样两条记载:"西贼犯安塞堡,第五将以少击众,获其酋豪"⑤,"赟等以单孤一寨,守兵不满千人,却贼数万,斩获著名凶悍酋豪十数"⑥,由上下文可知第五将米赟坚守在安塞堡以少胜多,则第五将驻地应在安塞堡⑦。关于第六将驻地,子长县钟山石窟有这样一则送别的题记:"路分左武刘任远命麾□原□别帅庭武显大夫弟(第)六副将王有方,武翼郎弟(第)六副将白延勋,成忠郎权知安定堡陈元老,成忠郎权监押徐任,保义郎监酒石坚,同送别于此,政和四

---

① 《宋会要辑稿》兵八,第 8775 页。
② 参见孙继民:《俄藏黑水城所出〈宋西北边境军政文书〉整理与研究》,北京:中华书局,2009年,第 232 页。
③ 武树善:《陕西金石志》补遗上《鄜延路第四将重修廨宇记》,收入《石刻史料新编》第 1 集第 22 册,台北:新文丰出版公司,1977 年,第 16827 页。
④ 《顺治清涧县志》卷一《地理志》,第 4 页。
⑤ 《续资治通鉴长编》卷三四五,元丰七年四月壬寅条,第 8282 页。
⑥ 《续资治通鉴长编》卷三四五,元丰七年四月丁巳条,第 8288 页。
⑦ 塞门寨在元丰四年才被宋军收复,创立鄜延路将兵时第五将的驻地必然不可能在塞门寨。塞门寨与安塞堡相距仅四十里,第五将驻扎在安塞堡并兼顾塞门寨的防御,当是最合理的解释。

年八月二十三日,河南景年题"①,由此可以断定第六副将驻扎在安定堡,结合《金史》"安定置第六正将"②的记载,很有可能第六将的驻地也在安定堡③。

环庆路八将的驻地都有详细记载,不存在太多疑问,但《考述》和《初探》据元丰五年高遵裕上书中的"本路九将"确定的环庆路第九将却驻地不明。笔者认为这一将其实就是泾原路驻扎在永兴军奉天县的原第十一将。永兴军奉天县,即为原环庆路之乾州,于熙宁五年十月"为奉天县隶京兆府"④,可见泾原路第十一将的驻地最初就是归属于环庆路的,这一将如果划归环庆路在情理上也说得通。绍圣四年四月,泾原路在平夏城又新创立了第十一将,也就是说在此之前驻扎在奉天县的第十一将已经不在泾原路的编制之内了,北宋将兵直接削减掉一将编制的情况极为罕见,最为合理的解释就是这一将按照驻地所在被划归到了环庆路,而政和八年增设的环庆路第十将其实是奉天县驻扎的第二支将兵部队了。

《考述》和《初探》据元祐二年"欲熙河兰会路都总管司遇本路缓急阙人,听全勾秦凤路九将应副差使"的记载断定秦凤路此时已有九将,但这条记载的内容却有与此矛盾之处,为填补秦凤路兵力的空缺,同时"从京差步军五指挥赴永兴军、商虢州权驻扎,以备秦凤路勾抽"⑤,五指挥只有约2500人,尚且不足一将的兵力,如果秦凤路九将全部调往熙河兰会路,派如此之少的兵力补充就足以应对吗?《续资治通鉴长编》后续在元祐七年记载熙河兰岷路经略使范育请求秦凤路出兵支持,秦凤路经略使吕大忠称"若泾原有寇,欲且遣第四将行,其熙河有寇,本路除策应牵制外,亦难别那兵将前去",朝廷指示"泾原有寇,令秦凤量事势遣发一将,或两将军马赴援,其鸡川甘谷两将,仍常留一将通管本处边面。余依熙河兰岷路经略使所奏,仍遵守前后所降犄角牵制策应指挥施行"⑥,如果此时秦凤路真的有九将兵力的话,除去必

---

① 石建刚:《延安宋金石窟调查与研究》,兰州:甘肃教育出版社,2020年,第557页。
② [元]脱脱等撰:《金史》卷二六《地理下》,北京:中华书局,1975年,第648页。
③ 《顺治清涧县志》卷一记载黑水寨"最为要害之地,金置第六将营",与《金史》有异,也不能排除第六将正将在黑水堡,副将在安定堡的可能。
④ 《续资治通鉴长编》卷二三九,熙宁五年十月条,第5822页。
⑤ 《续资治通鉴长编》卷四〇二,元祐二年六月甲辰条,第9789页。
⑥ 《续资治通鉴长编》卷四七七,元祐七年九月辛巳条,第11353页。

然不能派去的两将,尚余七将可供调动,那吕大忠所说的"亦难别那兵将前去"就不太站得住脚了。秦凤路一直就有兵力不足以供调动的问题存在,在此之前秦凤路经略使曾孝宽就曾说过"本路止有五将,一将先差往甘谷城防托,今准朝旨李宪熙河兵马分擘不足,更抽秦凤四将,臣本州岛及诸城堡寨亦当极边,乞留合存将兵"①,如果说五将太少无法接应熙河路,为何增至九将之后,足足多出了四将还是无法解决这个问题呢?因此元祐二年的"全勾秦凤路九将"可能是史料记载有误,也可能并非单指秦凤路本路将兵而是包括了在秦凤路驻扎的其他将兵。事实上史料所记秦凤路五将之外的番号都在靖康之变后才出现,如"武节大夫秦凤路第八将张宏战死"②"又遣秦凤第十将关师古将兵二千五百人、马千匹随之"③,可能是在秦凤路的宋军溃散之后为招收残卒重新组建的编制。

泾原路各将的驻地都比较清晰,《考述》和《初探》都已经将其厘清,本处不再赘述。值得注意的是,自元符二年在西安州建第十三将之后,泾原路的将兵编制还在继续扩充,崇宁元年,宋军在会州打绳川修建怀戎堡,最初"隶会州熙河第八将",三年后"割隶泾原,改第十五将"④,则此时泾原路至少已新增了第十四将。而当年八月就又改为熙河第八将,说明当时路与路之间的边缘地带将兵归属改变是很频繁的。

熙河路各将驻地的考证并无问题,但《考述》和《初探》都认为熙河汉、蕃兵分屯后每州有汉、蕃两将,这一说法笔者并不认同。因为从出土史料《打刺赤碑记》可以看出屯驻于怀戎堡的一将只是被称为熙河第八将,并没有在称谓上特意区分是汉将还是蕃将,这说明熙河某一将即便存在蕃将,也只是这一将的一部分,汉将和蕃将的关系类似正将和副将的关系,在统计将的数量时不应将汉将、蕃将重复计算。

四川、东南将兵驻地:

四川将兵的驻地大多不明,《考述》认为四川将兵至少应有十将。四川将

---

① 《续资治通鉴长编》卷三一五,元丰四年八月己未条,第7618页。
② 《建炎以来系年要录》卷一三九,绍兴十三年三月甲子条,第2625页。
③ 《建炎以来系年要录》卷三二,建炎四年三月乙酉条,第734页。
④ 《嘉靖固原州志》卷二《打刺赤碑记》,参见张玉海、张琰玲:《〈打刺赤碑记〉考释》,《西夏学》第8辑,2011年10月。

兵一将兵力非常少,黎州虚恨部蛮兵侵扰犍为县,成都府路第一副将郑祥带兵迎击,结果"祥与部将王忠、犍为尉、嘉眉巡检暨禁兵射士六百余人皆殁",随后"制置使王刚中遣正将李毅发八州兵千余人来援"①。这里第一副将加上犍为尉和嘉眉巡检的土兵也只有六百人的兵力,正将兵力不会分驻在八州这样分散,这一千人一定也包含了其他部队,这样四处拼凑也只凑到了一千多人,第一正将和副将的兵力总计恐怕也就在一千人左右,其他将的兵力多半还不会多过第一将。差不多同一时期张孝祥曾说:"今诸路将兵,往往有名无实,臣尝询之,惟蜀为盛,成都万人,潼川六千,夔路四千"②,这三路有两万左右将兵,按每将一千二百人计算的话至少有十五六将之多,加上利州路至少有五将,四路总计应有二十将以上的编制。但这些将兵甚至要和地方县尉、巡检的土兵混合作战,战斗力必然非常弱,应该都和临安的京畿第二将一样逐渐成为空有其名的编制,这也是南宋末年四川宋蒙战争中完全不见将兵番号的原因。

《续资治通鉴长编》和《永乐大典》所引《堕甋》对北宋和南宋的东南将兵驻地已经分别记载得很明确了,这里只对《考述》的一些疏漏加以更正。如《考述》认为第二将的驻地最初不在庐州,并引东南第二将向琪兼提举沿淮民社一事来证明此时驻地在寿春府,但周必大文集中保存有向琪因此事立功转官的敕文:"枢密院奏武功大夫东南第二将庐州驻扎向琪见充沿边差遣兼提举沿淮民社职事修举十月十二日圣旨与转一官特转遥郡刺史"③,实为此时东南第二将就在庐州的明证,《考述》后面的推论就都错了。《考述》还认为《建炎以来系年要录》记载的"张昂充东南第十四将"④是宣和四年在温、处、衢、婺四州招置的一将,但张昂是"光州土豪""独率民兵据仙居县之石额山为寨"⑤,对南宋政府来说让他在当地任职才能充分发挥其作用,调他来两浙路做将官的可能性不大,这里的"东南第十四将"更像是为了笼络张昂而暂时设立的,如李心传所

---

① 《建炎以来系年要录》卷一九四,宋高宗绍兴三十一年十一月条,第3816页。
② [宋]张孝祥著,徐鹏校点:《于湖居士文集》卷一七《论卫卒戍荆州札子》,上海:上海古籍出版社,1980年,第169页。
③ [宋]周必大撰,王瑞来校证:《周必大集校证》卷九五,上海:上海古籍出版社,2021年,第1367页。
④ 《建炎以来系年要录》卷一五六,绍兴十七年十二月丁未条,第2975页。
⑤ 《建炎以来系年要录》卷五一,绍兴二年二月庚寅条,第1066页。

说"将官虽存,亦无职事,但以为武臣差遣而已"①。另外《考述》推论东南第十二将有可能在理宗时将、副已经同驻宜州。李曾伯曾上书提到广南西路的兵力分布:"静江府四千三十八人,邕州三千六百七十人,宜州一千四百五十人,融州二百七十二人,钦州三百二十人"②,从人数上看截至此时宜州所屯还只是半将兵力,但是这时由于蒙古入侵,邕、宜等州都已成为前线阵地,需要从江淮、荆湖等地调兵戍守,因为此举消耗财力太多,李曾伯指出"边头遣戍不如移屯,盖遣戍则家粮生券,一兵有两兵之费,越戍折洗,往来有道路之劳。移屯则不过一番支费,可以永戍"③,并且认为"每为南方之戍思可继之策,将来只得多招数千人,或移屯以省遣戍,计其费则一耳"④。由此可见很有可能是在李曾伯治理广西时期才把原驻静江府的第十二正将移屯到宜州的。

关于宋代将这一编制的数量,政和时邓之纲称"国家诸路为将一百三十一"⑤,《考述》认为实际应有一百七十将左右,《初探》认为至少有一百五十一将。但《考述》和《初探》的数据都是建立在河北路后来增加了二十将的前提上的,如去掉这二十将,《初探》的结论其实与宋人所述完全相符,《考述》的结论也相差不多。从九十二将扩充至一百三十将的过程中,河北、京畿、京东、京西、河东、东南的增加数量很小甚至没有,陕西各路都按最大程度估算也只增加了十几将,剩下的二十将左右应该都是最初未列入计划的四川将兵。综合各地将增加的幅度和数量饱和的程度来看,从政和至靖康十余年间再增加十将以上的可能不大。因此笔者认为截至北宋灭亡时将的总数应不会在一百三十一之上有太多增加,也就是说北宋最终将的数量应在一百四十将以内。

以上对宋代将兵的驻地进行了新的考证,理清了绝大多数将兵的驻地所在,尚存个别驻地的具体番号未能完全确定,只能期待未来发现新的墓志、碑刻等史料。现在《考述》和《初探》的研究成果之上重新整理将兵驻地列表如下:

---

① [宋]李心传撰,徐规点校:《建炎以来朝野杂记》前集卷一八《御前诸军》,北京:中华书局,2000年,第404页。
② [宋]李曾伯:《可斋续稿》后卷五《回宣谕关阁长二月六日两次圣旨奏》,《景印文渊阁四库全书》第1179册,第655页。
③ 《可斋续稿》后卷五《条具广南备御事宜奏》,第661页。
④ 《可斋续稿》后卷九《回宣谕奏》,第771页。
⑤ 《宋史》卷一九七《兵志五》,第4920页。

路	将兵番号	驻地
开封府界	第一、第二、第三将 第四、第五将 第六将 第七、第八将 第九将 第十将	陈留县 雍丘县 襄邑县 咸平县 太康县 尉氏县
京东路	第一将 第二将 第三将 第四将 第五将 第六将 第七将 第八将 第九将	南京 谷熟县 宁陵县 青州 郓州 齐州 密州* 曹州 兖州*
京西路	第一将 第二将 第三将 第四将 第五将 第六将 第七将 第八将 第九将 第十将	西京 许州 孟州 陈州 襄州 邓州 滑州 蔡州* 汝州* 郑州
河北路	第一、第二将 第三将 第四将 第五将 第六将 第七将 第八将 第九将 第十将 第十一将 第十二将 第十三将	定州 保州 广信军、安肃军 深州 瀛州 冀州 雄州 沧州 霸州 真定府 邢州 相州

续　表

路	将兵番号	驻地
河北路	第十四将 第十五将 第十六将 第十七将	大名府 澶州 棣州、博州 卫州
河东路	第一、第二将 第三将 第四将 第五、第六将 第七、第八将 第九将 第十将 第十一将 第十二将 第十三将	太原府 汾州 代州 潞州 晋州 岚州、石州 隰州 岢岚军 府州 晋宁军
鄜延路	第一将 第二将 第三将 第四将 第五将 第六将 第七将 第八将 第九将	延州 白草寨 绥平寨 怀宁寨 安塞堡 安定堡、黑水堡 金汤城 河中府 鄜州
环庆路	第一将 第二将 第三将 第四将 第五将 第六将 第七将 第八将 第九将 第十将	庆州 环州 大顺城 怀安镇 业乐镇 木波镇 永和寨 邠州 醴州 醴州

续　表

路	将兵番号	驻地
秦凤路	第一将 第二将 第三将 第四将	秦州 鸡川堡 甘谷城 阶州
泾原路	第一、第二将 第三将 第四将 第五将 第六将 第七将 第八将 第九将 第十将 第十一将 第十二将 第十三将 第十五将	渭州 原州 绥宁寨 镇戎军 彭阳城 德顺军 水洛城 静边寨 隆德寨 奉天县→怀德军 陇山→怀德军 西安州 怀戎堡
熙河路	第一将 第二将 第三将 第四将 第五将 第六将 第七将 第八将 第九将	熙州 兰州 河州 岷州 通远军 洮州 会州 鄯州→怀戎堡 湟州、廓州
东南	第一将 第二将 第三将 第四将 第五将 第六将 第七将 第八将 第九将 第十将	亳州→濠州 庐州 杭州 越州 江宁府 赣州 荆南府 潭州 全州 福州

续　表

路	将兵番号	驻地
东南	第十一将 第十二将 第十三将	广州 桂州→宜州（？） 邕州

本路内带 * 的两将顺序可能互换。

会通蜀洛，融贯三教：李石"出入六经，网罗百氏"的思想

四川师范大学哲学学院教授 蔡方鹿
四川省朱熹研究会研究人员 郑建松

摘　要：李石是两宋之际一位应当受到重视的学者。李石是二程的三传弟子，又受到眉山苏氏之学的影响，其师承洛学外又有一定的蜀学血脉。其"出入六经，网罗百氏"的思想主要通过他会通蜀洛、融贯三教及以性理解经、改造道统的思想得以体现。他以《易》和《春秋》为本，将天理论与性理思想结合起来，以性理解经，追求圣人之道；又借鉴吸取佛教心学和道家、道教道本论思想，援佛、道入儒。李石在蜀著书立说、传道授业，扩大了洛学在蜀地的影响；又推崇苏氏蜀学，对蜀学与洛学的交流发展做出了重要贡献。

关键词：李石；洛学；蜀学；性理；经学；三教；道统

李石（1108—1181），字知几，资州银山（今属四川）人，时人称"方舟先生"，著有《方舟易学》以及《春秋》类、《诗经》类等著作，部分已佚，现有著作存于《方舟集》（原五十卷，从《永乐大典》采掇编次为二十四卷）之中。由清朝四库馆臣采编为诗五卷、词一卷、文十一卷，另采录入《易十例略》《互体例》《象统》《左氏卦例》《诗如例》《左氏君子例》《圣语例》《诗补遗》等篇目，一并编入《方舟集》中，共二十四卷。在《方舟集·自叙》中，李石明确了其师承：

《易》则探象数于钧道先生，而出伊川之门人和靖先生尹焞。焞之门人范淑，自洛阳以经侍和靖入

蜀时,《春秋》废于新学久矣,岌岌乎绝业之余也。淑亦有《经枢》三卷行于世。①

钓道先生即张子觉,是程颐门人尹焞的学生。李石跟随张子觉学《易》之象数学,又从于尹焞门人范淑学《春秋》,因而从师承上看,李石称得上是程颐的四传弟子,故其师承中便有较为清晰的洛学一脉。

李石以《易》和《春秋》为本,以伊川高弟尹焞的门人张子觉、范淑为师,故虽久居巴蜀,其文则有洛学气象。李石通过张子觉、范淑继承了程颐的学说,并会通蜀洛,对蜀学与洛学的交流发展做出了一定的贡献。后朱熹门人楼钥便赞之曰"蜀名士冯圆仲方、李知几石"②,给予了较高的评价。

李石"为人豪迈,然亦偏急"③,九岁举童子,自称从幼到老无一日不读书。后中进士乙科,被召官太学,绍兴末迁太学博士,又除成都学官。后历知合州、黎州、眉州,除成都路转运判官。其乡人赵雄比李石年少二十余岁,李石以晚辈视之,不与通书。赵雄秉政,李石便不复起,晚年生活贫困。赵雄免去丞相,王季海代之。王季海与李石有学官之旧,正议为李石除官,而李石去世。李石一生除在各地任职外,也开门授徒,传播他的学说。根据记载,李石讲学之时曾一度达到"就学者如云,闽、越之士万里而来,刻石题诸生名几千人,蜀学之盛,古今鲜俪"④的盛况,由于李石担任了成都学官,使得洛学的影响在蜀地进一步扩大。

李石"出入六经,网罗百氏"的思想主要通过他会通蜀洛、融贯三教及以性理解经的思想得以体现。除继承程颐的思想外,也有他自己的特点。

一、重视性理,会通蜀洛

程颢、程颐兄弟创立洛学及天理论思想体系,影响很大,并传播到各地,使

---

① [宋]李石:《方舟集》卷一〇《自叙》,《景印文渊阁四库全书》第 1149 册,台北:商务印书馆,1986 年(以下凡引《方舟集》,均为此本),第 647 页。
② [宋]楼钥:《攻媿集》卷七三《书从兄少虚教授金刚经后》,《景印文渊阁四库全书》第 1153 册,第 198 页。
③ [宋]李心传撰,徐规点校:《建炎以来朝野杂记》乙集卷一二《杂事·李知几豪迈》,北京:中华书局,2000 年,第 691 页。
④ 《方舟集》提要,第 529 页。

各地域文化也受到洛学的影响,成为宋代学术发展的趋势。李石作为程颐高弟尹焞弟子范淑、张子觉的门人,即二程的三传弟子,亦受到二程洛学的影响,重视性理,将天理的原则贯彻于治学实际中,以六经为圣人义理所寓,以性理为圣人独得之学。他说:

> 性入者无形,理入者无象。……尧曰:文思以思为用;舜曰:文明以明为用。曰思曰明,自内融洽而非外铄,谓不如是不足以发舒纯粹敷为三纲五常、经纬之具也。阴阳象数深之而不精,刑名法度述之而不尽,盖徒迹一偏之文而昧于穷理尽性者,圣人之道日远矣。……且以六经观之,皆圣之文,性理所寓。①

认为性理即是形而上的无形无象之物,性理之学即圣人独得之学,并将其所得,修其语言文词,记述于经典。也就是说,性理寓于圣人之文,即儒家六经之中。性理无形无象,载之于经典,欲求性理,穷究圣人之道,须于六经而求之,否则便不能完整地体现三纲五常之经义。此处所言三纲五常,即是二程所讲天理之内涵。从这里可以看出,李石明确地反对迹于"一偏之文"而不明穷理尽性之学,认为六经所载,皆圣人义理所指,而治学的目的便是求性理,求圣人之道,而不是仅停留在对文字语言的训诂考释上。他说:"知求至道之指归……岂期于文字语言之间,少得于训诂传注之外。"②认为道不期于文字语言之间,而得之于训诂传注之外,这体现了宋学重义理,轻训诂的特点。

李石重视性理,还将其与天理论结合起来,批评违背天理的行为。他说:"学者特以仁义乖裂,性命烂漫,违天理、蔑人和"③,认为这样导致了圣人之道日远,具有较为明显的匡时救弊、注重性理、维护天理的思想特征。并重视以天理保持良心,指出"天理未泯,或可以起其敦睦之良心焉"。④把良心的获取与保存天理联系起来。

李石对于二程十分尊崇,在与程咏之的书信往来中曾明确地写道"弹我清

---

① [宋]李石:《方舟集》卷七《进易疏论语说状》,第603页。
② [宋]李石:《方舟集》卷一二《又谢解启》,第659页。
③ [宋]李石:《方舟集》卷一八《罗奭传》,第750页。
④ [宋]李石:《方舟集》卷一〇《代家德麟作重修家谱序》,第646页。

风弦,酌我明月罇。栖迟元祐鬼,零落伊水魂"①,宣扬自己的洛学思想,并明确表达自己尊崇元祐党人之洛学的身份和归属感。

除了继承洛学外,李石的师承中也有一定的蜀学血脉。在四库馆臣所作《方舟集提要》中,明确记载了李石也曾私淑蜀学中的眉山苏氏蜀学:

> 资川志又称其好学。能属文。少从苏符尚书游。而集中亦有为苏峤所作《苏文忠集御序跋》,知其文字渊源出于苏氏,故其文以闳肆见长。……亦与眉山门径为近也。②

李石与苏轼之孙苏符、苏籍交好,在《资州程使君墓志铭》中自称他与大苏公符、小苏公籍一直保持着长期的书信往来,并与他们日夜相处其间,探析为学之道。李石年少便从苏符游学,其文与眉山苏氏有着较深厚的渊源。李石对于苏轼十分推崇,在《方舟集》中多次表达了对于苏轼的敬仰之情:"舟诵所闻,元祐诸公,欧阳盟寒、苏黄晁张"③,将元祐党人中的眉山苏氏之学作为日夜诵读之书。

李石虽继承了洛学而重视性理,但他同样也认为苏氏蜀学对于儒家圣学也有发扬光大之功,在其文中多次提到三苏蜀学对于圣学的传承:

> 苏氏者以圣学之劝也,敬于郡圃作堂,以元祐学榜之。④

> 眉之三苏氏以元祐学排王氏,为蜀倡。天下知师之重,之间有折入他门而捷出,以媚时好,人谓俗学。石来守眉,方天子尊尚苏轼,求所以敷扬圣学,以激士气而广风俗。⑤

他对于苏氏蜀学较为看重,认为其是"圣学之劝",着力批评了当时某些士子趋炎附势、改换师门的俗学行径,明确表达了自己对眉山苏氏之学的赞赏,以及发扬圣学的目标。可见李石亦受到苏氏蜀学的影响。

在同时受到洛、蜀二学影响的基础上,李石提出了会通蜀洛的思想。他首先总结了过去一百余年间从王安石新学到淳熙年间的学术发展变迁,认为这

---

① [宋]李石:《方舟集》卷一《伊川祠呈程咏之》,第537页。
② 《方舟集》提要,第529—530页。
③ [宋]李石:《方舟集》卷一〇《自叙》,第647页。
④ [宋]李石:《方舟集》卷一三《苏文忠集御叙跋》,第672页。
⑤ [宋]李石:《方舟集》卷一六《程隐君墓志铭》,第715页。

段学术之变的根本原因便在于"王安石以新说行,学者尚同,如圣门一贯之说瞀也"。① 李石解释道:"先正文忠公苏轼首辟其说,是为元祐学,人谓蜀学云,时又有洛学,本程颐;朔学,本刘挚,皆曰元祐学。相羽翼以攻新说,卒之不胜,稔成乱阶,尚同之过也。"②认为王安石之新说与圣门一贯之说是相悖离的。这里的"圣门"即与王安石新学对立的苏轼之蜀学、程颐之洛学和刘挚之朔学。蜀学、洛学与朔学互相羽翼以反对王安石之新学,具有一致的攻击对象,故李石将之通称为元祐学。靖康之后,国是已定,由苏轼首倡的元祐学者皆为专门之名家,皆得孔子一贯之传,彼此之间没有什么大的差异。因此,李石对元祐学中的洛、蜀之学并未曾抱有门户之见,而是主张与蜀中学者共之,在蜀地传播、发展洛学与蜀学并会通之。李石并进一步提出:"逮绍兴至淳熙四十余年,尧父舜子授受圣学一出天纵,犹夫子一贯之说,无彼此异同之尚。先日拒王氏说,以策勋圣门者,皆录用其后子孙。"③其将反对王安石新学的全部归为尧父舜子相予授受的圣学,皆体现了孔子一以贯之之道,皆是有功于圣门之学,因此应该放下彼此之成见,实现学术上的交流会通。

李石年少便与眉山苏氏结下了渊源,在推崇苏氏蜀学的同时,又从尹焞门人张子觉、范淑学《易》和《春秋》,会通蜀学与洛学,对李石后期学术的定型起到了重要的作用,并为南宋四川地区的经学发展尤其是《易》《春秋》思想研究做出了重要贡献。

二、以性理解经的经学思想

经学思想是李石学术思想的重要组成部分,亦受到程颐经学的影响,以究圣人之道为治经学的目的。宋代巴蜀地区经学研究的风气很盛,李石就是其中的一位重要代表。

中国经学发展到宋代,出现了与前代重训诂注疏不同的以讲义理为主的经学派别。宋代义理之学逐步取代汉唐训诂注疏之学,而成为经学发展的主

---

① [宋]李石:《方舟集》卷一三《苏文忠集御叙跋》,第671页。
② [宋]李石:《方舟集》卷一三《苏文忠集御叙跋》,第671页。
③ [宋]李石:《方舟集》卷一三《苏文忠集御叙跋》,第671页。

体。在这个过程中,二程提出"经所以载道"①"由经穷理"②的思想,认为道承载于儒家经典之中,以穷理作为读经的宗旨。经典的重要性在道之下,强调治经尽管要从经典入手,但求道才是目的。与汉学学者对经典的崇拜相比,二程仅把经典放在道之下的地位,这对于以往奉行的"惟古注是从",疏不破注,注不破经的汉学学风是一新见,逐步使学风从汉学的重考据训诂转变为宋学的重义理阐发。这成为经学发展史上的一大变革。

以程颐高弟尹焞在蜀的两位门人范淑、张子觉为师,李石的思想中表露出了较为明显的洛学特色。受洛学"经所以载道""由经穷理"思想的影响,李石亦以性理解经,以求圣人之道、求性理为其目的。他明确地提出要"以圣人性理为独得之学"③,强调性理之学乃圣人独得之学,要求学者以书中自得的知识,进一步提升领会到圣人之间心心相传的性理之奥妙。倘能如此,则六经所记载的文字,都是为了这一个目的而服务的。其中《易经》为其深奥,诸子一方面以此来承述六经,另一方面又以《论语》来阐发其意蕴。学者欲求无形之圣人之道,不能舍弃六经之门户而登堂入室。李石继续解释道:

> 曷亦次第,量力以驯,致其深浅,所入于二书者,虽未至于圣人忘象忘言之学,然求之于帝王之心传、阙里之家法于性理,悟入二书者,其几是乎? 推修身绪余而措之于天下国家,其谁曰不然? 仰惟陛下以舜之文,继尧之文,父子一学授受于六经日新矣。巍乎其词,与天无极。渊乎其旨,与海同深。颁于教条,诸侯之虑无所遁。播之事物,百姓之用莫能窥。④

李石要求学者致力于《周易》与《论语》二书,即便是未能达到圣人忘象忘言之学的程度,亦可做到求之于帝王之心传、阙里之家法于性理的程度,并将其通过修身等运用到治理天下国家的事务中。由此李石规劝皇帝要像舜继承尧一样,来学习圣人相传授受之道,以使六经不断日新,这具有圣人相传之道统的

---

① [宋]程颢、程颐著,王孝鱼点校:《二程集·河南程氏遗书》卷六,北京:中华书局,1981年,第95页。
② [宋]程颢、程颐:《二程集·河南程氏遗书》卷一五,第158页。
③ [宋]李石:《方舟集》卷七《进易疏论语说状》,第603页。
④ [宋]李石:《方舟集》卷七《进易疏论语说状》,第603页。

意味,亦是受二程洛学的影响。并指出,六经之词与天同高,与海同深,将其推广颁行于天下,使诸侯百姓都有所依据。由此可见李石对经典及所寓之性理的重视。

在治《易》的过程中,李石继承并改造了洛学中的道统思想,将经学与道统思想结合起来,认为儒家圣人历代心传的内容便是《易》所载圣人之道。其言曰:

> 至《系词》十三卦制器以卦寓象,则伏羲、神农、黄帝、尧、舜皆有所制。一卦一器,五圣人者,先有其器,然后别之而寓诸象以形容之。此孔子传以述词而为义也。……故曰:有其词则述其词;有其义则思其义。施于《象》《象》,圣人心传盖相通矣。①

认为《周易》之《系辞》中的十三卦制器以寓象,孔子述其词而为义,通过《象传》和《象传》表达出来,使得伏羲、神农、黄帝、尧、舜五圣人之间心传之道得以相通。李石一方面继承了二程洛学圣人相传之道统,另一方面又扩大了道统传授的范围。他说:

> 仆欲行圣人六经之道,而与四方英俊共之则然矣。必欲使仆如孔、孟以降,荀、杨、韩子数圣贤者,高其闬闳而推用其徒,以张皇羽翼,则仆有所未敢也。数圣贤者,皆天之所授,以续尧、舜三代帝王不传之业。……虽然仆固不敢议,诚得数圣贤者复生今世,仆将率平日所与共学者而游其门,亦未敢便溟涬而列。②

李石强调,欲推行六经所载圣人之道,须与四方俊杰共同完成这一使命,而不仅限于数圣贤而已,在此表达了要自觉接续起儒家圣人相传的六经之道的意愿。同时也反映出李石所谓道统,已包括了"孔、孟以降"的荀子、扬雄、韩愈等人。这就扩大道统的传承范围,把"荀、杨、韩子数圣贤者"也包括在内,这既是对二程洛学排除荀子和汉唐诸儒的道统论的改造,亦体现了蜀学融会贯通诸家之说的思想特色。

李石经学除重视《易》和《论语》外,亦重视《春秋》。这与朱熹集注"四书"

---

① [宋]李石:《方舟集》卷八《古君臣论》,第 618 页。
② [宋]李石:《方舟集》卷一三《答贾子春》,第 677 页。

以前,当时的学者更重视《易》学和《春秋》有关。他在自叙其经学时云"出入六经,网罗百氏"①,这具体体现在李石的经学是以《易》和《春秋》为本。他认为,《易》可视为《春秋》之天,而《春秋》则可视为《易》之人,即是说,《易》主要讲天道运行的规律,而《春秋》则主要讲社会人事的法则。李石主张把二者结合起来,以《易》包含的天道来治理《春秋》所表达的人事,则天人合一而圣人的皇极就立起来了。李石以《易》和《春秋》为本,体现了他天人合一的思想。其他经书如《诗》和《书》所记载皆为《春秋》之事,《周礼》和《礼记》所记载则皆为《春秋》之制,它们实际上都是同样记载描述《春秋》经的书。时人问学李石于《易》和《春秋》二书,李石回答道:"以《易》而读《春秋》则严而理,以《春秋》而读《易》则洁而通。"②可知李石之学本由《易》和《春秋》入门,因此将之置于诸经之首。

关于《周易》,李石认为,"《易》,天数也,一定于天数不可逃,虽人谋无及。……卜筮者,天假之以权祸福,使人知所避就"。③ 把《周易》八卦及六十四卦之数说成是上天决定的天数,人的智谋及人为因素不能影响它。《易》之卜筮也是天借之以权衡祸福,使人通过占卜,以趋利避害。表明李石客观地把《易》视为一部占卜之书。这与朱熹的易学观点较为接近,而与程颐《易》说有所不同。李石不仅把《易》之数说成是天数,而且对《易》象也作了论述。他说:

> 物生而后有象,象而后有滋,滋而后有数,数者犹曰一二三四者,此《易》之始肇于画矣。欲求《易》者自其画,欲求画者自其滋,滋者犹曰蕃滋,以一成二成三者是矣。而蕃其象,各以其类为象,天下凡物莫不皆有象,类物而通其象之次序,可迎刃解矣。④

《易》象是对天下万物之象的反映,象、滋、数三者构成《易》画,也是《易》的内容。"《易》以象为主,象以卜筮为主。卜筮所至,则意所至,意至则忘象可也。"⑤指出《易》以象为主,象以占卜为主,即象是为了占卜,卜筮所至,其意也至,得意则可忘象。也就是说,得意须建立在象及占卜的基础上,离开了象及

---

① [宋]李石:《方舟集》卷一〇《自叙》,第647页。
② [宋]李石:《方舟集》卷一〇《自叙》,第647页。
③ [宋]李石:《方舟集》卷二〇《左氏卦例》,第772—773页。
④ [宋]李石:《方舟集》卷一九《象统》,第767页。
⑤ [宋]李石:《方舟集》卷八《利涉论》,第610页。

卜筮，意则不至。然而李石认为，《易》又不仅仅是象数卜筮，在卜筮的基础上，而后得仁，即仁所代表的义理也是《易》的客观内容。他说："圣人用《易》，以卜筮为始可也。……文王仁得之，孔子仁得之，颜子之仁又得之，系词追释之于后，岂特卜筮而已哉！"①以卜筮为先，其后得仁，这就把卜筮与义理结合起来。这与其以求圣人之道、求义理为治经目的的思想相一致。

关于《春秋》，李石认为："《春秋》严一王之法，以大一统也，是可二乎！"②指出圣人作《春秋》之意，是为了尊王，抑诸侯，以天子一统天下，而不能以诸侯与天子并列为二。他说："《春秋》大一统之法曰王正月者，以天统三辰，以一气统四时，无有二也。晚周法坏，王之有二。吴楚之僭，《春秋》抑之，曰人曰子，不以王书者，法在故也。"③李石之所以突出《春秋》的尊王之义，这在当时具有一定的时代意义。宋代经学的发展演变，朱熹的《四书章句集注》固然重要，但在此以前，《春秋》学亦很重要而成为显学。这不仅具有《春秋》学演变发展的内在思想根源，更有宋代社会历史发展的现实原因。宋王朝的建立，亟待处理前代因不讲儒家伦理使国家社会陷于动荡混乱局面，需加强中央集权，重树纲常伦理，而杜绝藩镇割据重演的问题，"《春秋》以道名分"④这一《春秋》大义，确与时代发展的要求相适应。虽然王安石变法，斥《春秋》为"断烂朝报"，《春秋》一度废于新学，但李石仍突出《春秋》的尊王之义，这自有其时代背景。李石并以《春秋》解《诗》，解《书》，解《礼》，认为《诗》记载了《春秋》的社会，《书》记载了《春秋》的事迹，《礼》记载了《春秋》的制度，它们都源于一。此一即是《易》的天道与《春秋》的人事天人合一的一。

三、融贯三教

宋代开国以来，文化逐步繁荣，学术较为自由，儒释道三家尤其是儒家，较前朝有了一定程度的创造与发展，并且各家内部又可进一步细分为不同学派，例如儒学中的理学（包括道学、气学、心学等）和非理学（包括三苏蜀学、王安石

---

① ［宋］李石：《方舟集》卷八《古君臣论》，第618—619页。
② ［宋］李石：《方舟集》卷二三《左氏诗如例下》，第835页。
③ ［宋］李石：《方舟集》卷二三《左氏诗如例下》，第835页。
④ 方勇译注：《杂篇·天下》，《庄子》，北京：中华书局，2010年，第568页。

新学、司马光朔学等);佛教中的天台宗、华严宗、禅宗等;道教中的全真派、正一派等,这在客观上造成了当时的不少学者并不固守于一家之学,而是撷采三家、会通各派,李石便是其中具有代表性的一位。

李石"出入六经,网罗百氏"的思想也通过他包罗诸家、三教相融的观点体现出来。融贯三教成为唐宋社会思想发展逐渐形成的态势,但三者的关系并不是儒、释、道简单地浑然杂处,它是把儒家思想及其伦理观念置于主要地位,再借鉴具有思辨性色彩的佛教哲学,并吸收道家的道法自然观念及道教与道家的道本论,并结合时代发展的客观要求,将其改造形成宋代新儒学即宋代理学思潮,这标志着融贯三教思潮的出现和成熟。需要指出的是,在融会三教的儒学学者中,既有公开辟佛、道,而暗地或不自觉地吸取借鉴佛、道思想的,也有公开倡导三教融合的。李石就是公开提倡三教融合的一位学者。

受苏氏蜀学的影响,李石思想的特征之一是融会三教。他将儒、释、道三家的创始人孔子、老氏与佛氏并称为三圣人,言曰:

> 佛生于鲁庄公之世,昔人谓常星不见夜明是也。老子、孔子相先后以生,皆周之末年。三圣人者,几若并生间世,一何盛也! 曰:斯三教相抗也欤? 诚使三圣人易地而出,必不默默忘言,皆能倡教为百世师也。孔子六经祖述宪章,皆大中至正之道,纯帝而帝纯,王而王,亘天地,穷古今,万物共由出入之涂也。老氏为周藏室史与彭篯相望史官也。虽孔子知有其人,列子、庄子相与羽翼其说,其流为虚无者,非老氏本心也。若乃佛氏左衽祝发,其弃五常、废人伦,非与世大戾乎? 而举世安之,其徒今皆吾民,则奈何? 文中子曰:佛西方圣人,亦以书为信也。大抵穷理尽性,使学者入道,与周易颇合。诚能去其不合而用其合,则教通矣。①

认为孔子、老氏与佛氏是并生于世的三圣人,其分别所创立的三教并非是相互对抗的,而是因为三圣人之学都难以默默无闻,皆是能为百世之师的学问。孔子之六经能祖述先贤,是亘天地、穷古今的大中至正之学;老子本为史官,其学说经列子、庄子继承发扬而最终流为虚无,则并非老子之本意;佛氏之说虽背

---

① [宋]李石:《方舟集》卷九《释老论》,第622页。

弃三纲五常、废除天理人伦,但其学有举世安民之用,其徒皆今之顺民,且其书亦以文字经典为信。在他看来,儒、释、道三家其本皆是要学者穷理尽性、明心见理以入其道,这与《周易》教人之法是不谋而合的,因此要去除儒、释、道三家不合之说而采用其相同之说,则三教之经义便可相通为用了。

对于三教之经义,李石分别有所撷采。对于佛、老氏,李石并未将其看作旁门外教,而是总体评价道:

  佛氏者,起于秦、汉之金狄,而其书肇于张骞傅毅,蔡愔译梵音以为华言。其书则中国之书,其真妄有无不辨也。老氏者,起于黄帝,孔子犹及问礼。其文五千言,孔子未尝及之。至秦汉之君,其徒得以簧鼓天下。①

认为佛氏之书即是中国之书,老子更是起源于黄帝,将佛、老二氏皆视为本土之教,正因如此,佛、老二氏之教才能够在中国境内流传开来。如果中国能够实现以佛、老二氏之说来教化普通民众、指导社会治理,则能够达到"无乱兵以扰其耕稼,无烦刑以滥其诛戮"②这样国泰民安的长久之治。李石认为三教皆同根同源,如能采三家以治,则能实现国家民族的长治久安,而这也正是尧舜、文武、周公与孔子著书立言之目的,故李石旗帜鲜明地提出欲消除三教之矛盾,实现其会通。

在会通三教的基础上,李石批评了韩愈的排佛斥老思想:

  孔子以六经述尧、舜、文武、周公之道以辅成中国之治,其曰:攻异端者,恐其害治也。汉唐诸子以六经所出,尊孔子之教。併取二氏者排斥之,韩愈是也。其曰:今之言性者,杂佛老而言之也。二氏者,导人以恶为性乎?将以空寂虚无为杂也。又曰:老子之言道德,吾有取焉。若其绝灭礼乐、摧提仁义,吾无取焉。呜呼!墨翟尚同、兼爱而愈取之,佛不尚同乎?佛不兼爱乎?徇偏曲之私而忘其公,持瑕疵之小而废其大,取墨去佛,则愈于论性亦偏矣。③

---

 ① [宋]李石:《方舟集》卷九《释老论》,第621—622页。
 ② [宋]李石:《方舟集》卷九《释老论》,第622页。
 ③ [宋]李石:《方舟集》卷九《释老论》,第622页。

认为辅成中国之治的孔子都言勿攻击异端邪说,就是担心其会有害于治。汉唐诸子较为尊崇孔子,故对于佛、老二氏都较为包容,而韩愈则旗帜鲜明地排斥二氏,认为二氏之说杂扰了当今的人性论思想。李石站在为佛、老二氏辩护的角度上质疑了韩愈对二氏的批评,认为二氏之说讲的是空寂虚无,并未曾将人性引导到恶的道路上来,并认为佛氏与墨子都讲尚同、兼爱,而韩愈一方面取墨子之论一方面又排佛氏之论,则是其一曲之私的偏见。但李石对于二氏也并未全盘地接受,对于老子提出的灭绝礼乐仁义思想提出了批评,坚守儒家提出的伦理纲常才为可取,而这也同样与佛氏提出的空寂之说相背离,可见其对于佛、老二氏思想的吸收是有一定选择性的。

对于佛氏,李石主要将心学思想与佛教思想相结合,借鉴"佛心"之说,认为"心即佛,佛即心,无分彼此"①,并吸取了其空观之说,用明显具有佛典色彩的词言曰:

　　大哉佛一心,广大包四极。我以一心观,诸佛等虚空。谁令作宫殿? 台榭如祇园。金碧丹砂青,庄严具五色。幻中益以幻,形容诸佛心。耳目所见闻,何者为国土? ……辛苦成佛事,只以此心观。②

指出佛心极其广大,包罗四方极远之地。其实以佛心观之,则诸佛、台园、砂青等万物皆为虚空。耳目所见所闻皆是虚妄之幻象,只能以佛心观之,方能成佛事。李石并大赞佛心道:"佛之一心,自为华严,辉光焜耀,出一切奇产,遍布周匝;具一切受用,如须弥山、如大海水"③,认为养心便是涵养佛心。这里的以心为本,观察万物,明显受到佛教的影响。

在融合儒家和道家方面,李石指出老子也是讲仁义的,这与儒家相似。对于老氏,李石也有一定程度的借鉴。面对韩愈对于老子的批评,李石作专文《老子辩》以为老子辩护道:

　　道有严乎? 曰:严。唯其严,故浑然大矣。曰仁曰义,云者因人所不同,各一其道而自为散乱其大者,故在不小矣。韩子以老子为小

---

① [宋] 李石:《方舟集》卷一四《父母讳日功德疏二通》,第687页。
② [宋] 李石:《方舟集》卷一四《灵泉寺慈氏阁铭》,第681页。
③ [宋] 李石:《方舟集》卷一四《金银字合论偈》,第688页。

仁义,老子岂不知仁义与道浑然中物,因其失而致其严,以为散乱之防非小也。此不可以不辩。

道有通乎?曰:通。唯其通,故浑然大矣。曰清净曰寡欲,云者岂唯老氏圣人宅心于虚,以受万物之托,寂然自冥于无所思虑。俾百姓日用以给而救其过者,此吾儒之正道。太史公乃始以为老氏之学自别于儒,寡欲清净,于是乎在。此不可以不辩。①

认为老子之道既严且通,浑然大乎,因此能包含相互对立的存在,而人之所云,各执其说,偏安一是,故散乱了道之大。李石进而批评韩愈未曾理解老子之浑然大乎之道,将其理解为小仁义,没有上升到道的高度上来,未见得老子之本意。老子亦是将仁义与道视为浑然一体的,只不过为了防止其失,才提出这样仁义与道不并行之说。李石的本意是为了把儒家之仁义与老子之道合为一体。李石并认为老子之清净寡欲、宅心于虚是受万物之托,弃绝思虑以达到与道合一的境界论,而儒家的教民救世之说则是治国平天下之正道,但老与儒根本就不是在一个层面上论述,因而司马迁在教民救世的层面上认为老子之学有别于儒,也是未见得老子之本意。李石还一定程度上借鉴了道家"以道御气"之说,言曰:"以道御气,以气御物,虽天地之大,亦道物之一也。"②提出要以作为本原的形而上之"道"来统御形而下之"气",再由形而下之"气"组成天地万物。在"有"与"无"之关系上,李石还提出"无者,有之极而《易》为之端"③的思想,认为"无"是"有"之极且以《易》为其端,以无为本。这带有较为明显的道家道本论思想以及魏晋玄学中贵无论思想的特色。

李石并以孝的观念来融合儒、释、道三教。他说:"吾儒百行以孝为本,而二氏亦以孝为本。"④不仅儒家以孝为本,而且佛道二教也是以孝为本。并且他指出:"若夫吾儒以孝为德,老氏以孝为功行,佛氏以为补报推己以利人,尽心以及物,未尝不同本而出也。"⑤认为儒家是以孝为道德之本位,道教亦是以孝为修行的功夫,佛教也提倡报答父母,利人及物。既然佛、道二教与儒家都讲

---

① [宋]李石:《方舟集》卷一三《老子辩》,第668页。
② [宋]李石:《方舟集》卷一八《罗䕫传》,第750页。
③ [宋]李石:《方舟集》卷八《鬼神论》,第607页。
④ [宋]李石:《方舟集》卷一一《安乐院飞轮藏记》,第651页。
⑤ [宋]李石:《方舟集》卷一一《安乐院飞轮藏记》,第651页。

孝道，那么三教便是"同本而出"。

李石融贯三教的思想是以儒为主，以佛、老为助。李石坚定地提倡儒家三纲五常、天理人伦的正统地位，说："春秋战国之世，孔子读《易》，伤周道之衰。……自伏羲画《易》以降，五帝、三王、周公、孔子，凡有得于《易》者不论有位无位，为君为臣，皆其公称也。"①孔子感叹周道的衰落，通过读《易》来阐发周道。并叙述了从伏羲到五帝、三王、周公、孔子一脉相传的儒家圣人之道。强调不论有位无位，还是为君为臣，皆为相传之公论。在阐发儒家圣人道统的时候，李石也对二氏加以包容。他说："二氏者，得以仰圣世包容之度。"②并指出自尧舜以来，天下的黎民百姓皆可教而为善，这是长久不易之理，而"释氏之寂灭、老氏之清净"③之说也正是抱着教化天下之民以纳之于善的目的，其创立的出发点便是要实现教人化民以达到社会长治久安的目的，在这一点上即使是儒家之圣人也不能加以否定。在李石看来，尧、舜、文武、周公、孔子所提出的儒家之道、三纲五常固然可以修齐治平，体现了天理人伦不易之理，但佛、老二氏之说也可以从反面作为圣人之治理的助力。李石认为："二氏者，本物外为己之学，初绝意于世，然不即人而人即之，何也？人性之乐于为善，二氏者适以为圣人之助甚多。"④佛、老二氏之学本是为己出世之学，而人们却纷纷传习之，究其原因，就是因为其学说符合人致福得生之情感认同，因此"于是始抗衡吾道，有从之而炽其说者，纷纷多吾儒矣"。⑤ 人们往往更愿意学习佛、老二氏之学，即使是一些儒生也不例外。从这个角度上讲，一方面儒家教人积极修身为学，一方面佛、老教人寂灭清净，如此才是道之大者，体现出李石以儒学道统为正统，而不排斥佛道二教的思想。

质言之，李石作为二程的三传弟子，受到了性理、道统等说的影响，其学带有一定的理学特色；同时又受到眉山苏氏之学的影响，主要体现在其"文"之一面，因而李石在师承洛学之外又有一定的蜀学血脉。其"出入六经，网罗百氏"的思想主要通过他会通蜀洛、融贯三教及以性理解经、改造道统的思想得以体

---

① ［宋］李石：《方舟集》卷八《君子论》，第615页。
② ［宋］李石：《方舟集》卷一一《隆州重修超觉禅寺记》，第656页。
③ ［宋］李石：《方舟集》卷九《释老论》，第621页。
④ ［宋］李石：《方舟集》卷九《释老论》，第621页。
⑤ ［宋］李石：《方舟集》卷九《释老论》，第621页。

现。李石之学以《易》和《春秋》为本，将天理论与性理思想结合起来，以性理解经，追求圣人之道；又借鉴吸取佛教心学和道家、道教道本论思想，援佛、道入儒；李石之文又带有一定的眉山苏氏之特色，可见李石是一位在学术上会通各家之长、撷采各家之精的学者。李石在蜀著书立说、传道授业，扩大了洛学在蜀地的影响；又推崇苏氏蜀学，对蜀学与洛学的交流发展做出了重要贡献。会通蜀洛、融贯三教的思想既是其学术思想的组成部分，同时亦是巴蜀哲学"多元会通，兼容开放"之特色的体现，对于宋代四川地区学术的交流与发展具有重要意义。

南宋后期朱熹《四书集注》疏义的形成与演变*

南京师范大学文学院博士后 陈健炜

摘 要：南宋后期有关朱熹《四书集注》的疏义之作层出不穷，历经前后三个发展阶段：第一阶段为宁宗朝嘉定年间，代表著作为胡泳《论语衍说》、辅广《论语答问》与黄榦《论语通释》，此阶段的疏义之作侧重于阐释申发朱注的义理；第二阶段为理宗朝前中期，代表著作为真德秀《四书集编》、祝洙《四书附录》等，侧重于引用朱子《语录》《文集》等相关文献，以朱证朱；第三阶段为理宗朝后期至度宗朝，代表著作为赵顺孙《四书纂疏》，广收朱门弟子的疏义之作，象征《四书集注》疏义的最终定型。同时，以金履祥《论孟集注考证》为代表的疏义之作以名物考证开《四书集注》疏义之作的别格。《四书集注》疏义的形成与发展，是《四书集注》经典化的重要表现。

关键词：理学；朱熹；《四书集注》；疏义

古代经学文献体系大致可分为经、注、疏三个层级，疏义的出现往往意味着一门经学研究的成熟与定型。唐初官修《五经正义》意味汉唐经学的最终定型，宋代《孟子注疏》的出现亦象征《孟子》学在宋代从子部到经部的升格①。随着程朱理学的官学化，南宋后期围绕朱

---

* 本文为"国家资助博士后研究人员计划"（GZC20231146）资助成果。
① 巩本栋、王冉：《孟子升格运动与〈孟子注疏〉的编纂、刊刻与流传》，《孔子研究》2020年第3期，第136—146页。

熹《四书章句集注》(本文简称《四书集注》)的疏义之作在学术界大量涌现,代表《四书》作为一个整体在经学界的成熟,也意味着朱熹《四书集注》被推尊为《四书》"正注",正式走上经典化的道路。

大致来看,南宋后期朱门后学的《四书集注》疏义之作有其发展过程,可参考明末清初著名学者顾炎武《日知录》"四书五经大全条"所述:

> 自朱子作《大学中庸章句》《或问》、《论语孟子集注》之后,黄氏(榦,字直卿,号勉斋先生)有《论语通释》。而采《语录》附于朱子《章句》之下则始自真氏(德秀,字希元,号西山先生),名曰《集义》,止《大学》一书。祝氏(洙,字宗道)乃仿而足之,为《四书附录》。后有蔡氏(模,字仲觉,号觉轩先生)《四书集疏》,赵氏(顺孙,号格庵先生)《四书纂疏》,吴氏(真子,号克斋先生)《四书集成》。①

引文中顾炎武简要地勾勒了南宋《四书集注》疏义的发展历史,指出了南宋后期朱子后学在这一方面的贡献。今人对此议题也颇为重视,顾宏义《朱门后学〈四书〉著述与晚宋理学的发展》介绍了晚宋八种重要的《四书》疏义之作②;许家星《朱子四书学研究之回顾与前瞻》回顾了宋末以来的《四书》注疏演变史,并将其分为两大阶段③;谷继明《试论宋元经疏的发展及其与理学的关联》将宋元经疏放入古代注疏史中进行观照,阐发了宋元经疏的诠释学特色④;刘成群《"附录纂疏"体经学著作与"四书五经大全"的纂修》总结宋元经疏中的"附录纂疏"体例⑤。本文在前人研究成果之上,重点关注《四书集注》疏义在文本形态上的演变与发展,并将其发展过程根据时间细分为三个阶段,考察在各阶段中疏家所遇到的理论困境及其突破。

---

① [清]顾炎武撰,黄汝成集释,栾保群点校:《日知录集释》卷一八《四书五经大全》,北京:中华书局,2020年,第933页。
② 顾宏义:《朱门后学〈四书〉著述与晚宋理学的发展》,《朱子学刊》第23辑,合肥:黄山书社,2014年,第24—36页。
③ 许家星:《朱子四书学研究之回顾与前瞻》,《中华文化论坛》2013年第2期,第115—122页。
④ 谷继明:《试论宋元经疏的发展及其与理学的关联》,《中国哲学史》2014年第1期,第104—108页。
⑤ 刘成群:《"附录纂疏"体经学著作与"四书五经大全"的纂修——以元代新安经学为叙述中心》,《中国典籍与文化》2013年第3期,第62—69页。

一、直疏注义：朱门直传与《四书集注》的早期疏义

朱门后学对于《四书集注》的尊崇，首先源自朱熹的"夫子自道"。对这部穷其一生撰成的代表作，朱熹颇为自负：

> 语吴仁父曰："某《语孟集注》，添一字不得，减一字不得，公子细看。"又曰："不多一个字，不少一个字。"①
>
> 《论语集注》如称上称来无异，不高些，不低些。自是学者不肯用工看。如看得透，存养熟，可谓甚生气质。②

朱熹在讲学中自谓《四书集注》中的《论孟集注》一字不可增损，要求朱门弟子排除异见，涵咏注文中的意味。诚然，《四书集注》是理学史上无可争议的划时代巨著，但朱熹对于《四书集注》的推崇，客观上对其弟子自抒心得的《四书》学著作有着"抑制"作用，如真德秀在为朱熹弟子滕璘所作墓志铭中就提到："公初为《论语说》，子朱子善之，因谓为学以变化气质为功，而不在于多立说，公为矍然，自是不敢轻论著，终其身。"③朱熹去世后，朱门弟子谨守师命，奉《四书集注》为师门"圣经"，朱门弟子的《四书》学著作开始围绕《四书集注》为中心，以《集注》疏义的形式展开，形成一种特殊的"文献集群"④。

在朱门直传弟子的《四书》疏义之作中，胡泳《论语衍说》与辅广《论语答问》是早期的两部代表作。胡泳，字伯量，建昌人。胡氏亲受业于朱子门下，嘉定年间任南康军白鹿洞书院山长。顾名思义，《论语衍说》是针对朱熹《论语集注》的"推衍之说"。此书今已失传，幸而赵顺孙《四书纂疏》征引部分胡泳《论语衍说》中的解说，可以推测此书的体例。以《论语·学而》第一章为例：

---

① [宋]黎靖德编，王星贤点校：《朱子语类》卷一九，北京：中华书局，2020年，第534页。
② [宋]黎靖德：《朱子语类》卷一九，第534页。
③ [宋]真德秀：《西山先生真文忠公文集》卷四六《朝奉大夫赐紫金鱼袋致仕滕公墓志铭》，《宋集珍本丛刊》第76册影印明正德刻本，北京：线装书局，2004年，第508页。
④ "文献集群"概念取自徐雁平《"文献集群"与近代文学研究的新拓展》，《文学遗产》2022年第3期。徐文解释"文献集群"这一概念为："在狭义层面指一组同类型文献，在广义层面则指一组密切关联的文献。"南宋后期层出不穷的《四书集注》疏义，正可看作围绕《四书集注》衍生出的文献集群。

> 胡氏曰:"人性皆善",人皆可学也;"觉有先后,后觉者必效先觉之所为",学之端也;"乃可以明善而复其初",学之效也。①

此章朱熹《论语集注》的注文为:

> 人性皆善,而觉有先后,后觉者必效先觉之所为,乃可以明善而复其初也。②

朱熹《四书集注》效仿汉代经学家的训诂之体,注文较为简要。对于朱注下语的轻重缓急与言外之意,往往只有长期追随朱熹问学的弟子才能知晓。对比《衍说》与《集注》之语,可知胡泳将朱熹的注文分为三节,以"人皆可学""学之端""学之效"三个渐进的层面对朱注进行逐句的推衍。《四书纂疏》中保留此类胡氏语颇多,兹不俱引。要之,胡泳《论语衍说》实际就是针对《论语集注》中朱熹注文的疏解,虽不以疏名,其实则为疏体。

与《论语衍说》类似的疏体著作尚有辅广的《论语答问》《孟子答问》(合称《论孟答问》)。辅广,字汉卿,号潜庵,从学于吕祖谦、朱熹,著有《五经注释》《论孟答问》《诗童子问》等。对于辅广《论孟答问》的体例,元代学者袁桷在重刻序文中已有阐释:"至于辅公,则直彰其义,衍者隐之,幽者畅之,文理炳著,不别为标的,以尽夫事师之道。"③所谓"衍者隐之,幽者畅之",无疑指辅广《论孟答问》是对于朱注中较为隐晦之处的疏释之作。同样可以对比《四书集注》中朱注与《四书纂疏》所录的辅氏之语:

> 子曰:弟子入则孝,出则弟,谨而信。(《论语·学而》)
> 朱注:谨者,行之有常也;信者,言之有实也。④
> 辅氏曰:谨,谓所行不放纵,不放纵则有常矣;信,谓所言不虚妄,不虚妄则有实矣。⑤

朱熹将"谨而信"分为言、行两个方面进行解读,但由于朱注简奥,并未直

---

① [宋]赵顺孙撰,陈静点校:《四书纂疏》,北京:北京大学出版社,2023年,第340页。
② [宋]朱熹:《四书章句集注》,北京:中华书局,2012年,第47页。
③ [元]袁桷撰,杨亮校注:《袁桷集校注》卷二一《辅汉卿先生语孟注序》,北京:中华书局,2012年,第1083页。此序可见辅广此书在元代仍颇有影响。
④ [宋]朱熹:《四书章句集注》,第49页。
⑤ [宋]赵顺孙:《四书纂疏》,第357页。

接说明何以"谨"则"行之有常","信"则"言之有实"。因此,辅广在《论语答问》中针对朱注进行阐发,他以"不放纵"解释"谨",行动不放纵则自然有常;以"不虚妄"解释"实",言语不虚妄则自然有实。《论孟答问》对于朱注"章解句释"的疏解方式,无疑证明此书是朱熹《四书集注》的疏义之作。

朱门直传弟子所作的《四书集注》疏义之作中,嘉定年间流传最广、学术价值最高的当属黄榦《论语通释》。黄榦(1152—1221),字直卿,号勉斋。淳熙年间从学于朱熹,深得朱熹器重,妻之以女。朱熹临终前将未成的《仪礼经传通解》托付黄榦,勉其成之。朱熹去世后,黄榦是朱门当之无愧的领袖人物。

黄榦的《论语通释》是《四书集注》疏义史上具有承上启下意义的标志性著作,其意义在于黄榦大量引入朱熹《论语或问》《论语集义》中的材料来疏证《论语集注》。黄榦弟子陈宓在《论语通释题叙》中论道:

> 先生合文公《集注》《集义》《或问》三书而通释之。盖《集注》之辞简而严,学者未能遽晓,于是作《或问》一书,设为问答,以尽其详,且明去取诸家之意。先生恐学者不暇旁究,故直取疏解《集注》之辞而列之于后,以便观览。然《集注》《或问》间有去取之不同,发挥之未尽,先生追忆向日亲炙之语,附以己意,名曰《通释》,于是始无遗憾矣。①

《直斋书录解题》著录《论语通释》,亦提到:"其书兼载《或问》,发明晦翁未尽之意。"②在朱熹《四书》学的发展历程中,朱熹先广泛收集二程及其门人的经说,编成《论孟精义》(后称《集义》)《中庸辑略》等集注本,在此基础上朱熹对众说进行去取,形成精简版的《四书集注》。在编纂《四书集注》的过程中,朱熹又撰成《四书或问》,以问答体的形式解释《集注》去取众家的原因。根据朱熹的原意,《四书集注》本应与《四书或问》配合阅读。但从实际的流传情况来看,《四书或问》内部发生分化,《大学或问》《中庸或问》一直被朱熹及其弟子所重

---

① [宋]陈宓:《复斋先生龙图陈公文集》卷末拾遗《论语通释题叙》,《宋集珍本丛刊》第73册影印清钞本,北京:线装书局,2004年,第690页。
② [宋]陈振孙撰,徐小蛮、顾美华点校:《直斋书录解题》卷三,上海:上海古籍出版社,2015年,第78页。

视,在刻版时往往与《学庸章句》合刊①,而《论语或问》《孟子或问》却因为《论孟集注》在朱熹生前的反复修改,导致其无法与《集注》——对应,在朱熹晚年的讲学中已经被弃用:

> 先生说《论语或问》不须看。请问,曰:"支离。"②
>
> 《语孟或问》乃丁酉本,不知后来改定如何?——《论孟集注》后来改定处多,遂与《或问》不甚相应。又无功夫修得《或问》,故不曾传出。今莫若且就正经上玩味,有未通处参考《集注》,更自思索为佳,不可恃此未定之书,便以为是也。③

作为朱熹去世后的朱门领袖,黄榦《论语通释》与胡泳《论语衍义》、辅广《论孟答问》最大的不同,即在于胡、辅的疏义专门围绕朱熹《集注》展开,而黄榦《通释》敢于征引《集义》《或问》中的异说,对《集注》的部分观点进行阐发与修正。在黄榦与同门叶味道的书信中,黄榦颇为"大胆"地指出,朱熹自谓"添一字不得,减一字不得"的《四书集注》,实际上仍然存有值得商榷的空间:

> 朱先生一部《论语》直解到死,自今观之,亦觉有未安处。"不亦君子乎"是第一段,几番改过。今观程子云不见是而无闷,乃所谓君子,是不愠然后君子也。④

朱熹《论语集注》注释"人不知而不愠,不亦君子乎"一句时,先引程子"虽乐于及人,而不见是而无闷,乃所谓君子",又在下文中加入己说曰:"愚谓及人而乐者顺而易,不知而不愠者逆而难,故惟成德者能之。"相比之下,程子之说认为"不愠然后君子",而朱子之说则认为"君子然后不愠"。对于《论语集注》

---

① [宋]真德秀:《西山先生真文忠公文集》卷四〇《劝学文》:"晦庵之《大学中庸章句》《或问》《论孟集注》,则于学者为尤切,譬之菽粟布帛,不容一日去者也。"(《西山先生真文忠公文集》,《宋集珍本丛刊》第76册,第401页)傅增湘《藏园订补郘亭知见传本书目》论《学庸或问》的刊刻曰:"《大学中庸或问》,元明《四书集注》及明以来《大全书》并附各《章句》之后,坊本始删去之。"([清]莫友芝撰,傅增湘订补,傅熹年整理:《藏园订补郘亭知见传本书目》,北京:中华书局,2009年,第146页)

② [宋]黎靖德:《朱子语类》卷一〇五《论自注书·论语或问》,第3208页。

③ [宋]朱熹:《晦庵先生朱文公文集》卷六二《答张元德》,朱杰人、严佐之、刘永翔主编:《朱子全书(修订本)》第23册,上海:上海古籍出版社,合肥:安徽教育出版社,2010年,第2988页。

④ [宋]黄榦:《勉斋先生黄文肃公文集》卷六《复叶味道书》,《宋集珍本丛刊》第67册影印元刻本,北京:线装书局,2004年,第599页。

中收录两说不同者,朱熹曾经对弟子解释道:"《集注》中有两说相似而少异者,亦要相资。有说全别者,是未定也。"①言下之意,朱熹对于《集注》中两说的去取尚有未定且值得商榷之处。《论语通释》在比较程子、朱子二说后,断定程子之说更符合《论语》本义:"以'说''乐'两句例之,则须是如程子之说,方为稳当。"②

由于《论语通释》兼载《或问》,黄榦往往会对《集注》与《或问》之间的差异进行辨析,这就是陈宓所提到的"《集注》《或问》间有去取之不同,发挥之未尽,先生追忆向日亲炙之语,附以己意"。如学者所论,黄榦"对《集注》时加质疑,体现出唯理是从的精神,勇于批判亦成为勉斋学派的一大特色"③。身为朱门新一代领袖,黄榦对于《四书集注》的不盲从态度,即特别体现在黄榦打破了《四书集注》的"文本壁垒",率先引入《或问》《集义》等其他朱子学著作与朱注进行比较相参,这为后世《集注》疏义之作开辟了一条新道路。

《论语通释》成书于黄榦晚年,嘉定末年经过弟子陈宓的镂版与推广,成为当时最流行的《论语集注》疏义著作。至理宗初年,《论语通释》已经至少拥有延平、莆田、潭州、临邛四个版本④,影响范围横跨南宋东南、中部与西南疆域。对于此前已经刻有《四书集注》的地区,《论语通释》删去《集注》正文,仅保留黄榦的疏文,成为类似经学史上"单疏本"的文献形态⑤。对于朱门后学而言,《论语通释》是当时争相传阅的理学要籍。身处泉州的朱门学者陈淳曾致信陈宓,请求示以刻本《通释》:"勉斋《论语增释》(按:即《通释》),果蒙肯来相药,尤千万之幸也。"⑥真德秀亦在信中言及"近日专论《论语通释》"⑦,可证《论语通释》在当时理学界产生的巨大影响。

---

① [宋]黎靖德:《朱子语类》卷一九《语孟纲领》,第535页。
② [宋]赵顺孙:《四书纂疏》,第344页。
③ 许家星:《朱子学的羽翼、辨正与"内转"——以勉斋〈论语〉学为中心》,《中国哲学史》2015年第4期,第87—93页。
④ 顾宏义:《宋代〈四书〉文献论考》,上海:上海古籍出版社,2014年,第278页。
⑤ 陈宓《跋〈论语集义或问通释〉》提到:"郡庠旧有《集注》,于是直取《集义》《或问》《通释》,别为一帙以足之。俾学者互观参考,可以家有其书。"(《复斋先生龙图陈公文集》卷一〇,第476页)
⑥ [宋]陈淳:《北溪先生全集》第四门卷一一《答陈寺丞师复三》,北京:国家图书馆出版社,2021年,第297页。
⑦ [宋]陈宓:《复斋先生龙图陈公文集》卷一一《回真西山书》,第499页。

综上,在宁宗朝的嘉定年间,理学界已经出现了如胡泳《论语衍说》、辅广《论孟答问》等针对朱熹《四书集注》的疏义之作。这些著作专门针对朱注进行阐释与申发,虽不题以疏名,但实质就是《四书集注》的疏义之作。作为朱门领袖,黄榦《论语通释》突破性地打破了《四书集注》的"文本壁垒",引入《或问》《集义》等相关朱子学著作对朱注进行阐释与发明,这为下一阶段疏家广引朱熹《语录》《文集》入疏义打开了大门。

二、《语录》《文集》入疏:《四书集注》疏义发展的第二阶段

作为朱子文献的另外两大宗,朱熹《语录》与《文集》进入《四书集注》的疏义著作,是《四书集注》疏义史上的一大推进。众所周知,朱熹一生的学术思想不断变化,由此对《四书集注》始终删改不辍。相对于晚年定著的《四书集注》,《文集》与《语录》中保留了不少朱熹早年的未定之论以及师友之间讲学的往复问答,能否以《文集》《语录》来阐释《四书集注》,是摆在南宋后期朱门后学面前的一大理论问题。在第一阶段的《四书集注》疏义中,胡泳《论语衍说》、辅广《论孟答问》没有广引《语录》来阐释《四书集注》的体例。黄榦《论语通释》虽然合《论语或问》于《集注》之后,但也没有大量采用《语录》来疏证朱注。作为朱门领袖,黄榦在理学史上甚至是以《语录》反对者的形象出现[①]。南宋学者李性传在《朱子语续录后序》中提到:

> 池录之行也,文肃黄公直卿既为之序,其后书与伯兄,乃殊不满意,且谓不可以随时应答之语易平生著述之书。[②]

嘉定八年(1215)李道传刊《朱文公语录》于池州,邀请黄榦为《语录》作序。

---

① 元代学者袁桷《龚氏四书朱陆会同序》:"当宝庆、绍定间,黄公榦在,朱子门人不敢以先人所传为别录。黄既死,夸多务广,有《语录》焉,有《语类》焉,望尘承风,相与刻梓。"(《袁桷集校注》卷二一,第1089页)笔者按,袁桷虽是宋史大家,但此说多有误会。首先,黄榦去世于嘉定十四年(1221),根本未活到袁桷所谓的"宝庆绍定间";其次,朱熹语录在黄榦生前就已经出版,如李道传嘉定八年(1215)于池州所刊行的《朱子语录》,甚至还得到黄榦为之作序。不过,袁桷此论的确反映出宋元理学界的一个观念,即黄榦是阅读、传播《朱子语录》的反对者。

② [宋]李性传:《饶州刊朱子语续录后序》,《朱子语类》,第3页。

镂版后黄榦不满于池录中的诸多讹误,甚至有意重新校勘。引文中最值得注意的是黄榦对于《语录》与"著述"二者之间的价值判断。在黄榦看来,《语录》是"随时应答之语",而《四书集注》《周易本义》等著作是"平生著述之书",前者的权威性远不及后者,由此黄榦《论语通释》中当然不会大量地引用语录文献①。

然而,随着朱子《语录》在南宋的陆续刊刻与大量流传,理学界对于《语录》的重视程度日益提高。在此背景下,李性传提出了一个更为通达的见解:

> 故愚谓《语录》与《四书》异者,当以书为正,而论难往复,书所未及者,当为助;与《诗》《易》诸书异者,在成书之前亦当以书为正,而在成书之后者,当以《语》为是。②

针对黄榦"不可以随时应答之语易平生著述之书"的论断,李性传进行了修正:对于《四书集注》这种成书于朱熹晚年的权威性著作来说,当《集注》与《语录》出现异同时,学者当以《集注》之说为准,但《语录》可以起到辅助的作用;对于《诗集传》《周易本义》等成书相对较早的朱熹著作,当它们与《语录》之间出现异同时,《语录》在成书之前则以书为准,《语录》在成书之后则以《语录》为准。李性传此说大大提高了《语录》在朱子学文献体系中的地位,这正反映出朱熹《语录》在南宋后期被学者普遍重视的现象。

同时,从文献使用的角度上看,类编本朱熹语录的出现,更加方便疏家将各家语录散入《四书集注》的疏解之中。嘉定八年(1215)黄榦作序的池州本《朱子语录》以记录者的顺序进行排列,这固然保持了语录单行本的原貌,但不利于读者根据某一主题进行检索阅读。嘉定十二年(1219)黄士毅于眉州刊刻《朱子语类》,将各家语录打散之后根据主题进行分类,其中就有《大学》五卷、《论语》三十二卷、《孟子》十一卷与《中庸》三卷等关于《四书》的浩大篇幅③。又如《直斋书录解题》"语孟类"著录《晦庵语类》二十七卷,陈振孙解题谓:"蜀人

---

① 准确地说,黄榦《论语通释》的确引用过语录文献,如《四书纂疏》"回也其心三月不违仁条"所引黄榦《论语通释》,就辨析了数条语录之间的异同。但从整体上看,《论语通释》并没有广引语录疏证朱注的义例。
② [宋]李性传:《饶州刊朱子语续录后序》,《朱子语类》,第4页。
③ [宋]黎靖德:《朱子语类·门目(黄氏)》,第30—31页。

以《晦庵语录》类成编,处州教授东阳潘墀取其《论语》一类,增益其未备,刊于学宫。"①陈振孙将此书著录于《直斋书录解题》的经部,反映出南宋后期理学界已经将朱熹与弟子讲论《四书》的相关语录视作一种正式的经学著作。

在上述理论与实践两方面的推动之下,《语录》正式进入《四书集注》疏义的进程更加水到渠成。黄榦弟子陈宓就曾以黄榦《论语通释》为底本,补入《朱子语类》中的语录材料:

> 杨丈来此,方将所借黄家《朱子语类》添入旧说答门人者,然后谓之《注义问答通释》。向来未有答门人之说,因循及今,始得为之。俟毕当纳去传写。约而可行,无如此书,勿贪多也。②

由陈宓书信可知,此前黄榦《论语通释》的确未有"答门人"之说,而陈宓在《论语通释》的基础上,添入黄士毅《朱子语类》中的《论语》部分,将书名改称为《论语注义问答通释》。陈宓卒于宝庆二年(1226),其增补《论语注义问答通释》的时间大致为宁宗嘉定末年至理宗朝初年。这部被陈宓增补过的黄榦《论语注义问答通释》,在著作权归属上颇为复杂。《宋史·陈宓传》记载陈宓著作有《论语注义问答》③,即指此书;而赵希弁《读书附志》著录《论语注义问答通释》,又将其题为黄榦所著④。更有意思的是《宋史·艺文志》同时著录了"《论语注义问答通释》十卷"与"黄榦《论语通释》十卷"⑤,说明经过陈宓增补语录后的《论语注义问答通释》与此前黄榦亲撰的《论语通释》也可以被看作是两种不同著作。

此类著作尚有王柏的《论语通旨》。王柏(1197—1274),字会之,金华人。王柏从学于北山先生何基,为黄榦再传弟子。元代学者吴师道称王柏年逾三十,"以勉斋黄公《通释》尚缺答语,约《语录》精要足之,名曰《通旨》"⑥。王柏生

---

① [宋]陈振孙:《直斋书录解题》,第 78 页。
② [宋]陈宓:《复斋先生龙图陈公文集》卷一三《与李如晦书》,第 554 页。
③ [元]脱脱等:《宋史》卷四〇八《陈宓传》,北京:中华书局,1977 年,第 12312 页。
④ [宋]晁公武撰,孙猛校证:《郡斋读书志校证》,上海:上海古籍出版社,2011 年,第 1100 页。
⑤ [元]脱脱等:《宋史》卷二〇二《艺文志一》,第 5069 页。按《艺文志》中"黄榦《论语通释》十卷"为元代史官所补,盖其不明上文中《论语注义问答通释》即为陈宓增补过的黄榦《论语通释》,导致重出。
⑥ [元]吴师道撰,丘居里、邢新欣点校:《吴师道集》卷二〇《节录何王二先生行实寄史局诸公》,杭州:浙江古籍出版社,2012 年,第 733 页。

于庆元三年(1197),"年逾三十"大致为宝庆三年(1127)以后,亦为理宗朝初年。《论语通旨》在后世虽亦无传,但这证明黄榦原本《论语通释》的确未收语录材料,且更重要的是,南宋理宗朝前后以《论语通释》为底本增补《朱子语录》(《语类》)已经成为一股学术潮流。

由于《论语注义问答通释》早已亡佚,在后世学者眼中,真德秀《四书集编》是最早将《语录》引入《四书集注》的疏义之作。顾炎武就提到:"采《语录》附于朱子《章句》之下,则始自真氏。"①真德秀(1178—1235),字景元,更字希元,浦城人。庆元五年(1199)进士,官至参知政事,号西山先生,著有《大学衍义》《四书集编》《西山读书记》《西山文集》等。对于这部《四书集编》,真德秀自述曰:

> 《大学》《中庸》之书,至于朱子而理尽明,至予所编而说始备。虽从《或问》《辑略》《语录》中出,然铨择刊润之功亦多,间或附以己见。②

根据真德秀自述,《大学集编》《中庸集编》广取《大学中庸或问》《中庸辑略》以及《朱子语录》中的各家经说羽翼《大学章句》《中庸章句》,对于众说中先后异同、重复颠舛之处,真德秀还进一步进行了删润铨择,并附以己见,形成基于《大学中庸章句》的全新疏义。

上文已提到,第一阶段的《四书集注》疏义主要以阐释朱注的义理为主,而自陈宓、真德秀等人开始,《四书集注》疏义之作大量摘引《语录》等各类相关文献,使得疏义的重心从"释义"转向"集成"的第二阶段。作为宁宗、理宗二朝的理学领袖,真德秀这种广引文献疏证《四书集注》的理念,已为当时的学者所熟知。朱门弟子中的"保守派"学者陈淳就尤其不满真德秀在学术上的"骑墙"思想:

> 在泉幕,正遇真侯乐善而能受尽言,乃反讲学务骑墙,而不必是非之太白;论事务骑墙,而不必义利之太分;行政务骑墙,而不必诛赏之太明;与人交务骑墙,而不必善恶之太察。熟此一线路,而不自知其为病痛之不小也。其《读书》谓廖丈先《集义》而后《集注》为得先师

---

① [清]顾炎武撰,黄汝成集释:《日知录集释》卷一八《四书五经大全》,第933页。
② [宋]真德秀撰,陈静点校:《四书集编》,福州:福建人民出版社,2021年,第3页。

之遗训。①

真德秀赞同朱熹弟子廖德明"先《集义》而后《集注》"之说,主张先博观再约取,这也解释了真德秀广取众说编成《四书集编》的学术动机。然而这在固守师说的陈淳眼中,却是一种缺乏主见,专务"骑墙"的治学"病痛"。有趣的是,《宋元学案》在对比真德秀与魏了翁二人的学术时,一方面赞赏魏了翁"识力横绝,真所谓卓荦观群书者",一方面则贬低真德秀"依门傍户,不敢自出一头地,盖墨守之而已"②。平心而论,相较魏了翁而言,真德秀的理学观念固然相对保守,不敢大步跨出朱子学的范围,但若从本文所关注的《四书集注》疏义发展来看,真德秀绝非"墨守"朱注之学者,他在《四书集编》中广引《语录》《辑略》,甚至还征引张栻的《南轩论语说》(又名《癸巳论语解》)与黄榦的《论语通释》,这都是相对前一阶段《四书集注》疏义之作的理论突破。

然而,从书籍流通的角度上看,真德秀《四书集编》这部著作在南宋后期理学界所产生的影响并不大。首先,从此书创作的时间看,真德秀在《四书集编》所收的《大学章句序》后留下一则识语"宝庆三年八月丁卯后学真德秀编于学易斋"③,可知真德秀《学庸集编》大致成于理宗宝庆三年(1227)前后。可是,宝庆三年之前陈宓增补的《论语注义问答通释》已经行世,故《四书集编》并非如顾炎武所述是第一部采《语录》入《四书》疏义的著作。其次,从刻版时间上看,真德秀在世时仅成《中庸集编》《大学集编》,《论语集编》《孟子集编》为度宗咸淳九年(1273)后人从真德秀《西山读书记》《大学衍义》《西山文集》等著作中采撷而出,合为《四书集编》刊行传世。由于《四书集编》的刻版流传已在南宋垂亡之际,故赵顺孙《四书纂疏》仅收录了真德秀《大学衍义》《西山读书记》等著作,丝毫没有提到这部在元明之后颇受重视的《四书集编》。

从文献流传角度上看,在《四书集注》疏义发展第二阶段影响更大的著作其实是祝洙的《四书集注附录》。祝洙,字安道,建宁府崇安人。祝氏为朱熹外家,祝洙之父祝穆即受学于朱子门下。祝洙为理宗宝祐四年(1256)进士,景定

---

① [宋]陈淳:《北溪先生全集》第四门卷一六《与陈伯澡论李公晦往复书》,第343页。
② [清]黄宗羲原著,[清]全祖望补修,陈金生、梁运华点校:《宋元学案》,北京:中华书局,1986年,第2696页。
③ [宋]真德秀:《四书集编》,第7页。

年间任兴化军涵江书院山长,度宗朝任监行在文思院。在祝穆父子编纂的《方舆胜览》中,收录了理宗朝兴化知军徐直谅向朝廷推荐祝洙的奏文,其中就提到了这部《四书附录》:

> 洙在家庭,讲论精密,尝读朱熹《四书集注》,见其间有引而不发者,遂掇诸家语录附注于逐章之下,名曰"附录",参稽互考,曲畅旁通。洙岁在丙辰,蒙恩赐进士第。于时宰执程元凤、蔡抗尝取其书,进呈乙览。有旨与升擢差遣。①

从徐直谅的奏文可知祝洙《四书附录》的体例为广取各家语录附注于《四书集注》各章之下,来阐发朱注未发之义。此书虽已失传,但《永乐大典》中尚存有数条②,考其所引文献,除了朱子《语录》之外,《四书附录》尚引有《朱文公文集》(如《明堂说》《答林择之书》)与前人经说(如《孟子》范氏说),可知祝洙《四书附录》所取的文献资料主要为朱熹《文集》《语录》与部分前人经说。

祝洙《四书附录》在理宗朝的理学界影响颇大。首先,此书曾于宝祐四年(1256)由宰辅程元凤、蔡抗进呈御览③,获得官方褒奖;其次,朱熹嫡孙朱鉴为此书作序,专门提到此书所据的《四书集注》文本"以鉴向得先公晚年绝笔所更定而刊之兴国者为据"④,这也强化了此书在理学界的权威性。此后《四书附录》虽然被搜罗更广的疏义著作如《四书纂疏》《四书大全》所取代,但祝洙《四书附录》中的"附录"之名却被宋元大量的疏义著作所承袭,如宋董楷《周易传义附录》、元胡一桂《诗集传附录纂疏》、汪克宽《春秋胡氏传附录纂疏》等,这都反映出《四书附录》在朱子著作疏义史上的重要意义。

除了上述诸书外,此类《四书》疏义之作尚有理宗淳祐年间成书的蔡模《四书集疏》与卢孝孙编纂的《四书集义》,二书的体例相近,"参《或问》以见同异,

---

① [宋]祝穆撰,[宋]祝洙增订,施和金点校:《方舆胜览》卷一三《福建路·兴化军·学校》,北京:中华书局,2003年,第220页。
② 顾宏义《宋代〈四书〉文献论考》列举"《永乐大典》卷五五一、五五二、五五四、五五五、五五六、卷六五五八、卷六五五九引录祝洙《附录》"计十四条"。(《宋代〈四书〉文献论考》,第586页)
③ [宋]祝穆撰,[宋]祝洙增订,施和金点校:《方舆胜览》卷一三《福建路·兴化军·学校》,第220页。程元凤、蔡抗并相的时间在宝祐四年六月至十二月,故《四书附录》的进御当在此期间。(《宋史·宰辅表》,第5635页)
④ [明]胡广等:《大学章句大全》,《景印文渊阁四库全书》第205册,台北:台湾商务印书馆,1986年,第12页。

采《集义》以备缺遗,《文集》则以剖决而无隐,《语录》则以讲辨而益精"①,均为在疏文中广引《或问》《集义》《文集》《语录》的集成之作。相比之下,蔡模《四书集疏》对诸说有所去取,而卢孝孙《四书集义》卷帙竟达一百卷之多,可见其所收资料之繁冗②。

总而言之,理宗朝前中期是《四书集注》疏义发展的第二阶段,《四书集编》《四书集疏》《四书集义》《四书附录》等以"集疏""集义""附录"为名的疏义著作出现,表明《四书集注》的疏义著述转入了新的阶段。由于此时疏家身份从朱门的直传弟子转变为朱门再传、私淑,普遍缺乏亲炙朱门的经历,多在疏文中引用大量《语录》《文集》等相关文献,以朱解朱,以朱证朱,使此阶段的疏义重心从阐释注义转向文献集成。

三、疏义的定型与新变:《四书集注》疏义发展的第三阶段

理宗朝后期至度宗朝,《四书集注》疏义著作进入第三个发展阶段,其中最具代表性的就是赵顺孙的《四书纂疏》。赵顺孙(1215—1276),字和仲,号格庵,处州人。淳祐十年(1250)赐进士出身,咸淳六年(1270)官拜参知政事。

据黄溍《格庵先生阡表》所述:"公既脱去场屋,迟次里居,因以得于家庭者,溯考亭之原委,《纂疏》所由作也。"③赵顺孙于淳祐十年赐进士出身,则《四书纂疏》的初纂时间在淳祐十年(1250)之后。今本《中庸纂疏》前有宝祐四年(1256)牟子才序,序中提到"予既为赵君序《大学章句》矣,赵君又疏《中庸章句》以胥教诲"④,则又可知《四书纂疏》中的《中庸大学纂疏》成于宝祐四年之前,《论语孟子纂疏》当成于宝祐四年之后。在《自序》中,赵顺孙明确表明此书

---

① [宋]蔡模:《孟子集疏跋》,《景印文渊阁四库全书》第200册,台北:台湾商务印书馆,1986年,第555页。
② 《四库全书总目》卷三六《四书集义精要提要》:"卢孝孙取《语类》《文集》所说辑为《四书集义》,凡一百卷,读者颇病其繁冗。"[清]永瑢等:《四库全书总目》,北京:中华书局,1965年,第299页)
③ [元]黄溍撰,王颋点校:《黄溍集》卷三三《格庵先生阡表》,杭州:浙江古籍出版社,2013年,第1225页。
④ [宋]赵顺孙:《四书纂疏》,第119页。

是针对朱熹《四书集注》的疏义之作：

> 子朱子《四书注释》，其意精密，其语简严，浑然犹经也。顺孙旧读数百过，茫若望洋，因遍取子朱子诸书及诸高第讲解有可发明注意者，悉汇于下，以便观省，间亦以鄙见一二附焉，因名曰《纂疏》。顾子朱子之奥，顺孙何足以知之，架屋下之屋，强陪于颖达、公彦后，祇不韪尔。遇大方之家，则斯疏也，当在所削。①

赵顺孙所谓"强陪于颖达、公彦后"，即指《纂疏》欲追仿初唐孔颖达、贾公彦的《正义》，遵循"疏不破注"的体例，对朱熹《四书集注》的注文进行全面的疏证。相比前一阶段的《四书集注》疏义，《四书纂疏》在广取朱熹《或问》《文集》《语录》的基础上，第一次大量采录朱子门人的疏解著作，使《纂疏》成为朱子学派视野下《四书集注》的经说大全。据统计，《四书纂疏》共收录了黄榦、辅广、陈淳、陈孔硕、蔡渊、蔡沈、叶味道、胡泳、陈埴、潘柄、黄士毅、真德秀、蔡模等十三家《四书》经说，"将朱熹去世以后朱熹亲传弟子对《四书章句集注》的研究成果进行了一次细致搜讨和精心编纂，从而把朱子学在第一代弟子中传承的情况作了一次全景式的反映"②。由于上述诸家注疏基本都已亡佚，故《四书纂疏》也成为辑佚朱门弟子经说的文献渊薮。

《四书纂疏》的体例极为谨严，在朱注"浑然犹经"的观念下，赵顺孙《四书纂疏》将朱注的字体改为与《四书》经文相同的大字，低一格表示区别。由于《大学中庸或问》地位较高，同为大字，更低朱注一格。此外《语孟或问》《文集》《语录》、诸家弟子经说、赵顺孙按语等依次以小字夹注于大字之下，井然有序。

据黄溍所述，《四书纂疏》在宋末元初时"四方学者既家有其书"③，可见其流传之广。在《纂疏》的影响下，南宋末年出现了更多疏义集成之作，如吴真子的《四书集成》。此书在收录朱子《四书集注》《集义》《或问》《语录》的基础上，再收录张栻《南轩论语说》、黄榦《论语通释》、蔡模《四书集疏》、赵顺孙《四

---

① [宋]赵顺孙：《四书纂疏》，第5页。
② 王宇：《行远之车航、入室之门户：赵顺孙〈四书纂疏〉简论》，《杭州师范大学学报》2017年第5期，第20页。
③ [元]黄溍撰，王颋点校：《黄溍集》卷三三《格庵先生阡表》，第1222页。

书纂疏》等注疏之作,"前标列《语录》《集疏》《纂疏》中所载凡一百十一人,注明氏号里居"①。这是南宋《四书集注》疏义著作在"求全"思路下发展的顶峰。不过《四书集成》所收虽多,但大多从《集疏》《纂疏》等书中辗转相承,又缺乏去取,颇为当世学者诟病。元代陈栎《四书发明》、胡炳文《四书通》、倪士毅《四书辑释》等著作正建立在批判与删正《四书集成》的基础之上。

由于赵顺孙《四书纂疏》在疏义集成上的成就难以逾越,博学如金履祥在其《论孟集注考证》中也只能另辟蹊径,从考证的方式对朱注进行疏证:

> 古书之有注者,必有疏,《论孟考证》即《集注》之疏也。以有《纂疏》,故不名疏,而文义之详明者,亦不敢赘,但用陆氏《经典释文》之例,表其疑难者疏之。文公《集注》,多因门人之问更定。其问所不及者,亦或未修,而事迹名数,文公亦以无甚紧要略之,今皆为之修补。②

金履祥(1232—1303),字吉父,号次农,婺州人。从王柏、何基游,传朱熹之学。南宋灭亡后居家不仕,讲学于丽泽书院,著有《大学疏义指义》《论孟集注考证》《通鉴前编》等。在金履祥看来,赵顺孙《四书纂疏》在《四书集注》疏义史上的经典地位难以撼动,故他别出心裁地效仿陆德明《经典释文》的方式,选取朱注中的部分疑难字词、名物进行疏释。由于朱注侧重于义理,在名物考证方面较为薄弱。金履祥由此入手,在古今事实、名物度数方面对《集注》补正尤多。类似著作尚有赵德《四书笺义》,对于朱注中的"制度器数之本末,经史子集之事实,群公先儒之格言"③,都广引群书进行笺释,与金履祥《论孟集注考证》共同构成南宋晚期《四书集注》疏义中的"别格"。

要之,理宗朝后期《四书集注》疏义之作在体例上进一步推进,在集成朱熹《或问》《文集》《语录》的基础上广取朱门弟子各家疏义之作,最终形成如赵顺孙《四书纂疏》这样具有里程碑意义的疏义之作,这也意味着《四书集注》疏义在文本形式上的基本定型。同时,鉴于疏义"求全化"的编纂思路已经难以为

---

① [清]瞿镛:《铁琴铜剑楼藏书目录》卷六《四书集成》,《续修四库全书》第926册影印光绪常熟瞿氏家塾刻本,上海:上海古籍出版社,2002年,第133页。
② [宋]金履祥:《跋孟子集注考证》,曾枣庄、刘琳主编:《全宋文》卷八二五五,第356册,上海:上海辞书出版社,合肥:安徽教育出版社,2006年,第329—330页。
③ [元]曾翰:《四书笺义序》,见李修生主编:《全元文》卷一四二六,南京:江苏古籍出版社,1998年,第259页。

继,疏家开始转而寻求以考证的方式疏通、补正朱注,从而分化出另一脉的《四书集注》考证之学①。

余论、疏义与集解:南宋后期尊朱与抑朱的两种著述形态

南宋后期的《四书集注》疏义之作层出不穷,学者"争欲以注解名家"②,形成一股浓厚的时代学术风气。《四书集注》疏义的挚衍,象征朱熹正注的地位日益牢固,将《四书集注》的理学史地位不断抬升,最终催生了明初官修的《四书大全》。

受到《四书集注》疏义的影响,南宋后期还出现了针对朱熹其他著作的疏义之作。以朱熹《易学启蒙》为例,就有如郑文焥《易学启蒙或问》③、税与权《易学启蒙小传》④、胡方平《易学启蒙通释》等疏解之作。胡方平《易学启蒙通释》同样在广征朱熹《语录》《文集》,以朱证朱的基础上,又征引了黄榦、董铢、刘爚、陈埴、蔡渊、蔡沈、蔡模、徐几、翁泳等九家朱子后学解《易》之作⑤,这种疏义形式显然受到赵顺孙《四书纂疏》等书的影响。

另一方面,在朱子学如日中天之时,不满朱子学的学者难以径直攻驳朱学,但他们往往以一种较为委曲的方式,表达自己抑朱的态度——"集解"。"集解"是中国古代传统的著述方式,南宋后期学者编纂"集解"本来不足为怪,但在朱熹《四书集注》疏义盛行一时的学术背景下,如若学者不以《四书集注》为绝对标准,转而以"集解"的方式编纂成书,其背后已经蕴含了作者在暗地中"抑朱"的学术取向。宋末学者黄震《黄氏日抄》举出两个例子:

---

① 《四库全书总目》卷三六《论语类考》:"朱子以后解《四书》者,如真德秀、蔡节诸家,主于发明义理而已。金履祥始作《论语孟子集注考证》,后有杜瑛《论语孟子旁通》、薛引年《四书引证》、张存中《四书通证》、詹道传《四书纂笺》,始essere究典故,以发明经义。"(《四库全书总目》,第 302 页)
② [宋]黄震撰,王廷洽整理:《黄氏日抄》卷二《读论语》,《全宋笔记》第十编第 6 册,郑州:大象出版社,2018 年,第 12 页。
③ [宋]陈宓:《复斋先生龙图陈公文集》卷二二《进士郑君墓志铭》,第 670 页。
④ [清]永瑢等:《四库全书总目》卷三《易学启蒙小传》,第 18 页。
⑤ [宋]胡方平著,谷继明点校:《易学启蒙通释·通释所引姓氏》,北京:中华书局,2019 年,第 23 页。

吴郡卫湜再为《集解》，乃增入石氏元本，及附入石氏元所不集与晦庵以后诸说皆取之。晦庵《章句》虽亦参错其间，意若及有未满于晦庵者。天台贾蒙久为《集解》，杂列诸家，晦庵《章句》之说又特间见一二而已。晦庵以命世特出之才，任万世道说之托，平生用力尽在《四书》。《四书》归宿萃于《中庸》，其该贯精备，何可当也！而二家之所见如此哉！①

在南宋《中庸》学史上，孝宗乾道年间石𡼖广收程门师友的《中庸》经解，撰成《中庸集解》。此后朱熹对石氏《集解》进行删削，成为今存的《中庸辑略》。黄震敏锐地观察到，卫湜在编撰《礼记集说》中的《中庸集说》时，不以经过朱熹删定的《中庸辑略》为底本，径以收录更全的石𡼖《中庸集解》为底本；对于朱熹的《中庸章句》，卫湜《中庸集说》又仅作部分收录，这都促使黄震产生卫湜"意若及有未满于晦庵者"的判断。贾蒙为浙江天台人，理宗宝庆二年（1226）进士。贾蒙撰作《中庸辑解》正处于朱熹《四书集注》官学化的进程中，而《辑解》中朱熹《中庸章句》却仅"间见一二"，也体现出贾蒙对朱子之学无形的"贬抑"。

南宋后期，此类"集解"之作尚有蔡节的《论语集说》。蔡节，永嘉人，蔡幼学之子。南宋永嘉之学以陈傅良、叶适的事功之学为代表，自有其渊源传统，与朱子之学不能相下。《论语集说》刻于淳祐六年（1246），正值朱熹《四书集注》如日中天之时，蔡节在《集说》虽不得不"大旨率从《集注》"，但在具体经说的铨选过程中，"于何氏《集解》及皇、邢两《疏》亦多征引，永嘉诸儒则于钱白石、戴岷隐两家之说采录颇夥"②。钱白石为钱文子，戴岷隐为戴溪，二人均为南宋永嘉学者。蔡节《集说》多引永嘉学者的《论语》说，无疑是借不专主一家的集说形式为永嘉之学争取一席之地，间接地对抗当时主流的《四书集注》及其疏义之作。

综上所述，南宋后期朱熹《四书集注》的疏义之作主要经历了前后三个发展阶段：第一阶段为宁宗朝嘉定年间，代表著作为胡泳《论语衍说》、辅广《论语答问》与黄榦《论语通释》，此阶段疏义的特征在于阐释、申发朱注的义理；第

---

① ［宋］黄震撰，王廷洽整理：《黄氏日抄》卷二五《读礼记十二》，《全宋笔记》第10编第8册，郑州：大象出版社，2018年，第149页。
② ［清］孙诒让著，潘猛补点校：《温州经籍志》卷六，北京：中华书局，2011年，第260页。

二阶段为理宗朝前中期,代表著作为真德秀《四书集编》、祝洙《四书附录》等,其特色在于大量引用朱子《语录》《文集》等相关文献,以朱证朱,以朱解朱;第三阶段为理宗朝后期至度宗朝,代表著作为赵顺孙《四书纂疏》,广收朱门弟子的疏义之作,它标志《四书集注》疏义的最终定型。同时,以金履祥《论孟集注考证》为代表的疏义之作从名物考证入手,开《四书集注》疏义之作的别格。从南宋《四书》学的整体视野来看,"疏义"与"集解"可视作两种相互竞争的著述方式,分别暗含"尊朱"与"抑朱"两大思想取径。《四书集注》疏义的诞生、发展与定型,正象征着南宋后期朱子学地位在经学领域的不断巩固与强化。

魏了翁文集刊刻流传考*

四川大学古籍整理研究所教授　尹波　郭齐

摘　要：南宋名臣、文化名人、蜀学中坚魏了翁现存《鹤山先生大全文集》及选集数种，自宋以来从未被系统全面梳理。论文利用笔者所搜集国内外所藏历代序跋及珍稀文献，首次对现存及已知宋代三种、明代三种、清代两种、民国二种魏了翁全集和《自庵类稿》《三先生谥议》《江阳集》《朝京集》《渠阳集》《鹤山诗集》《鹤山文抄》《鹤山题跋》《鹤山长短句》《鹤山师友雅言》《周礼折衷》《注鹤山先生渠阳诗》等选集乃至单篇文章的石刻拓片之刊刻流布作了详尽梳理，特别指出了民国间上海合璧通行本《四部丛刊》影印宋开庆本之误，可资后续研究参考。

关键词：魏了翁；文集；选集；刊刻流传

魏了翁，字华父，号鹤山，宋邛州蒲江（今四川蒲江）人，是朱熹之后理学思想传播的关键人物。他嘉定九年（1216）始上书朝廷，首发为理学家周敦颐、程颢、程颐请谥之议。次年又请，并增加张载。经其反复申述和大力阐扬，宋宁宗终于嘉定十三年诏赐四人谥号曰"元""纯""正""明"，为理学思想成为官方统治思想立下首功。魏了翁是南宋名臣，也是文化名人。在思想史上，继朱熹之后，他与真德秀"西山、鹤山，双峰并峙"，为南宋中后期理学干城。

---

* 本文为国家社会科学基金后期资助项目"魏了翁文集整理研究"（批准号：22FZXB018）、国家社会科学基金项目"朱熹著述历代序跋集成与研究"（批准号：22BZX055）、四川省哲学社会科学规划重点项目"魏了翁文集整理研究"（批准号：SC22A019）阶段性成果。

在经学史上,他以其独具特色的见解和成就俨然成家。在文学史上,他与真德秀并驾齐驱,名扬天下,占据着当时文坛的重要一席。在教育史上,他以其系统的教育思想、教学方法和丰富的教学实践,成为继胡瑗、张载、吕祖谦、朱熹等教育大家之后的又一重要人物。在语言学史上,他对小学的精深研究,深厚的小学功底和造诣,在两宋学者中罕有其伦,完全可以和专门名家分庭抗礼。在书法史上,他不仅形成了独具特色的系统书论,而且成为一代著名书法家,被认为其"行、草书在苏、黄以后又开创了新的面貌"。作为蜀人,他在四川各地多年为官,钻研学术,传播文化,其思想学术已成为蜀学的重要组成部分。他晚年赐第苏州,卒后葬在高景山金盆坞,对江南文化有着积极影响。魏了翁以"忠清立身","言所当言,为所当为",其在诸多领域的贡献,奠定了他在宋代文化史上的重要地位,对后世产生了深远影响。收集整理其存世文献,梳理其刊刻源流,深入研究其思想学术,对于认识宋代思想史、经学史、文学史、教育史及巴蜀文化史具有重要意义。

一、全集的刊刻流传[①]

今存《鹤山先生大全文集》一百一十卷,收入魏了翁的全部诗文词及《周礼折衷》《师友雅言》,集中体现了魏了翁的思想及学术成就。

宋代有三种文集刊本,即姑苏本、温本(即温阳本)、开庆本。今存开庆本九十一卷。

淳祐八年(1248),即魏了翁去世十二年,其文集始由长子近思、次子克愚收集遗稿,在姑苏编刻,有正集、外集、奏议,凡一百卷,约刻成于淳祐十一年(1251)四月后[②]。

[①] 陈新撰有《今存魏了翁〈鹤山集〉版本源流及其他》,《文教资料》Z1期,1995年,第157—164页;彭东焕撰有《〈鹤山集〉版本源流考》,《蜀学》第1辑,成都:巴蜀书社,2006年,第228—239页。其文仅述全集,且皆有误、漏。

[②] [宋]吴渊《鹤山先生文集序》(淳祐九年夏五月):"公薨背十二年,而二子曰近思、克愚萃遗稿刻梓。"魏了翁:《鹤山先生大全文集》卷首,《四部丛刊》本,上海:上海商务印书馆1922年,叶一。[宋]刘壎《隐居通议》卷一七《魏鹤山文集序》云:"刘清叔澄旧居庐陵,徙匡庐,自号玉渊。登科入仕至监簿,中更台劾,谪瑞州道判,又谪封州。尝以文墨事信庵赵丞相,藉甚文名,有《玉渊集》刊行。其笔端透彻处痛醒人意,第腴赡之过,反伤泛滥,若加擎敛之工,以造简古之味,足可名世矣。魏鹤山集序曰"云云,则渊此序当是刘澄所代笔。吴潜《鹤山先生文集后序》(淳祐十一年四月):"又十有五年,公之子近思、克愚相与搜遗罔轶,有正集、外集、奏议凡一百卷,将锓梓行于世。"[宋]魏了翁:《鹤山先生大全文集》卷末,叶二。

书名当为《鹤山先生文集》。① 二子编纂时，不仅参考收录了《渠阳集》等其他所刊书中的整卷及单篇文章（详见下），②有些还经过润色。③ 是为姑苏本。

宝祐二年（1254），再由次子克愚于温州刊刻④，由方回监刊，"总为《大全集》"⑤，即"温本"，亦一百卷。是首次以"大全"名集，应为姑苏本之翻刻，题为《鹤山先生大全集》。

开庆元年（1259），成都府路提刑佚名者刻于成都⑥。据佚名者后序，"长翁（魏近思）以姑苏所刊本垂教"，又"得于先生次翁温本"，"既而制干何璟、漕幕朱景行、昌士卢贞皆以所藏先生《雅言》《周礼折衷》、大魁之作来，至如墓志、书札等文，未与《大全集》者项辈相望。类成一编，比姑苏、温阳二本加详焉"。由"汉嘉士杨起寅偕僚友日夕相与校正，屡工锓梓"⑦，以"字画精，纸墨善"的温本为基础，校以姑苏本（今文集中所见小字一作云云，或为二本之异文），扩编为一百一十卷，名为《重校鹤山先生大全文集》。然该本今也已非完本，计缺卷十八、十九、三十五至三十八、四十三至四十六、五十至五十三、七十五至七十七、一百零七、一百零八，仅存九十一卷，且尚有缺页和抄配。该本是现存最早的

---

① 从安国本、鸣野山房影抄本卷九一题首所标"鹤山先生文集"来看，既与魏克愚温州本所标"鹤山先生大全集"不同，又与宋开庆本所标"重校鹤山先生大全文集"不同，当是姑苏本之题。
② ［宋］赵希弁撰，孙猛校证《郡斋读书志校证·读书附志》卷下载（淳祐九年）：鹤山先生文集十三卷后集十卷续集十三卷别集十一卷："右魏文靖公了翁字华父谪靖州日所作，故名《渠阳集》云。"上海：上海古籍出版社，1990年，第1196页。宋开庆本卷七八、七九墓志铭类，卷八九行状类皆于卷首题下署《渠阳集》可证。
③ 文集卷五〇载有《江陵州丛兰精舍记》一文，日本京都大学人文科学研究所藏有《荆南承天禅院丛兰精舍记》碑拓片，两相对校，碑文应为初稿，文集所载乃编纂时经润色者。见下并参未刊拙文《宋赵大荣〈安丙墓志铭〉碑补证》。
④ 佚名者开庆元年五月《重校鹤山先生大全文集跋》："嘉定法椽赵与梣以得于先生次翁温本相过。"魏了翁：《鹤山先生大全集》卷末，叶二。
⑤ ［宋］方回：《桐江续集》卷一八《放夜》："予甲寅年二十八，往温州访魏静斋，留郡塾。"《景印文渊阁四库全书》第1193册，上海：上海古籍出版社，1987年，第443页。又《桐江续集》卷二六《寄题朱信州自闲堂》："回至永嘉郡斋次，令嗣知州靖斋先生俾回监刊，总为《大全集》。"第569页。
⑥ 佚名者为蜀人，年少时，"获聆先生謦咳"，后"以《春秋》窃第"，"分倅靖南"（了翁贬谪七年之地，其长子魏近思亦为之守）。魏了翁：《鹤山先生大全集》卷末《重校鹤山先生大全文集跋》，叶一。
⑦ ［宋］魏了翁：《鹤山先生大全集》卷末《重校鹤山先生大全文集跋》，叶一。朱景行，眉州人，淳祐进士。昌即昌州，约今隆昌、永川一带，宋代属四川。又称"嘉定法椽赵与梣"，据［宋］佚名撰《宝祐四年登科录》，"赵与梣字季清，小名廉孙。年二十七中第三甲第七十七人。治赋三举。居资州盘石县"。《粤雅堂丛书》本。可见当时搜罗甚详，或以四川籍人士所藏为主。

文集刊本，在魏了翁文集刊刻与传承上有筚路蓝缕之功。民国年间，蒋汝藻据之抄录；上海涵芬楼据此影印入《四部丛刊》初编。21世纪初，国家图书馆又列入中华再造善本，予以影印。

要之，题《鹤山先生文集》者为姑苏本，题《鹤山先生大全集》者为温本，题《重校鹤山先生大全文集》者为开庆本。

元代未见文献著录。明代则出现过三种文集刊本，即嘉靖初锡山安国铜活字本、嘉靖三十年邛州吴凤刊本、万历间邛州陈应蛟刊本。今存安国本、吴凤本。

嘉靖元年（1522），"今太子少保、工部尚书内江李公奉命抚三吴，尝止公书院，叹曰：'斯文远矣，伊谁之责？'乃访文集旧本于苏人……命知无锡县畅侯华摹焉"①，"命吾邑义士安国以便版从事"②。安国本实自开庆本出，以铜活字刻于无锡③，题下署"锡山安国重刊"。安国本保存了宋开庆本所缺之卷（一百零七、一百零八卷保存在沈氏鸣野山房影抄安本中，乃最为完整之本。见下），是魏了翁文集传承的功臣，但也是情况最为复杂之本，国家图书馆、上海图书馆、南京图书馆、浙江天一阁、日本静嘉堂文库均有收藏④，残缺不一。张元济《四部丛刊》本《鹤山先生大全文集》影印宋开庆本所缺之卷，悉用安国本补之。

嘉靖三十年（1551）五月⑤，"适大巡鄢剑泉公、兵巡高玉华公慨公事功不竟，

---

① ［明］刘瑞：《鹤山魏文靖公集序》（嘉靖二年二月），明嘉靖安国铜活字本《重校鹤山先生大全文集》卷末。

② ［明］邵宝：《魏文靖公序序》（嘉靖元年七月）："今太子少保、工部尚书内江李公以公蜀人，为乡邦先正，抚政之暇，访而得其什九，辄用勘校，命吾邑义士安国以便版从事。其什之一，寻又得而补焉。"明嘉靖安国铜活字本《重校鹤山先生大全文集》卷末。［明］畅华：《跋鹤山文集后》（嘉靖二年［原误作三年］四月）："始得其十九，复求其遗缺，凡若干卷。华因请得而摹焉。"清道光鸣野山房影抄明嘉靖安国铜活字本《重校鹤山先生大全文集》卷末，叶二。

③ ［明］安国跋残文："（上缺）锓楮之劳，又无锓梓之费，俾印成之日，广布于四方，而穷乡僻壤有志于圣人之道者，皆得知而行之于彝伦日用之间，以同归于圣贤君子之域。其不及者，亦得窃隙光勺水于绪见杂出者以自照而自润，是则文字之托于斯版者虽微，而所以淑人心，植世教，公圣人心法，施之无穷者，则未必无小补云。锡山安国谨书。"明嘉靖安国铜活字本《重校鹤山先生大全文集》卷末。

④ 静嘉堂文库所收安国本，乃原陆心源皕宋楼藏书，有抄配。如卷一〇八缺文《书安忠定行状后》《跋李梦庚韶卿上梁纶漕使书》置于卷六五末，《夹江开国男何公友谅墓志铭》置于卷八七末。从抄配《书安忠定行状后》"奕"字缺末笔看，当为避咸丰皇帝"奕詝"之讳。

⑤ ［明］吴凤《刻鹤山文集成纪后》作"时皇元四年辛亥夏五月日，后学贵溪梧冈吴凤拜书"，"皇元"误。据雍正《江西通志》卷五四，吴凤为嘉靖元年乡试者。又高玉华名翀，亦嘉靖元年乡试，五年进士，出补四川参议、按察副使。故此《纪后》当为嘉靖三十年辛亥。

文集弗传,捐赎金,命凤佐费而董成之。……予敬承之,偕同事取旧本校订,募工绣诸梓,始是年十月初,至次年五月末就。计集一百令七卷,板二千二百乙十六叶"。① 吴凤本乃据旧本重刻于邛州,有修订②,题下署"邛州知州吴凤、郡后学王葵校正,学正李一阳、训导周南编次",嘉靖二十九年至三十年之间。

万历年间(1573—1620),又有邛州守陈应蛟据吴凤本"补锲""订正"于邛州。张之厚序云:"邛旧有镂板,岁寝剥蚀。予两过邛州,索之不可得,怅然者良久。已而州守陈君请于兵宪使者孙公,雅嗜文学,相与捐俸,鸠工补锲,且令博士弟子杨守敬辈搜寻原本,复加订正,屹然称完帙矣。"③之厚,应城人,万历二十九年进士,为四川按察副使。④ 其任职四川,当在二十九年之后。孙好古,万历二十六年进士,卒于天启元年。⑤ 则是书"订正"在万历二十九年之后,天启元年之前,万历间也。

明刻本虽未能免于残缺和文字错讹,然因刊刻较早,亦可在较大程度上补宋本之缺,其价值不容低估。

入清,未见全集之刊刻,仅有抄录、影抄二种。皆存。

乾隆四十六年(1781),因编纂《四库全书》,据吴凤本抄录而成之《四库全书》本,作了部分订讹。《四库全书》本《鹤山集提要》曰:"嘉靖辛亥,四川兵备副使高翀等始重刻于邛州,而校订草率,与目多不相应……然世间仅存此本,流传甚稀。今重加校定,仍其所阙,析其所并,定为一百九卷。而原目之参错不合者,则削而不录焉。"⑥

道光间(1821—1850),山阴沈氏鸣野山房影抄明安国"锡山安氏馆"铜活字《重校鹤山先生大全文集》一百十卷⑦。其中意外地保存有自宋本以来各本

---

① [宋]吴凤:《刻鹤山文集成纪后》,明嘉靖吴凤刻本《重校鹤山先生大全文集》卷末,叶一。
② [宋]吴凤:《乞检会累牍收回执政恩例奏札》篇末小字注:"此臣至深长思也数语,一札而两见。盖言不激切,不能动主上故也。姑仍之。"吴凤所据"旧本"今未见。明嘉靖吴凤刻本《重校鹤山先生大全文集》卷二六,叶二〇。《四库全书》本同。
③ [明]张之厚:《魏鹤山先生文集序》,又曰:"孙公名好古,汤阴人;陈君名应蛟,定海人。"杜应芳、胡承诏:《补续全蜀艺文志》卷二三,明万历刻本,叶三二。
④ [清]黄廷桂等:《四川通志》卷三〇,《景印文渊阁四库全书》第 560 册,第 627 页。
⑤ [清]谷应泰:《明史纪事本末》卷六九,《景印文渊阁四库全书》第 364 册,第 859 页。
⑥ [清]纪昀等:《鹤山集》卷首提要,《景印文渊阁四库全书》第 1172 册,第 75 页。
⑦ 鸣野山房主人沈复粲生于乾隆四十四年(1779),卒于道光三十年(1850),其后藏书散失,则其影抄魏集当在道光间。

皆缺失的卷一百零七《周礼折衷》下(《司裘》至《夏采》)、卷一百零八的六篇佚文,是其最大价值。这些佚文均见于宋开庆本目录而正文缺,卷一百零八佚文共七篇,其中《乙未唱第后谢恩诗》已见文集卷七,系误辑重出。另外还有新的佚文《答邛州赵孝祥昊正奏书》一篇①,皆弥足珍贵。

民国间两种,皆存。

民国六年(1917),蒋汝藻借表弟刘承幹嘉业堂所藏宋开庆本予以影抄,历时二年,今存五十六卷,保存于美国柏克莱加州大学东亚图书馆中。

民国十一年(1922),张元济编纂《四部丛刊》时,"上海涵芬楼借乌程刘氏嘉业堂藏宋刊本(宋开庆本)景印"②,题为《鹤山先生大全文集》,所缺之卷,悉用安国本补之,遂成今通行之本。然残缺仍然不少,整卷缺如仍有卷一百零七、一百零八;局部也有脱漏、错误,如卷三十《缴奏奉使复命十事》之三末"神而用之,存乎其"下空一字,而宋开庆本则有"人"字。卷三十三《上史丞相弥远》篇末《又》"须自一朝廷特与从宜区处"句,宋开庆本因尊称"朝廷"二字空一格,《四部丛刊》影印时,不明就里,遂于"自"下补"一"字而衍。

二、选集的刊刻流传

其实,魏了翁文集的刊刻,最早以选本的方式,在了翁生前就得以展现。既有综合性的选刻,专题性的集刻,区域性的录刻,也有单独的诗抄、文抄,还有门人对其言语的记录,对其诗进行的注释。今《四部丛刊》本于卷三十八记类,卷五十一至五十三序类,卷九十(宋开庆本同)、九十一(宋开庆本同)祭文类,共六卷,皆于各卷次下署《自庵类稿》。卷三十七书类、四十六记类,共二卷,署《朝京集》。卷四十五记类,署《江阳集》。卷三十五、三十六书类,卷七十五至七十九墓志铭类,卷八十九行状类,共八卷,署《渠阳集》,依稀可见当时各地选刻风貌。令人不解的是,今所见魏了翁生前刊刻之选集,皆无诗选。当然,也因为有了嘉熙三年先刻的《鹤山师友雅言》《周礼折衷》,才有了开庆本的"《雅言》《周礼折衷》"扩编之本。

---

① 参见郭齐、赵瑶杰《魏了翁佚文发覆》,《朱子学研究》第39辑,2022年,第144—157页。
② [宋]魏了翁:《鹤山先生大全文集》卷首"牌记",《四部丛刊》本。

兹按自作、他录、他注及时代顺序述之于下。

《三先生谥议》，绍定四年（1231）李大谦于邵阳刊刻。宋陈振孙曰："《三先生谥议》一卷：嘉定中，魏了翁华父为潼川宪，奏请赐周、程谥。宝庆守李大谦集而刻之，并及诸郡《祠堂记》文。"①

《自庵类稿》，从《四部丛刊》本卷首及题下所标出自《自庵类稿》之文来看，其所收文最早为嘉泰四年所作《哭袁参政说友文》，最晚者为端平元年所作《哭高嘉定泰叔》，可见编成于端平中。②

《江阳集》，主要为绍定六年、端平元年知"江阳"（泸州）时所为文。③

《朝京集》，主要为端平元年至三年间"朝京"临安之际为文，当是随见随录，故所见亦有绍定五年之文。④

《渠阳集》，淳祐九年（1249）之前刊刻。宋赵希弁曰："鹤山先生文集十三卷后集十卷续集十三卷别集十一卷：右魏文靖公了翁字华父谪靖州日所作，故名《渠阳集》云。"⑤赵希弁淳祐九年撰《郡斋读书志·读书附志》既已见书，又被魏近思、魏克愚淳祐八年编纂文集所采用，可见此刊刻最迟在淳祐九年之前。而魏了翁贬谪靖州在宝庆元年至绍定四年间，故最早刊刻在绍定五年了

---

① [宋]陈振孙撰，徐小蛮、顾美华点校：《直斋书录解题》卷九，上海：上海古籍出版社，1987年，第284页。魏了翁绍定五年《伊洛渊源录序》："予方自靖还邛……会邵阳守李侯大谦以昔岁为周、程诸儒请易谥及前后《祠堂记》粹为一编，刻成见寄。"[宋]魏了翁：《鹤山先生大全文集》卷五五，叶二。

② [宋]方回：《桐江续集》卷二六《寄题朱信州自闲堂》："吾师魏华父，庵以自为名。自庵有类稿，其文世盛行。"《景印文渊阁四库全书》第1193册，第569页。魏了翁以"自庵"为名在嘉泰时，所撰《陆伯微持之墓志铭》云："余尝榜所居室曰'自庵'。"参未刊稿《魏了翁〈自庵类稿〉〈渠阳集〉〈江阳集〉〈朝京集〉考论》。

③ 如《鹤山先生大全文集》卷四五整卷录自《江阳集》，其中《嘉定府璧津楼记》撰于端平元年初，《泸州重修学记》《泸州社仓养济院义冢记》亦撰于端平之际，卷五七《表兄高南叔絜矩堂铭》（标题原阙，据宋开庆本目录补）亦署《江阳集》。

④ 如《鹤山先生大全文集》卷三七、四六整卷录自《朝京集》，其中卷三七《李眉州》以下二篇署绍定五年"壬辰"，而《程运使》以下诸篇撰于端平元年至三年间；卷四六《大宗正司记》撰于端平元年八月后，《华亭县重修学记》撰于端平三年九月（据《绍熙云间志》卷下所题），《常熟县重修学记》撰于端平三年十月（据《重修琴川志》卷一二所题），《程纯公杨忠襄公祠堂记》撰于端平三年十二月（据《景定建康志》卷三一所题），卷五七《临江彭应龙省斋铭》题下亦署《朝京集》。

⑤ [宋]赵希弁撰，孙猛校证：《郡斋读书志校证·读书附志》卷下，第1196页。《四部丛刊》本（宋开庆本同）于卷七八题下署"《渠阳集》卷之十八"，与赵希弁所著稍异。《千顷堂书目》卷二九载："《渠阳集》二十二卷。"方回后来曾抄录之。《桐江续集》卷二五《读魏鹤山先生渠阳集五首》："今岁摘抄靖州作。"卷五七《当涂辛钦夫克承孰庵铭》题下署《渠阳集》。

翁还乡之后，或与《三先生谥议》不相远也。

《鹤山诗集》一卷，宋陈思编、元陈世隆补《两宋名贤小集》本，于卷二百五十九载之。所录魏了翁诗，有文集所未见者，如《夏港僧舍》（迅商呼不来）、《游上天竺》（风波满平地）、《寄题邹子震父梅屋》（阳和运一气）三首，为其佚文。也有误收他人之作者，如《尘外亭》《天竺寺》《宝云寺》《马祖岩》《尘外亭》《天竺山》六首，均见于宋廖刚《高峰文集》卷十，应为廖刚所作①。今存。

《鹤山诗》五首，乾隆十一年（1746）厉鹗《宋诗纪事》卷五十八载之，其中第五首《题米南宫云山图》系从《式古堂书画汇考》卷四十三辑出之佚文。今存。

《鹤山诗集抄》四卷，嘉庆十八年（1813）谷际岐《历代大儒诗抄》载于卷二十九至三十二上。其《跋》曰："际岐谨案：《鹤山集》遍求，止得一抄本，又颇残阙，惟翰院所藏底本有之，谨就抄录。"②是抄录吴凤之本于北京，并于嘉庆十八年刻于扬州采兰堂。际岐"谨案：《鹤山先生大全文集》一百一十卷，首列诗十二卷，自卷一至六载五古一百二十九首，七古六十九首；自卷七至十二载五律二十一首，七律一百七十三首，五绝六首，七绝二百九十六首，六言二首；又卷九十二载挽诗一百五十一首，俱分体。总诗八百四十七首，今抄四百三十五首"。③ 同治间，陈家镇《鹤山诗抄四卷跋》云："见《历代大儒诗抄》，系从全集中选录者。世有传本，今于都门市肆购录之。谷际岐曰：云云。谷刻原本如是，今从他书搜获数首，亦随各体补入。"④今存。

《鹤山集抄》辑录诗三首，嘉庆间（1796—1820）管庭芬抄补、蒋光煦编辑之《宋诗抄补》本。今存。

《鹤山文抄》三十二卷，同治十三年（1874）缪荃孙编、成都望三益斋刊，附《周礼折衷》四卷、《师友雅言》一卷，宣统时复刊。其《跋》云："同治甲戌，荃孙在蜀帅吴勤惠公幕。公持旧抄《魏鹤山大全集》属校勘付梓，因魏公蜀人也。旧抄本出自梁溪安氏，脱误特甚，又无他本可校，仅取文字之完整者，及汲古所刻《题跋》与碑版之搨本对勘，刊成《文抄》四十卷。然空白尚多，未敢臆定。后

---

① 参见尹波、郭齐《魏了翁佚文考论》，《宋史研究论丛》第 32 辑，北京：科学出版社，2023 年，第 316—334 页；《魏了翁佚文伪作误题考辨》，《古籍整理研究学刊》2023 年第 4 期，第 22—27 页。
② ［宋］谷际岐：《历代大儒诗抄》卷三二上《魏子四》，嘉庆十八年采兰堂刻本，叶二七。
③ ［宋］谷际岐：《历代大儒诗抄》卷二九《魏子一》，叶八。
④ ［清］陈家镇：《鹤山述闻》卷八，清同治抄本。

于钱塘丁氏传抄一部,亦出梁溪安氏,以邛州高氏残刊本校过,较吴本略为完善。世有宋本,今归吾友孙问青编修,即钱辛楣所跋者。他日如能假读以成完璧,或亦鹤山先生所默许者乎。翻阅既多,因编为《年谱》一卷,分年隶事。容有讹舛,阅者教之。江阴后学缪荃孙识。"①缪氏为文献大家,其所校定,有极大校勘价值。今存。

《鹤山题跋》七卷,明崇祯间(1628—1644)毛晋刊刻。其《识》云:"兹集题跋七卷,无论严君子小人之辨,衮钺凛然;即偶载一句一物,如黎莫、椰子酒、橄榄诗之类,亦寓表廉训俭之怀。所谓稻粱之养正,药石之伐邪,具足华父散卓间。"②今存。

《鹤山长短句》,乾隆初(1743左右)陈皋校、查为仁藏本。其所抄之本为安国本。劳权道光二十四年九月十三日《鹤山长短句跋》:"此津门查莲坡藏本,吾乡陈江皋先生所校,十余年前购之。顷王吉甫持本属校,对勘一过,补缺词一阕,彼此俱各正误字。甲辰九月十三日,劳权手识。"③宣统时,吴昌绶又校之,"始成善本"④。民国间,吴昌绶又据宋开庆本《重校鹤山先生大全文集》卷九十四至九十六之《长短句》三卷,刻入《景刊宋金元明本词四十种》。间有修订,如卷九十六《上巳黄成之韵》"韵"字,笔者所见各本皆作"类",仅此《长短句》两种及文津阁《四库全书》本作"韵",是也。今存。

《鹤山师友雅言》,嘉熙三年(1239)门人税与权刊刻。其嘉熙元年五月《鹤山师友雅言序》:"予登鹤山先生之门盖历二纪,以先生出入中外间七八年,或五六年,或四三年,每一见,则所闻辄一超绝。及先生返自南迁,起家镇泸,予执经从之,相携入京,登宥府视事⑤,洎赐环奉藩⑥,以讫梦奠,湖海往来,永日清夜,瞻前忽后。先生非圣之书不读,多发儒先所未言。昉于甲午夏,以涘丁

---

① 〔清〕缪荃孙:《魏文靖公年谱》卷末,光绪间《烟画东堂四谱》本,叶一二。
② 〔明〕毛晋:《鹤山题跋》卷七末,汲古阁《津逮秘书》本,叶一一。
③ 〔清〕劳权:《鹤山长短句跋》,清抄本《鹤山长短句》卷首。
④ 〔清〕吴昌绶:《鹤山长短句跋》云:"右查莲坡旧藏《鹤山先生长短句》,所据明安国本中缺三叶,而词调适相接,故陈江皋、劳巽卿递校均未之觉。昌绶得安本亦多残缺,独此三叶幸存,排比行款,遂录别纸,寄强邨侍郎,从江宁图书馆本补完缺字,手写卷中。又假孙检讨宋本重校一过,距江皋初校时百六十九年,始成善本。"清抄本《鹤山长短句》卷末。
⑤ 事:原残缺,据周复俊《全蜀艺文志》卷三一补,《景印文渊阁四库全书》第1381册,第336页。
⑥ 洎:原残缺,据周复俊《全蜀艺文志》卷三一补,《景印文渊阁四库全书》第1381册,第336页。

酉春，随所得录之。"①了翁卒于嘉熙元年三月，作为门人的税与权在五月就计划将所记录端平元年夏至嘉熙元年春四年间了翁之言予以刊刻，并在嘉熙三年刻成于杭州，有游侣之序可参。除文集所录及缪荃孙《鹤山文抄》所刊外，尚有单刻单抄：元至正二十四年，金天瑞据"（魏）文彝所藏《雅言》，命子镠缮修，锓刻诸梓"于吴郡②。乾隆四十二年三月既望二日，卢文弨据金天瑞本抄之，"以所知者略订正而录之"③。今存。

《周礼折衷》，魏了翁绍定六年至端平元年间在江阳之记闻，嘉熙三年（1239）左右税与权刊刻。与权嘉熙二年秋《跋》云："尝记先生谓此书贾公彦云：上《大宰》至《旅下士》总驭众职，故为上首。自《宫正》至《夏采》六十官随事缓急为先后……至《夏采》死而生之义备矣。"④次年正月又追记《周礼折衷书后》："右《周礼折衷》上下篇，本名《江阳周礼记闻》，会失其上篇，先生犹子高斯衎搜录以见归，二篇始完。间举似泉使考功郎王辰应氏⑤，贻书云：郑诸说于是论定，宜以《鹤山周礼折衷》名之。"⑥是嘉熙三年首次由王辰应名《周礼折衷》，税与权刻之者为上下两篇。此为最早刻本。今所见著录有二卷、三卷、四卷者，乃分合不同而已。

开庆本卷一百零四题下注：《周礼折衷》得之何璟提干。且有"按：汉唐以来，三《礼》元本首列正经卷第，而书名与传注人附于下，此必先后郑有所传授。今鹤山先生《折衷》两篇，标题仿之，惟自《宫正》又中分者，非敢轻有因革，盖以贾氏所发明昉为义例，学者其详考云"。又另行《天官·冢宰第一》。卷一百零五题下注：《周礼折衷》上下篇，另行《宫正》上士二人云云。卷一百零六题下注：《周礼折衷》中，另行《天官·冢宰下》。缺卷一百零七。

由此可见，一百零六署《周礼折衷》中，说明一百零四、一百零五所署《周礼

---

① [宋]税与权：《师友雅言》卷首，元至正二十四年吴郡金氏刊本。
② [元]魏文彝：《师友雅言》卷首，元至正二十四年吴郡金氏刊本。
③ [清]卢文弨：《抱经堂文集》卷一〇，嘉庆二年刻本，叶四；清抄本《师友雅言》卷末，叶七〇。
④ [宋]税与权：《周礼折衷跋》，清鸣野山房影抄本《重校鹤山先生大全文集》卷一〇七，叶四六。
⑤ 王辰应，字子振（"振"，《南宋馆阁续录》卷七误作"震"），潼川府人。鹤山书院生，四川类省试元，为临邛教授。魏了翁曾荐之于朝。见魏了翁《重校鹤山先生大全文集》卷一〇、二四、九六。《南宋馆阁续录》卷七载："嘉定十三年刘渭榜进士出身，嘉熙二年五月以宗正丞兼权考功郎官，兼吴王、益王府教授。"
⑥ [宋]税与权：《周礼折衷书后》，《鹤山文抄·周礼折衷》卷四，同治十三年刻本，叶三三。

折衷》当为《周礼折衷》上,开庆本卷一百零四版心页码止于四十四,卷一百零五首页起于四十五可证,且与鸣野山房影抄本卷一百零七所署《周礼折衷》下正合符节。是为三卷之说。卷一百零四《天官·冢宰第一》,一百零六《天官·冢宰下》,说明魏了翁最初是想对整个《周礼》进行折衷,后因端平二年"命召而仅彻此篇",故只折衷了《天官》部分,其《天官·冢宰第一》实际为《天官·冢宰上》,包括卷一百零四、一百零五,而一百零六与鸣野山房影抄本所录一百零七实际为《天官·冢宰下》,也就是卷一百零五所署"《周礼折衷》上下篇",二卷也。四卷之说,其实就是将《周礼折衷》上下篇各一分为二,自《宫正》将上篇分开,自《司裘》将下篇分开,即缪荃孙《鹤山文抄》所录一至四卷。据宋开庆本目录,卷一百零一后小字注"此后并新增",则"按"之说必为当时编者如杨起寅之类所加了。今所见主要随文集流行,以及缪荃孙《鹤山文抄》所刊。存。

《注鹤山先生渠阳诗》,淳祐二年(1242)门人王德文注并刻。其端平二年十月《注鹤山先生渠阳诗跋》曰:"渠阳之诗天下传诵,鸡林亦争致之。其间用事宏奥,揽者不能尽知。德文旧登宫墙,昕夕把玩,随笔笺释,会粹成编。"①魏了翁也很重视,在端平三年(1236)时,将王德文呈其审阅之稿,"未尽得当时本意者,当为一一批注其下"。② 德文遂尔刊刻之。所批文字有"言大火星辰见,则天地间万物敛藏""言此一诗之义,后世必有识之者"。③ 今所见有明刻本、光绪间景宋本④。

单篇文章的石刻及其拓片,也是魏了翁文的另一种流传方式。如文集卷五十所载《江陵州丛兰精舍记》一文,有《荆南承天禅院丛兰精舍记》碑,载于《湖北金石志》卷十二,注明"存,元至正中刻,正书,在江陵县"。而碑末录《湖北金石诗注》跋云:"马案,右碑石高宽尺寸与前碑(黄庭坚《承天僧伽妙应塔记》)同,重刻年岁亦同。稍有异者,黄碑十二月建,此立于十月。黄碑沙门士

---

① [清]王德文:《注鹤山先生渠阳诗跋》,《景宋本注鹤山先生渠阳诗》,光绪二十八年刊本,叶二。
② 魏了翁云:"了翁不善为诗,特不苟作耳。注释下教,只以播恶。去冬不暇详阅,恰两日闲,取而观之,则尤见该洽。亦有未尽得当时本意者,当为一一批注其下。恰叶元老见访,其归也,遂可附此便拜纳,跋语并可纳上也。"《景宋本注鹤山先生渠阳诗》,光绪二十八年刊本,叶六。
③ [清]王德文:《景宋本注鹤山先生渠阳诗》,光绪二十八年刊本,叶一、三。
④ [清]刘世珩:《注鹤山先生渠阳诗跋》:"壬寅十月二十有二日,付黄冈陶子麟景刻。"《景宋本注鹤山先生渠阳诗》,光绪二十八年刊本,叶三三。

莹书丹,此碑'重书丹篆'四字上磨灭失名。然谛观两碑字迹,的系一人手笔,其为士莹所书无疑。碑文宋魏了翁撰,于绍定四年立石,不知于何时亡矣。"碑虽亡而拓片存,此碑拓片今藏日本京都大学人文科学研究所。两两相较,既纠正了文集中诸多安国刻本之误,也考证出了碑文应为初稿,文集所载乃编纂时经润色者。

还有一种形式,即文集所载为初稿,刻石时为改定本。如鸣野山房影抄本卷一百零八《补遗》所载《乙未拟进闻喜宴赐进士诗(吴叔告以下得本于何璟提干)》云:①"三御昕朝策俊民,矧今亲政倍留神。每嗟污俗沾濡久,要仗诸贤洗濯新。勿把词华营利禄,须将位育入经纶。今朝燕衎无它嘱,二字忠清可立身。"此诗已见《咸淳临安志》卷一二《行在所录》石刻,端平二年赐吴叔告以下,在礼部贡院堂上,但不言作者为谁,赖有影抄本,始知为了翁所拟。其时了翁任礼部尚书兼直学士院。文中"沾""久""洗""营""今朝""它嘱",《咸淳临安志》作"熏""旧""洒""媒""今辰""多赠",亦体现出了翁一以贯之的"忠清"风范。

综上可见,魏了翁后人及门人以及乡贤乃刊刻了翁文集的主要力量,他的出生地、晚年居住地是主要的刊刻之地。这些地方,主要在长江以南,其人文化成,积累深厚。以全集而言,祖本开庆本刻于成都,较为完备之安国本刻于无锡,最为完全之鸣野山房影抄本抄录于绍兴,合璧通行之本《四部丛刊》本刻于上海;以选集而言,《自庵类稿》《三先生谥议》《江阳集》《朝京集》《渠阳集》《鹤山诗集》《鹤山文抄》《鹤山师友雅言》《周礼折衷》《注鹤山先生渠阳诗》亦皆刻于长江之南,他们都是魏了翁文集传承的功臣。当然,每一次刊刻、抄录,都有所修正,这也是今天整理研究魏了翁文集的主要资料来源。

---

① 宴:原作"晏",据宋开庆本目录改。

乐史《广卓异记》考
——兼论宋人引"某朝书"问题

复旦大学文史研究院博士研究生　姚鲁元

摘　要：宋初乐史所撰《广卓异记》保存大量出处为"某朝书"的文字，但价值未引起重视。此书唐代部分以乐史前作《续卓异记》为蓝本，一方面整体摘编改写李翱《卓异记》，另一方面增补大量笔记小说与唐修国史、实录；唐代以外的部分，一则转抄自中间文本所引文献，二则直接抄自各朝正史、别史。《广卓异记》引书称"某朝书"，是乐史依据史源文献所作的直觉式时代分类。宋人泛称记某朝事之史书为"某朝书"是一种通例，并无统一的用法，各自指代的范围差异较大，实际上颇具编纂者的色彩。

关键词：乐史；《广卓异记》；《卓异记》；某朝书；唐书

北宋初乐史撰《广卓异记》二十卷，根据自序介绍，此书内容包括汉魏以来圣贤卓异之事，以及选编的乐史《总仙传》两部分，前者欲令读者见贤思齐，后者希望士大夫显贵后寄怀于虚无①。与尔后雍熙（984—987）末至端拱（988—989）初乐史进呈的《太平寰宇记》相比，《广卓异记》一直未引起学者重视。四库馆臣对此书评价极低，条论此书"牵引驳杂、伪谬亦多""神怪无稽，颇为芜杂"②。大抵受清人影响，学人对此书置意较少，不仅没

---

①　［宋］乐史撰，张剑光整理：《广卓异记》，收入朱易安、傅璇琮等主编：《全宋笔记》第一编第三册，郑州：大象出版社，2003年，第3—4页。
②　［清］永瑢等：《四库全书总目》卷六一，北京：中华书局，1965年，第547页。

有专门的研究,黄永年《唐史史料学》、周勋初《唐代笔记小说叙录》也未提及此书。惟徐松、岑仲勉、严耕望、傅璇琮考辑《登科记》《元和姓纂》《唐才子传》《翰林壁记》时注意到书中引用《赵氏科名录》、乐史《登科记》等选举文献。实际上,应引起重视的是,此书保存有众多已经失传的重要史籍,如《唐高宗历》《建中实录》《宪宗实录》《文宗实录》《宣宗十七事》《总仙记》等。更重要的是,《广卓异记》以大篇幅征引"唐书""五代史"。这一点在严耕望作《唐仆尚丞郎表》、陈尚君编《全唐诗补编》《全唐文补编》时业已注意,开始采录其中的"唐书"进行考史、辑佚,但至于"唐书"的性质,各家均未深究。

宋人引"唐书"及其史源一直是文献学领域的一桩公案,围绕《太平御览》引"唐书"的性质,岑建功、岑仲勉、吴玉贵、唐雯等学者进行了大量讨论①。这种对《御览》、"唐书"的聚焦,一定程度上也导致了对其他宋人引"某朝书"问题的失焦。一方面,其他宋人著述引用的"唐书"被忽视,《乐府》(99条)、《事类赋注》(85条)、《太平寰宇记》(18条)、《类要》等书都引有大量"唐书";另一方面,《太平御览》《广卓异记》等书实际上还多引有前代的"某朝书"。这些包括"唐书"在内的宋人引"某朝书",其史源大都有待澄清②。

乐史《广卓异记》在这方面便具有代表性,此书引"唐书""唐纪"等190条,引其他"某朝书"19种108条,在《御览》之外的诸书中为多。在此情况下,系统追索《广卓异记》的编纂过程与材料来源,考察乐史对出处的称引方式,不仅能够探明此书的史料价值,还能够揭开乐史所谓"唐书""某朝书"的面纱,为理解宋人引"某朝书"提供另一窗口。

---

① [清]岑建功:《旧唐书逸文》序,清道光二十九年惧盈斋刻本;岑仲勉:《〈旧唐书逸文〉辩》,收入氏著《岑仲勉史学论文集》,北京:中华书局,1990年,第589—597页;吴玉贵:《唐书辑校》,北京:中华书局,2008年;唐雯:《〈太平御览〉引"唐书"再检讨》,《史林》2010年第4期;罗亮:《〈太平御览〉中的"唐书"考辨》,《中山大学学报》2022年第4期。

② 陈爽已对《太平御览》引"宋书""后魏书"的面貌进行了探讨,参陈爽:《〈太平御览〉所引〈宋书〉考》,《文史》2015年第4辑;陈爽:《〈太平御览〉所引〈后魏书〉研究》,《中国社会科学院历史研究所学刊》第9集,北京:商务印书馆,2015年,第237—266页。张剑光整理点校本《广卓异记》也曾略及《广卓异记》引"唐书"的史源:"所引《唐书》与今本《旧唐书》有较大不同,乐史见到的当是唐人编修的《唐书》。书中采自《五代史》中的部分内容,与今本《旧五代史》亦有不同。"陈尚君亦持类似观点,认为"所引唐书,有些应为唐代吴兢等人所修之书,而非今通行之《唐书》,故多有二书所无的内容"。参[宋]乐史撰,张剑光整理:《广卓异记》,收入朱易安、傅璇琮等主编:《全宋笔记》第一编第三册,第3页;陈尚君:《宋元笔记述要》,北京:中华书局,2019年,第40页。

本文以系统理清《广卓异记》的成书过程、编纂方式、材料来源以及称引方式为目标。前三节考证《广卓异记》的成书过程与编纂方式，后两节在此基础上追溯史源，兼论乐史称引诸书的方式。其中，溯源分为《续卓异记》、《广卓异记》增补《续卓异记》的内容两部分进行（详后），依次见第四、五节。立足于乐史《广卓异记》《太平寰宇记》，结语部分将就宋人引"某朝书"问题进行申论。

一、《广卓异记》成书小考

在展开讨论前，有必要先简单介绍本文的凡例以及所采用的版本。

一、《广卓异记》采用《全宋笔记》张剑光整理本。此本以清黄秩模本为底本，参校清康熙刊本，又他校以相关史书，修订部分错误。本文在利用过程中，一方面以旧刻原貌为准，另一方面整理本全书"弘"避清乾隆帝讳皆作"宏"，将予以复原。

二、在追溯史源的过程中，由于牵涉文献繁多，比对时通常采用通行之点校本，遇到难以判断或较为关键的文本时，则覆按以最接近宋人所见之善本。简明起见，一般情况下，仅注明使用版本，不一一列出史料卷次页码。

三、为方便行文，对《广卓异记》全书条目进行编号，以 5.12.1、5.12.2 条为例，两条原文为：

（a）父子三人拜相郑珣瑜　赵隐

（b）右按《唐书》：郑珣瑜相德宗，珣瑜之子覃相文宗，覃之弟朗相宣宗。

（c）右按《唐书》：赵隐拜相。按《五代史》：隐之子光逢相梁，次子光裔相后唐。

（a）"父子三人拜相"为《广卓异记》之标目，"郑珣瑜　赵隐"是标目下提示主人公的小字，此标目系《广卓异记》卷五的第十二条标目，故记作 5.12。又标目 5.12 下有（b）（c）两条子目，故分别记作 5.12.1 父子三人拜相（郑珣瑜）、5.12.2 父子三人拜相（赵隐）。全书标目共 317 条，其下子目共 392 条，本文在统计条数时，均以子目为单位。

回到本节的主题，关于《广卓异记》的成书过程，乐史在自序中有简要介绍：

"昔李翱著《卓异记》三卷,述唐朝君臣超异之事,善则善矣,然事多漏落,未为广博。臣初入馆殿日,亦尝撰《续唐卓异记》三卷进上,则唐朝之事庶几尽矣。臣又读汉、魏以降至于五代史,窃见圣贤卓异之事,不下唐时之人,即未闻有纂集者。臣今自汉、魏以降至于周世宗,并唐之人,总为一集,名曰《广卓异记》,凡二十卷,并目录二卷……臣又闻《汉书》言,学者称东观如道家蓬莱山。唐太宗开文学馆,得入者谓之瀛洲。瀛洲之与蓬莱,神仙之攸馆,今既比之,即神仙不可不再言矣。臣撰《总仙记》,其间有全家为卿相、累代居富贵者,何异焉? 今撮其殊异者入此书中……"

据乐史自序,《广卓异记》的编纂实际上受到《卓异记》的启发,存在着从《续卓异记》到《广卓异记》的过程:先是李翱曾著《卓异记》三卷,但"事多漏落,未为广博"。鉴于此,乐史撰《续卓异记》三卷,补充李翱所撰,所谓"唐朝之事庶几尽矣";尔后乐史又读到汉魏以降至五代的史书,认为除唐之外汉魏间的卓异之事也有待收集,最终"自汉、魏以降至于周世宗,并唐之人,总为一集",即《广卓异记》。

参照自序,作为《广卓异记》前身的《续卓异记》,进呈于雍熙三年(986)正月辛卯,乐史因此从著作佐郎升著作郎、直史馆①。《广卓异记》进呈于《续卓异记》后,此书卷十九多抄自《登科记》、卷二十多抄自《总仙记》,前书同在雍熙三年进呈,后书据傅璇琮考证,进于至道二年(996)。依此,《广卓异记》的完成,至少在至道二年后。又《铁琴铜剑楼藏书目录》记《广卓异记》旧抄本题名"朝散大夫、行尚书都官员外郎、直史馆、上柱国乐史撰"②。从结衔来看,乐史加都官在淳化四年(993)春,至咸平元年(998)加上柱国迁职方③,故《广卓异记》进呈当在至道二年至咸平元年之间。

根据乐史自述,可以大体了解《广卓异记》的缘起与成书过程,但至于《卓异记》《续卓异记》《广卓异记》三书间的关系,则可作多种理解。钱曾《读书敏

---

① [宋]钱若水修,范学辉校注:《宋太宗皇帝实录校注》卷三五,北京:中华书局,2012年,第428—429页。《宋会要辑稿》所记《登科记》卷数与实录不同,但与本文无关,不另赘述。
② [清]瞿镛:《铁琴铜剑楼藏书目录》卷一〇,清光绪常熟瞿氏家塾刻本。
③ 以上乐史历官及《总仙记》进呈时间之考证参傅璇琮、祝尚书主编:《宋才子传笺证(北宋前期卷)》,沈阳:辽海出版社,2011年,第28页。

求记》有过一种理解,以为《广卓异记》不包括《续卓异记》,后者已佚①,但从自序来看,《广卓异记》包含《续卓异记》无疑。如果将李翱《卓异记》,乐史增补《卓异记》唐代的记载,唐以外汉魏至五代的记载视为三个相对独立的部分,那么《广卓异记》与三者的关系,存在两类情况,共三种可能:第一类情况下,《广卓异记》汇总的是乐史自撰的内容,即后两部分的集合,不包括李翱《卓异记》;第二类情况同时包罗李翱《卓异记》与乐史自撰的内容,又分为两种可能。一是乐史在编纂《广卓异记》时,集中汇总了三个部分的记载。二是早先编纂的《续卓异记》已经集成了李翱《卓异记》与乐史增补《卓异记》以外唐代的记载两部分,《广卓异记》只是在《续卓异记》基础上,收入了唐以外汉魏至五代的内容。

要确定三个部分的关系,理清《广卓异记》的编纂过程及其史源,就需要对《卓异记》与《广卓异记》的关系进行考察。

二、今本《卓异记》可信度考

李翱《卓异记》至今仍有留存,能够借此管窥《卓异记》与《广卓异记》的关系②。但在进行比勘之前,有必要勘验今本《卓异记》的可信度。从内容与流传记录来看,宋时《卓异记》似与今本有所不同,四库馆臣曾对"旧本"(一百二十卷《说郛》本)《卓异记》一卷的作者、内容存在疑虑③。清人注意到的问题有二:一是宋时《卓异记》的作者有"陈翱""李翱"两说,"旧本"明显有不符"卓异"之主旨,以及超出作者时代的内容;二则是《中兴书目》以及《郡斋读书志》都显示,南宋时尚有《卓异记》一卷二十七事,而今本与清人所见"旧本"的标目却都只有二十六事。

两个问题都显示出宋人所见《卓异记》与今本之间的距离,要考察《广卓异记》与《卓异记》的关系,首先须确定今本《卓异记》是否就是宋人所见到的。今

---

① [清]钱曾著,管庭芬、章钰校证,傅增湘批注:《藏园批注读书敏求记校证》卷二,北京:中华书局,2012年,第185页。

② 关于《卓异记》,迄今仅有简单的介绍,参程毅中:《古小说简目》,北京:中华书局,1981年,第83页。

③ [清]永瑢等:《四库全书总目》卷五七,第518页。

本《卓异记》多为明人丛书本,有正德嘉靖间《阳山顾氏文房小说》本、明一百二十卷《说郛》抄本、万历三十一年朱东光刻《历代小史》摘编本、亦政堂镌《陈公普秘籍》本。诸本均为二十六事,且标目一致,但祖本皆无迹可循,难以溯及宋时面貌。好在宋人类书、笔记中多引《卓异记》,为窥探此书在宋代的面貌提供了线索。不过,应注意的是,这些类书、笔记大多摘编而成,一方面,从源头来看,征引文本或出自原书,或辗转抄存,往往存在同书异称、异书同名的情况;另一方面,就抄录的过程而言,也难免存在文字的摘编节引,以及在此过程中产生的二次舛误。以上因素,都会影响到宋人引书的完整性、准确性①。

将宋代诸书所引《卓异记》《广卓异记》,与一般认为较善的顾氏文房本《卓异记》逐条比勘②,可以发现:

一、《类说》③引《卓异记》6 条,4 条与今本《卓异记》文字基本一致,另有 2 条文字与今本《卓异记》《广卓异记》都较为近似而无法判断。但总体而言《类说》所抄当即《卓异记》而非《广卓异记》。

二、《诗话总龟》④引《卓异记》2 条、《广卓异记》6 条,皆与今本《广卓异记》近、同,故此书很可能存在同书异称的情况,即只抄录了《广卓异记》,时而简写为《卓异记》。其中一条与《岁时广记》⑤发花名条文字一致,《岁时广记》称自"卓异记",很可能也以《广卓异记》为《卓异记》。

三、《小学绀珠》⑥引《卓异记》6 条,其中 3 条与今本《卓异记》基本一致,另"三世掌诰"下李德林、徐齐聃、孙逖三条子目不见于今本《卓异记》。又三子目中李德林、徐齐聃两条事分见于《广卓异记》14.4 四代中书舍人(李德林)、14.5 三代中书舍人(徐齐聃),但文字叙述与标目又与《广卓异记》略不同,可能是《卓异记》的潜在佚文。

---

① 类书摘编过程中可能产生的问题,参夏婧:《〈永乐大典〉引存〈旧唐书〉考述》,《唐研究》第 25 卷,北京:北京大学出版社,2020 年,第 217—245 页。
② [唐]李翱:《卓异记》,《丛书集成初编》第 3832 册,北京:中华书局,1985 年。
③ [宋]曾慥:《类说》,《国家图书馆古籍珍本丛刊》第 62 册影印明天启刻本,北京:书目文献出版社,1988 年。
④ [宋]阮阅编,周本淳点校:《诗话总龟》,北京:人民文学出版社,1987 年。
⑤ [宋]陈元靓:《岁时广记》,《续修四库全书》影印十万卷楼丛书本,上海:上海古籍出版社,1987 年。
⑥ [宋]王应麟:《小学绀珠》,北京:中华书局,1987 年。

四、《事类备要》①引《卓异记》2 条。其中夺袍条今本《卓异记》无,与《广卓异记》3.6 夺锦袍条引小说前半一致。另一武后诏花条与《广卓异记》2.1 上苑花应诏发(则天)事同,其书引《卓异记》当为《广卓异记》。

五、宋末元初《韵府群玉》②引《卓异记》2 条,其中感庭秋条同见《诗话总龟》与《类说》,后两者出处分作《高道传》《仇池笔记》,此条或为误标。另一报春条,文字基本与《事类备要》武后诏花条相同,《锦绣万花谷》③引《卓异记》武后宣诏花发条、《施注苏诗》④引《卓异记》一致,这些书所引《卓异记》武后诏花事均当为《广卓异记》。

六、《记纂渊海》⑤引《卓异记》一条,为刘洞微善画龙事,不见今本《卓异记》与《广卓异记》,内容涉神异,与《卓异记》"神仙鬼怪,未得谛言,非有所用"⑥的旨趣不符,或为误标。

七、《太平广记》引《卓异记》1 条,题"成珪",不见于今本《卓异记》与《广卓异记》,明抄本《广记》作出自《广异记》,六卷抄本《广异记》卷二亦辑录此条,故此条当为误标⑦。

八、宋文谠《详注昌黎先生文集》⑧引《卓异记》3 条,均与今本《卓异记》基本一致。

综合以上情况,宋人引"卓异记"共 16 事 26 条,确出《卓异记》的有 11 事 15 条,其中 10 事 12 条与今本《卓异记》标目、内容基本一致。由此来看,今本《卓异记》26 事与宋人所见 27 事,差别应当不大。

此外,《小学绀珠》卷七引《卓异记》"三世掌诰"的 1 事 3 条,是《卓异记》潜在的佚文:

---

① [宋]谢维新:《古今合璧事类备要》,《中华再造善本》影印中国国家图书馆藏宋刻本,北京:北京图书馆出版社,2004 年。
② [宋]阴时夫编,阴中夫注:《韵府群玉》,《北京图书馆古籍珍本丛刊》第 62 册影明刻本,北京:书目文献出版社,1988 年。
③ [宋]佚文:《锦绣万花谷》影印明秦汴绣石屋本,上海:上海辞书出版社,1992 年。
④ [宋]苏轼撰,施元之注:《施注苏诗》,清《文渊阁四库全书》本。
⑤ [宋]潘自牧:《记纂渊海》,北京:中华书局,1988 年。
⑥ 《四库全书》所本为一百二十卷《说郛》本,其与《丛书集成初编》顾氏文房本《卓异记》卷首有李翱自序,两者有个别文字出入,本文将根据前后文进行综合,择善而从,后不一一出注。
⑦ [宋]李昉等编:《太平广记》卷一一一,北京:中华书局,1961 年,第 769 页。
⑧ [唐]韩愈著,刘真伦、岳珍校注:《韩愈文集汇校笺注》,北京:中华书局,2010 年。

李德林、百药、安期三世掌制诰，羲仲又为中书舍人……(《卓异记》)

徐齐聃、坚、峤三世中书舍人……(《卓异记》)

孙逖、宿、简三世掌诰……(《卓异记》)

此3条为子目，其中前两条载于《广卓异记》，但文字略不同，最后一条标目与《广卓异记》相似，但内容不见于《广卓异记》。考虑到今本《卓异记》中有四代掌纶诰条，且文中标目的主题、形式多与《小学绀珠》引《卓异记》三世掌诰条类同，后者或即《卓异记》27事中亡佚的一事。

三、《广卓异记》与《卓异记》《续卓异记》的关系

在局部验证宋人所引《卓异记》与今本的关系后，可以将今本《卓异记》与《广卓异记》进行比对。今本《卓异记》26事中，有21事分见于《广卓异记》20事23条，而《小学绀珠》潜在的佚文1事3条中，也有2条见于《广卓异记》。记载同一事时，《卓异记》与《广卓异记》文字大多一致，个别稍有详略、改写，两者间存在明显的抄录关系。如《卓异记》两即帝位条：

中宗皇帝，弘道元年二月六日皇太子即位。

《广卓异记》两即帝位条：

右按《唐纪》：中宗，弘道元年二月六日自皇太子即位。

中宗初次即位的时间，两《唐书》《册府》均为弘道元年十二月，而无具体日期，《通鉴》作弘道元年十二月甲子（11日），《唐会要》则是"弘道元年十二月六日"[1]。从以上记载来看，中宗即位在弘道元年十二月大体无疑。《卓异记》《广卓异记》的叙述、时间，皆与诸书不同，《卓异记》误作"二月六日"，《广卓异记》显然照抄《卓异记》，故而因袭了错误。表一即展示了《卓异记》与《广卓异记》各条文本的对应关系（《卓异记》以顾氏文房本26事顺序编号）：

---

[1] [宋]王溥：《唐会要》卷一《帝号上》，上海：上海古籍出版社，2014年，第4页。

表　一

《卓异记》序号、条目	《广卓异记》序号、条目	《广》卷次、小字	《广》引书名	抄录情况
1　叙封禅并两朝	1.2.1　五十四年内祖与孙封禅（唐高宗）	卷一帝王事	唐纪	照抄
	1.2.2　五十四年内祖与孙封禅（玄宗）		唐纪	照抄
2　两即帝位	1.3.1　两即帝位（中宗）		唐纪	照抄，删去按语
	1.3.2　两即帝位（睿宗）		唐纪	删去昭宗事，替换为睿宗事
4　三圣子皆登帝位	1.5　太子三人登宝位（唐穆宗）		唐纪	略改写正文，删减按语
3　平贼同日	1.8　诛贼同月日（刘辟、李锜、吴元济）		唐纪	略改写正文、按语
5　相有二亲	5.2.1　宰相有二亲（郭元振）	卷五臣下	李邕《郭元振行状》	照抄并补充。《广卓异记》引书名"右按李邕撰《郭元振行状》云"为《卓异记》正文部分
8　三十二年居相位	5.4　三十三年在相位（房玄龄）		唐书	删减正文
9　二十七年背相印	5.5　二十七年佩相印（郭子仪）		唐书	照抄并补充（部分《广卓异记》所引或为宋初完整之《卓异记》）
6　三代为相	5.10　三代拜相（张嘉贞）		唐书	照抄并补充
22　父子皆自扬州再入为相	5.11　父子皆自扬州再入为相（李吉甫）		（无）	删减正文
11　与妻父同时为相	6.5　与妻父同时为相（杜黄裳）	卷六臣下	唐书	略改写正文（或《广卓异记》所引为宋初完整之《卓异记》）
21　与同列子弟为丞相	6.7　与同列子弟为丞相（宋璟、苏颋）		唐书	照抄

续 表

《卓异记》序号、条目	《广卓异记》序号、条目	《广》卷次、小字	《广》引书名	抄录情况
12　与使主同时为相	7.3.1　与使主同时为相(杜佑、权德舆、牛僧孺、李珏)	卷七臣下	唐书	照抄
20　起家二年为丞相	8.5　起家二年为丞相(张镐)	卷八臣下显达之速者	唐书	删节按语,补充正文
7　三拜中书	10.15　三拜中书令(张说)	卷一〇臣下	唐书	删节正文
13　三拜左仆射	11.12　三拜左仆射(李程)	卷一一臣下	唐书	照抄并补充(或《广卓异记》所引为宋初完整之《卓异记》)
25　门生为翰林学士撰座主白麻	13.7　门生为翰林学士撰座主白麻(薛廷老)	卷一三臣下	唐书	删节正文
18　四代掌纶诰	14.4.2　四代中书舍人(张嘉贞)	卷一四臣下	唐书	删节并略改写
10　代妻父为节度	17.2　代妻父为节度使(韦皋)	卷一七	唐书	照抄正文,删节按语
14　父子同时为节度使	17.3.1　父子同时为节度使(韩弘)		唐书	照抄并补充韩弘弟充
	17.3.2　父子同时为节度使(田弘正)		唐书	照抄正文,删节按语
16　子弟四人皆任节度	17.4　子四人俱任节度使(李晟)		唐书	照抄正文但改变叙事顺序,补充小注
24　门生为座主佩金紫	19.5　门生先于座主佩金鱼(李石)	卷一九举选	唐书	照抄
15　兄弟三人为礼部侍郎				
17　兄弟四人皆任掌记				

续　表

《卓异记》序号、条目	《广卓异记》序号、条目	《广》卷次、小字	《广》引书名	抄录情况
19　座主见门生知举				
23　文士为文元功六拜正司徒兼侍中中书令晋国公裴度				
26　三代自中书舍人拜侍郎				

具体到《卓异记》与《广卓异记》之间抄录的先后关系,可以排除今本《卓异记》自《广卓异记》衍生的可能。《广卓异记》同见《卓异记》的21事24条中,14条内容能被《卓异记》所覆盖,其中6条基本照录《卓异记》原文,8条《卓异记》明显较《广卓异记》详细。如《广卓异记》10.15 三拜中书令条:"右按《唐书》:燕国公张说,三拜中书令。"《卓异记》7 作"燕国张说,按《中书故事》本云:'说三拜此命,终始无玷,自古未有'",内容显然超出于《广卓异记》,以及根据《卓异记》文意能够推演的范围,不可能抄自《广卓异记》;又 13.7 门生为翰林学士撰座主白麻条,《卓异记》25 较之多出"按玄宗初置翰林待诏,寻改为学士,以备顾问,祗对而已。代宗登极,并领诏诰。每授相除将,不由外制,德宗之代,尤难其选"。类似的情况,都应是《广卓异记》删减《卓异记》而成。不过,《广卓异记》亦有 8 条溢出《卓异记》,这种情况一部分可能是乐史所见《卓异记》较今本完整使然,另一部分则是他通过覆按史书进行了补充。前者包括 11.12、5.5、6.5、17.3.2 四条。《广卓异记》11.12 三拜左仆射条,较之《卓异记》,在中间多出"顷之领汴州,拜左仆射。一岁,镇襄阳,又拜左仆射"。今本《卓异记》以"三拜左仆射"为名,却仅记李程一拜之事,《广卓异记》叙三拜事完备,多出部分很可能是《卓异记》佚文;又如 5.5 二十七年佩相印条,前半部分较之今本《卓异记》"汾阳王郭子仪:按子仪至德元年自朔方前节度使加库部尚书、同中书门下,考二十四"中间多"至建中三年,凡二十七年"十字。此处《广卓异记》同样较《卓异记》完整,并契合"二十七年佩相印"之标目;再如《卓异记》与妻父同时为

相条作"初,黄裳为相,时执谊自吏部郎中赐绯紫,直及平章事,自近古未有",若不看标目,无法知晓二人的翁婿关系,《广卓异记》同名6.5条则明确韦执宜系杜黄裳之婿:"右按《唐书》:杜黄裳相顺宗,女婿韦执谊自吏部郎中拜右丞相、同平章事,近古衣冠无比。然执谊自郎官拜相,少矣。"很可能是《卓异记》佚文。

可能属于乐史自行补充的,则是《广卓异记》5.2.1、5.5、5.10、8.5、17.4五条①。这些条目溢出《卓异记》的文字,大多与标目无多关联,出自乐史之手的可能性较大。5.2.1"相有二亲"溢出《卓异记》的部分利用张说《郭元振行状》,补述郭氏凉州都督、安西大都护任上事迹。但内容与标目相距较远,打乱了原有叙事顺序,偏离《卓异记》标目的主旨。5.5二十七年佩相印条,溢出《卓异记》部分叙郭子仪家室贵盛,同样与标目关联性不强。其中个别信息不见于《旧唐书》,而与《新唐书》《册府》相合,可能出自实录。5.10三代为相条增补张嘉贞、嘉祐兄弟为将相事迹,文字与《旧唐书》列传较为接近,使用《旧传》时为协调前后文,进行删节、改写。8.5起家二年为丞相条,删去《卓异记》原按语"起家二年秉国钧,自古未有",代之以《张镐遗爱碑》原文"起家徒步,二年绾相印"。如果说以上诸条《广卓异记》所增补的材料在《卓异记》成书时已然可见,某种程度上不能完全排除是《卓异记》脱落的文字,那么17.4子四人俱任节度使条溢出《卓异记》的内容,则明显是乐史补充。《广卓异记》该条补充的小字,当抄自《旧唐书·李听传》,抑或同源的实录。李听卒于开成四年,其《旧唐书》本传在五代修成。而构成《旧传》主体框架的很可能是实录李听小传,收录该传的《文宗实录》,成书于大中八年,远在李翱或陈翱生活的时代之后。因此,这部分记载应是乐史补充的。

情况难以确定的是《广卓异记》1.3.2、5.11二条,前者后半部分与今本《卓异记》完全不同,后者《卓异记》溢出于《广卓异记》的部分则稍显唐突、重复。《广卓异记》1.3.2条对应今本《卓异记》两即帝位条,《卓异记》前半记唐中宗事,后半记昭宗事:

> 昭宗皇帝,龙纪元年三月十三日自寿王即位,至光化三年十一月三日迁为太上皇,至天复元年正月一日返政,却即帝位,自古未有。

---

① 5.5包含两种情况。

《广卓异记》1.3.2两即帝位条前半同为中宗,后半部分则为睿宗:

> 右按《唐纪》:睿宗嗣圣元年二月七日自豫王即位,天授元年九月五日降为皇嗣,圣历二年正月六日降为相王,神龙元年正月二十日立为皇大弟,唐隆元年六月二十四日再即帝位。自古帝王未之有焉。

乐史《广卓异记》对于《卓异记》,或照录改写,或删节补充,惟有此条"替换"《卓异记》的事迹。而此条正是四库馆臣诟病李翱《卓异记》被后人篡改的根据之一,所谓"李翱为贞元会昌间人,陈翱为宪穆间人,何以纪及昭宗"。

再来看《广卓异记》5.11父子皆自扬州再入为相条:

> 右按:唐朝父子继世为相者数家,唯李吉甫、子德裕皆自扬州再入相。至若苏瑰父子,相望为优劣,而頲不再入,则李氏盛也。

《卓异记》22较之多出划线部分:

> 李吉甫、子德裕:按国朝继世为相者数子,唯吉甫、德裕皆自扬州节度再入为相,则无其匹。<u>况吉甫以忠明博达事宪宗,德裕以清直无党事武宗。今上践祚,起而用之。</u>与苏瑰父子,相望为优劣。况珽不再相,再相者则德裕之盛,为难及也。

据《旧唐书·李德裕传》,开成五年武宗即位后诏李德裕自淮南入相,即今本《卓异记》所谓"今上践祚,起而用之"。此句口吻似在武宗朝称当代,时间也在《卓异记》成书的开成五年之后,不过仍在李翱去世之前。前面的划线部分,与后句文意重复,十分唐突,不见于《广卓异记》,疑为后人舛入《卓异记》的小字注。

本文倾向于认为,以上两条,是《广卓异记》保留了《卓异记》宋初的面貌,但目前尚无充分证据能够坐实这种判断。不过,考虑到今本题作李翱撰的《卓异记》中,有21事同见于《广卓异记》,并且乐史自序提及李翱撰《卓异记》,整体上李翱《卓异记》构成《广卓异记》的部分史源毋庸置疑。

透过《卓异记》与《广卓异记》的关系,也可以管窥乐史所利用《卓异记》的面貌,亦即宋初《卓异记》的面貌,进而就今本《卓异记》的作者与内容问题作进一步探讨。从乐史撰《广卓异记》时的履历来看,他所利用的很可能是三馆所藏李翱《卓异记》。令人不解的是,宋仁宗时期根据三馆藏书编定的《崇文总目》中,《卓异记》却作"陈翱"撰。《新唐书·艺文志》亦同,可能本于《崇文总目》①。二目录之"陈翱",或为同书误标,此后便出现了"陈翱""李翱"两种内容相同的《卓异记》;宋室南迁后,孝宗淳熙年间的《中兴书目》有"《卓异记》一卷,开成中李翱撰"②。《宋史·艺文志》中,除清人注意到的"陈翰(一作"翱")《卓异记》一卷",也记有"李翱《卓异记》一卷"。《宋志》以《中兴书目》为蓝本,补充诸国史志并"删其重复,合为一志"③,题作陈翱的《卓异记》,可能是在《中兴书目》编定以后陆续征得的,而"陈翰"之说则当从"陈翱"衍生;在地方,与之同时的《郡斋读书志》《直斋书录解题》亦有两种《卓异记》④,前者提要作:"唐李翱撰,或题云陈翱。开成中,在襄阳,记唐室君臣功业殊异者,二十七类。"⑤

《中兴志》所言"开成中"与《郡斋》"开成中,在襄阳",实际上都与传世的李翱《卓异记》序末自云"时开成五年七月十一日,予在檀溪"一致,可以认为此序至迟南宋时便已经存在。而在史实层面上,此序的内容也与传世记载契合,李翱大和九年至会昌中去世前一直担任襄州刺史、山南东道节度使⑥,襄阳县东南有檀溪⑦。再结合《广卓异记》提到的"昔李翱著《卓异记》三卷"来看,此序存在的时间或许能够追溯到宋初。

乐史利用的,很可能是存有此序的李翱《卓异记》,并受此启发:一方面,《卓异记》序言介绍其内容分"皇唐帝功""臣下盛事"两部分,与《广卓异记》"帝王事""臣下事"二分的体例相类;另一方面,《广卓异记》序中的"神仙不可不再言矣",似乎是对《卓异记》序"神仙鬼怪,未得谛言"的回应。但清人对今本《卓

---

① [宋]欧阳修、宋祁:《新唐书》卷五九《艺文三》,北京:中华书局,1975年,第1541页;[清]钱东垣辑释:《崇文总目辑释》,许逸民、常振国编:《中国历代书目丛刊》第一辑,北京:现代出版社,1987年。又此后元祐二年(1087)至政和年间(1111—1117)秘书省陆续访求补写的秘阁原阙之书目《秘书省续编到四库阙书目》有"《卓异集》一卷",似即《卓异记》。
② 《玉海》引《中兴书目》参[宋]王应麟撰,武秀成、赵庶洋校证:《玉海艺文校证》卷二三,南京:凤凰出版社,2013年,第1139页。
③ [元]脱脱等:《宋史》卷二〇六《艺文五》,北京:中华书局,1985年,第5034、5225页。
④ [宋]陈振孙撰,徐小蛮、顾美华点校:《直斋书录解题》卷一一,上海:上海古籍出版社,2015年,第323页。
⑤ [宋]晁公武撰,孙猛校证:《郡斋读书志校证》卷一三,上海:上海古籍出版社,2020年,第547页。
⑥ [后晋]刘昫等:《旧唐书》卷一六〇《李翱传》,北京:中华书局,1975年,第4208—4209页。
⑦ [唐]李吉甫撰,贺次君点校:《元和郡县图志》卷二一《山南道二·襄州》,北京:中华书局,1983年,第529页。

异记》质疑并非无由,《卓异记》在宋以后的流传过程中明显遭到羼入。乐史参照的《卓异记》多有较今本完整之处,很可能代表的是未经改易的《卓异记》。今本超出李翱时代的昭宗之事、"武宗"之称谓,在宋初或许并不存在。

带有李翱序的《卓异记》与《广卓异记》存在显著的源流关系,但要说明这种关系的具体形式,还必须明确《卓异记》与《续卓异记》的关系。虽然《卓异记》中有21事同见于《广卓异记》,但与此同时今本《卓异记》仍有5事不见《广卓异记》,换言之,《广卓异记》中源自《卓异记》的内容很可能并非完帙与原貌。从乐史自述"汉、魏以降至于五代史,窃见圣贤卓异之事不下唐时之人,即未闻有纂集者"来看,编纂《广卓异记》的工作主要是在《续卓异记》的基础上增入唐以外的卓异之事。本文倾向于排除《广卓异记》成书时整体收入《卓异记》《续卓异记》的可能,乐史应是在《续卓异记》中便已经对《卓异记》进行了摘编、整合,《广卓异记》是通过《续卓异记》间接包含了《卓异记》的记载。

《卓异记》不仅构成《广卓异记》一部分记载的间接史源,还是乐史撰作《续卓异记》与《广卓异记》的模板。前文已经说明,乐史编集《续卓异记》《广卓异记》的旨趣与体例,很大程度上承袭《卓异记》。而具体到条目方面,除对《卓异记》进行抄录、删节、改写、补充外,乐史往往受《卓异记》条目的启发举一反三。如《卓异记》三圣子皆登帝位条:

> 穆宗皇帝圣子三人:敬宗,长庆四年正月十三日即帝位;文宗,宝历二年十二月十三日即位;武宗,开成五年正月十四日即位。
> 谨按:穆宗有圣子三人,皆有天下,详求正史,未有比伦。或曰:"高洋兄弟三人亦皆即位,如何?"对曰:"皇唐仗义举旗,拯时之乱,承隋致禅,光有八纮。安得以区区北齐,偏方润位,弱才稚立,欲相侔侔?况高欢乃魏厩剪马之贱,追封为尊,安得比我穆宗十二叶之嗣君也?"

此条对应《广卓异记》中的1.5.2太子三人登宝位(唐穆宗)条,据乐史自序以及前文考察,《广卓异记》中唐代的部分属于《续卓异记》,不包括唐代的"汉、魏以降至于五代史"圣贤卓异之事为《广卓异记》较《续卓异记》增补的部分。1.5.2条当属于《续卓异记》,可以注意到乐史照录《卓异记》三圣子皆登帝位条正文部分、删去划线部分按语为《续卓异记》。而后来进呈的《广卓异记》则又受划线部分按语启发,另立 1.4 太子四人登宝位(北齐高祖)条,记高洋兄弟事迹。此外 1.5.1 太子三人登宝位(后周太祖)、1.6 一殿三天子(唐玄宗、肃宗、代宗),可能也受到《卓异记》此条启发而立。其中,1.6 应为《续卓异记》,1.4 与 1.5.1 两条为《广卓异记》增补《续卓异记》的部分。

循此线索,可以大致还原乐史编纂《广卓异记》的方式,从《广卓异记》中逐一剥离乐史早先所进呈的《续卓异记》,以及《广卓异记》较之《续卓异记》增补的部分(参表二)。由于篇幅所限,在此不一一列举。下面关于《广卓异记》史源的追溯,将依据事迹所属的时代,分为《续卓异记》、《广卓异记》较之《续卓异记》增补的内容两部分进行。

表　二

《卓异记》条目	《广卓异记》可能存在扩展关系的条目	来　源
4　三圣子皆登帝位	1.4　太子四人登宝位(北齐高祖)	《广卓异记》
	1.5.1　太子三人登宝位(后周太祖)	《广卓异记》
	1.5.2　太子三人登宝位(唐穆宗)	《续卓异记》
	1.6　一殿三天子(唐玄宗、肃宗、代宗)	《续卓异记》
5　相有二亲	5.1　三公父在堂(张酺)	《广卓异记》
	5.2.1　宰相有二亲(郭元振)	《续卓异记》
	5.2.2　宰相有二亲(王溥)	《广卓异记》
	5.3　宰相与百官列班起居新宰相太夫人(赵隐)	《续卓异记》
	……	

四、《续卓异记》史源考

本节追溯《广卓异记》唐代部分条目,亦即《续卓异记》的史源,兼及乐史称引的方式。《续卓异记》的史源,大致可以分为李翱《卓异记》与非《卓异记》两类。

（一）出自《卓异记》的记载

根据第三节的分析，《广卓异记》中的《续卓异记》很可能摘编整合了李翱《卓异记》，然而诡谲的是，乐史在《续卓异记》中却将这部分记载称为"唐纪""唐书"。整体来看，乐史"唐书"与"唐纪"之分可能与《卓异记》《广卓异记》体例有关：《广卓异记》中称《卓异记》为"唐纪"者集中于卷一，称"唐书"者则分散于卷五、六、七、八、一〇、一一、一三、一四、一七、一九。卷一下小字为"帝王事"，卷二下小字"后妃、王子、公主"，卷四至卷一一、卷一三至卷一七下均有小字"臣下"，卷一九"举选"，卷二〇"神仙"，其余卷三、一二为"杂录"。按记事主体分类，大抵卷一为帝王事，卷二、三为宗室公主事，卷四至卷一九为臣下事，卷二〇为神仙事。称《卓异记》为"唐纪"者6条，其中5条标注主人公的小字都是皇帝，余下的1.8诛贼同月日条下小字为"刘辟、李锜、吴元济"，但在很大程度上，皇帝也是其主题：

> 唐宪宗皇帝元和元年十一月十一日斩刘辟于西川，又元和二年十一月十一日斩李锜于润州，又元和十二年十一月十一日斩吴元济于蔡州。右按《唐纪》。宪宗皇帝诛三贼，皆是十一月十一日，契合如是。

又《广卓异记》卷三杂录3.8赐戴叔伦中和节唱和诗条，并非抄自《卓异记》，但引书称"唐纪"，标目下小字也是皇帝"唐德宗"。可能因为李翱《卓异记》序有"皇唐帝功""臣下盛事"的二分，乐史抄录《卓异记》帝王事称出"唐纪"，大臣事云出"唐书"。不过，除3.8条外，这种称法不见于《广卓异记》其他以皇帝为主题，但非抄自《卓异记》的条目中。此中缘由，仍有待进一步探讨。较为例外的是《广卓异记》5.2.1与5.11，二条虽源自《卓异记》，却未注出"唐书"或"唐纪"。《广卓异记》5.2.1条对应《卓异记》相有二亲条，《卓异记》原文为"谨按李邕撰《行状》云：'自我有唐受宰相臣，未有二亲存者，唯元振而已'"，乐史此处径称自"李邕撰《郭元振行状》"（内容实为张说《郭元振行状》）："右按李邕撰《郭元振行状》云：'自唐受命，丞相有二亲，唯元振而已'"；5.11条对应《卓异记》之原文直叙李吉甫父子事，未有引述，乐史未注明出自"唐书"或其他出处，而是录作"右按：唐朝父子继世为相者数家……"。

《广卓异记》在自序明确提到李翱《卓异记》的情况下,引用该书却仍称"唐书",殊不可解,但可以确定的是,乐史之所以称"唐书",与《卓异记》本身的史源并无关联。《卓异记》第7、12、20条分为:

> 按德舆《杜公神道碑》云:"早忝宾席,晚联台座。"
>
> 按独孤及撰《张镐神道碑》云:"一命左拾遗,二命右补阙,三命侍御史,四命谏议大夫,五命中书侍郎平章事。"
>
> 燕国张说,按《中书故事》本云:"说三拜此命,终始无玷,自古未有。"

此三条《卓异记》录《杜佑神道碑》(实为《杜佑墓志》)、《张镐神道碑》(实为《张镐遗爱碑》)、《中书故事》并注明出处,如此形式的文字显然不可能出现在包括国史、实录在内的任何一种"唐书"当中。除这三条和称引自"李邕撰《郭元振行状》"的相有二亲条之外,将《卓异记》其他17事与史源涵盖唐官修史书的传世文献逐一比对,可以发现,《卓异记》只有三四条目的个别文字与《旧唐书》《唐会要》《诏令集》基本一致。剩余绝大多数条目,《卓异记》虽然部分情节见于采据实录、国史而成的《旧唐书》《新唐书》《资治通鉴》《册府元龟》等书,但从史实到表述,都有不同程度的差异,并且往往间杂有超出以上诸书的内容。由此来看,没有理由认为乐史是因为《卓异记》的史源才称其为"唐书""唐纪"的。

(二)非出自《卓异记》的记载

《广卓异记》除间接出自《卓异记》的记载外,尚有231条为唐代"卓异之事",很可能是乐史《续卓异记》较《卓异记》增补的。此231条根据引书之名,大致又可以分为具注出处的记载与通称出处的记载两部分。

1. 具注出处的记载

一部分注明出处的具体书名,不计1条将"后魏书"误标为"唐书"外,共23种59条。其中尚有相应文献传世的有9种15条,均与传世文献有较高的吻合度。可以认为《广卓异记》有具体引书名的记载,出处标注相对准确。除去可比勘的文本,具注出处但所引书已佚的还有14种44条,从前面的情况来看,这些记载及其出处的标注也应具有较高的可信度(参表三)。

表　三

序号	引书名	数量	实际出处核查
1	次柳氏旧闻	1	1.6　正文同今本《次柳氏旧闻》；小字同《通鉴考异》引《唐统纪》(《新唐书》亦同源)。小字部分引书今已佚。
2	肃宗实录	1	1.7　基本同《册府》卷二七。
3	开天传信记	1	1.12　基本同今本《开天传信记》。
4	独异志	1	1.13　基本同《南部新书》与《太平广记》引《独异志》、今本《独异志》，叙事顺序略不同。
5	令狐澄宣宗十七事	1	1.17　正文基本同《通鉴考异》引令狐澄《贞陵遗事》、《太平广记》引《真陵十七史》；小字事见《旧唐书·宣宗纪》、《册府》卷二一、《御览》引"唐书"，但人物略有不同。正文引书今已佚。
6	刘贶续说苑	1	2.16　部分事见《旧唐书·魏征传》，整体基本全同《新唐书·魏征传》，当为《新传》补史所据。正文引书今已佚。
7	东观奏记	3	3.2　基本同今本《东观奏记》。 12.8　基本全同今本《东观奏记》，中有删略。 13.11　全同今本《东观奏记》，中删略个别字词。
8	则天实录	1	基本同《旧唐书·张文琮传》，中略有节略，个别字词出入。
9	唐年补录	3	6.9　事见《旧传》《唐会要》《南部新书》。《旧传》与《唐会要》属于一个系统，而《唐年补录》与《南部新书》为另一系统。 17.17　基本同《北梦琐言》李全忠芦生三，有节略；《旧唐书》采入。 18.18　无对照。
10	唐高宗历	1	7.11　《旧传》所无，事可见《新唐书》，但情节、表述皆不同；全同《御览》引"唐书"、《册府》卷八六〇，唐高宗历或即实录，或实录同源材料；小字基本同《旧唐书·郝处俊传》、《册府》卷八一二，中略有节略，个别文字表述不同，更近《册府》。
11	北梦琐言	2	7.15　基本同今本《西阳杂俎》《玉泉子》《北梦琐言》。 11.24　基本全同今本《北梦琐言》，中个别删略。

续　表

序号	引书名	数量	实际出处核查
12	柳玭十四事	1	7.16　基本全同《旧纪》，《旧唐书》或采自此。
13	白居易为制词	1	9.5　基本同今本《白居易集》，文字个别出入。
14	建中实录	1	9.6　无对照。
15	摭言	4	12.12　正文并小字全同今本《唐摭言》。 19.2　全同《太平广记》引《摭言》，个别字词出入。 19.4.1　基本全同今本《唐摭言》，中有个别删略。 19.4.2　基本全同今本《唐摭言》，中有个别删略、改写。
16	说苑	5	12.16.1　与《新唐书》增补处同源，不知所出，似独出。 12.16.2　与《新唐书》卷六〇《艺文志》载《丘为集》下注文同源。 15.14　不见《旧唐书》，与《新传》大部分基本同，人名有出入，当同源。 15.15　整体基本同《职官分纪》卷一五、《玉海》卷四一引《集贤注记》，文字有节略、改写，当为乐史引《说苑》所本。 18.14　全同《旧唐书·袁承序传》，基本同《大唐新语》《御览》引"唐书"，个别表述不同。
17	唐文宗实录	1	12.17　事可见《旧唐书·牛僧孺传》、杜牧《牛僧孺墓志》，表述有出入、内容有阙，似独出。
18	玄宗实录	1	15.12　全同《会要》卷六三。
19	李同说苑	1	16.9　徐知仁，两《唐书》无传。小字前半事见《旧唐书·宇文融传》，后半部分不知所出，似独出。
20	后魏书	1	17.13　后半部分事可见《旧唐书·卢承庆传》《册府》，但《旧传》无"大小雍州"。
21	国史补	1	18.3　基本全同今本《国史补》。
22	杨炎列传	1	18.16　基本同《旧唐书·杨炎传》，中有个别节略、改写。
23	登科记	25	无
24	总仙记	1	无
25	唐书	163	详后

2. 通称出处的记载

另一部分标注出处则较为含混,可能属于通称,包括"唐书""唐纪""唐列传""小说"4 种 171 条。这部分内容与《续卓异记》出自《卓异记》、具注出处的条目不同,缺乏指向性的比照文本,因此难以确定乐史所抄之书为何,又在抄录过程中做了何种处理。中古著作抄录他书,或直接录自原书文本,或录自直接或间接吸纳原书文本的中间文本。可以将与著作文本有着直接抄录关系的文本称为"源文本",源文本既可能是原书文本,也可能是中间文本。

(1)"小说""唐纪""唐列传"

对 171 条记载进行溯源,《续卓异记》中"小说"6 条,源文本可以基本确定包括《隋唐嘉话》《本事诗》《逸史》《宣室志》《柳氏传》五种;"唐列传"1 条,其正文与小字的内容均可见于《旧唐书·裴度传》,但因节略改写较大,难以确定出于《旧传》。若将《广卓异记》称《卓异记》为"唐纪""唐书"的现象以及具体标明出自"杨炎列传"的 18.16 条一并考虑,"唐列传"的称法,或许也是《广卓异记》一种最终未贯穿全文的体例尝试;"唐纪"一条,内容整体基本全同《国史补》。

表　四

引书名	数量	引书实际出处核查
唐纪	1	3.8　前半事见《新唐书·戴叔伦传》,整体基本全同《太平广记》引《国史补》,后半德宗诗基本全同《御览》引"唐书";整体与《唐诗纪事》全同,不知其所据。
唐列传	1	正文事均可见《旧唐书·裴度传》,小字事见《旧唐书·裴度传》,但节略改写较大,难以判断。
小说	6	3.6　前半基本同《隋唐嘉话》《旧唐书·宋之问传》,个别文字略不同,《隋唐嘉话》更接近;后半同《宋之问集》。《唐诗纪事》全同,不知出处。 7.17　正文基本全同《太平广记》引《本事诗》,中个别节略;小字基本同《太平广记》引《逸史》,中有节略。小字事又载《前定录》《河东记》(《广记》卷一五七引),情事有异。 7.18　正文基本同《太平广记》卷三〇五引《宣室志》,中有节略;小字事部分见《通鉴》引《唐补纪》《北梦琐言》,但情事有异,不知所出。 7.19　基本同《太平广记》引《宣室志》,中有节略。 11.17　基本全同《太平广记》引《国史记》《隋唐嘉话》,个别表述有调整。 14.16　正文基本同孟棨《本事诗》,中有删略改写;小字全同《太平广记》《柳氏传》。

(2)"唐书"

8条"小说""唐列传""唐纪"之外,占据《续卓异记》大部分的是和《卓异记》一样注出"唐书"的记载,达163条。关于这些记载,有两点值得注意:一是《续卓异记》注出"唐书"的记载下有小字24段。从溯源结果来看,同一条目下,正文与小字的出处也多有不同,有必要分别统计。据此,163条"唐书",当有187段可追溯史源的文本;二是同一段正文、小字的内部,往往也存在明显的割裂感。这些记载除部分系乐史剪裁所致外,大多数应是汇抄、夹抄而成,故同段文本也可能存在多个出处。然而,与作者自行区分的正文、小字不同,我们无法确定这些记载内部的断裂是传世文献的透镜效应使然,还是作者的剪裁、汇抄、夹抄所致。如果分段统计,将难以避免研究者的主观性,因此不予单独考虑。逐一比勘187段记载的史源,可将结果汇总为表五:

表　五

引书名			"唐书"实际最接近的文本 186	数量	序　号
唐书(163段正文与24段小字共187段)	可能出自实录或《旧唐书》共167段	可能出自《旧唐书》共90段	《旧唐书》(《旧唐书》存疑)25	25	1.10、2.7、3.3、6.1.11 正文、6.1.11 小字、6.1.15 正文、6.1.15 小字、6.6.2、8.6、8.7、13.2、13.9.2小字、14.6、14.7、14.11、14.12.1、16.7、16.11、17.11 正文、17.11 小字、18.4、18.6、18.9.2、18.9.3、18.12
			《旧唐书》与其他(其他存疑)5	5	2.2(与《独异志》)、13.1(与《翰院志》)、13.6.3(与《唐摭言》)、18.7(与《隋唐嘉话》)、18.8(《钱考功集》)
			存疑(可能自《旧唐书》)	47	2.4、5.6.1、5.7.2、5.9、5.12.1、5.13、5.14.1、5.14.2、5.14.3、5.14.4、5.14.5、5.14.6、5.14.7、6.1.3、6.1.6 正文、6.1.6 小字、6.1.7、6.1.9、6.1.10、

续　表

引书名		"唐书"实际最接近的文本186	数量	序　　号
唐书(163段正文与24段小字共187段)	可能出自实录或《旧唐书》共167段			
		可能出自《旧唐书》共90段		
		存疑(可能自《旧唐书》)	<u>47</u>	6.1.12、6.1.13、6.1.14、6.1.16、6.1.17 正文、6.1.18、6.1.19、6.1.20、7.3.2、7.3.3、7.3.4、7.5、8.17 正文、10.14、11.13、13.3、14.1、14.2、14.3.3、14.8、15.4.2、15.6.1、15.11 正文、16.2、16.5.1、17.10 正文、17.10 小字
		实录或《旧唐书》	<u>11</u>	1.11 正文、1.11 小字、1.14、1.15、2.14、3.4、6.1.8、6.8、12.3、14.14 正文、16.8
		存疑(可能自《旧唐书》)与其他	<u>1</u>	6.1.4(与《剧谈录》)
		存疑(可能自《旧唐书》)与未知	<u>1</u>	6.1.5
	不可能出自《旧唐书》共97段	存疑(非《旧唐书》)	21	3.7 正文、3.7 小字、6.3 小字、6.6.1、7.1、7.2、7.6.1 正文、7.13、10.1 正文、10.1 小字、14.3.1、14.9、14.10、14.15、15.6.2、15.6.3、16.4、16.5.2、16.6.1、16.10.2 小字、17.1
		实录(实录存疑)	25	1.1.1、1.1.2、1.9、2.5、2.8、2.9、2.12 正文、2.12 小字、3.5、3.10、5.8 正文、5.8 小字一、5.8 小字二、8.2、8.11、8.15、8.17 小字、9.12、12.2、12.14、14.3.1 小字、14.14 小字、15.5、15.7、18.10
		存疑(非《旧唐书》)与未知	1	20.10

续 表

引书名			"唐书"实际最接近的文本186	数量	序　号
唐书(163段正文与24段小字共187段)	可能出自实录或《旧唐书》共167段		未知	29	2.1、5.6.3、7.6.2正文、7.6.2小字、7.7、7.8、7.10、8.19、9.2、9.3、9.4、10.10、11.21、12.5、12.7、13.4、13.5.1、13.8、14.3.2正文、15.9、15.10.1、16.3正文、16.3小字、16.6.2、16.10.1、16.10.2正文、16.10.3、17.9、19.3.1
			未知与其他	1	7.9(与《白居易集》)
	不可能出自《旧唐书》共97段	不可能出自实录或《旧唐书》共20段	《朝野佥载》	1	6.1.17
			《唐摭言》	1	6.3正文
			《独异志》	2	8.10、8.21
			《明皇杂录》	1	8.13
			《大唐新语》	3	8.16、12.4、18.9.1
			《唐左拾遗翰林学士李公新墓碑》	1	8.20
			《国史补》	3	9.7、18.1、18.13
			《因话录》	1	12.6
			《柳常侍言旨》	1	13.9.2正文
			《重修承旨学士壁记》	1	13.10
			《南史》	1	14.3.2小字
			《景龙文馆记》	1	15.8
			《隋唐嘉话》	1	15.11小字
			《通典》	1	17.16.3
			《南楚新闻》	1	7.6.1小字

《续卓异记》引"唐书"的史源较为复杂。其中史源很可能是《旧唐书》的有26段，为《旧唐书》或实录的有11段，为《旧唐书》与其他文本汇抄的有5段，存疑但可能出自《旧唐书》的有49段。以上《续卓异记》共91段"唐书"存在出自《旧唐书》的可能（参表五下划线部分），依据抄录方式，这些记载又可分为两类：一类是存疑的49段，多是由史源文献大幅度节略改写而成的零星片段。如5.14.4条一门三相（武承嗣）引"唐书"："武承嗣为纳言，堂弟三思为内史令，攸宁亦为纳言。"这类文本的实质性信息虽然都可见于《旧唐书》，但因概括过度，难以与其他潜在的源文本形成有效排比，不能排除出自《广卓异记》引过的《则天实录》，或者他书的可能。另一类则是剩下的42段，这一类条目篇幅稍长，节略改写程度较低，能够通过文词表述的比对确定具体的出处范围。

剩余96段《续卓异记》引"唐书"则不可能出自《旧唐书》，其中，25段经比对更接近《册府元龟》《新唐书》《资治通鉴》等吸收唐实录的文献，很可能出自日历、实录。《广卓异记》中仅具体标注书名的日历、实录类文本，就有《唐高宗历》《则天实录》《玄宗实录》《肃宗实录》《建中实录》《唐文宗实录》六种，乐史至少利用过这些文献①。21段史源虽然存疑，但实质性信息明显溢出《旧唐书》，30段无对应文本可比照，不知所出。如果将"唐书"泛化地理解为包括国史、日历、实录在内的唐官修史书，那么上述不能排除出自实录可能的76段，加上可能出自《旧唐书》的91段，共167段有可能出自唐代官修史书（表五**粗体部分**）。

须注意的是，《广卓异记》注出"唐书"的记载与注出日历、实录的记载同时存在，并不意味着"实录"与"唐书"是根本不同的。从《广卓异记》有传世文献可资比对的条目来看，《广卓异记》同书异称的情况较为普遍。如《广卓异记》引书具注书名为《摭言》者4条，6.3条实际出自《摭言》却仍称引自"唐书"。引书具注书名为《独异志》者一条，8.20、8.21二条本自《独异志》却又称作"唐书"。

还值得一提的是，《广卓异记》与《太平御览》所引"唐书"也存在部分交集（参表六）。两者所引"唐书"事迹相类同者共9条，经比勘，原书文本大致相同的有4条。其中，《广卓异记》1.14、3.4、3.5三条与《御览》大抵同源，并且均称

---

① 《唐高宗历》不见各目录著录，从名称来看，可能属日历。

出自"唐书"。如前文考察，这三条的源文本在唐代官修史书的范围之内。又《御览》卷七三一所记高智周事，与《广卓异记》扬州四人皆至宰相条基本全同，后者称引自"唐高宗历"，很可能揭示了《御览》此条"唐书"的史源。由此，或许可以窥见《御览》《广卓异记》引书的共性，即，在宋初的语境下，实录类文献与《旧唐书》都被视为"唐书"。

表　六

《广卓异记》引书	《太平御览》引"唐书"	推测的原书文本
1.14　"御笔题隐士门（田游岩）"引"唐书"	卷五〇六人事部·逸民田（田游岩）	《旧唐书》或实录
3.4　"为诏书好赐宫锦（封敖）"引"唐书"	卷二二二职官部·中书舍人（封敖）卷五九九文部·叹赏（封敖）	《旧唐书》或实录
3.5　"送客西江诗好赐瑞锦（冯定）"引"唐书"	卷二二九职官部·太常少卿（冯定）卷五七四乐部·舞（冯定）	实录
7.11　"扬州四人皆至宰相（高智周、来济、郝处俊、孙处约）"引"唐高宗历"	卷七三一方术部·相（高智周之少也）	《唐高宗历》

不过，《续卓异记》仍有 20 段"唐书"基本能够找到具体出处，不太可能出自唐代官修史书（参表五灰色底色部分）。这些文本可以基本确定的出处有 15 种，主要是包括《朝野佥载》《摭言》《独异志》《国史补》在内的所谓小说、杂史、传记 13 种。其中《独异志》《国史补》《摭言》3 种，《广卓异记》另有引用，且具注书名，乐史显然参阅过三书。此外，出自《通典》和《南史》的各有一段。前者为 17.16.3 兄弟前后为一州刺史（贾敦颐）条，其文虽有删略概括，但从整体的表述，到内容的完整程度，都较《旧唐书》《册府》更接近《通典》。并且，17.16.3 前面的三条——17.12 大冯君小冯君（冯野王）、17.15 父子交代为刺史（韦康）、17.16.1 兄弟前后为一州刺史（夏侯亶）①，也与《通典》文字基本相同，四条接连

---

① 17.12 原书文本为《汉书·冯立传》；17.15 据《太平御览》卷二五五引《三辅决录》，原书文本当为《三辅决录》。两者从文字表述到实质性信息都更接近《通典》而非原书文本。

见于《通典》卷三二州牧刺史、卷三三郡太守；出自《南史》的则是14.3.1条"父子三人中书舍人(韦安石)"，称引"唐书"但小字全同《南史》。

总言之，《续卓异记》中的"唐书"是一个包涵唐代官修史书、笔记小说在内的宽泛概念。关于宋初人语境下"唐书"的指代，岑仲勉曾认为《太平御览》所引"唐书"系"通名之唐史"①，唐雯又补充道："唐宋人所谓'唐书'实际上是一个宽泛的概念，所指称的是包括吴兢等所撰国史及唐历朝实录、《唐会要》甚至后世厕身于笔记小说的《唐国史补》之类的杂史等一系列文献。"②《广卓异记》引"唐书"与《御览》有一定交集，《续卓异记》中出自《卓异记》和《唐高宗历》的记载，能够支持"唐书"为"通名之唐史"的观点。一方面，乐史对《卓异记》的借鉴在自序中已有交代，引用时却注出"唐书"。《续卓异记》具注出《唐高宗历》的记载，也揭示了《御览》引"唐书"的具体出处，显示日历、实录确实被称为"唐书"。另一方面，以《广卓异记》为例，可以进一步扩展的是，不仅唐人撰唐史可称为"唐书"，五代时的《摭言》也被称为"唐书"。换言之，"通名之唐史"不仅是唐人撰唐史，还包罗后代所撰的唐史。

在宋初的知识体系下，子部小说类与史部传记类间的界限并不明晰，因此，大量如今所谓的笔记小说能够阑入当时的史书概念③。乐史所引及的《常侍言旨》《南楚新闻》《逸史》等书，在宋初的《崇文总目》《新唐书·艺文志》中或在史部，或在子部。这种目录分类的摇摆同样体现于乐史的笔下，如《国朝传记》(《隋唐嘉话》)在《新志》史部杂传记类、《崇文总目》史部传记类，乐史抄录此书时，或作"唐书"，或作"小说"；《摭言》在《崇文总目》子部小说类，乐史抄录时，或具注《摭言》，或作"唐书"；《独异志》在《新志》《崇文总目》均在子部小说类，《广卓异记》或称"唐书"，或具称原名。

乐史之所以能够引用大量唐代官修史书以及笔记小说，是因为他修纂《续卓异记》时担任三馆编修，容易利用到皇室藏书。这一点通过8.20白衣入翰林(李白)条可以间接体现，是条抄自范传正《唐左拾遗翰林学士李公新墓碑》。乐史曾编纂《李翰林别集》，前有咸平元年三月三日序，自叙"今于三馆中得李

---

① 岑仲勉：《〈旧唐书逸文〉辩》，收入氏著《岑仲勉史学论文集》，第589—597页。
② 唐雯：《〈太平御览〉引"唐书"再检讨》，《史林》2010年第4期。
③ 同样在宋初《太平广记》书首的引用书目也有《史记》《汉书》等大量正史，《唐语林》原序目中亦有《唐会要》。

白赋序表赞书颂等,亦排为十卷,号曰《李翰林别集》"。自序后文又条列成书过程中的参考文献,其中"范传正撰《新墓碑》"①,就是《广卓异记》白衣入翰林条所本,可见该文献馆阁有藏。

五、《广卓异记》增补《续卓异记》部分的史源

《广卓异记》较《续卓异记》增补的记载,即乐史自序所谓除唐代事迹以外"自汉、魏以降至于周世宗"圣贤卓异之事,共138条,下有小字7段,共145段潜在出处,本节将对这些记载进行溯源。参照北宋承平后修纂《资治通鉴》的情况来看,当时汉魏以降至唐以前的典籍多已亡佚,宋人所能见到的唐前史料,除了晋代南北朝的《十六国春秋》、诸家晋书等部分文献外,与今人差距并不大。因此,在判断有关这一时段记载的史源时,确定性相对唐代更强。

经比勘,145段文本同《续卓异记》一样,可以根据引书之名大致分为具注出处的记载与通称出处的记载两部分。

(一)具注出处的记载

具注出处的记载,有16种计31段。其中,10种24段乐史很可能直接抄自原书文本,尤其是《蜀记》《赵氏科名录》《晋阳春秋》《青囊书》《荀氏谱》《定志经》《西王母神仙书》以及乐史自撰的《总仙记》,共8种,内容多独出,值得治史者留意(参表七)。乐史进《续卓异记》等书后,升著作郎,入直史馆,《广卓异记》增补《续卓异记》的部分,即在这一时期完成,因此也能参考到宋初馆阁的藏书。

表　七

序号	引书名	史源核验	段数	序号
1	北史	《北史》	2	4.11、11.23
		存疑	1	9.14

---

① [唐]李白著,[清]王琦注:《李太白全集》卷三一附录一《李翰林别集序》,北京:中华书局,1977年,第1454页。

续 表

序号	引书名	史源核验	段数	序号
2	南史	《南史》与《谢灵运集》	1	3.1
		《南史》	2	10.9、17.5
		《北史》(存疑)	1	17.16.2
3	晋阳春秋	《晋阳春秋》	3	8.18、11.22、18.11
4	晋阳春秋	《初学记》引《晋阳秋》	2	10.12(正文、小字)
5	青囊书	《青囊书》	1	9.13
6	荀氏谱	《荀氏谱》	1	18.5
7	南燕书	《初学记》引张诠《南燕书》	1	8.1
8	东观奏记	《初学记》引《东观汉记》	1	9.1
9	吴录	《初学记》引《吴录》《宣城记》	1	10.11
10	文章叙录	《文选》李善注引《文章录》	1	12.9
11	录异传	《初学记》引《录异传》	1	18.14
12	蜀记	《蜀记》	1	8.22
13	赵氏科名录	《赵氏科名录》(不见目录)	1	5.3
14	总仙记	《总仙记》	8	20.1.1、20.1.3、20.3、20.4、20.5、20.6、20.7、20.8
15	定志经	《定志经》	1	20.2
16	西王母神仙书	《西王母神仙书》	1	20.9

剩余的6种7段,乐史实际上并非利用原书文本,而是转引自中间文本,诸如《初学记》、注本《文选》。抄自《初学记》者,共4条5段。8.1年三十为仆

射(封嵩、韩纬)、9.1三叶为国元老(赵喜)、10.11父子同时为尚书令中书令(纪隋)、10.12父子俱曾为中书令(王珉),分别抄自《初学记》卷一一仆射第四二龙双骥条引张诠《南燕书》、卷一一太师太傅太保第一元老中庸条引《东观汉记》、卷九中书令隔坐奕世条下引《吴录》《晋阳秋》①。四条记载,正文、小字均与《初学记》基本相同,且不见他书。其中《广卓异记》中相接的纪鸎、王珉两条,在《初学记》中同在隔坐奕世条下,并且同样相连,是抄自《初学记》的明显证据。

《广卓异记》所注四条记载的出处,均因袭《初学记》引书之名,但3条都存在误抄的现象:一是9.1赵喜条误"东观汉纪"为"东观奏记";二是10.11纪鸎条合《吴录》《宣室志》二书文为一句,却仅标出自《吴录》,《初学记》原文作:

> 《吴录》曰:纪鸎字子上,景皇时,鸎父亮为尚书令,鸎为中书令,每朝会,诏以屏风隔其坐。《宣城记》云:隔以云母屏。

《广卓异记》抄作:

> 右按《吴录》:纪鸎字子上,景皇时,鸎父亮为尚书令,鸎为中书令,每朝会,诏以云母屏风隔坐。

乐史将《初学记》所引《宣室志》"云母屏"直接抄入《吴录》之中。三是10.12王珉条正文并小字两段将《初学记》标注的"晋阳秋"误抄为"晋阳春秋"。乐史所谓"晋阳春秋"原书文本所指,王珉之事部分内容全同《北堂书抄》卷五七中书令奕世令望条引檀道鸾《晋阳秋》,与《初学记》引"晋阳秋"同源,两书关于王珉的记载,都应出自檀道鸾《晋阳秋》②。

不仅是王珉条,《广卓异记》中其他的记载,也将《晋阳秋》误写为《晋阳春秋》。如表七所见,乐史另引"晋阳春秋"三条,皆未注明作者。其中8.18一岁五迁(王猛)、18.11胡雏异事(石勒)二条内容多有独出,不知所本。11.22从者答神人曰魏公舒(魏舒)条所引"晋阳春秋"事,同见《御览》卷七六三引孙盛《晋阳秋》,可以确定出自孙盛之书。因此,《广卓异记》所引,实际上既有孙盛《晋阳

---

① 本文所用版本为[唐]徐坚等:《初学记》,北京:中华书局,2004年,后不作赘述。
② 不过,《广卓异记》并非抄自《北堂书抄》。前文提到,《广卓异记》中相接的纪鸎、王珉两条,在《初学记》中同在隔坐奕世条下,并且同样相连。作为对比,《北堂书抄》一方面仅有王珉事迹,且内容多阙漏。另一方面,《书抄》没有纪鸎事迹。因此,《广卓异记》应是抄自《初学记》。

秋》,又有檀道鸾《晋阳秋》。乐史没有加以区别,将两书都误抄作"晋阳春秋"。

孙、檀二书据《隋书·经籍志》,原名分别为《晋阳秋》《续晋阳秋》,檀书"续"的对象就是孙书。由于东晋避简文帝母郑太后之讳,当时史书"春秋"皆作"阳秋",故孙盛之书自完成起便名《晋阳秋》。入唐后,《晋阳秋》与《续晋阳秋》逐渐混淆,时人引用多不加区别,并称《晋阳秋》①,以至于乐史混淆两书、误标"晋阳春秋"。从《广卓异记》之后、成书于宋初的《御览》所引文字来看,《晋阳秋》《续晋阳秋》在宋初很可能仍有传世②,乐史可能在抄录《初学记》引"晋阳秋"之后,覆按了当时传世的"晋阳春秋"。但无论乐史覆核的是哪一种,"晋阳春秋"都当作"晋阳秋"。

《初学记》之外,抄自注本《文选》的是 12.9 三入承明庐(应璩)条。该条注出《文章叙录》,《文章叙录》引应璩事仅见于《三国志》裴注与《文选》李善注,裴注与这条前半部分基本相同,但没有后半的《百一诗》,李善注则整体相同。实际上,应璩条由《文选》标题"百一诗 应璩"与其下李善小字注引《文章录》文字,以及"问我何功德,三入承明庐"与其下李善小字注文两部分摘编而成③。除了李善注,《广卓异记》12.1 宰相乘车入宫殿(车千秋)引"汉书"其下小字、12.15 都门祖二疏(疏广、疏受)引"前汉书"正文后半部分,分别全同《文选》"翰曰""良曰",亦即李周翰注、李良注④。因此,乐史使用的《文选》既有李善注本,又有五臣注本。这里之所以不是合李善注、五臣注为一体的《六臣注文选》,是因为该注本最早见于北宋元祐九年(1094)秀州州学刊本,南宋以后才逐渐流行,宋初两本并行,且以五臣注为主⑤。

(二) 通称出处的记载

具注出处书名的内容之外,大部分《广卓异记》增补《续卓异记》的内容,出

---

① 参李建华:《孙盛〈晋阳秋〉汤球辑本误收檀道鸾〈续晋阳秋〉考》,《史学史研究》2010 年第 4 期。
② 从著录的情况来看,二书据《旧志》开元时见藏大内,入宋以后虽见于《新志》,但由于《新志》为知见目录,不知宋初存世情况,至南渡以后据《玉海》所引《中兴书目》檀书失传,孙书"今止存宣帝一卷,怀帝下一卷,唐人所书康帝一卷,余亡"。
③ [梁]萧统编,李善注:《文选》,北京:中华书局,1977 年。
④ [梁]萧统编,李善、吕延济、刘良等注:《六臣注文选》,北京:中华书局,1987 年。
⑤ 乔秀岩、宋红:《关于〈文选〉的注释、版刻与流传——以日本足利学校藏宋刊明州本六臣注〈文选〉为中心》,《东南大学学报(哲学社会科学版)》2009 年第 2 期。

处被乐史标注为"汉书""晋书"等,共 19 种 108 条,计小字共 114 段,尤以"汉书"(30 段)、"晋书"(18 段)、"后魏书"(14 段)、"五代史"(14 段)、"后汉书"(12 段)五种为多(表八)。与"唐书"的情况类似,这些书名并非专指,很可能属于通称,一"书"往往包含数种文献,可以称这种现象为"异书同名"。

表　八

引书名	实际最接近文本	数量	序号
春秋	《荀子》	1	5.7.1
汉书	《汉书》(存疑)	7	4.2 正文、4.2 小字、4.3、4.5、6.1.2、7.4、15.4.1
	存疑	3	4.1、4.4、16.1
	《史记》(存疑)	6	4.6、7.12、8.9、8.23 正文、9.9、9.10
	《史记》或《汉书》	2	4.12、9.11
	《西京杂记》	1	8.23 小字
	《北堂书抄》(8.3 引汉书、8.12 引汉书)	2	8.3、8.12
	《汉书》或《汉纪》	1	12.1 正文
	《五臣注文选》翰曰(李周翰注)	1	12.1 小字
	《通典》	2	17.12、17.15
	《后汉书》与《后汉纪》	1	5.1
	《后汉书》或《东观汉记》	1	15.1
	《后汉书》	2	8.8、15.2
	《初学记》引《东观汉记》	1	10.8
前汉书	《汉书》(存疑)	2	2.6、12.13
	《汉书》与《五臣注文选》良曰(李良注)	1	12.15

续 表

引书名	实际最接近文本	数量	序号
后汉书	《后汉书》(存疑)	8	4.7、4.8、4.9、4.10、11.2、11.10、15.3、17.18
	《北堂书抄》引"范汉书""荀氏家传"与《后汉书》	1	8.4
	《北堂书抄》引"谢承后汉书"	1	8.14
	《初学记》引"后汉书"	1	11.18
	存疑	1	11.1
魏书	《三国志·魏书》	1	9.8
吴书	存疑(非《三国志·吴书》)	1	10.6
	《三国志·吴书》并裴注	1	15.10.2
晋书	《建康实录》	2	2.3、6.2
	存疑(非《晋书》,10.13 为引《晋诸公赞》之某书或直接自《晋诸公赞》)	2	10.13 正文、15.13
	存疑	3	11.6、17.6、17.8
	《晋书》与未知	1	10.13 小字
	《晋书》(存疑)	5	10.16、11.15、11.16.1、11.16.2、18.15 正文
	《初学记》引"王隐晋书"	1	11.11
	《南史》	1	11.9
	《三国志》	1	12.18
	《通典》	1	17.16.1
	《旧唐书》(存疑)	1	18.15 小字

续 表

引书名	实际最接近文本	数量	序号
宋书	《南史》(存疑)	2	10.7、11.19
	存疑	1	11.20
梁书	《梁书》或《南史》	1	1.16
	《通典》	1	18.2
后魏书	存疑	5	2.10、2.13、10.3、10.4、10.5
	存疑(非《后魏书》)	3	11.14、17.7、17.13
	《初学记》引后魏书	1	2.11
	《北史》	1	2.15
	未知(非《魏书》)	4	10.2.1、11.3、11.4、11.5.1
西魏书	存疑	1	11.5.2
北齐书	存疑	1	1.4
	未知(非《北齐书》)	1	10.2.2
	《北齐书》或《北史》	1	17.14
	《北史》(存疑)	1	11.7
后周书	存疑	2	1.5.1、11.8
南北史及唐书	存疑	1	2.4
周书、隋书	存疑	1	4.13
隋书及唐书	存疑	1	6.1.19
五代史	未知	6	5.2.2、5.7.3、6.10 正文、13.5.2、13.6.1、14.12.2

续 表

引书名	实际最接近文本	数量	序号
五代史	存疑	4	5.12.2、7.14、14.13、19.3.2
	存疑与未知	1	6.10 小字
	《旧五代史》或同源文本	3	12.11、13.6.2、13.9.1
五代晋书	未知与存疑	1	13.12
唐书、梁书	存疑	1	5.9
无	《毛诗》	1	6.1.1
	《后汉书》与其下李贤注	1	12.10

1."汉书"

所谓"汉书",不含班固《汉书》在内,就至少包括九种文献。其中,基本可以确定出自《史记》者6段,如7.12会客中三人皆丞相(韦贤、魏相、邴吉)条内容不见于《汉书》,而与《史记·张丞相列传》基本全同,明显出自《史记》。又如8.23四迁至丞相(公孙弘),事虽可见《史》《汉》,但《汉书》对公孙弘升迁时间的记载较模糊,《史记》则相对准确,且基本与《广卓异记》相合。此条下小字则出自《西京杂记》;17.12冯野王、17.15韦庆远事出《通典》,12.1车千秋条小字出《五臣注文选》,前文业已涉及,不作赘述;8.3数月超为大司空(朱博)与8.12四迁至九卿(司马安善)二条则抄自《北堂书抄》引"汉书",除文字基本相同外,前者与8.4九十五日位至司空(荀爽)条在《书抄》中前后相接。后者则误司马安为司马安善,《北堂书抄》卷五一司马安四至条原作:

《汉书》:汲黯娣子司马安善巧,官四至九卿。①

《广卓异记》则抄作:

右按《汉书》:汲黯姊之子司马安善,四迁至九卿。

---

① [唐]虞世南:《北堂书抄》,清光绪十四年南海孔氏三十三万卷堂刻本。

乐史以"司马安善"注于标目下小字,显然视作人名。此事另同见于《初学记》卷一二马安四至条、《汉书·汲黯传》《史记·汲黯传》,三书分别作:

《汉书》曰:司马安巧宦,四至九卿。

黯姊子司马安亦少与黯为太子洗马,安文深巧善宦,四至九卿。①

黯姑姊子司马安亦少与黯为太子洗马,安文深巧善宦,官四至九卿。②

三书或不见"善"字,或司马安与"善"字相隔较远,不易致误。从行文表述来看,惟有抄《北堂书抄》才有可能误司马安为司马安善,是《广卓异记》出自《书抄》的有力证据。

以上《广卓异记》引"汉书"诸事均发生在西汉,标引"汉书"的条目中,尚有5段内容发生于东汉,可能源自《后汉书》《后汉纪》《初学记》引东观汉记三种文献。条目数量与史源种类之多,很难认为均是乐史误抄"后汉书"为"汉书"所致。综合来看,乐史所谓"汉书",很可能既不专指班固《汉书》,也不通称西汉一代通史,而是涵盖记述两汉事迹的一宽泛史书概念。

2. "前汉书"

实际上,引"汉书"之外,《广卓异记》另引所谓"前汉书"3条。核其史源,均与班固《汉书》存在关联,"前汉书"或许就是乐史对班史的专名。2.6 夏侯胜事、12.13 朱买臣事二条基本同《汉书》,但文字有节略、改写,与班史存在一定抄录关系的可能。12.15 都门祖二疏(疏广、疏受)条,前半为二疏事,后半为张景阳诗,并见于《五臣注文选》张景阳咏史诗五言及诗下注引"汉书"疏受、疏广事。《广卓异记》引"汉书"记二疏事,内容明显较《文选》注所引"汉书"丰富,且与班固《汉书》近似。不过,考虑到张景阳咏史诗出自《文选》,乐史此处可能是阅读《文选》后覆按《汉书》,合抄而成。张景阳诗虽然溢出班史,但文字位于正文之末,可以视为乐史的按语。同样的例子可见 3.1 神人报天子在门(孔靖),是条具注出处为《南史》,正文前半与《南史·孔靖传》相同,后半的谢灵运诗则不见《南史》,乐史当录自谢灵运之文集。

---

① [汉]班固:《汉书》卷五〇《汲黯传》,北京:中华书局,1962年,第2323页。
② [汉]司马迁:《史记》卷一二〇《汲黯传》,北京:中华书局,1982年,第3111页。

宋人称班史为"前汉书"有迹可循,走出《广卓异记》,从旧刻实物来看,传世宋本班固《汉书》目录多题作"前汉书",而正文卷端卷末的题名则无不题作"汉书","前汉书"可能是在书籍流传过程中产生的俗称①。考虑到宋刻本《汉书》"前汉书""汉书"两种称谓在同一刻本中并存,尚不能排除部分乐史所谓的"汉书"实际上也是指《前汉书》。

3."后汉书"

如果以上判断成立,那么《广卓异记》中与"前汉书"相对的"后汉书"似乎也是专名,只是,"后汉书"同名文献不止范晔一种,乐史也未加以区别。《广卓异记》引"后汉书",除了出自范晔《后汉书》的条目之外,另有两段原书文本为《初学记》所引后汉书。其中,8.14 条与《初学记》《北堂书抄》二书引谢承《后汉书》基本全同。二书引谢承《后汉书》区别在于前者避高宗讳,《书抄》之"治书御史"《初学记》作"持书御史",《广卓异记》则作"侍",很可能抄自《初学记》引谢承《后汉书》;《广卓异记》11.18 白衣尚书(郑均)条抄自《初学记》,后者仅称出自"后汉书",但其表述与范晔《后汉书》、《北堂书抄》引东观汉纪皆有所不同,不能确定为何种"后汉书"。

以上关于指代的讨论,或许能够解释《广卓异记》在有"汉书"这一涵盖两汉事迹的宽泛概念情况下,部分内容仍然称引"前汉书""后汉书"的必要性。但至于《广卓异记》所谓的"汉书"中也有部分抄自范晔《后汉书》这一现象,除归咎于乐史本人的随意之外,很难作出更合理的解释。

4. 魏晋南北朝诸"书"

《广卓异记》引"晋书"则兼有引"汉书"与"后汉书"的特点。"晋书"的史源,除唐修《晋书》外,既有记晋代之事、但不同名的文献如《建康实录》《晋诸公赞》②,又有同名的《初学记》引"王隐晋书"。

乐史引魏晋南北朝诸"书"的另一特点,是抄数朝事,却仅标注出自一朝之书。如云出"北齐书"的 11.7 一门四人为三公(贺拔允)条简叙贺拔允、胜、岳、

---

① 辛德勇:《陈寿〈三国志〉本名〈国志〉说》,《文史》2013 年第 3 辑。《御览》"经史图书纲目"中亦有"前汉书"而无班固之"汉书",但正文中只有 4 处作引"前汉书",其余皆作"汉书",四条"前汉书"史源皆为班固《汉书》及其下颜师古注。

② 12.8 条记华歆、管宁、邴原之事,三人生活时代均与西晋无涉,且事出自《三国志》,疑为乐史误标。

仁四人为三公之事：

> 右按《北齐书》：贺拔允为太尉，弟胜为太师，岳为太尉，胜堂弟仁为太师。

此条虽然节略改写程度较大，但《北齐书》仅记贺拔允为太尉，无胜、岳、仁相应官职事，三人信息显然溢出于《北齐书》；《魏书》有胜、岳二人列传，记岳曾为太保，但不见胜为太师；《周书》中有贺拔允太尉、胜太师、岳太傅，但无贺拔仁。惟有《北史》中允太尉、胜太师、岳太傅、仁太师四人完备，只是贺拔岳"太傅"与《广卓异记》"太尉"不同，而与《周书》相同，故此段可能出自《北史》，但仍需存疑。又15.13 九世有史传（王导）条简叙王导至王褒九世有史传之事，称出自"晋书"。但除王导至王昙首（导-洽-珣-昙首）事可见于《晋书》外，其余人物事迹显然溢出唐修《晋书》的时间范围：王昙首至王俭可见《宋书》（昙首-僧绰-俭），王俭另见《南齐书》，王骞、王规、王褒见《梁书》，昙首至王褒事整体可见《南史》（王昙首-王僧绰-王俭，字仲宝-王骞-王规-王褒）。换言之，这条前半可能出自《晋书》，后半或一一覆按南朝诸书而成，或整体摘自《南史》。类似的例子较多，不作列举，这类文本大多经大幅摘编节引，难以判断源文本。但文本包含的实质信息往往超出一朝的时间范围，而整体见于《南史》《北史》，考虑到《广卓异记》曾具注所引出自"南北史"，这些文本很可能抄自《南史》《北史》。二史列传以家传的形式集中一姓一族的人物，不限于一朝、一传之中，便利于《广卓异记》常见的"数世为某某""一门为某某"卓异之事的收集。

《广卓异记》增补《续卓异记》的内容，引书亦与《太平御览》存在部分交集，集中于唐以前。一事同见于二书者共35段（表九），经核查，其中19段两书的原书文本（非源文本）很可能相同。

表　九

《广卓异记》引书	《太平御览》引书	推测的原书文本
8.1　年三十为仆射（封嵩、韩绰）引"南燕书"	卷二一一职官部左右仆射引"南燕书"	张诠《南燕书》
8.4　九十五位至司空（荀爽）引"后汉书"	卷二○八职官司空引"荀氏家传"	《荀氏家传》

续 表

《广卓异记》引书	《太平御览》引书	推测的原书文本
8.9 不出长安城十年至丞相(匡衡)引"汉书"	卷二〇四职官部丞相引"史记"	《史记》
8.23 四迁至丞相(公孙弘)引"汉书"	卷八五〇饮食部饭引"西京杂记"	《西京杂记》
9.1 三叶为国元老(赵喜)引"东观汉记"	卷二〇六职官部太傅引"东观汉记"	《东观汉记》
10.13 父子俱上公(司马孚)引"晋书"	卷二〇九职官部大司马"晋诸公赞"	《晋诸公赞》
11.11 四辞仆射而后受(荀颢)引"晋书"	卷二一一职官部左右仆射引"晋书"	王隐《晋书》
11.22 从者答神人曰魏公舒(魏舒)引"晋阳春秋"	卷七六三人事部产引"孙盛晋阳秋"	孙盛《晋阳秋》
12.10 七代通显(应顺)	卷五三二礼仪部金引"搜神记"	《搜神记》
12.13 衣锦还乡(朱买臣)引"前汉书"	卷二五九职官部太守引"汉书"	班固《汉书》
12.15 都统祖二疏(疏广、疏受)引"前汉书"	《御览》卷四八九人事部别离引"史记"、卷五一二宗亲部伯叔引"汉书"(前者当误"汉书"为"史记")。	班固《汉书》
12.18 让太尉位与管宁(华歆)引"晋书"	卷二四三太中大夫引"魏志"	《三国志·魏书》
15.1 三世为司隶(赵兴)引"汉书"	卷二五〇职官部司隶校尉引"后汉书"	范晔《后汉书》
15.3 三世为廷尉(吴雄)引"后汉书"	卷七三四方术巫引"后汉书"	范晔《后汉书》
15.4.1 父子二人为御史大夫(杜周)引"汉书"	卷二二五职官部御史大夫引"汉书"	班固《汉书》
15.10.2 一门三傅(薛综)引"吴书"	卷二四四太子少傅引"吴志"	《三国志·吴书》

续 表

《广卓异记》引书	《太平御览》引书	推测的原书文本
16.1 子代父为太仆卿（公孙敬声）引"汉书"	卷二三〇职官部太仆卿引"汉杂事"	存疑
17.15 父子交代为刺史（韦康）引"汉书"	卷二五五职官部刺史下引"三辅决录"	《三辅决录》
17.16.1 兄弟前后为一州刺史（夏侯亶）引"晋书"	卷二五六职官部良刺史上引"梁书"	《梁书》

若视乐史标注的书名为出处，以今人标准来看，《广卓异记》19 段引文中 9 段均存在明显问题。北宋初年，魏晋南北朝私史、志或残或散，如果说《广卓异记》这部分多抄自唐代类书，那么《御览》则是利用《修文殿御览》《艺文类聚》《文思博要》。同样是利用中间文本，《御览》标注出处显然较《广卓异记》"忠"于源文本，除了卷四八九引《汉书》误为《史记》，卷二一一未具注王隐《晋书》的作者之外，引书标注皆相对准确。而《御览》称《三国志》中的魏书、吴书为"魏志""吴志"并非讹误，只是不知这种做法是源自《修文殿御览》，还是编者自身习惯使然①。

《广卓异记》征引的唐前文献，多转抄自中间文本，基本都可以找到源文本或潜在源文本，且讹误迭出，但其记五代事则截然不同。《广卓异记》五代部分的 16 段文字，只有 3 段与《旧五代史》基本吻合，可能直接抄自薛史，或与薛史同源的文本。其余 13 段，或没有与之对应的文本，或仅有部分事迹见载于他书。如 13.5.2 同年五人同为翰林学士（张泊、吴承范、汤鹏、江文蔚、范禹偁）与 13.6.1 座主与门生同在翰林（和凝、李瀚）二条，部分事可见于乐史同时代苏易简所撰的《续翰林志》，但表述多有不同。乐史曾经历五代，又能够在宋初馆阁接触到大量原始材料，《广卓异记》中有关这一时段事迹的征引，虽然出处标注含糊，但应具有较高的史料价值。

---

① 早先的南朝梁刘孝标注《世说新语》引《三国志》即有"魏志""吴志""蜀志"之例。宋及以前以"三《国志》""《国志》"来称谓《三国志》，宋朝官刻浙本又往往在书口上将《国志》的三部分镌作"魏志""蜀志""吴志"，故文人学士都普遍使用这种称法。见辛德勇：《陈寿〈三国志〉本名〈国志〉说》，《文史》2013 年第 3 辑。

结　语

本文对乐史《广卓异记》的编纂方式与史源进行探讨,以期从整体上对该书的文本来源、成书过程以及称引方式有所把握。

笼统而言,《广卓异记》主要是乐史在三馆任职时利用北宋皇室藏书摘编而成的。其中卷一九、卷二〇分别主要摘自乐史自撰的《登科记》《总仙记》,剩余部分可根据事迹所在之时代划分为唐代和唐代以外两部分。唐代部分的蓝本即乐史早年编纂的《续卓异记》,该书一方面摘编改写了李翱《卓异记》,另一方面又增补大量出自笔记小说以及实录、国史等唐官修史书的记载,其中不乏珍稀的实录、笔记小说佚文;唐代以外汉魏至五代的卓异之事,则是乐史编纂《广卓异记》时增补的。由于宋初唐前典籍多已亡佚,《广卓异记》这一时段的记载,一部分转抄自如注本《文选》《初学记》《通典》等中间文本所引,另一部分则直接抄自各朝正史、别史、编年等文献。《广卓异记》五代的记载多不见他书,具有较高的价值。

就编纂方式而言,《广卓异记》在条目方面多受《卓异记》以及《初学记》《北堂书抄》等类书的启发,在因袭原书的基础上,进行举一反三式的扩展。在抄录的过程中,乐史往往会对源文本根据行文需要调整叙述顺序,作一定的节略、改写。其修改个别有误,或直接导致了原文意义的改变。抄录文本除单取一书,个别又夹抄、汇抄数书,因此多存在正文与小字史源不同的情况,甚至同段正文、小字,也有多种史源。

《广卓异记》绝大多数条目都以"右按某书"的形式发首对他书进行引用①,引书或具注其名,或笼统称为"某朝书"。从《广卓异记》对注本《文选》《初学记》等书的摘抄,以及标注的出处来看,乐史标注"书名"指代的对象是原书文本,而非源文本。以8.1年三十为仆射(封嵩、韩纬)为例,《广卓异记》此条源文本是《初学记》所引张诠《南燕书》,标注书名径称"南燕书",而非中间文本《初学记》,张诠《南燕书》即本文所定义的原书文本。

再结合《广卓异记》在明知书名的情况下,抄录《卓异记》却称作"唐书""唐

---

① 5.11、6.1.1、12.10 三条"右按"后无引书,径为正文。三条出处分别为李翱《卓异记》、《毛诗》、《后汉书》与其下李贤注,史源上并无共性,可能为阙漏。

纪"的现象,《广卓异记》标注的出处"某朝书",很可能只是乐史对文本所依据之原书文本进行的一种直觉式的时代分类。所谓"时代分类",是指乐史在记录出处为"某朝书"的过程中,并不关注原书文本的书名为何,他做判断的依据,是原书文本所载事迹的时代。由是,不仅当朝人撰当朝史可被称为"某朝书",后代撰某朝史也可以被称为"某朝书";所谓"直觉式",是指乐史引书的称谓标注往往是不假思索的,多数情况既不会覆核事迹实际所处之时代,也没有一以贯之的标准,故常常出现书名误标(如出《三国志》作出《晋书》)、异书同名("唐书""汉书")、同书异名(《摭言》《独异志》或具注书名,或称为"唐书")的情形①。《广卓异记》对《卓异记》的称引方式相对特殊,在时代分类的基础上,又进一步考虑记事主体的身份。皇帝事则称"唐纪",臣下事则称"唐书"。这种称引方式,应是受到李翱《卓异记》序中二分法的影响。

乐史后来编纂的《太平寰宇记》,一定程度上延续了早年《广卓异记》称引"唐书"的方式。《寰宇记》引"唐书"11 条、"唐史"6 条、"唐地理志"1 条,共计 18 条(表十)。从内容形式、卷数分布、潜在史源来看,"唐书"与"唐史"并无差别,且《寰宇记》另有"隋书""隋史""后周书""后周史""晋史","书"与"史"都可以换用。就史源而言,《寰宇记》所引 18 条中,只有 2 条可能抄自《旧唐书》,4 条可能出自《唐会要》,1 条与《太平广记》引《乾馔子》相同。虽然《太平寰宇记》引"唐书"同样不是个严谨的概念,但从《广卓异记》抄录中间文本,以及征引具注书名文献的通例来看,乐史编纂《寰宇记》时很可能只是在照录原文的基础上进行了轻度修改。因此,赖《寰宇记》得以保存的大量佚籍,若拥有具体书名,则在很大程度上具有较高可信度。只是遇到"某朝书""某朝史"时,仍需加以甄别。

表 十

引书名	实际最接近文本	数量	卷数及条目
唐史	存疑(非《旧唐书》)	5	2 陕州陕县、5 宿州、9 凤翔府郿县、12 潞州、15 魏州魏县
	未知	1	19 益州华阳县

---

① 陈尚君注意到宋人往往将不知出处的诗称为"唐诗",但逐一覆按后可以发现一半是宋诗,参陈尚君:《〈全唐诗〉中的伪好诗例评》,《古典文学知识》2019 年第 5 期。

续　表

引书名	实际最接近文本	数量	卷数及条目
唐史	《唐会要》（存疑）	4	43　南蛮二甘棠国、43　南蛮二骠国、49　北狄十铁勒、44　西戎一车师国
	《旧唐书》（存疑）	1	44　西戎三罽宾国
唐书	存疑（非《旧唐书》）	2	9　凤翔府郿县、6　平定军平定县
	未知	2	22　剑州剑门县、22　果州南充县
	《旧唐书》（存疑）	1	20　冀州昭德县
	《乾𦠆子》	1	33　洋州西乡县
唐地理志	存疑（非《旧唐书》）	1	27　池州青阳县

《太平御览》引"唐书"问题自晚清岑建功发现以来，至今仍是文献学领域的一桩公案，2008年吴玉贵《唐书辑校》出版后，学者又修补岑仲勉"通名之唐史说"，与吴氏"宋人校勘说"展开对垒。跳脱争论焦点的《太平御览》，从《广卓异记》《太平寰宇记》《事类赋注》[①]来看，宋人泛称记某朝事之史书为"某朝书""某朝史"似乎是一种通例，但这种泛称并无统一的用法与规则，各自指代的范围差异较大，实际上极具编纂者的色彩。以现在的学术规范来看，乐史"唐书"概念的宽泛程度较《御览》为大，而作为光谱上的另一端，司马光《通鉴考异》引"唐书"28条完全与《旧唐书》相关记载相同，极为严谨。各书称引方式之间存在巨大差异的缘由，仍有待大方之家进一步探讨。

附记：感谢吴玉贵、仇鹿鸣、胡康、陈卓等师友的批评指正。

[①]　《事类赋注》引"唐书"情况可参唐雯：《〈太平御览〉引"唐书"再检讨》，《史林》2010年第4期。

点校本《续资治通鉴长编》宋神宗熙宁部分新校正

洛阳理工学院人文与社会科学学院讲师 刘冲

摘 要：宋神宗熙宁时期是推行新法的重要时期，而记述该段历史的《续资治通鉴长编》相关部分却由于编纂时的疏忽与流传中的改动产生了不少讹误。中华书局点校本经过校勘改正了不少错误，但也出现了新的问题。对此应充分翻检此书前后文，利用先前整理时无条件得见的《四库全书》底本与文渊阁《四库全书》本对校，与同源材料进行广泛他校，熟悉当时的制度、人事、专有词汇等，方能得到一个更加准确的《续资治通鉴长编》文本。

关键词：《续资治通鉴长编》；宋神宗；熙宁；王安石；《四库全书》

宋神宗熙宁时期是推行新法的重要时期，而记载这一时期历史的《王安石日录》、《神宗实录》墨本、朱本和新本以及《神宗正史》皆已佚失，李焘所撰的《续资治通鉴长编》就成为研究熙宁新法的关键资料。但由于《长编》篇幅巨大，编修、抄刻不易，以致在编纂与流传过程中产生了许多错误；加之四库馆臣的改译删削，致使现今七朝本中存在的问题较多。中华书局点校本经过整理，纠正了其间不少讹误，大大便利了阅读与使用，但该本校勘、标点皆有可改进的地方，对此，梁太济、高纪春、马玉臣、李裕民、尹承、黄光辉、谭强等先后予以补正[①]，

---

① 梁太济：《〈永乐大典〉残存〈长编〉熙宁八年四至五月记事校读札记》《〈长编〉点校拾遗》，《唐宋历史文献研究丛稿》，上海：上海古（转下页）

也仍未至可止步之处。现就笔者阅读该部分过程中发现的问题进行校正,以期为《长编》重新整理提供帮助,也为后来的研究者提供一个较为准确的文本。

1. 卷二一〇:熙宁三年(1070)四月戊辰条注文引魏泰《东轩录》云:"熙宁初,朝廷初置条例司,诸路各置提举常平官……(韩)魏公精于表章,其说从容详悉,无所伤忤者。皇城使沈惟恭者,辄令其门客孙棐诈作魏公表云:'欲兴晋阳之甲以除君侧之奸。'……上大骇,下惟恭、孙棐于理。"①

《东轩录》即《东轩笔录》,在今本中,"常平官"作"常平司",应出异文校;"表章",《四库全书》底本、文渊阁《四库全书》本、今本《东轩笔录》皆作"章表",应据改;"伤忤者",《四库全书》底本、文渊阁《四库全书》本同,今本中"者"作"有",且属下句,如此则句子更加通顺,或应据改;"奸",《四库全书》底本、文渊阁《四库全书》本同,今本《东轩笔录》作"恶",应出异文校;"于理"含义不明,《四库全书》底本、文渊阁《四库全书》本同②,今本《东轩笔录》作"于大理"③,意为交给大理寺审理,应据以补"大"字。

2. 卷二一〇:熙宁三年四月己卯记"吏部侍郎、枢密副使韩绛参知政事"后引述陈襄对此事的看法,其中说"窃闻已制命除韩绛枢密副使、兼参知政事,绛以才望序迁,固未为过"④。

(接上页)籍出版社,2004年,第92—108、503—523页;高纪春:《〈续资治通鉴长编〉神宗朝记事校勘补正》,《国学研究》第8卷,北京:北京大学出版社,2001年,第316—327页;马玉臣:《〈续资治通鉴长编〉重印点校本校勘献疑》,《宋史研究论丛》第7辑,保定:河北大学出版社,2006年,第497—506页;李裕民:《〈续资治通鉴长编〉订误》,《华中国学》2016年秋之卷,武汉:华中科技大学出版社,2017年,第64—66、74页;尹承:《〈续资治通鉴长编〉校识最录——〈国朝册府画一元龟〉研究之二》,《宋史研究论丛》第21辑,北京:科学出版社,2017年,第355—356页;黄光辉:《〈续资治通鉴长编〉标点献疑》,《宋代文化研究》第26辑,北京:线装书局,2020年,第283—287页;谭强、杨浣:《中华本〈续资治通鉴长编〉民族语名勘误》,《宋史研究论丛》第35辑,北京:科学出版社,2023年,第419、422、427页。

① [宋]李焘:《续资治通鉴长编》(以下简称《长编》)卷二一〇,北京:中华书局,2004年,第5099页。

② [宋]李焘:《长编》卷二一〇,影印湖南图书馆藏《四库全书》底本,北京:中华书局,2016年,第21册,第11679页;《景印文渊阁四库全书》第317册,台北:台湾商务印书馆,1986年,第480页。影印《四库全书》底本各册虽连续标页码,但因其有50册之多,故仍予以标注册数,以便读者核查。

③ [宋]魏泰撰,李裕民点校:《东轩笔录》卷六,北京:中华书局,1983年,第64页。

④ [宋]李焘:《长编》卷二一〇,第5102页。

《四库全书》底本、文渊阁《四库全书》本同①。但兼参知政事者多为南宋时事,此时未有,查陈襄《论除韩绛参知政事乞罢制置司状》,该句作"臣窃闻已有制命除枢密副使韩绛为参知政事"②;赵汝愚编《宋朝诸臣奏议》所收该文记作"臣窃闻已有制命,除韩绛枢密副使兼参知政事"③,《历代名臣奏议》所收同④,则《长编》此误并非独立存在。此处应据陈襄文集所载将"枢密副使"四字提至"韩绛"前并改"兼"为"为",或出校记说明。

3. 卷二一二:熙宁三年六月丙寅,"殿前都虞候、邕州观察使、秦凤路副总管窦舜卿知秦州,李师中于永兴军听旨",后有注文"六月八日,师中言市易置司及田事,初遣王尧臣、李若虞案实"⑤。

"王尧臣""李若虞",《四库全书》底本及文渊阁《四库全书》本同⑥。该条注文所指为该月丁卯日"诏遣权开封府判官王克臣、内侍押班李若愚按实以闻",此后注文"初七日丙寅并月末合参照"亦可说明这一点⑦。王尧臣卒于嘉祐三年(1058)八月己未⑧,《宋史》记载此事为"知秦州李师中论:'诏指极边见招弓箭手地,恐秦州益多事。'诏遣王克臣等按视,复奏与师中同"⑨,《长编》其他各处记述此事时该人名字亦为王克臣,故上述"王尧臣"应改正为"王克臣"。《宋史》中另一处记述此事为"王安石主韶议,为罢师中,以窦舜卿代,且遣李若愚按实"⑩,《长编》其他各处记述该人名字时亦多作"李若愚",则上述"李若虞"应改正为"李若愚"。

4. 卷二一三:熙宁三年七月庚戌,"诏编修敕所,见编续降宣敕、

---

① [宋]李焘:《长编》卷二一〇,影印《四库全书》底本,第 21 册,第 11687—11688 页;《景印文渊阁四库全书》第 317 册,第 482 页。
② [宋]陈襄:《古灵先生文集》卷一五,《宋集珍本丛刊》影印南宋刻本,北京:线装书局,2004 年,第 8 册,第 772 页。
③ [宋]陈襄:《上神宗论大臣皆以利进》,见[宋]赵汝愚编:《宋朝诸臣奏议》卷四六,上海:上海古籍出版社,1999 年,第 497 页。此文与《论除韩绛参知政事乞罢制置司状》内容一致但题名不同。
④ [明]黄淮、杨士奇编:《历代名臣奏议》卷一三六,上海:上海古籍出版社,1989 年,第 1792 页。
⑤ [宋]李焘:《长编》卷二一二,第 5144 页。
⑥ [宋]李焘:《长编》卷二一二,影印《四库全书》底本,第 21 册,第 11789 页;《景印文渊阁四库全书》本,第 317 册,第 508 页。
⑦ [宋]李焘:《长编》卷二一二,第 5147 页。
⑧ [宋]李焘:《长编》卷一八七,第 4520 页。
⑨ [元]脱脱等:《宋史》卷一七六《食货志上四》,北京:中华书局,1985 年,第 4267 页。
⑩ [元]脱脱等:《宋史》卷三二八《王韶传》,第 10580 页。

删定嘉祐编敕,仰候修成一卷日,于逐条上铺贴增损之意,先赴中书门下看详,俟书成日同进呈",后有注文云"此据《会要》三年七月二十一日所书增入"①。

"二十一日",《四库全书》底本、文渊阁《四库全书》本皆同②。该月己丑朔,庚戌为二十二日,将二十一日事附于二十二日且无特别说明,殊不可解。《宋会要辑稿》中载有此条,正作"七月二十二日"③,故上条"一"应改为"二"。另两书所载存有异文,整理者未取校。

5. 卷二一七:熙宁三年十一月甲午,"陕西常平仓司奏:'乞应系自来衙前人买扑酒税等诸般场务,候今界年限满,更不得令人买扑,并拘收入官。……乞下本路遵守施行。'从之",后有注文云"此据《泸州编录册》熙宁五年二月十五日刑部帖载二年十一月七日中书札子,今附本月日,此月九日可并考"④。

"二年",《四库全书》底本、文渊阁《四库全书》本皆同⑤。以二年之事系于三年,不得云"附本月日",而该月戊子朔,甲午正为初七日,故上述"二"应改为"三"。另该月九日并无记事。

6. 卷二一九:熙宁四年正月乙未条中载"又诏:'(张)诜首议讨捕(李)光吉等,今杀巡检使臣,多丧军士,且不得贼。诜已任满可令再任,责之躬自讨贼。'遂诏诜再任",其后注文中有"令诜再任,在戊戌十二月,今并书"⑥。

《四库全书》底本、文渊阁《四库全书》本皆同⑦。此为连书,方便读者了解

---

① [宋]李焘:《长编》卷二一三,第5180页。
② [宋]李焘:《长编》卷二一三,影印《四库全书》底本,第21册,第11879页;《景印文渊阁四库全书》第317册,第531页。
③ [清]徐松辑,刘琳等校点:《宋会要辑稿》刑法一之七,上海:上海古籍出版社,2014年,第8218页。
④ [宋]李焘:《长编》卷二一七,第5274—5275页。
⑤ [宋]李焘:《长编》卷二一七,影印《四库全书》底本,第21册,第12104页;《景印文渊阁四库全书》第317册,第589页。
⑥ [宋]李焘:《长编》卷二一九,第5322—5323页。
⑦ [宋]李焘:《长编》卷二一九,影印《四库全书》底本,第22册,第12208页;《景印文渊阁四库全书》第317册,第616页。

事情发生的连续状况。但"戊戌"在此意义不明,按照李焘书写惯例,或指年,或指日,若是指年的话,邻近的戊戌年一为仁宗嘉祐三年,一为徽宗重和元年(1118),作为夔州路转运判官的张诜不会在这两个时间点再任以解决李光吉问题,且本年七月壬辰"权夔州路转运判官、屯田郎中张诜为司封郎中、直集贤院、权转运副使"①,以赏讨渝州夷贼功,故"戊戌"所指应为日期。本月丁亥朔,戊戌为十二日,故上述"月"当为"日"之误。

7. 卷二二〇:熙宁四年二月"壬申,山南西道节度使、检校太尉、同平章事、高密郡王颢为保信、保静等军节度使,进封嘉王",此条后有注文"《新》、《旧纪》并书进封高密郡王颢为燕王"②。

《四库全书》底本、文渊阁《四库全书》本皆同③。正文中说进封嘉王,而注文中却为燕王,当有一误。《宋会要辑稿》载赵颢于"熙宁四年二月,徙保信、保静等军节度使,进封嘉王"④;查《宋史》本纪,此事记作"壬申,进封高密郡王颢为嘉王"⑤。故上述注文中"燕王"应改为"嘉王",二者当为形近而讹。

8. 卷二二一:熙宁四年三月丁亥,"中书欲支章惇见任料钱、添支并给驿券……",后有注文云"四月二日丁亥,罢惇行"。"先是,李承之荐惇于(王)安石……惇素辩,又善迎合,安石大喜,恨得之晚",后亦有注文"此据《邵伯温见闻录》,或移入四月丁亥"⑥。

两处注文中的"丁亥",《四库全书》底本、文渊阁《四库全书》本皆同⑦。但查该年四月丁巳"罢章惇相度夔州路差役……",后有注文"三月二日丁亥,遣惇经制渝州夷贼"⑧。四月丙辰朔,丁巳为初二日,此即为三月丁亥注文所指,

---

① [宋]李焘:《长编》卷二二五,第5476页。
② [宋]李焘:《长编》卷二二〇,第5352页。
③ [宋]李焘:《长编》卷二二〇,影印《四库全书》底本,第22册,第12278页;《景印文渊阁四库全书》第317册,第633页。
④ 《宋会要辑稿》帝系一之三七,第25页。
⑤ [元]脱脱等:《宋史》卷一五《神宗纪二》,第279页。
⑥ [宋]李焘:《长编》卷二二一,第5368页。
⑦ [宋]李焘:《长编》卷二二一,影印《四库全书》底本,第22册,第12314页;《景印文渊阁四库全书》第317册,第643页。
⑧ [宋]李焘:《长编》卷二二二,第5398页。

故上述两处注文中"丁亥"皆为"丁巳"之误,应据改。另"邵伯温见闻录"标点全书也应统一。

  9. 卷二二一:熙宁四年三月甲辰,韩绛上疏"望密指挥赵卨令安存折继世、赵怀顺、种谔,无使遂成瞑眩,以致疑惧",于是"诏赵常卨务安存折继世、赵怀顺,勿令疑惧,仍常伺察之"①。

"赵常卨"三字不可解,查点校本底本浙江书局本、《四库全书》底本、文渊阁《四库全书》本皆作"赵卨常"②,此当为排印错误,应改正。

  10. 卷二二一:熙宁四年三月辛丑条中载庆州兵变后续事宜,"叛军家属皆诛者,凡九指挥。李清臣谓韩绛:'军士谋叛,初不告妻子,宜用恩州故事,配隶为奴婢。'绛奏从其言,故有是诏",后有李焘注文云"此据清臣诏旨内附传"③。该月辛亥又记"诏韩绛应宣抚司未结绝文字并付李清臣赍赴阙",后亦有注文"诏旨,清臣传可考"④。

点校者仅将两处注文中"清臣"标以专名线。但据首条注文,"诏旨"所指当为一部书,其中有李清臣的附传,第二条注文所指相同。元丰四年(1081)六月己巳载舒亶论役法事,后有注文"此据《诏旨》内亶传,《徽宗实录》因之。《诏旨》大率据亶墓志为传,其词未必可信"⑤,即将其理解为一部书,这无疑是正确的。该书所指为汪藻所编集的《元符庚辰以来诏旨》,该书虽名以"诏旨",似为诏书汇编,实则为一部综合数种题材的史书,其中即包括传记,文臣只要是卿监以上皆为立传⑥。李清臣曾为中书、门下侍郎,且卒于崇宁元年(1102)⑦,故

---

  ① [宋]李焘:《长编》卷二二一,第5387页。
  ② [宋]李焘:《长编》卷二二一,影印浙江书局本,上海:上海古籍出版社,1986年,第2064页;影印《四库全书》底本,第22册,第12364页;《景印文渊阁四库全书》第317册,第655页。
  ③ [宋]李焘:《长编》卷二二一,第5383页。
  ④ [宋]李焘:《长编》卷二二一,第5394页。
  ⑤ [宋]李焘:《长编》卷三一三,第7588页。
  ⑥ 马玲莉:《汪藻史学成就探究》,上海师范大学人文与传播学院史学理论与史学史硕士学位论文,2012年,第17—18页。
  ⑦ [宋]晁补之:《济北晁先生鸡肋集》卷六二《资政殿大学士李公行状》,《四部丛刊初编》影印明诗瘦阁仿宋刊本,第14A、23A、24B页。

《诏旨》中应有其传记。李焘修《长编》时参据该书有实例,如在仁宗嘉祐四年八月甲戌条的注文中就说"又据汪藻所编《诏旨·苏颂传》"①。因而,上引首条注文中"诏旨"二字应标书名线;第二条中"诏旨""清臣传"皆应标书名线,其间逗号也应删去。又熙宁四年八月"丁卯,屯田员外郎、知阳武县李琮权利州路转运判官。役法初下,琮处之有理,畿内敷钱独轻,邻县挝登闻鼓,愿视阳武为比,故召对擢用焉",后有注文"此据诏旨内所载,琮本传、《实录》因之"②。如上所论,此处"本传"当指《元符庚辰以来诏旨》内所附之《李琮传》,后为《实录》附传所沿袭③,故该句标点应改为"此据《诏旨》内所载琮本传,《实录》因之"。同样,熙宁十年八月己丑载苏颂使辽事注文为"此据诏旨颂传附见。《新传》削去,当考"④,其中"诏旨"也是指上述汪藻书,故标点应改为"此据《诏旨·颂传》附见"。

11. 卷二二三:熙宁四年五月己丑,"草泽程义路为安吉县主簿,同相度检计开封府界沟河",后有注文"程义路前已见,八月二十七日又见"⑤。

"二十七日",《四库全书》底本、文渊阁《四库全书》本皆同⑥。查该年八月癸酉"遣检计开封府界沟洫河道、安吉县主簿程义路,乘驿相度决河利害以闻",注文为"墨本有此,朱本削去。五月五日义路开河"⑦。五月乙丑朔,己丑为初五日,则两处注文互指;但八月癸丑朔,癸酉为二十一日,故上述"二十七日"应为"二十一日"。此外,上述"沟河"标有专名线,但据八月癸酉条,此为"沟洫河道"之简称,并非专指某条河,则所标专名线应删去。

《长编》该部分注文中似此之类的日期、月份与年份问题甚多,据此书前后

---

① [宋]李焘:《长编》卷一九〇,第4583页。标点有改动。
② [宋]李焘:《长编》卷二二六,第5505页。
③ [元]脱脱等:《宋史》卷三三三《李琮传》内载"吕公著尹开封,荐知阳武县。役法初行,琮处画尽理,旁近民相率挝登闻鼓,愿视以为则。徽宗召对,擢利州路、江东转运判官",则其间内容当源自《诏旨》中的李琮传,第10711页。另据《长编》所载,"徽宗"应为"神宗"之误。
④ [宋]李焘:《长编》卷二八四,第6953页。
⑤ [宋]李焘:《长编》卷二二三,第5418页。
⑥ [宋]李焘:《长编》卷二二三,影印《四库全书》底本,第22册,第12434页;《景印文渊阁四库全书》第317册,第673页。
⑦ [宋]李焘:《长编》卷二二六,第5506页。

文可以证明者兹不一一考辨，在此仅予以指出，并兼及一些其他讹误。如熙宁五年正月"是月"条注文"十月戊辰冯京云云"中"十月"应为"十一月"①。二月癸丑条注文"附去年十月六日庚申"中"六"应为"九"②。四月丙子条注文"三月十七日（杜）纯初除枢密院检用条例官"中"三"应为"二"③。六月乙卯条注文"四月二十三日可考"中"二十三日"应为"二十二日"④。七月戊戌条注文中"事具六月壬辰"应为"事具五月壬辰"⑤。七月辛丑条注文"六月二十四日"应为"六月二十六日"⑥。闰七月庚戌条注文"十二月二十一日，李章等责"中"一"应为"二"、"李章"应为"李璋"⑦；闰七月壬戌条注文"五月二十三日"应为"五月二十二日"⑧。八月末方田均税法注文中"七年三月二十三日"中第二个"三"应为"二"⑨。

熙宁六年五月丁巳条注文中"四月十三日张子瑾奏"中"十三日"应为"十二日"⑩。六月己丑条注文"七年二月二日并六月末"中"二"当为"五"⑪。七月己未条注文"六月三日"应为"六月四日"⑫。十二月丁亥条注文中"八月二十二日沈括云云"，其中第二个"二"经查对后应为"一"⑬。十二月癸巳条注文"明年二月二十七日张谔减定税额"中"二月"应为"三月"⑭。

熙宁七年正月庚戌条注文"五月十七日卫端之得罪"中"七"应为"三"⑮。三月庚子条注文中"八年十二月二十一日"中"一"应为"二"⑯；三月庚戌条注文

---

① ［宋］李焘：《长编》卷二二九，第5583页。
② ［宋］李焘：《长编》卷二三〇，第5588页。
③ ［宋］李焘：《长编》卷二三二，第5640页。
④ ［宋］李焘：《长编》卷二三四，第5674页。
⑤ ［宋］李焘：《长编》卷二三五，第5715页。
⑥ ［宋］李焘：《长编》卷二三五，第5718页。
⑦ ［宋］李焘：《长编》卷二三六，第5728页。
⑧ ［宋］李焘：《长编》卷二三六，第5743页。
⑨ ［宋］李焘：《长编》卷二三七，第5784页。
⑩ ［宋］李焘：《长编》卷二四五，第5954页。
⑪ ［宋］李焘：《长编》卷二四五，第5969页。
⑫ ［宋］李焘：《长编》卷二四六，第5983页。
⑬ ［宋］李焘：《长编》卷二四八，第6061页。
⑭ ［宋］李焘：《长编》卷二四八，第6062页。
⑮ ［宋］李焘：《长编》卷二四九，第6069页。
⑯ ［宋］李焘：《长编》卷二五一，第6109页。

中"已附五年十二月三日"中"三"应为"五"①。五月甲子条注文俞充"次职任，在七月十八日"中"八"应为"九"②。七月癸亥条注文中"行手实法在七年十月十九日"中"十月"应为"七月"③。九月甲寅条注文中"元丰六年二月戊申"中"戊申"应为"辛亥"④；九月辛酉条注文中两处"二十二日"皆应为"二十三日"⑤。十一月丙午条注文中"初十日"应为"初七日"⑥。

熙宁八年二月庚午条注中"明年八月庚子卒"中"庚子"应为"壬寅"⑦；二月癸酉条注文末尾"见二月十七日"中"二月"应为"正月"⑧。四月丙寅条注文"王安石六年十一日戊午对语"中"日"应为"月"，"今附注在四月五日丙申雄州移牒涿州下"中"四月"应为"闰四月"⑨；四月戊寅条注文"在十年十二月二十一日甲申"中"十年"应为"七年"，"四月七日"应为"四月十七日"⑩。五月甲子条注文中"闰月十一日"应为"闰月十二日"⑪；五月壬申条注文中"五月十日"应为"五月十八日"⑫；五月甲戌条注文"熙宁八年十四日"恐应为"熙宁八年五月十四日"，"三月十四日御札"应为"五月十四日御札"⑬；五月丙子条注文中"在四月二十六日"应为"在闰四月二十六日"⑭；五月丁丑条注文中"并《日录》……又二十三日"，但在本页前文出现时作"二十一日"，应出异同校⑮；五月丙戌条注文中"六年六月十九日"应为"七年六月十五日"，且"转官"后应改为句号，因其后"七月九日权发副"所指为八年事⑯。六月丙午条注文中"闰四月乙未"当为

---

① ［宋］李焘：《长编》卷二五一，第6115页。
② ［宋］李焘：《长编》卷二五三，第6200页。
③ ［宋］李焘：《长编》卷二五四，第6227页。
④ ［宋］李焘：《长编》卷二五六，第6260页。
⑤ ［宋］李焘：《长编》卷二五六，第6263页。
⑥ ［宋］李焘：《长编》卷二五八，第6290页。
⑦ ［宋］李焘：《长编》卷二六〇，第6334页。
⑧ ［宋］李焘：《长编》卷二六〇，第6338页。
⑨ ［宋］李焘：《长编》卷二六二，第6384、6386页。
⑩ ［宋］李焘：《长编》卷二六二，第6401页。
⑪ ［宋］李焘：《长编》卷二六四，第6458页。
⑫ ［宋］李焘：《长编》卷二六四，第6463页。
⑬ ［宋］李焘：《长编》卷二六四，第6464、6465页。
⑭ ［宋］李焘：《长编》卷二六四，第6469页。
⑮ ［宋］李焘：《长编》卷二六四，第6473页。
⑯ ［宋］李焘：《长编》卷二六四，第6478页。

"闰四月甲午"①。七月癸亥条注文中"九年十月十八日"应为"九年十月二十八日"②;七月己巳条注文中"七年六月十九日……并九月十二日,吕惠卿云云"应为"七年六月十五日……并九月二十六日",且其后之逗号应删去③;七月戊寅条注文中"九年十二月"应为"九年十一月"④。八月癸巳条注文中"七年二月末"应为"八年二月末"⑤;八月乙巳条注文中"十一月十四日"应为"十月十四日"⑥;八月壬子条注文中"元丰二年正月六日"应为"元丰三年正月九日"⑦。九月癸酉条注文"正月五日中书云云",查此日无此事⑧。十月辛丑条注文中"七年正月七日"应为"七年五月七日"⑨。

熙宁九年正月癸亥条注文中"十二月二十六日"应为"十二月二十四日"⑩;正月甲申条注文中两处"正月十九日乙未"皆当为"正月十九日甲午","七年六月一十六日"应为"七年六月二十六日"⑪。二月戊子条注文中有"熙宁三年二月乙巳",查该月无此日⑫;二月庚寅条注文中"正月二十二日"应为"正月二十三日"⑬;二月癸丑条、四月丁亥条、七月丙子条、九月己巳条注文中"六月二十五日"应为"六月二十六日"⑭。三月己巳条注文中"本年九月三日"应为"八年九月三日"⑮。四月戊子条注文中"十年正月"应为"十年二月"⑯;四月戊戌条注文中"八年七月二十二日"应为"八年七月二十一日"⑰;四月甲辰条注文中

---

① [宋]李焘:《长编》卷二六五,第 6487 页。
② [宋]李焘:《长编》卷二六六,第 6522 页。
③ [宋]李焘:《长编》卷二六六,第 6523 页。
④ [宋]李焘:《长编》卷二六六,第 6528 页。
⑤ [宋]李焘:《长编》卷二六七,第 6543 页。
⑥ [宋]李焘:《长编》卷二六七,第 6550 页。
⑦ [宋]李焘:《长编》卷二六七,第 6553 页。
⑧ [宋]李焘:《长编》卷二六八,第 6569 页。
⑨ [宋]李焘:《长编》卷二六九,第 6601 页。
⑩ [宋]李焘:《长编》卷二七二,第 6657 页。
⑪ [宋]李焘:《长编》卷二七二,第 6667、6668 页。
⑫ [宋]李焘:《长编》卷二七三,第 6676 页。
⑬ [宋]李焘:《长编》卷二七三,第 6677 页。
⑭ [宋]李焘:《长编》卷二七三、二七四、二七七,第 6688、6701、6771、6783 页。
⑮ [宋]李焘:《长编》卷二七三,第 6692 页。
⑯ [宋]李焘:《长编》卷二七四,第 6702 页。
⑰ [宋]李焘:《长编》卷二七四,第 6707 页。

"六月八日事"应出异文校,因此书彼处提及时作"六月六日"①;四月戊申条注文中"余延庆"应为"蔡延庆"②。五月末条注文中"八月二十八日"应为"八月二十七日"③。六月辛丑条注文中"七月十七日"当作"七月十五日"④;六月己酉条注文中"四月一日"当作"四月二日"⑤。七月己巳条注文中"十一月二十一日"当为"十月二十一日"⑥。八月壬子条注文中"七年七月九日、九月七日,八年八月十九日"应为"七年七月九日,八年六月十九日、九月七日"⑦。十月戊子条注文中"十月二十一日"应为"十年二月一日"⑧;十月己丑条注文中"七年十二月十一日中书检会云八年十一月二十二日诏"应为"七年十二月十一日中书检会云,八年十一月二十三日诏"⑨;十月庚寅条注文中"明年正月十七日"应为"明年正月十八日"⑩;十月丁酉条注文中"九月未"当作"九月末"⑪。十一月癸丑条注文中"今刊新本"恐应为"今依新本"⑫;十一月乙卯条注文中"十月二十七日"应为"十月二十八日"⑬;十一月癸亥条注文中"二月二十五日"应为"二月二十七日",且"条上"后应加句号⑭;十一月壬午条注文"今年十一月二十日事"中"二"应为"三"⑮。十二月癸未条注文中"十一月癸未朔"应为"十一月癸丑朔"⑯;十二月癸巳条注文中"十二月十二日"应为"十二月十一日"⑰;十二月辛丑条注文中"八年十一月十三日"应为"八年十二月十三日"⑱;十二月庚戌条注

---

① [宋]李焘:《长编》卷二七四、二七六,第 6709、6741 页。
② [宋]李焘:《长编》卷二七四,第 6712 页。
③ [宋]李焘:《长编》卷二七五,第 6736 页。
④ [宋]李焘:《长编》卷二七六,第 6749 页。
⑤ [宋]李焘:《长编》卷二七六,第 6752 页。
⑥ [宋]李焘:《长编》卷二七七,第 6771 页。
⑦ [宋]李焘:《长编》卷二七七,第 6780 页。
⑧ [宋]李焘:《长编》卷二七八,第 6795 页。
⑨ [宋]李焘:《长编》卷二七八,第 6796 页。
⑩ [宋]李焘:《长编》卷二七八,第 6797 页。
⑪ [宋]李焘:《长编》卷二七八,第 6800 页。
⑫ [宋]李焘:《长编》卷二七九,第 6819 页。
⑬ [宋]李焘:《长编》卷二七九,第 6819 页。
⑭ [宋]李焘:《长编》卷二七九,第 6821 页。
⑮ [宋]李焘:《长编》卷二七九,第 6827 页。
⑯ [宋]李焘:《长编》卷二七九,第 6829 页。
⑰ [宋]李焘:《长编》卷二七九,第 6833 页。
⑱ [宋]李焘:《长编》卷二七九,第 6843 页。

文"冷鸡朴已见五月十二日"中"二"应为"三"①。

熙宁十年正月己巳条注文中"去年十月六日"应为"去年十月七日"②。二月壬午条注文"今年五月十二日又言"中"五"应为"正"③;二月壬寅条注文中"十一日事"应为"二十一日事"④;二月戊申条注文中"每席毋减十千"应为"每席减十千"⑤;二月戊申条注文中"十年正月"应为"十年二月"⑥。三月丙寅条注文中两处"二月二十六日"均应为"二月二十七日","七年四月"应为"九年四月"⑦。四月甲申条注文中"二十六日"应为"二十七日"⑧;四月辛卯、癸卯条注文中"二月二十八日"皆应为"二月二十七日"⑨;四月丁未条注文中"十二月十二日"应为"十二月十一日"⑩。五月癸亥条注文"八年十月十二日"中"二"应为"三"⑪;五月辛未条注文中"当考六月五日及遣彭保"应为"当考。六月五日又遣彭保"⑫;五月乙亥条注文中"三月九日"应为"三月十一日"⑬。六月辛丑条注文"复除减年"中"复"字应标专名线,因其所指为"燕复"其人⑭。七月乙丑条注文中"二十八日"应为"二十六日"⑮;七月壬申条注文中"并十月三日"应为"并十月十三日"⑯。九月壬子条注文"明年八月二十四日"中"四"应为"五"⑰;九月辛酉条注文中"八年八月"应为"八年二月"⑱;九月乙丑条注文中"熙宁元

---

① [宋]李焘:《长编》卷二七九,第6846页。
② [宋]李焘:《长编》卷二八〇,第6853页。
③ [宋]李焘:《长编》卷二八〇,第6859页。
④ [宋]李焘:《长编》卷二八〇,第6867页。
⑤ [宋]李焘:《长编》卷二八〇,第6873页。
⑥ [宋]李焘:《长编》卷二八〇,第6874页。
⑦ [宋]李焘:《长编》卷二八一,第6885页。
⑧ [宋]李焘:《长编》卷二八一,第6890页。
⑨ [宋]李焘:《长编》卷二八一,第6891、6895页。
⑩ [宋]李焘:《长编》卷二八一,第6897页。
⑪ [宋]李焘:《长编》卷二八二,第6906页。
⑫ [宋]李焘:《长编》卷二八二,第6918页。
⑬ [宋]李焘:《长编》卷二八二,第6918页。
⑭ [宋]李焘:《长编》卷二八三,第6927页。
⑮ [宋]李焘:《长编》卷二八三,第6937页。
⑯ [宋]李焘:《长编》卷二八三,第6939页。
⑰ [宋]李焘:《长编》卷二八四,第6959页。
⑱ [宋]李焘:《长编》卷二八四,第6961页。

年十二月十四日"应为"熙宁九年十二月十四日"①;该日俞充事条注文、十二月辛巳条注文中"十月十四日"应为"十月十三日"②。十二月甲午条注文中"明年二月戊午"应为"明年正月戊午"③。

以上问题为个人翻检发现者,所列应非全部。这些错误的出现,有可能是李焘编纂《长编》时因翻检或推算疏忽而产生,也有可能是此书流传过程中产生的讹误,或兼而有之,再整理时似此之类的注文都应前后翻检予以推算、核查。

12. 卷二二五:熙宁四年七月丁酉条注文中引述"召陶《记闻》云:熙宁初,曾鲁公与余言:'近日妇人冠子太小,近乎服妖。'盖小官在上之谶。时多除京官为提举刑漕之职,鲁公故及之。后又有中允、通直为待制、三司,正言、承议为翰林、八座者,以此推之天下,盖岂偶然哉?"④

《长编》注文中所引"召陶《记闻》"仅此一见,此人亦不可考,《四库全书》底本亦作"召"⑤。但其中记载之"曾鲁公"为曾公亮,曾居于宰相之位,该《记闻》作者既然能与之谈话,则其非普通人可断言。查《长编》数次引名为"陶"之人所作《记闻》时作者为吕陶,如元祐改元时"吕陶《记闻》云:元祐之政……朝士善谑乃云:'岂独法令然,至于年号,亦对钩矣'"⑥。而文渊阁《四库全书》本"召"正作"吕"⑦,应为馆臣据理校而改,点校本应据此校改,或出异文校说明。

13. 卷二二七:熙宁四年十月庚申,"祠部郎中、权陕西转运副使赵瞻知泾州。同列欲更置漕事,与瞻议不合,故有是命。既而瞻所议与事相应,乃复以瞻为转运副使",后有注文云"此据《范百禄墓志》。《范祖禹墓碑》所称同列,未详姓名,当考"⑧。

---

① [宋]李焘:《长编》卷二八四,第6963页。
② [宋]李焘:《长编》卷二八四、二八六,第6964、6994页。
③ [宋]李焘:《长编》卷二八六,第6999页。
④ [宋]李焘:《长编》卷二二五,第5478页。
⑤ [宋]李焘:《长编》卷二二五,影印《四库全书》底本,第22册,第12577页。
⑥ [宋]李焘:《长编》卷三六四,元祐元年正月庚寅,第8697页。
⑦ [宋]李焘:《长编》卷二二五,《景印文渊阁四库全书》第317册,第710页。
⑧ [宋]李焘:《长编》卷二二七,第5525页。

在"范百禄墓志"与"范祖禹墓碑"中都存有赵瞻事,显得不太符合常理。范祖禹文集中有《同知枢密院赵公神道碑铭》,其中记赵瞻"出为陕西路转运副使。同列欲更置运事,与公议异,除公知泾州"①,即为李焘所引"范祖禹墓碑"中所称之"同列"事,故"范祖禹墓碑"意为范祖禹所撰的《赵瞻神道碑铭》,故这五个字应标点为"范祖禹《墓碑》",且"范祖禹"应标专名线,而不能连标书名线。范百禄文集已经佚失,但"范百禄墓志"极有可能所指亦为范百禄所撰写的《赵瞻墓志》。

14. 卷二二七:熙宁四年十月庚申,"利州路转运判官、屯田郎中鲜于侁权发遣转运副使。初,诏诸路监司各定助役钱数,转运使李瑜欲定四十万,侁以为本路民贫,二十万足矣,与瑜议不合,各具利害奏上,帝是侁议,因以为诸路率,仍罢瑜,而侁有是命",后有注文"本传云即罢瑜,盖因《范镇墓铭》"②。

此处"本传"当是指《哲宗正史》中的《鲜于侁传》,但按照点校者所标,其中内容竟沿袭自《范镇墓铭》,有违背常理之处。查范镇撰写有《鲜于谏议侁墓志铭》,其中提及"是时初作青苗、助役法,诸路监司各定所部役钱,转运使李瑜欲定四十万,公以为利路民贫,定二十万,而与瑜议不合,各具奏以闻,上从公议,以为诸路率,罢瑜而以公为转运副使"③,与本传记述一致。故"范镇墓铭"所指为范镇所撰写的《鲜于侁墓志铭》,正确标点应为"范镇《墓铭》","范镇"二字应标专名线。《长编》中其他各处似这样的标点也应予以检视。

15. 卷二二八:熙宁四年十二月壬申条内载"祖宗旧制,后殿引公事,则军头引见司、皇城司、殿前司三司祇应……引见司兵遂废矣",后有注文"此据李复珪《记闻》"④。

该条注文浙江书局本同⑤,《四库全书》底本、文渊阁《四库全书》本皆作"此

---

① [宋]范祖禹撰,贾二强、高叶青、焦杰点校:《太史范公文集》卷四一,北京:北京大学出版社,2014年,第557页。
② [宋]李焘:《长编》卷二二七,第5525—5526页。
③ [宋]杜大珪撰,洪业等编纂:《琬琰集删存》卷二,上海:上海古籍出版社,1990年,第210页。
④ [宋]李焘:《长编》卷二二八,第5559页。
⑤ [宋]李焘:《长编》卷二二八,影印浙江书局本,第2131页。

据李复圭《记闻》"①。综合全书来看,此书作者名字应为李复圭,底本已误,点校本沿袭未改。另该书名字在《长编》注文中多作《记闻》,少数作《纪闻》,如"李复圭《纪闻》云:熙宁中,并南省二十四司,判都省者兼户、度、金、仓、工、屯、虞、水八曹,其他皆首曹兼领,吏部兼南曹、格式,是仆射、尚书兼领郎中、员外之事。文昌之制扫地尽矣"②。浙江书局本、《四库全书》底本、文渊阁《四库全书》本皆作"《纪闻》"③。查《直斋书录解题》载"《纪闻》一卷。集贤殿修撰李复圭审言撰。淑之子也"④。程大昌所引《长编》之注文中及彭百川书中此书亦作"纪闻"⑤,则此书名字或当以"纪闻"为正。虽然"记""纪"容易混用,但《长编》整理时全书应予以统一。此外,熙宁五年九月丙午条注文中说李复圭"奏乞通注,据《复圭纪闻》,附见,当考"⑥。"复圭纪闻"四字连标书名线,则是将其作为书名,恐应改为"复圭"标专名线,而"纪闻"标书名线,且其后之逗号应删去。《长编》该部分对于同时出现作者与书名之处标点颇不统一,典型者如司马光《涑水记闻》简称后的"司马记闻"与"林希野史",有的四字连标书名线,有的则仅仅将"记闻""野史"标书名线而"司马""林希"标专名线,对此应予以统一。

16. 卷二三〇:熙宁五年二月癸亥,"东作房副使张恭礼、石得一为皇城副使,依旧带御器械……以上幸东宫,念藩邸旧僚,特推恩也"⑦。

"东作房副使",浙江书局本、《四库全书》底本、文渊阁《四库全书》本皆同⑧,

---

① 〔宋〕李焘:《长编》卷二二八,影印《四库全书》底本,第 23 册,第 12756 页;《景印文渊阁四库全书》第 317 册,第 755 页。
② 〔宋〕李焘:《长编》卷二三五,熙宁五年七月,第 5721 页。
③ 〔宋〕李焘:《长编》卷二三五,影印浙江书局本,第 2197 页;《长编》卷二三五,影印《四库全书》底本,第 23 册,第 13145 页;《景印文渊阁四库全书》第 318 册,第 33 页。
④ 〔宋〕陈振孙撰,顾美华、徐小蛮点校:《直斋书录解题》卷一一《小说家类》,上海:上海古籍出版社,2015 年,第 328—329 页。
⑤ 〔宋〕程大昌,许沛藻、刘宇整理:《演繁录续集》卷一《殿试不落人》,《全宋笔记》第 4 编第 9 册,郑州:大象出版社,2008 年,第 168 页;〔宋〕彭百川:《太平治迹统类》卷二八《祖宗科举取人》,《丛书集成续编》影印《适园丛书》本,台北:新文丰出版公司,1989 年,第 275 册,第 668 页。
⑥ 〔宋〕李焘:《长编》卷二三八,第 5786 页。
⑦ 〔宋〕李焘:《长编》卷二三〇,第 5593 页。
⑧ 〔宋〕李焘:《长编》卷二三〇,影印浙江书局本,第 2144 页;影印《四库全书》底本,第 23 册,第 12833 页;《景印文渊阁四库全书》第 317 册,第 775 页。

但北宋无这一官职。《宋史·职官志》叙述诸司使副序迁处有阙文①,查《职官分纪》有"东西作坊使副使"条②,《长编》本书亦载熙宁三年六月丁亥"遣中使,降南作坊地图付三司,令计度修盖……遣中人即北作坊规度,而并北作坊于其南,其后又改南、北作坊为东、西,其使、副名额亦如之"③,则上述官职"房"应改为"坊"。

17. 卷二三二:熙宁五年四月壬子,"先是,中书言:'准治平四年闰三月敕,迁僖祖庙主藏之夹室。……'诏答曰:'庙祧之序,盖有典彝……宜依所请施行'",后有注文"中书以二月八日戊子奏,诏以四月三日壬子答,今并附壬子日"④。

"二月八日戊子",《四库全书》底本、文渊阁《四库全书》本皆同⑤。但该年二月辛亥朔,八日为戊午;三月辛巳朔,八日为戊子,则上述"二月"或"戊子"有误。《宋朝诸臣奏议》载录王安石《上神宗议僖祖祧迁》,后有注文云"熙宁五年三月八日上,时为平章事"⑥;熙宁六年正月"辛亥,诏奉僖祖为太庙始祖,迁顺祖神主藏夹室"记事后注文也说"中书以五年三月八日戊子建议"⑦;《宋会要辑稿》《群书考索》记载此事也为五年三月⑧,故上述"二月"应改为"三月"。

18. 卷二三二:熙宁五年四月丙寅,"王韶言:'招纳洮、河、武胜军一带蕃部鄂特凌等千余人,乞补都虞候、指挥使等职名,仍第给俸。'从之"⑨。

文渊阁《四库全书》本文字全同⑩,但"鄂特凌"似为四库馆臣所改译之名

---

① [元]脱脱等:《宋史》卷一六九《职官志九》,第4030页。
② [宋]孙逢吉:《职官分纪》卷四四,北京:中华书局,1988年,第820页。
③ [宋]李焘:《长编》卷二一二,第5160页。
④ [宋]李焘:《长编》卷二三二,第5628—5629页。
⑤ [宋]李焘:《长编》卷二三二,影印《四库全书》底本,第23册,第12917页;《景印文渊阁四库全书》第317册,第797页。
⑥ [宋]赵汝愚编:《宋朝诸臣奏议》卷八七,第941页。
⑦ [宋]李焘:《长编》卷二四二,第5891页。
⑧ 《宋会要辑稿》礼一五之三七,第850页;[宋]章汝愚:《群书考索》前集卷三〇《礼门·庙制类》,影印明正德刘洪慎独斋刊本,北京:书目文献出版社,1992年,第198页。
⑨ [宋]李焘:《长编》卷二三二,第5632页。
⑩ [宋]李焘:《长编》卷二三二,《景印文渊阁四库全书》第317册,第799页。

字,查《四库全书》底本,此名原作"阿塔令",墨笔圈去后旁边写以"鄂特凌"三字①,点校本此处应据此回改。另武胜军距离洮州、河州皆有一定距离,而该军就位于洮河附近,故"洮""河"二字不当点断。

19. 卷二三三:熙宁五年五月辛卯,诏:"北界多不循旧规,近颇生事,虑别蓄奸谋,可指挥河北、河东厚以钱帛募人深入刺候动静以闻。"而后在注文中录有《两朝誓书册》所载宋辽此番纠纷情况,并说"此诏称北界多不循旧规,盖指此等也,今附注本日"②。

"韶",《四库全书》底本、文渊阁《四库全书》本同③,此字标有专名线,当是点校者将其作人名理解。但"北界多不循旧规"为上述诏书中语,且此事与王韶等名为"韶"字之人无涉,故"韶"似为"诏"字之误,应予以改正或出疑似校予以说明。

20. 卷二三六:熙宁五年闰七月庚申,"诏缘界河巡检赵用追一官勒停……初,北人渔于界河,因劫界河司虎头船,用等擅纵兵过河追捕交射,越北界十余里,至焚其庐舍,拆取鱼梁网罟,夺其鱼船,北人以为言,命提点刑狱孔嗣初劾之,而有是责"④。

"孔嗣初",《四库全书》底本、文渊阁《四库全书》本同⑤。而熙宁五年五月辛巳、六年二月辛丑所记河北提点刑狱名字皆为孔嗣宗⑥,孔嗣初仅见于此,为误书,应据前后文改。另"北人以为言"中"北"字《四库全书》底本原作"虏",被圈去后旁边写"北"字,应予以回改。

21. 卷二三七:熙宁五年八月辛卯,诏:"陕西、河东诸路经略司,夏国进誓表,朝廷已降诏依庆元五年正月壬午誓诏施行,自令约束当

---

① [宋]李焘:《长编》卷二三二,影印《四库全书》底本,第23册,第12925页。
② [宋]李焘:《长编》卷二三三,第5654页。
③ [宋]李焘:《长编》卷二三三,影印《四库全书》底本,第23册,第12978页;《景印文渊阁四库全书》第317册,第812页。
④ [宋]李焘:《长编》卷二三六,第5739页。
⑤ [宋]李焘:《长编》卷二三六,影印《四库全书》底本,第23册,第13191页;《景印文渊阁四库全书》第318册,第45页。
⑥ [宋]李焘:《长编》卷二三三、二四二,第5646、5906页。

职官吏等各守疆场,无令侵掠,及不得收接逃来人口。"①

"庆元五年",《四库全书》底本、文渊阁《四库全书》本同②。但神宗熙宁年间诏书不可能引述南宋宁宗时期的誓诏。查《宋大诏令集》中收有《赐陕西河东经略使司诏》,经查对《长编》所载为该诏书节文,其中有"朝廷已降诏,并依庆历五年正月二十三日誓诏施行"③一句,而在另一份《赐夏国主给还绥州誓诏》中则说"一依庆历五年正月二十二日誓诏施行"④,作"二十三日"者仅见于此书卷二一四,其他各卷及他书提及者均为"二十二日"。庆历五年(1045)正月戊午朔,己卯为二十二日,庚辰为二十三日,壬午为二十五日。"二""三""五"形近易讹,但所指誓诏绝非庆元五年(1199)无疑,应是指庆历五年正月时宋夏议和所降誓诏,故上述"元"应改为"历","壬午"后应出校勘记予以说明。

22. 卷二三七:熙宁五年八月"乙未,诏:'内外待制以上及诸路转运使副判官、提点刑狱各举才行堪升擢官一员,中书审察,随材试用'",后有注文"下月二十八日,可考"⑤。

但九月二十八日并无记事。查该年十月癸卯"同知谏院张琥言:'乞令台谏、馆职及发运、转运副使判官、提点刑狱各举材行堪任升擢官一人。'从之",注文为"八月十九日可考"⑥。八月丁丑朔,乙未为十九日,则两者为互指。十月丙子朔,癸卯为二十八日,则上条注文"下月"应改为"十月"。十月癸卯条中"转运副使判官"参照上句恐应为"转运使副判官",否则意思变为职位低的转运副使、判官有荐举权而职位高的转运使则无;另该句中"升擢官"并非具体官职,则"任"字应为衍文。

23. 卷二三八:熙宁五年九月戊申,"诏陕西缘边蕃部地土许典

---

① [宋]李焘:《长编》卷二三七,第5768页。
② [宋]李焘:《长编》卷二三七,影印《四库全书》底本,第23册,第13264页;《景印文渊阁四库全书》第318册,第63页。
③ 司义祖整理:《宋大诏令集》卷二一四《保疆》,北京:中华书局,1962年,第815页。
④ 司义祖整理:《宋大诏令集》卷二三五《四裔八》,第916页。
⑤ [宋]李焘:《长编》卷二三七,第5771页。
⑥ [宋]李焘:《长编》卷二三九,第5822页。

卖租赁",后有注文"六年五月二十九日,汉户听典卖夷人田"①。

《四库全书》底本、文渊阁《四库全书》本文字同②。六年五月辛未条载"诏自今汉户典买夷人田土者,听之"③。该月癸卯朔,辛未为二十九日,两条为互指。此外,六年九月戊辰条载"察访梓夔路常平等事熊本言:'近制,汉户典买蕃人田土者听'",注文中说"今年五月二十九日,又听典买蕃人田土"④。参照三处叙述,总体意思为打破之前少数民族不能将土地卖给汉族的交易限制,则上条注文中"听典卖"应改为"听典买"。此外,五月辛未条注文中有"五年九月三日,初诏陕西缘边蕃部土地许典买租赁",九月戊辰条注文中说"五年九月三日,诏陕西缘边蕃部土地许典买租赁"⑤,则两处"典买"都应改为"典卖",因其主语为缘边蕃部。

24. 卷二三九:熙宁五年十月"甲申,引进副使、带御器械高遵裕为西上阁门使,荣州刺史,入内供奉官李宪为礼宾副使……以收复镇洮军之劳也"⑥。

此处标点有误。一是北宋此时无以诸司副使为遥郡刺史者,既然为赏功,则李宪不当由遥郡刺史降为礼宾副使。一是六年四月乙亥,"环庆路勾当公事、入内东头供奉官李宪为东染院使、遥郡刺史、勾当御药院"⑦,至此他方为遥郡刺史;五年十月戊戌,《长编》又记载"西上阁门使、荣州刺史高遵裕知通远军兼权熙河路总管"⑧,则此处荣州刺史应为高遵裕官职,故上句标点应为"引进副使、带御器械高遵裕为西上阁门使、荣州刺史,入内供奉官李宪为礼宾副使"。

25. 卷二四四:熙宁六年四月庚子,"诏降敕书奖谕权泾原路钤辖黄琮、河北缘边安抚副使刘升卿,以尝荐苗授可为主兵官,而授将

---

① [宋]李焘:《长编》卷二三八,第5793页。
② [宋]李焘:《长编》卷二三八,影印《四库全书》底本,第24册,第13322页;《景印文渊阁四库全书》第318册,第79页。
③ [宋]李焘:《长编》卷二四五,第5963页。
④ [宋]李焘:《长编》卷二四七,第6016页。
⑤ [宋]李焘:《长编》卷二四五、二四七,第5963、6016页。
⑥ [宋]李焘:《长编》卷二三九,第5809页。
⑦ [宋]李焘:《长编》卷二四四,第5930页。
⑧ [宋]李焘:《长编》卷二三九,第5819页。

先锋下河州城及救香子城,斩首四千余级故也",注文为"三月四日可考"。整理者在"刘升卿"后出有校勘记云:"本书卷二四三熙宁六年三月丁未条李焘注作'刘舜卿'。据《宋会要·职官》四一之七九,景德三年置河北沿边安抚使,以雄州知州充,又有副使,以诸司副使以上充。《宋史》卷三四九《刘舜卿传》载,刘舜卿曾在神宗时以西上阁门使知雄州六年。疑此处'刘升卿'当作'刘舜卿'。"①

除此之外,李焘还在另一处提及此事,即熙宁七年十月戊辰条改变荐举边臣制度后的注文中说"六年四月二十七日,诏奖黄琼、刘舜卿"②,所指正为六年四月庚子条记载,因此月甲戌朔,庚子为二十七日,故上条中"刘升卿"可依据六年三月四日及七年十月四日两条注文改为"刘舜卿"。

26. 卷二四五:熙宁六年五月丙午,"东上阁门使、河州刺史、知德顺军景思立知河州,西京左藏库使苗授知德顺军,专管辖泾原正兵、弓箭手,策应熙河、泾原路,都监王宁副之"③。

此处标点有误。策应熙河路事原由景思立承担,此即"诏泾原路经略司简发镇戎、德顺军第一等弓箭手五千、并景思立所管第六将下正兵一千,准备策应熙河路。以思立向所部兵少,而熙河方图进取,故命济师"④,此次改由苗授负责。德顺军本就属于泾原路,则他不当再率军策应本路。而王宁则为泾原路将领,宋神宗即说"泾原人精勇,故虽王宁庸将亦能克获"⑤,故上句标点应改为"西京左藏库使苗授知德顺军,专管辖泾原正兵、弓箭手策应熙河,泾原路都监王宁副之"。

27. 卷二四七:熙宁六年十月庚辰条载"初,王韶既城河州,独将兵至马练川,降瞎吴叱……斩首三千余级,获牛羊马以数万计",后有注文《吕惠卿墓志》云:于是西直黄河,南通巴蜀,北接皋兰,幅员逾

---

① [宋]李焘:《长编》卷二四四,第5946—5948页。
② [宋]李焘:《长编》卷二五七,第6270页。
③ [宋]李焘:《长编》卷二四五,第5949—5950页。
④ [宋]李焘:《长编》卷二四〇,熙宁五年十一月丙辰,第5826页。
⑤ [宋]李焘:《长编》卷二四四,熙宁六年四月己亥,第5945页。

三千里。当考。惠卿志韶墓,《国史》多因之"①。

此处注文标点有误。吕惠卿此时任检正中书五房公事、判军器监②,与王韶开边无涉,他的墓志中怎会记载后者的功绩。注文中说"惠卿志韶墓",则王韶墓志为吕惠卿所写,故上述"吕惠卿墓志"是指吕惠卿所写的《王韶墓志》,则五字标点应改为"吕惠卿《墓志》",其中"吕惠卿"应标专名线。又该段后云"盖洮、岷、迭、宕连青唐玛尔巴山",据《四库全书》底本,"玛尔巴"原作"抹邦",被墨笔圈去,旁写"玛尔巴"三字③,文渊阁《四库全书本》即作"玛尔巴"④,则此为四库馆臣讳改,应据以回改⑤。此外,哲宗绍圣四年(1097)五月乙亥"熙河兰岷路经略安抚、陕西路转运司言:'岷州钱监自来应副六路用兵支费……兼河亦有古道,可以修治,安置递铺,直至熙河北玛尔巴山等路。一自岷州城外装船,于洮河内驾放般载钱物,至中路上衬,地名噶勒斡,河水湍急'"⑥。"玛尔巴""噶勒斡",《四库全书》底本原作"抹邦""渴落呎"⑦,皆被墨笔圈去,改译为上述文字,都应据以回改。

28. 卷二四七:熙宁六年十月戊戌,"诏通判河州、太常博士李山甫送审官东院,与监当。坐遍与执政书,饰言边事蔽覆,河州官兵违节制杀降故也"⑧。

此处标点不当,因其中"饰言边事蔽覆"一句难以理解,应改为"坐遍与执政书饰言边事,蔽覆河州官兵违节制杀降故也",是指他试图掩盖本卷十月庚午条所记宋军杀河州投降蕃部事⑨。

29. 卷二四八:熙宁六年十一月"庚申,王韶遣本令征、固云沁巴

---

① [宋]李焘:《长编》卷二四七,第6022页。
② [宋]李焘:《长编》卷二四六,熙宁六年七月甲子、八月庚寅,第5983、5995页。
③ [宋]李焘:《长编》卷二四七,影印《四库全书》底本,第24册,第13863页。
④ [宋]李焘:《长编》卷二四七,《景印文渊阁四库全书》第318册,第217页。
⑤ 梁太济先生已经据《长编纪事本末》指出此点,见《〈长编〉点校本译名回改中存在的问题》,《唐宋历史文献研究丛稿》,第116页,此处当作补充以该证据。
⑥ [宋]李焘:《长编》卷四八八,第11589页。
⑦ [宋]李焘:《长编》卷四八八,影印《四库全书》底本,第47册,第27099—27100页。
⑧ [宋]李焘:《长编》卷二四七,第6032—6033页。
⑨ [宋]李焘:《长编》卷二四七,第6018页。

诣阙,皆岷州归顺首领也"①。

查《四库全书》底本,"令征"被墨笔勾去,旁写以"琳沁"二字,"固云沁巴"原为"郭郢成巴",同样被勾去加以改译②,则后者应据以回改。

30. 卷二四八:熙宁六年十一月庚申,"上批:'义勇、保甲条,近曾孝宽等相度河州一路利害,参议立定。其陕西诸路……恐司农寺、兵部等处行遣差误,可令具析自承指挥后行遣次第以闻'"③。

"河州一路",《四库全书》底本、文渊阁《四库全书》本同④。但熙河路此时初创未久,未行义勇、保甲法,陕西因政令传达问题也只有泾原一路施行,还被神宗追究责任,此即本月戊午所载"上批:'陕西义勇未曾排定,近降新法未该行使,今泾原路已如此行使,可令经略司分析具奏'"⑤。查五年闰七月"乙丑,遣起居舍人、史馆修撰兼枢密都承旨曾孝宽,太子中允、权发遣提点开封府界诸县镇公事赵子几,往河东路察访义勇利害及体量官吏措置常平等不如法事"⑥,虽然六年正月辛亥再以"龙图阁待制兼枢密都承旨、同群牧使曾孝宽为河北路察访使"⑦,但所负责的已非义勇事,故上述"河州一路"应为"河东一路"之误。

31. 卷二五○:熙宁七年二月己巳,王韶"议筑赞纳克城,须兵三万,上令韶兼四路制置粮草"⑧。

"赞纳克",《四库全书》底本原作"挼南",被墨笔勾去后,旁写以"赞纳克"⑨。该年十二月丁卯,"观文殿学士、兼端明殿学士、龙图阁学士、礼部侍郎、知熙州王韶为枢密副使。初,韶建议城挼南,诏罢之……",注文为"罢城挼南,

---

① [宋]李焘:《长编》卷二四八,第6047页。
② [宋]李焘:《长编》卷二四八,影印《四库全书》底本,第25册,第13918页。
③ [宋]李焘:《长编》卷二四八,第6048页。
④ [宋]李焘:《长编》卷二四八,影印《四库全书》底本,第25册,第13918页;《景印文渊阁四库全书》第318册,第230页。
⑤ [宋]李焘:《长编》卷二四八,第6045页。
⑥ [宋]李焘:《长编》卷二三六,第5745—5746页。
⑦ [宋]李焘:《长编》卷二四二,第5891页。
⑧ [宋]李焘:《长编》卷二五○,第6080页。
⑨ [宋]李焘:《长编》卷二五○,影印《四库全书》底本,第25册,第13996页。

据吕惠卿志韶墓"①。其中两处"捣南",浙江书局本及《四库全书》底本皆同②,而文渊阁《四库全书》本作"赞纳克"③,由此也可说明"捣南"确被改译为"赞纳克"。故上述二月己巳条所载应据以回改,本段下文、"王韶言"条及本月壬午条共计三处同。

32. 卷二五〇:熙宁七年二月己巳,"王韶言:'乞鄜延路、环庆路各差将官一员……一举修筑赞纳克城。'诏:'鄜延路差曲珍、环庆路差林度……候见王韶移文起发。秦凤路万人,减二千,其将官令王韶以名闻上'"④。

"林度"仅见于此,捣南城"既为咽喉之地,西人必争,则须兵力首尾相援"⑤,则须选派得力将官前往,而环庆路将领中姓林且具有一定地位与战功者为林广,熙宁六年四月甲午所载他为环庆路钤辖⑥,七年七月甲辰,"诏熙河路破踏白城蕃部将官使臣……策先锋六宅使林广迁皇城使"⑦,故上述"林度"极有可能为"林广"之误,但浙江书局本、文渊阁《四库全书》本皆作"林度"⑧,《四库全书》底本此处阙文⑨,无本可校,只能存疑。另该段末尾之"上"字似为衍文,应删去。

33. 卷二五一:熙宁七年三月壬寅,"知酸枣县秘书丞王正辞巡检,内殿承制郭千并冲替。坐违法令保丁置衣装也"⑩。

---

① 〔宋〕李焘:《长编》卷二五八,第6293页。
② 〔宋〕李焘:《长编》卷二五八,影印浙江书局本,第2422页;影印《四库全书》底本,第26册,第14475页。
③ 〔宋〕李焘:《长编》卷二五八,《景印文渊阁四库全书》第318册,第374页。
④ 〔宋〕李焘:《长编》卷二五〇,第6081页。
⑤ 〔宋〕李焘:《长编》卷二五〇,第6081页。
⑥ 〔宋〕李焘:《长编》卷二四四,第5940页。
⑦ 〔宋〕李焘:《长编》卷二五四,第6220—6221页。
⑧ 〔宋〕李焘:《长编》卷二五〇,影印浙江书局本,第2341页;《景印文渊阁四库全书》第318册,第251页。
⑨ 熙宁七年二月己巳条中"又赐韶崇仁坊第一区、银绢二千,授其兄振奉礼郎、弟大理"后直至庚午条"颢等又言"前,影印《四库全书》底本皆无,共有四百余字之多,其中本有"振奉礼郎弟大理"七个字,"郎"误作"部",但皆经圈去,旁写以"云云"二字,〔宋〕李焘:《长编》卷二五〇,影印《四库全书》底本,第25册,第13998页。
⑩ 〔宋〕李焘:《长编》卷二五一,第6111页。

此处标点有误。"王正"标有专名线,意为他辞去巡检之职,但宋代的巡检"皆以材武大小使臣充"①,而王正辞为文官,不可能担任此职,郭千为武臣,巡检应为其官职,故此处标点应为"知酸枣县秘书丞王正辞、巡检内殿承制郭千并冲替",且"王正辞"应连标专名线。

34. 卷二五一:熙宁七年三月壬戌条注文为"元祐元年三月二十八日,罢提举熙河等弓箭营田蕃部司"②。

查元祐元年(1086)三月乙酉,"诏罢提举熙河等路弓箭手营田蕃部司"③。该月戊午朔,乙酉为二十八日,上文所指即为此条。故上条注文中"箭"字后应据以补"手"字,"等"字后应补"路"字,否则含义不够明晰。

35. 卷二五二:熙宁七年四月己卯,王韶"又言:'乞候诸处修筑保寨毕工,并兵讨荡朴家摩雅克族。'上批:'如韶所奏,即未有解兵之期。令韶再相度以闻。'至六月,朴家摩雅克族降"④。

查《四库全书》底本,两处"摩雅克"原均作"木耶"⑤,被墨笔勾去,旁写以"摩雅克"⑥。该月丁酉又载"鬼章等余众保踏白城西,朴摩雅克等族,去河州百余里"⑦,"朴摩雅克等族",《四库全书》底本原作"朴木耶家等族",被改译为"朴摩雅克家等族"⑧,但此处文字恐前后错位,应为"朴家木耶等族"。熙宁八年八月丁酉,"熙河路洮西安抚司言:'熟户摩雅克族麦熟宗哥引兵钞略,本司出兵千一百人防拓,经略司亦遣兵千人为声援。今讲珠城一带无事,兵并放还'"⑨,其中"木耶"也被改译为"摩雅克"⑩,则都应据以回改。另《长编》还记载"董毡

---

① [元]脱脱等:《宋史》卷一六七《职官志七》,第3982页。
② [宋]李焘:《长编》卷二五一,第6133页。
③ [宋]李焘:《长编》卷二七三,第9041页。
④ [宋]李焘:《长编》卷二五二,第6157页。
⑤ 参见谭强、杨浣:《中华本〈续资治通鉴长编〉民族语名勘误》,第427页。
⑥ [宋]李焘:《长编》卷二五二,影印《四库全书》底本,第25册,第14173页。
⑦ [宋]李焘:《长编》卷二五二,第6179页。
⑧ [宋]李焘:《长编》卷二五二,影印《四库全书》底本,第25册,第14228页。《景印文渊阁四库全书》第318册作"朴摩雅克家等族",第310页。
⑨ [宋]李焘:《长编》卷二六七,第6547页。
⑩ [宋]李焘:《长编》卷二六七,影印《四库全书》底本,第27册,第15053页。

将青宜结鬼章数扰河州属蕃,诱胁赵常朾家等三族"①,可见"朾家"为一族,则"木耶族"为另一族,则上述四月已卯条中两处"朾家"后都应加顿号。又熙宁六年八月"甲午,赐熙河路讨蕃部常家族及泾原路会合禁军等特支钱有差"②,则"常家"又为一独立族名,故上述"赵常朾家等三族"应标为"赵、常、朾家等三族"。此外,上述四月已卯条中"保寨"应为"堡寨"。

36. 卷二五二:熙宁七年四月乙酉,"王韶大破西蕃,木征降",注文中说"《纲要》云,筑坷诺城,西蕃首领降"。整理者于"首领降"后出有校勘记云:"'降'字原脱,据《治迹统类》卷一六《神宗开熙河》及上下文补。"③

该条校勘记存在问题。《纲要》所指为李焘之子李埴的《皇宋十朝纲要》,相关记述为"乙酉,筑坷诺城,西蕃首领木征降"④。该条注文极有可能为《永乐大典》编者所加,为避免前后重复,遂删去了"木征降"三字,《四库全书》底本、文渊阁《四库全书》本亦无此三字⑤,故该处应出校勘记予以说明,而不应据他书遽补"降"字。

37. 卷二五二:熙宁七年四月乙未,"诏三班差使、借差并殿侍犯罪断讫取补,授宣札批,所犯刑名,徒以上仍勒停;犯除名及永不收叙者,即追毁"⑥。

"补授"为宋代官制中常见名词,不当断开;"批"即批书之意,故此处标点有误,应改为"诏三班差使、借差并殿侍犯罪断讫,取补授宣札批所犯刑名",意为如果三班差使、借差和殿侍犯罪审判完成后,要取来他们当初任命时的宣札批书所犯罪名。

---

① [宋] 李焘:《长编》卷二五〇,熙宁七年二月甲申,第 6098 页。
② [宋] 李焘:《长编》卷二四六,第 5997 页。
③ [宋] 李焘:《长编》卷二五二,第 6160、6181 页。
④ [宋] 李埴撰,燕永成校正:《皇宋十朝纲要校正》卷一〇上,北京:中华书局,2013 年,第 293 页。
⑤ [宋] 李焘:《长编》卷二五二,影印《四库全书》底本,第 25 册,第 14178 页;《景印文渊阁四库全书》第 318 册,第 298 页。
⑥ [宋] 李焘:《长编》卷二五二,第 6178 页。

38. 卷二五三：熙宁七年五月己酉，"知熙州王韶言：'熙、河、岷州刍粮可支一岁……今边屯无甚警急，兵戍减彻，欲乞已贷者令纳外，自余米麦皆可罢籴。'上批：'依所奏，前期晓谕商人，截日往籴'"①。

"往籴"不可解，但《四库全书》底本、文渊阁《四库全书》本皆同②。王韶上奏说熙河路现今不太需要粮食，请求停止籴买，神宗同意后指示提前告知商人，则晓谕内容应为某天官府停止买粮，在这一语境中，宋人则用"住籴"一词，如元丰二年九月"丁丑，诏提举河北籴便粮草司按并边被水州县，如军食有备，权住籴"③，故上述"往籴"应改为"住籴"。

39. 卷二五三：熙宁七年五月"辛酉，判军器监、知制诰章惇兼直学士院，右正言。集贤校理、直舍人院许将，太常丞、集贤校理、直舍人院邓润甫，并免试为知制诰。润甫仍改右正言"④。

此处标点有误。章惇迁转前所记皆为其差遣，则迁转后不应附带其寄禄官，如此前后不对应；而《宋史·许将传》记载他"自太常丞当转博士，超改右正言；明日，直舍人院"⑤，则前一"右正言"应为许将的寄禄官；与之并列的邓润甫即首记其寄禄官并言其改右正言，正是为与许将对应，故上句标点应改为"判军器监、知制诰章惇兼直学士院。右正言、集贤校理、直舍人院许将"。

40. 卷二五四：熙宁七年六月"乙酉，皇第五子生，遣参知政事吕惠卿告于太庙"，注文为"名润"⑥。

"润"，《四库全书》底本同，文渊阁《四库全书》本作"倜"⑦。神宗诸子命名

---

① [宋]李焘：《长编》卷二五三，第6193页。
② [宋]李焘：《长编》卷二五三，影印《四库全书》底本，第25册，第14248页；《景印文渊阁四库全书》第318册，第316页。
③ [宋]李焘：《长编》卷三〇〇，第7301页。
④ [宋]李焘：《长编》卷二五三，第6198页。
⑤ [元]脱脱等：《宋史》卷三四三《许将传》，第10908页。
⑥ [宋]李焘：《长编》卷二五四，第6211页。
⑦ [宋]李焘：《长编》卷二五四，影印《四库全书》底本，第25册，第14289页；《景印文渊阁四库全书》第318册，第327页。

皆为单人旁字①,《长编》亦载该年九月"壬戌,赐皇第五子名佣"②。故上述"润"应改为"佣"。

41. 卷二五四：熙宁七年七月甲辰,"诏熙河路破踏白城蕃部将官使臣……先锋东上阁门使、达州团练使王君万迁引进使；皇城使、文州刺史韩存宝带御器械；策先锋六宅使林广迁皇城使；果州刺史、左肋阵右骐骥使盉可道,右肋阵左藏库使郝进,殿后姚兕,策殿后姚麟,并迁皇城使"③。

此处标点有误。按照整理者所标,则盉可道官职为"果州刺史、右骐骥使",但根据相关制度,皇城使方转遥郡刺史,"左藏、内藏、左右骐骥、宫苑使并转皇城使"④,亦即盉可道、郝进等属于常规升迁,而林广属于特转,且宋代称呼这样的武臣官职一般是诸司使名在前、遥郡在后,如上述王君万、韩存宝；此外,该处皆先标明他们在战阵中的位置,而后再载其官职,故上述"果州刺史"应为林广官职。上句标点应改为"策先锋六宅使林广迁皇城使、果州刺史；左肋阵右骐骥使盉可道、右肋阵左藏库使郝进、殿后姚兕、策殿后姚麟并迁皇城使"。

42. 卷二五五：熙宁七年八月"己巳,皇城副使、兼阁门通事舍人、知阶州刘昌祚为西京作坊使……赏讨阶州峯贴硖陇逋族蕃部之劳也。昌祚先为秦凤路都监,知甘谷城张诜将开边……即啸聚大罗苏木嘉族,攻焚峰贴硖寨"⑤。

此处标点有误。查张诜原为夔州路转运判官,后改任陕西转运副使⑥,级别已经比较高,不可能担任知甘谷城这样的职务,则该职务应为刘昌祚官职,故上句标点应改为"昌祚先为秦凤路都监、知甘谷城,张诜将开边"。"大罗苏木嘉族",整理者误标书名线,查《四库全书》底本,该族名原作"大落苏母家

---

① [元] 脱脱等：《宋史》卷二三三《宗室世系表一九》,第7726页。
② [宋] 李焘：《长编》卷二五六,第6264页。
③ [宋] 李焘：《长编》卷二五四,第6220—6221页。
④ [元] 脱脱等：《宋史》卷一六九《职官志九》,第4031页。
⑤ [宋] 李焘：《长编》卷二五五,第6231—6232页。
⑥ [元] 脱脱等：《宋史》卷三三一《张诜传》,第10649页。

族",后经馆臣改译①,应据以回改。

43. 卷二五五:熙宁七年八月己巳,诏:"淮南东路灾伤州军巡检、县尉,令本路监使不拘常制奏举,候丰岁如旧。"②

"监使",《四库全书》底本、文渊阁《四库全书》本皆作"监司"③,应据改。该月丁丑"知制诰章惇为辽国母生辰使,引进使、忠州团练使苗绶副之"④,"苗绶",《四库全书》底本、文渊阁《四库全书》本皆作"苗授"⑤,应据改。两处皆为沿袭底本之误⑥。

44. 卷二五五:熙宁七年八月"甲戌,诏岷州将官、皇城副使刘惟吉,领英州刺史、内藏库使孙真并为皇城使……赏讨荡岷州扰边蕃部之功也"⑦。

此处关于刘惟吉的官职记载有误。因本年二月庚午,"熙河路经略司言,岷州新复蕃部地有金、银、铜、锡苗脉,乞差左藏库使刘惟吉兼管银、铜坑冶。从之"⑧,则刘惟吉在二月时已为诸司使,不大可能又突然降为诸司副使之一的皇城副使,且诸司副使不带遥郡,极有可能他在二月后八月前又因功由左藏库使转为皇城使,此次加领英州刺史;而后者则由内藏库使转为皇城使,"并"字或为衍文,或为此内藏库使名字中一字。且二人同为将官,若刘惟吉为诸司副使,则他排名不大可能在诸司使、遥郡刺史前。因而,此处"副"字似应删去,标点也应改为"诏岷州将官皇城使刘惟吉领英州刺史,内藏库使孙真并为皇城使"。

45. 卷二五七:熙宁七年十月丙寅,"司农寺言:'今年四月乙巳,

---

① [宋]李焘:《长编》卷二五五,影印《四库全书》底本,第25册,第14333页。
② [宋]李焘:《长编》卷二五五,第6232页。
③ [宋]李焘:《长编》卷二五五,影印《四库全书》底本,第25册,第14333页;《景印文渊阁四库全书》第318册,第338页。
④ [宋]李焘:《长编》卷二五五,第6235页。
⑤ [宋]李焘:《长编》卷二五五,影印《四库全书》底本,第25册,第14342页;《景印文渊阁四库全书》第318册,第340页。
⑥ [宋]李焘:《长编》卷二五五,影印浙江书局本,第2398、2399页。
⑦ [宋]李焘:《长编》卷二五五,第6234页。
⑧ [宋]李焘:《长编》卷二五〇,第6082页。

诏灾伤路分见编排保甲、方田及造五等簿并权罢,候岁丰农隙取旨。……',从之"①。

该年四月戊辰朔,并无乙巳日,查该月己巳条载:"先是,手诏应灾伤路分,编排保甲、方田造簿、淤田及应有见差夫处并权罢,候农隙丰熟日别奏取旨。"②己巳为四月初二日,则十月丙寅条中"四月乙巳"应为"四月己巳",该条注文中所标"四月二日"亦可证明此点。

46. 卷二五八:熙宁七年十二月丁卯,赵思忠"母乞男继忠河州修廨舍,诏候下本路勘会。妻结施卒,乞增所受封邑,诏迁郡君。妻俞龙七乞巴鄂多尔济、巴勒索诺木与董谷一例官职,诏各迁一资。又乞各赐以名,乃赐巴鄂多尔济名忠、巴勒索诺木名毅"③。

整理者在"结施"旁标专名线,如此则意为赵思忠之妻卒,但人卒后又怎能请求增加封邑,故"结施卒"三字为赵思忠妻名字④,应连标专名线,这在此书卷二五四中即做如此处理⑤,"卒"后之逗号也应删去以防误解,且能与下句对应。又"巴鄂多尔济""巴勒索诺木",《四库全书》底本原作"包铎耳筲"与"巴苏南抹"⑥,应据以回改。

47. 卷二五八:熙宁七年十二月甲戌,"中书检会降官、降职、降差遣人取裁。诏……和州团练使、本州安置李师中移京东路州军安置"⑦。

此处所记李师中官职有误,因团练副使方作为贬降官职。该年五月戊戌,他因上言时政被贬官,所记即为"和州团练使",已被整理者改为"和州团练副使"⑧,则此处也应据改。

---

① [宋]李焘:《长编》卷二五七,第6269页。
② [宋]李焘:《长编》卷二五二,第6147页。
③ [宋]李焘:《长编》卷二五八,第6295页。
④ 《宋会要辑稿》蕃夷六之一一,第9913页。参见谭强、杨浣:《中华本〈续资治通鉴长编〉民族语名勘误》,第419页。
⑤ [宋]李焘:《长编》卷二五四,熙宁七年六月丁亥,第6212页。
⑥ [宋]李焘:《长编》卷二五八,影印《四库全书》底本,第26册,第14479页。
⑦ [宋]李焘:《长编》卷二五八,第6298—6299页。
⑧ [宋]李焘:《长编》卷二五三,第6188、6203页。

48. 卷二六〇：熙宁八年二月丙寅，"蕃官皇城使包顺子嘉卜卓补三班奉职，熙河经略司言其随父战龙公川有功也"①。

"嘉卜卓"，《四库全书》底本原作"结逋脚"②，应据以回改。该月"乙酉，以蕃官三班奉职长摩萨格为右侍禁，余为本族军主指挥使，迁资、赐绢有差。熙河路言，长摩萨格先为鬼章所略，既而闻宗哥首领溪鼎谙邦复欲入寇，率所部邀击有功，故赏之"③。第一个"长摩萨格"，《四库全书》底本原作"常抹厮鸡"，第二个原作"厮鸡"；"溪鼎谙邦"原作"溪丁俺班"④，都应据以回改。"军主""指挥使"之间也应加顿号，因其为不同的蕃官职衔。该月辛卯，"鄜延路蕃部凌啰策木多、伊克沁威值岁饥走外界，会赦，法当斩"⑤。"凌啰策木多、伊克沁威"，《四库全书》底本原作"唛啰吃多怡成嵬"⑥，应据以回改，且此应为一个人的名字，不当点断。

49. 卷二六〇：熙宁八年二月甲申条注文中引述"王安石八年四月三日《日录》：安石论给田募役有十余害，上曰：'苟如此，初何以有此议？议者必有所利。'翌日……安石曰：'只以田募弓箭手，已不如募弓手之便。弓箭手虽选强壮，然即敢足于一家……。'上乃令废以田募役法"⑦。

该年四月癸酉条亦载有该段文字，注文言所据为《实录》，当是由王安石等所修《时政记》而来，与上述《日录》文字差异极小。此处"必有""即敢"，彼处作"必言""即取"⑧，文字显然优长，整理者虽取以校，但这两处却未列异文校。

50. 卷二六一：熙宁八年三月丁巳，诏："闻诸路寄招兵士发遣赴京，道路饥死者众，其令所过州县遇有追同行人不及者，日食别给，小

---

① [宋]李焘：《长编》卷二六〇，第6332页。
② [宋]李焘：《长编》卷二六〇，影印《四库全书》底本，第26册，第14559页。
③ [宋]李焘：《长编》卷二六〇，第6345页。
④ [宋]李焘：《长编》卷二六〇，影印《四库全书》底本，第26册，第14593—14594页。
⑤ [宋]李焘：《长编》卷二六〇，第6349页。
⑥ [宋]李焘：《长编》卷二六〇，影印《四库全书》底本，第26册，第14601页。
⑦ [宋]李焘：《长编》卷二六〇，第6345页。
⑧ [宋]李焘：《长编》卷二六二，第6398页。

歷病疾,遣人医治。"①

此处标点有误。"小历"在此处为登记士兵每日饮食花费的账簿,故末句标点应为"日食别给小历,病疾遣人医治"。且"小歷"原字应为"小曆",此当为避乾隆帝讳而改。

51. 卷二六二:熙宁八年四月丙寅录完韩琦等四人关于宋辽关系的奏疏后,李焘出有注文"朱史云:琦等度上以敌为忧,故深指时事以为言,疏奏既无可施行,故亦卒不动。今依新本,削去遣裴昱赐韩琦等四人诏。墨本系之七年十月八日壬申,并附见琦等疏"②。

此处标点有误。在录韩琦奏疏前,有"萧禧之再来,上遣入内供奉官、勾当内东门司裴昱赐韩琦、富弼、文彦博、曾公亮手诏,曰"③,接下来为诏书内容,如此则不当言"今依新本,削去遣裴昱赐韩琦等四人诏"。该句应标点为"敌亦卒不动。今依新本削去。遣裴昱赐韩琦等四人诏,墨本系之七年十月八日壬申"。意为依照新本《神宗实录》削去"琦等"至"不动"一句话,而后直至该条注文结束为辨析"墨本"系时错误,以及现今如此处理的理由。

52. 卷二六三:熙宁八年闰四月癸卯,"诏分秦凤路正兵二万二百余人,参以弓箭手、寨户、蕃兵二万四千余人为四将。副都总管燕达为第一将,钤辖康从副之;贾昌言为第二将,熙河路训练军马王振副之,兼准备策应。熙河仍令达提举……从经略使张诜请也"④。

此处既有标点错误,同时也有误字。熙河路本由秦凤路向西开拓而出,熙河边防,秦凤负有协助之责,但如此标点却导致含义不明,故上句应标点为"兼准备策应熙河,仍令达提举"。此外,熙宁五年十二月丁亥,"权秦凤等路转运使、司封郎中、直集贤院张诜直龙图阁、知秦州"⑤;熙宁九年八月"乙巳,天章阁

---

① [宋]李焘:《长编》卷二六一,第6365页。
② [宋]李焘:《长编》卷二六二,第6397页。
③ [宋]李焘:《长编》卷二六二,第6386页。
④ [宋]李焘:《长编》卷二六三,第6435—6436页。
⑤ [宋]李焘:《长编》卷二四一,第5878页。

待制、知秦州张诜知熙州"①,秦州知州例兼秦凤路经略使②,期间此人出现时名字均作"张诜",《宋史》亦有传③,《四库全书》底本、文渊阁《四库全书》本上条中亦均作"张诜"④,此处因沿袭底本之误而误⑤,应据上述书证改为"张诜"。

  53. 卷二六四:熙宁八年五月辛酉,"诏监司、提举司于察访体量官并申状吏人,有习法令、钱谷卓然可选用者,察访体量官具名上中书"⑥。

"并申状吏人"含义不明,标点恐有误。"申状"为处理下对上有隶属关系的部门间事务的文书名称,一般用法为"用申状",此处恐脱一"用"字。"申状"后应加分号,"吏人"后的逗号应删去,意为察访体量官可以举荐有能力的吏人。

  54. 卷二六四:熙宁八年五月乙亥诏书中说:"次年二月,并在京诸司吏愿试者,同差官比试,取毋过十人,补御史台主推书吏,以次补审刑院纠察、司书、令史。"⑦

此处标点有误。"纠察司"为一政府机构名,全称为"纠察刑狱司"⑧,"书令史"为吏人之一种,故上句标点应为"以次补审刑院、纠察司书令史"。

  55. 卷二六四:熙宁八年五月"丙子,泾原路走马承受公事郭逵等言,渭州行铁钱未便"⑨。

此前的熙宁七年十二月甲戌"雄武军留后、知太原府郭逵复宣徽使"⑩,查这一时期并无名为"郭逵"的走马承受。该名字《四库全书》底本、文渊阁《四库

---

① [宋]李焘:《长编》卷二七七,第6778页。
② [元]脱脱等:《宋史》卷一六七《职官志七》,第3973页。
③ [元]脱脱等:《宋史》卷三三一《张诜传》,第10649页。
④ [宋]李焘:《长编》卷二六三,影印《四库全书》底本,第26册,第14799页;《景印文渊阁四库全书》第318册,第457页。
⑤ [宋]李焘:《长编》卷二六三,影印浙江书局本,第2476页。
⑥ [宋]李焘:《长编》卷二六四,第6457页。
⑦ [宋]李焘:《长编》卷二六四,第6466页。
⑧ [元]脱脱等:《宋史》卷一六三《职官志三》,第3858页。
⑨ [宋]李焘:《长编》卷二六四,第6467页。
⑩ [宋]李焘:《长编》卷二五八,第6298—6299页。

全书》本皆作"郭逢"①,点校本此处为沿袭底本之误②,二者当因形近而讹,应据以校改。

56. 卷二六四:熙宁八年五月丙子,王安石曰:"(吕)嘉问只是言朱温,其恩泽事乃是臣令作文字……",注文中说"此言'朱温其恩泽',未详"③。

两处"朱温"皆标有专名线,误,"朱温其"为主要活动于熙宁时期的一名文官,如熙宁六年九月丁未,"权知审刑院崔台符、权发遣大理寺少卿朱温其等九人升任、迁官、循资有差"④。而朱温为五代后梁开国皇帝,将其标专名线则前后含义不明,故上述正文中"朱温"后的逗号应移至"事"后,且与注文中的"朱温其"皆应标专名线。

57. 卷二六四:熙宁八年五月戊寅,"知曹州刘攽言:'知济阴县罗适以磨勘时当展考,追还著作佐郎,告罢知县事。适治县最有政绩,乞就除职官知县。'从之"⑤。

此处标点有误。"告"在该句中为告身之意,追还告身为宋代对官员的处罚措施之一,故上句标点应改为"追还著作佐郎告,罢知县事"。

58. 卷二六五:熙宁八年六月戊申条注文中有李焘按语,云:"此事即八年九月二十六日,惠卿云安石欲罢河东运米,而行市易俵放之法,惠卿以为非便者也。"⑥

"河东",《四库全书》底本、文渊阁《四库全书》本同⑦。但此书该年九月二十六日乙酉载王安石"欲添盐钞而废交子,罢河北运米而行市易俵放之法,惠

---

① [宋]李焘:《长编》卷二六四,影印《四库全书》底本,第26册,第14870页;《景印文渊阁四库全书》第318册,第475页。
② [宋]李焘:《长编》卷二六四,影印浙江书局本,第2488页。
③ [宋]李焘:《长编》卷二六四,第6468—6469页。
④ [宋]李焘:《长编》卷二四七,第6011页。
⑤ [宋]李焘:《长编》卷二六四,第6475页。
⑥ [宋]李焘:《长编》卷二六五,第6490页。
⑦ [宋]李焘:《长编》卷二六五,影印《四库全书》底本,第26册,第14927页;《景印文渊阁四库全书》第318册,第490页。

卿皆以为非便",后有注文"罢运米则此八年六月十八日"①,所指即为六月戊申条记载,该条首言"近诏运米百万石往澶州、北京,计道路縻费不少",又言"河北非惟实边,亦免伤农"②,所论皆为河北事,与河东无涉,故上述"河东"应改为"河北"。戊申日第二条记事注文中说王子渊"或为籴使,当检","籴使"或有误,李焘出此注文的依据当为其下所引《食货志》中所言"请遣吏偕河北籴便,官诣海场及煮小盐州县与当职官、两路转运司度利害"③,《四库全书》底本此字本作"便"④,但被与抄录者不同笔迹的人在旁边以墨笔写以"使"字,文渊阁《四库全书》本并未信从此点,仍写作"籴便"⑤,浙江书局本作"籴使"⑥,或为形近而讹,或自四库底本而来,后者的可能性要大一些。此处应以"籴便"为正,意为河北籴便司官员,应据改。此外,李焘所引《食货志》中"籴便"后逗号应删去。

59. 卷二六五:熙宁八年六月壬子条注文引沈括《入国别录》云:"五月二十三日,至永安山远亭子,馆伴使琳雅、始平军节度使耶律寿,副使枢密直学士、右谏议大夫梁颖二十五日入见。"⑦

此处标点有误,应改为"右谏议大夫梁颖。二十五日,入见"。因该段记录主体为沈括,二十三日他记下馆伴使、副,二十五日入见是指他们一行见到辽朝皇帝。此条前注文说"括以五月二十五日至北庭"⑧,所指即为此事。

60. 卷二六五:熙宁八年六月戊午,诏:"岢岚、火山军堪耕种地,如均给迁移弓箭手有余,更益以西陉等寨。未耕官地堪耕种者,以渐增募弓箭手。"⑨

---

① [宋]李焘:《长编》卷二六八,第6573页。
② [宋]李焘:《长编》卷二六五,第6489页。
③ [宋]李焘:《长编》卷二六五,第6490、6491页。
④ [宋]李焘:《长编》卷二六五,影印《四库全书》底本,第26册,第14928页。
⑤ [宋]李焘:《长编》卷二六五,《景印文渊阁四库全书》第318册,第490页。
⑥ [宋]李焘:《长编》卷二六五,影印浙江书局本,第2498页。
⑦ [宋]李焘:《长编》卷二六五,第6498页。梁太济先生已指出此处"琳雅"是四库馆臣改译,应为"林牙",见《〈长编〉点校本译名回改中存在的问题》,《唐宋历史文献研究丛稿》,第120页。且该词所标之专名线也应去掉。
⑧ [宋]李焘:《长编》卷二六五,第6497页。
⑨ [宋]李焘:《长编》卷二六五,第6517页。

此处标点有误。中间一句应改为"更益以西陉等寨未耕官地堪耕种者"，意为再增加以西陉等寨能够耕种但未耕种的官有土地。

61. 卷二六六：熙宁八年七月壬戌，"代州言，真定府北寨辛杜辛等十六人，为契丹所略害之。诏赐辛等家绢各二十匹。后契丹复归辛等，未尝杀也"①。

真定府位于河北，而代州隶属于河东，前者之事由后者奏报，显得有些悖于常理，但《四库全书》底本、文渊阁《四库全书》本皆同②。本年四月"庚辰，河北西路转运司言：'北兵过界，略真定府北寨横巡节级杜辛等。'上批：'此安抚司事也，转运司何预？令具析以闻'"③，两者所指应为同一件事。同一地域内的政府机构上报不属于分管领域内的事务即被批评，更勿论跨区域奏报。查河北西路中与真定府毗邻且与代州读音有一定接近者为定州④，则"代州"或为"定州"之误，此处应出疑似校说明。

62. 卷二六六：熙宁八年七月"辛未，诏：'修经义检讨官转一官，选人循两资。张济、叶原、刘泾候教授、直讲有阙日，与差举人，各赐绢五十匹。'王安石初议举人酬奖，欲与免解。上不许"⑤。

此处标点有误，中间一句应改为"张济、叶原、刘泾候教授、直讲有阙日与差，举人各赐绢五十匹"。因"举人"是一种身份，不能用"与差"，而三人中有资料的刘泾在担任经义所检讨前为"新成都府户曹参军"⑥，已经中过进士⑦，不当再"与差举人"。

63. 卷二六六：熙宁八年七月辛巳条载御史中丞邓绾言："……臣顷尝申请欲令遵仪制，而阁门乃分丞郎、给谏为两等，独令丞郎任

---

① ［宋］李焘：《长编》卷二六六，第6522页。
② ［宋］李焘：《长编》卷二六六，影印《四库全书》底本，第26册，第14993页；《景印文渊阁四库全书》本，第318册，第506页。
③ ［宋］李焘：《长编》卷二六二，第6403页。
④ ［元］脱脱等：《宋史》卷八六《地理志二》，第2126—2127页。
⑤ ［宋］李焘：《长编》卷二六六，第6524页。
⑥ ［宋］李焘：《长编》卷二五三，熙宁七年五月甲辰，第6192页。
⑦ 龚延明、祖慧编著：《宋代登科总录》卷六，桂林：广西师范大学出版社，2014年，第1081页。

中丞者,依班图序;中丞本职若给谏为之,则在廷立班;序中丞位至杂压,则从本班。"①

此处标点有误,应改为"独令丞郎任中丞者依班图,序中丞本职;若给谏为之,则在廷立班序中丞位,至杂压则从本班"。

64. 卷二六六:熙宁八年七月癸未,"命殿前司押教、三班差使臧安国、定国各选少壮可教兵士五十人,教习射法,候精熟,取旨升立军额,补义勇、保甲。教头安国、定国,景之子,年少熟武艺,尤知射法"②。

此处标点有误,所选军士若射法精熟即升军额,而"义勇、保甲"则仅为民兵,前后矛盾,故该句标点应为"补义勇、保甲教头",意为让射法精熟军士去担任民兵教头。

65. 卷二六七:熙宁八年八月癸巳条载"元氏银冶,发转运司置官收其利"③。

此处标点有误,"发"为兴发之意,即发现了好的矿苗,故该句标点应改为"元氏银冶发,转运司置官收其利"。

66. 卷二六七:熙宁八年八月癸巳条注文为"《新纪》书募民捕蝗,易以粟苗,损者偿之,仍复其赋"④。

查正文,人民可以拿捕获的蝗虫等换取谷物,如果在此过程中损坏禾苗,则计价免税并赔偿,故上句标点应为"募民捕蝗,易以粟,苗损者偿之"。

67. 卷二六七:熙宁八年八月"甲午,罢礼宾使、权发遣河北缘边安抚使沈披,令监司案其不职事以闻。既得实,会赦免推治,特依冲替人例,降一等差遣"⑤。

此处所记沈披官职或有误。该年三月"丁酉,虞部员外郎沈披换礼宾使,

---

① [宋]李焘:《长编》卷二六六,第 6529—6430 页。
② [宋]李焘:《长编》卷二六六,第 6535 页。
③ [宋]李焘:《长编》卷二六七,第 6542 页。
④ [宋]李焘:《长编》卷二六七,第 6544 页。
⑤ [宋]李焘:《长编》卷二六七,第 6544 页。

权发遣河北缘边安抚副使"①,至此被调查,其间除提出修建水田及提供刺探辽朝信息人的经费外②,并无实质性功绩,加之任职时间过短,升职的可能性很小;且因其官衔前带"权发遣"三字,即使是升迁,也应从落权发遣始。故上述"河北缘边安抚使"应为"河北缘边安抚副使"之误。

68. 卷二六七:熙宁八年八月甲午,"司农寺勾当公事杜常言,裁减熙州随军蕃部公使三库合支钱物。诏常如所减数著为例,册申司农寺详定"③。

此处标点有误,因"例册"为此时常见的公文术语,不当点断,故末句应标点为"诏常如所减数著为例册,申司农寺详定"。另"三库"一句也应断开为"熙州随军、蕃部、公使三库"。

69. 卷二六七:熙宁八年八月癸卯条注文中说:"《会要》云:熙宁八年九月,中书门下言:'欲乞发运使嗣除所管钱物、斛斗……仍只以江、淮、荆、浙等路制置盐矾,兼发运使结衔。'"④

"使嗣"不可解,但《四库全书》底本、文渊阁《四库全书》本皆同⑤。查正文中提及时作"使副",《宋会要辑稿》中记有此事,"使嗣"亦作"使副"⑥,应据改。另据《宋会要辑稿》所载于"结衔"前有"副使"二字,应据补。

70. 卷二六七:熙宁八年八月乙巳,"荆湖北路转运使孙桷言……诏委桷专处置……诏桷相度施行"⑦。

此人名字在卷二三六、三二一出现时皆被整理者据《宋史》本传改为"孙构",仅此处未改,应予以统一。

71. 卷二六七:熙宁八年八月"壬子,命池州司法参军孙谔编定

---

① [宋]李焘:《长编》卷二六一,第6356页。
② [宋]李焘:《长编》卷二六二,熙宁八年四月甲申,第6408页。
③ [宋]李焘:《长编》卷二六七,第6544页。
④ [宋]李焘:《长编》卷二六七,第6548—6549页。
⑤ [宋]李焘:《长编》卷二六七,影印《四库全书》底本,第27册,第15058页;《景印文渊阁四库全书》第318册,第522页。
⑥ 《宋会要辑稿》职官四二之二二,第4081—4082页。
⑦ [宋]李焘:《长编》卷二六七,第6550—6551页。

《省府寺监公使例册条贯》,又命谔监制敕库……制敕库用士人自谔始",注文中云"监制敕库,以《杨时墓志》增入"①。

整理者将"杨时墓志"连标书名线,是将其理解为杨时墓志中记载了孙谔之事。而在元丰三年正月癸酉的注文中,李焘说:"杨时志谔墓云:谔自监制敕库除吏房习学、同编修中书条例"②,亦即孙谔墓志为杨时所写,现存杨时文集中亦存有该篇墓志,其中即有此句③,故上述"杨时墓志"四字中"杨时"应标专名线,"墓志"应标书名线。

72. 卷二六七:熙宁八年八月"戊午,上批:'问枢密院程昉见造车在何处?及已造成若干数目?令昉具奏'"④。

此处标点有误,应改为"上批问枢密院:'程昉见造车在何处……'"。

73. 卷二六八:熙宁八年九月辛未,吕惠卿在与神宗的对话中提及"近议市易俵籴事,臣意以谓常平法行之方渐安帖。又为此法,吕嘉问必不能辨,所以往复与之问难,以迟其事"⑤。

"辨",《四库全书》底本、文渊阁《四库全书》本皆作"办"⑥,此书卷二六三注文中提及此事时为"九月十二日,吕惠卿谓吕嘉问必不能办此"⑦,应据改,点校本此字之误系从底本沿袭而来⑧。

74. 卷二六九:熙宁八年十月己丑,御史蔡承禧在弹劾吕升卿的奏疏中说"今升卿自县尉为东京察访,则作役法不能成就"⑨。

东京为北宋京师所在,并未派出使者察访。熙宁六年四月乙亥,"太常丞、

---

① [宋]李焘:《长编》卷二六七,第6553页。
② [宋]李焘:《长编》卷三〇二,第7343页。
③ [宋]杨时撰,林海权校理:《杨时集》卷三四《孙龙图墓志铭》,北京:中华书局,2018年,第854页。
④ [宋]李焘:《长编》卷二六七,第6556页。
⑤ [宋]李焘:《长编》卷二六八,第6564页。
⑥ [宋]李焘:《长编》卷二六八,影印《四库全书》底本,第27册,第15094页;《景印文渊阁四库全书》第318册,第532页。
⑦ [宋]李焘:《长编》卷二六三,熙宁八年闰四月庚戌,第6445页。
⑧ [宋]李焘:《长编》卷二六八,影印浙江书局本,第2526页。
⑨ [宋]李焘:《长编》卷二六九,第6583页。

集贤校理、直舍人院邓润甫,常州团练推官、馆阁校勘吕升卿,察访京东路常平等事"①,查《四库全书》底本、文渊阁《四库全书》本"东京"皆作"京东"②,应据改,点校本此处为沿袭底本之误③。

75. 卷二六九:熙宁八年十月庚寅条载御史蔡承禧弹劾吕惠卿的奏疏,其中提及"惠卿既喜,(张)靓即以妹妻其弟规"④。

此处标点有误。如按照整理者所标,则是张靓将其妹妹嫁给了吕惠卿的弟弟。但吕惠卿的弟弟皆名为吕某卿,其中并无第二字为"规"者,相反,"规""靓"二字偏旁相同,则此人所指应为张靓之弟张规,故上述标点应改为"惠卿既喜靓,即以妹妻其弟规"。

76. 卷二六九:熙宁八年十月乙未,"彗出轸",注文为"旧说于丁酉日乃书'太史奏彗出轸',今从《新纪》"⑤。

"旧说"不可解,但《四库全书》底本、文渊阁《四库全书》本皆同⑥。《长编》熙宁朝注文中多是《旧纪》《新纪》并举,如八年十一月庚申条注文中就说"《旧纪》云熊本破獠骆益等七寨、四囤,《新纪》不书"⑦,故上述"旧说"应改为"旧纪",且标书名线。究其原因,有可能是"纪"先写作"记",后讹作"说"。

77. 卷二六九:熙宁八年十月辛亥,"广南西路经略安抚使刘彝乞支扈州封桩钱四万缗籴军粮。从之"⑧。

"扈州",《四库全书》底本、文渊阁《四库全书》本皆同⑨,宋代无"扈州",广

---

① [宋]李焘:《长编》卷二四四,第5931页。
② [宋]李焘:《长编》卷二六九,影印《四库全书》底本,第27册,第15138页;《景印文渊阁四库全书》第318册,第543页。
③ [宋]李焘:《长编》卷二六九,影印浙江书局本,第2534页。
④ [宋]李焘:《长编》卷二六九,第6586页。
⑤ [宋]李焘:《长编》卷二六九,第6596页。
⑥ [宋]李焘:《长编》卷二六九,影印《四库全书》底本,第27册,第15171页;《景印文渊阁四库全书》第318册,第552页。
⑦ [宋]李焘:《长编》卷二七〇,第6620页。
⑧ [宋]李焘:《长编》卷二六九,第6607页。
⑨ [宋]李焘:《长编》卷二六九,影印《四库全书》底本,第27册,第15197页;《景印文渊阁四库全书》第318册,第558页。

南西路能够封桩较多钱财以籴买军粮的,应为规模较大、地位较高的一个州,且州名与"扈"字形相似的,应为"邕州"①,对此应予以改正,或出疑似校。

78. 卷二六九:熙宁八年十月甲寅,诏:"今月壬寅赦前合叙用人,依该非次赦恩与叙京朝官、大小使臣。非因赃降监当者,后无赃私罪,到任及三年,牵复差遣……命官、使臣,今刑部以经南郊人,各具已经赦数,并壬寅赦与理一赦,申中书、枢密院移放冲替。命官系事重者,减作稍重;稍重者减作轻;轻者与差遣。使臣比类施行。"②

本段开头与结尾标点皆存在问题,开头应改为"依该非次赦恩与叙。京朝官、大小使臣非因赃降监当者";末句应改为"申中书、枢密院。移放冲替命官系事重者,减作稍重"。若非如此,则所对应人指代不明,这与大赦要求对象、措施严明的精神是不符的。

79. 卷二七〇:熙宁八年十一月壬戌,上批:"闻在京诸军官马大抵生恶……宜指挥殿前、马军司,分定军马,合赴教场,马军日轮一指挥,以马赴场,走骤百十反,令本教使臣押领,各给印纸,书赴教月日。"③

"教场"后出有校勘记云:"'场'字原脱,据阁本及上文补。"④《四库全书》底本、文渊阁《四库全书》本皆无此字⑤,"合赴教马军"是指应该去教阅的马军,不是指该去教场的马军,"场"字不当补,且其后之逗号应删去。

80. 卷二七〇:熙宁八年十一月庚辰吴充上奏条注文为:"朱本削。墨本此年十一月二十二日所书,却于明年正月十二日略载。新本乃两存之,殊为错误。今但依墨本载于此,仍取朱本明年正月十二日所书稍增入之。"⑥

---

① [元]脱脱等:《宋史》卷九〇《地理志六》,第 2240 页。
② [宋]李焘:《长编》卷二六九,第 6608 页。
③ [宋]李焘:《长编》卷二七〇,第 6620 页。
④ [宋]李焘:《长编》卷二七〇,第 6630 页。
⑤ [宋]李焘:《长编》卷二七〇,影印《四库全书》底本,第 27 册,第 15228 页;《景印文渊阁四库全书》第 318 册,第 567 页。
⑥ [宋]李焘:《长编》卷二七〇,第 6625 页。

此处标点有误。该月己未朔,庚辰为二十二日,亦即墨本《神宗实录》将吴充奏疏系于该日,朱本在墨本基础上修成,但却删除了此日此条,而在九年正月十二日简略记述,故上条注文首句标点应改为"朱本削墨本此年十一月二十二日所书"。

81. 卷二七〇:熙宁八年十一月癸未条注文为"此据司马《纪闻》。(宋)敏求以四年九月十八日为集贤学士,十年五月九日御史(邓)润甫言:'乞用恬默持重之人。'蔡承禧奏议可考,或删取增入。承禧奏今别见九年十月末"①。

首先,《纪闻》所指为司马光的《涑水记闻》,或应统一为《记闻》,《四库全书》底本即作"《记闻》"②。其次,此句标点有误。"乞用恬默持重之人"乃是御史蔡承禧在自己的奏疏中所引用的邓润甫的话,即"访闻邓润甫上章,乞参用旧人,又乞除二府,又乞用恬默持重之人"③。李焘应是未看到邓润甫此章,若是见到当全文转录,他考证蔡承禧上奏不可能在九年十月九日之前,应是在九年十月末④,故"十年五月九日"所指并非邓润甫上奏日期,而是与宋敏求有关的记载。此日他被命修《两朝国史》⑤,或上述"御"字为"修"之误,查《四库全书》底本、文渊阁《四库全书》正为"修"⑥,应据改,因邓润甫上此奏时应为知制诰,此字为沿袭底本之误⑦。故而上述注文中标点应为"为集贤学士,十年五月九日修史。润甫言'乞用恬默持重之人',蔡承禧奏议可考,或删取增入。(蔡)承禧奏今别见九年十月末"。

82. 卷二七一:熙宁八年十二月辛丑,"诏职方员外郎张祥、宋璋各追两官勒停。祥等为诸王宫教授,宗室令戚、令志等皆从受业,因

---

① [宋]李焘:《长编》卷二七〇,第6627页。
② [宋]李焘:《长编》卷二七〇,影印《四库全书》底本,第27册,第15244页。
③ [宋]李焘:《长编》卷二七八,熙宁九年十月,第6813页。
④ [宋]李焘:《长编》卷二七八,第6816页。
⑤ [宋]李焘:《长编》卷二八二,熙宁十年五月戊午,第6903页。
⑥ [宋]李焘:《长编》卷二七〇,影印《四库全书》底本,第27册,第15244页;《景印文渊阁四库全书》第318册,第571页。
⑦ [宋]李焘:《长编》卷二七〇,影印浙江书局本,第2551页。

荐就试受其家白金为谢事觉,法寺以赃论故也"①。

末尾一句应断为"因荐就试,受其家白金为谢,事觉",如此意思更为明了。

83. 卷二七一:熙宁八年十二月甲辰,"翰林学士陈绎、杨缯并兼侍读"②。

此时任翰林学士者并无"杨缯"此人,查《四库全书》底本、文渊阁《四库全书》本皆作"杨绘"③,点校本此处为沿袭底本之误④,应据改。

84. 卷二七一:熙宁八年十二月庚戌,"中书言:'都提举熙河路买马司奏,每年额外买官马,委李杞买场估买,欲令本司据所买马并茶钱,并拨与秦凤等路都转运司籴买粮草。'从之"⑤。

"买场估买",《四库全书》底本、文渊阁《四库全书》本皆同⑥,但该句含义难解。此时熙河路遭遇财政危机,需要做的是停止额外买马,将节省下的钱财用以买粮。而此年稍前,还提及"诏提举熙河路买马司以万五千疋为额,额外所买即估卖"⑦,可见额外买到的马原是要估价卖掉的,故"买场估买"应为"置场估卖",意为原来额外买的马需要李杞设置卖场估价卖掉。

85. 卷二七二:熙宁九年正月癸亥条注文为"此据《御集》熙宁九年正月六日下:'去年十二月二十九日有御批云:"韩缜等见看详文字处,闲杂人不令放入。"'又'今年正四月御批云:"见议代北疆事文字,甚时可了?存此要见。"缜时在京师,去年十二月二十六日,缜除都承'"⑧。

---

① [宋]李焘:《长编》卷二七一,第 6642 页。
② [宋]李焘:《长编》卷二七一,第 6645 页。
③ [宋]李焘:《长编》卷二七一,影印《四库全书》底本,第 27 册,第 15287 页;《景印文渊阁四库全书》第 318 册,第 582 页。
④ [宋]李焘:《长编》卷二七一,影印浙江书局本,第 2558 页。
⑤ [宋]李焘:《长编》卷二七一,第 6648—6649 页。
⑥ [宋]李焘:《长编》卷二七一,影印《四库全书》底本,第 27 册,第 15296 页;《景印文渊阁四库全书》第 318 册,第 584 页。
⑦ [宋]李焘:《长编》卷二六九,熙宁八年十月壬寅,第 6602 页。
⑧ [宋]李焘:《长编》卷二七二,第 6657 页。

此处标点有误,致使引述层次较多,应改为"此据《御集》,熙宁九年正月六日下。去年十二月二十九日有御批云:'韩缜等见看详文字处,闲杂人不令放入。'又今年正四月御批云:'见议代北疆事文字,甚时可了?'存此要见缜时在京师"。该月戊午朔,癸亥为初六日,正文文字来自《神宗御集》该日。注文中两条为李焘在此附注《御集》内有关此事的御批内容,存此目的是为说明韩缜此时还在京师开封。

86. 卷二七二:熙宁九年正月庚午注文中云"又三月三十日《御集》并《种鄂传》",正月乙亥条正文中说"三将令招讨司至谭州度远近追呼",正月甲申条吕惠卿说"臣即时条折分送安石"①。

其中"鄂""谭"应据浙江书局本、《四库全书》底本及文渊阁《四库全书》本改为"谔""潭"②,两字底本不误,此为排印错误;"折",《四库全书》底本及文渊阁《四库全书》本皆同③,但应为"析"之误。

87. 卷二七二:熙宁九年正月甲申条中载沈括奏疏,其中言"乞下司天监逐旋,付卫朴参较新历改正"④。

此处标点有误,应改为"乞下司天监,逐旋付卫朴参较新历改正"。

88. 卷二七三:熙宁九年二月庚寅,赠"供备库副使、邕州左江提举兵马贼盗温元裕为皇城使、海州团练使,内殿承旨、湖南都监张下为皇城使,横山寨主林茂升为皇城使、恩州刺史,东头供奉官权邕宾州同巡检许誉、永平寨同管辖兵甲苏佐并为左藏库使……三班差使钦州如昔峒巡防伍环、前经略司指挥刘升并为内殿承制"⑤。

北宋神宗时武臣官职序列中无"内殿承旨",但《四库全书》底本、文渊阁

---

① [宋]李焘:《长编》卷二七二,第6660、6661、6669页。
② [宋]李焘:《长编》卷二七二,影印浙江书局本,第2564、2565页;影印《四库全书》底本,第27册,第15321、15325页;《景印文渊阁四库全书》第318册,第590、591页。
③ [宋]李焘:《长编》卷二七二,影印《四库全书》底本,第27册,第15344页;《景印文渊阁四库全书》第318册,第596页。
④ [宋]李焘:《长编》卷二七二,第6667页。
⑤ [宋]李焘:《长编》卷二七三,第6678—6679页。

《四库全书》本皆同①。此次赠官是按照原官职大小从上往下排列,处于诸司副使与东头供奉官之间者为"内殿承制"②,故张下官职应为"内殿承制"。刘升官职为"前经略司指挥",此时亦无此称呼,《四库全书》底本、文渊阁《四库全书》本作"指使"③,此处为沿袭底本之误④,应据改。

89. 卷二七三:熙宁九年二月乙未,上批:"河北分画地界,其天池一项,近韩缜等已尝申明奏请……仍令缜往宁化军按视闻奏。"⑤

此次宋辽划界争端发生在河东路,宁化军天池即为其中之一,与河北无涉,虽然《四库全书》底本、文渊阁《四库全书》本皆作"河北"⑥,但也应改正为"河东"。

90. 卷二七三:熙宁九年二月乙巳,"诏:'熙州制置司以官盐钞等物赊借与持服人胡渊等,用结籴为名,贾贩拖欠'",注文为"熙州事,时迥举发"⑦。

"时迥",《四库全书》底本、文渊阁《四库全书》本同⑧,但神宗此次委任调查熙河路结籴事件的是"相度措置熙河路财利、大理评事孙迥"⑨,而非"时迥",此处应改正。

91. 卷二七三:熙宁九年三月己卯,"西蕃鬼章寇五牟谷、熙河钤辖韩存宝等败之"。⑩

---

① [宋]李焘:《长编》卷二七三,影印《四库全书》底本,第 27 册,第 15365 页;《景印文渊阁四库全书》第 318 册,第 601 页。
② [元]脱脱等:《宋史》卷一六九《职官志九》,第 4030 页。
③ [宋]李焘:《长编》卷二七三,影印《四库全书》底本,第 27 册,第 15366 页;《景印文渊阁四库全书》第 318 册,第 601 页。
④ [宋]李焘:《长编》卷二七三,影印浙江书局本,第 2572 页。
⑤ [宋]李焘:《长编》卷二七三,第 6681 页。
⑥ [宋]李焘:《长编》卷二七三,影印《四库全书》底本,第 27 册,第 15372 页;《景印文渊阁四库全书》第 318 册,第 603 页。
⑦ [宋]李焘:《长编》卷二七三,第 6686 页。
⑧ [宋]李焘:《长编》卷二七三,影印《四库全书》底本,第 27 册,第 15385 页;《景印文渊阁四库全书》第 318 册,第 606 页。
⑨ [宋]李焘:《长编》卷二七四,熙宁九年四月戊子,第 6702 页。
⑩ [宋]李焘:《长编》卷二七三,第 6695 页。

此处标点有误,应为"西蕃鬼章寇五牟谷,熙河钤辖韩存宝等败之"。

92. 卷二七三:熙宁九年三月壬午条注文为"朱本改墨本云:尚有未尽,及沈起所言刘彝张皇之罪,乞重行诛戮。签贴云:'以《中书时政记》添修,《新本》云此朱史私意,今依旧文'"①。

"签贴"应是指朱本签贴,该本修成于哲宗绍圣年间,而新本则为南宋高宗时所修②,不可能出现在朱本的签贴内。故上句标点应改为"签贴云:'以《中书时政记》添修。'新本云此朱史私意,今依旧文"。

93. 卷二七四:熙宁九年四月丙戌,神宗在给郭逵的批复中提及"卿等可多方计度,的确合运致兵食人力数目"③。

引文中的逗号应删去。四月辛卯,"夺刑部员外郎向宗儒一官,罢中书检正官,权同判将作监,依旧修内诸司式。宗儒坐私役将作监吏令主钱物,吏因而赊放减刻在监役人请受,故有是责"④。向宗儒因将作监事务而被弹劾,被罢去的应包括"权同判将作监",所谓"夺一官",是指在其寄禄官"刑部员外郎"基础上降一官,故上句标点应改为"罢中书检正官、权同判将作监,依旧修内诸司式"。此外,李焘在熙宁九年三月戊寅条注文中提及此事时说"四月六日宗儒责"⑤,六日即为辛卯日,《宋会要辑稿》中也存录有此事,系时为"四月七日"⑥,即四月壬辰,与此处不同。四月壬寅,"同判都水监刘璯兼都大提举、制置淮南运河"⑦,其间顿号应删去。四月庚戌诏书中说"仍不得放过充填。逐处所减兵级弓手人数"⑧,中间句号应删除。

94. 卷二七四:熙宁九年四月辛亥条注文中转述了陈忱的书信,其中首句为"初,因前权州屯田李琪建言于川尹,请展筑城",其中

---

① [宋]李焘:《长编》卷二七三,第6697页。
② 胡昭曦:《〈宋神宗实录〉朱墨本辑佚简论》,《四川大学学报》1979年第1期,第71—72页。
③ [宋]李焘:《长编》卷二七四,第6700页。
④ [宋]李焘:《长编》卷二七四,第6705页。
⑤ [宋]李焘:《长编》卷二七三,第6694页。
⑥ 《宋会要辑稿》职官六五之四〇至四一,第4821页。
⑦ [宋]李焘:《长编》卷二七四,第6709页。
⑧ [宋]李焘:《长编》卷二七四,第6714页。

"琪"后出有校勘记"阁本作'李洪'"①。

关于此人,此书熙宁八年七月辛巳、九年四月戊戌提及时均作"李琪"②,文渊阁《四库全书》本亦作"李琪"③,《四库全书》底本该部分抄写字迹潦草,此字看起来极像"洪"④,文津阁本有可能因此讹作"洪",故此处校勘记应删去。该条注文末尾云"四月三十六日",一个月不可能有三十六日,《四库全书》底本、文渊阁《四库全书》本皆作"二十六日"⑤,"三"为沿袭底本之误⑥,应据改。

95. 卷二七四:熙宁九年四月癸丑条注文中说:"《食货志》第五卷:九年,三司用商人议,以唐邓襄均房商蔡郢随金晋绛虢陈许颍隰州、西京、信阳军、通商畿县,及澶曹濮怀卫济单解同华陕州、河中府、南京、河阳,令提举解盐司运盐卖之。……然《记闻》所载多抵牾,已具辨之。八年闰四月十八日己酉、十二月十一日又诏三司讲求利害。"⑦

该段标点有误。前半部分中应改为"西京、信阳军通商,畿县及澶曹……"。后半部分标点应为"已具辨之八年闰四月十八日己酉。十二月十一日,又诏三司讲求利害"。论证司马光《涑水记闻》记载不确的内容见于八年闰四月十八日己酉⑧,此处并无皇帝诏书;"诏三司讲求利害"见于九年十一月十一日癸亥⑨,故上述"十二月"⑩也应改为"十一月"。

96. 卷二七五:熙宁九年五月己巳,由于御史蔡承禧弹劾吕惠卿兄弟,"诏淮南东路转运副使蹇周辅往秀州置司推勘,罢赞善大夫吕

---

① [宋]李焘:《长编》卷二七四,第6715、6719页。
② [宋]李焘:《长编》卷二六六、二七四,第6531、6707页。
③ [宋]李焘:《长编》卷二七四,《景印文渊阁四库全书》第318册,第624页。
④ [宋]李焘:《长编》卷二七四,影印《四库全书》底本,第27册,第15451页。
⑤ [宋]李焘:《长编》卷二七四,影印《四库全书》底本,第27册,第15454页;《景印文渊阁四库全书》第318册,第624页。
⑥ [宋]李焘:《长编》卷二七四,影印浙江书局本,第2586页。
⑦ [宋]李焘:《长编》卷二七四,第6717—6718页。
⑧ [宋]李焘:《长编》卷二六三,第6442—6443页。
⑨ [宋]李焘:《长编》卷二七九,第6821页。
⑩ 《四库全书》底本、文渊阁《四库全书》本皆作"十二月",见[宋]李焘:《长编》卷二七四,影印《四库全书》底本,第27册,第15458页;《景印文渊阁四库全书》第318册,第625页。

温卿、河北东路转运判官郭附,送审官东院"。①

该句标点有误。吕温卿于熙宁八年四月庚辰时为河北东路转运判官②,此后未见迁转或罢任;而郭附据蔡承禧此奏疏则为"两浙转运司管勾公事",故上句标点应改为"罢赞善大夫吕温卿河北东路转运判官,郭附送审官东院"。

97. 卷二七五:熙宁九年五月己巳,林希在上奏中说:"伏见故事遣官朝拜诸陵,宣祖、太祖、太宗三陵共遣官一员,真宗及章献、章惠后三陵共遣官一员,并以太常、宗正卿充。……自永昭、永厚二陵复上之后,审官院依诸陵例增差朝臣二员而已。又凡陵官陈设执事之人,并隶宗正寺及太常寺礼院……轮差宗正寺及太常礼院……若遇非时祭告,则自如旧差朝臣以往。"③

"真宗及章献、章惠后三陵",《四库全书》底本、文渊阁《四库全书》本皆作"真宗及章献、章惠三后陵"④,据《宋会要辑稿》所载,当作"真宗及章献、章懿、章惠三后陵"⑤;"复上",《四库全书》底本、文渊阁《四库全书》本皆同⑥,但此句含义难解,疑当作"复土",为皇帝入葬帝陵之意,查《宋会要辑稿》正作"复土"⑦,应据改。此外据《宋会要辑稿》,"又凡陵官陈设执事之人"中"陵官"当作"陵宫";"轮差宗正寺及太常礼院"后当有"官"字;"则自如旧差朝臣以往"中"旧"后当有"例"字⑧。

98. 卷二七五:熙宁九年五月"甲戌,御史台言:'大理寺前断秘书监王端知郑州日,以倒死官柳木入己,估赃绢二匹三丈五尺,当除名勒停,而官法元断回避,诈匿不输,显有不当。'端见年七十,诏免除

---

① [宋]李焘:《长编》卷二七五,第6728页。
② [宋]李焘:《长编》卷二六二,第6403页。
③ [宋]李焘:《长编》卷二七五,第6729页。
④ [宋]李焘:《长编》卷二七五,影印《四库全书》底本,第27册,第15484页;《景印文渊阁四库全书》第318册,第632页。
⑤ 《宋会要辑稿》礼三九之九,第1612页。
⑥ [宋]李焘:《长编》卷二七五,影印《四库全书》底本,第27册,第15485页;《景印文渊阁四库全书》第318册,第632页。
⑦ 《宋会要辑稿》礼三九之九,第1612页。
⑧ 《宋会要辑稿》礼三九之九至一〇,第1612页。

名勒停,降授太常少卿致仕",注文为"八年三月七日,初断追一官与宫祠,端本传云:端御下肃,猾吏病之,在郑日同吏取枯柳供爨,御史劾其自盗,坐夺一官"①。

八年三月己亥条注文为"九年五月十九日,竟坐除名勒停。端本传云:端御下肃,猾吏病之。在郑曰,园吏取枯梼供爨,御史劾其自盗,坐夺一官"②。两相比对,王端最终免去除名勒停,李焘所说不确。八年三月己亥条注文中之"曰",《四库全书》底本、文渊阁《四库全书》本皆作"日"③,应据以改正,该字或为误认底本之字,因底本在"曰""日"之间难辨④;"梼"当作"柳",或应出异文校。九年五月甲戌条注文中"同"当作"园"。此外,该处正文中的"官法",《四库全书》底本、文渊阁《四库全书》本皆作"法官"⑤,应乙正,此处为沿袭底本之误⑥。

99. 卷二七五:熙宁九年五月"己卯,以前桂州录事参军李时亮为供备库副使、知廉州。时亮……换武当为内殿承制、知廉州,但当改一官,以廉州新为交贼所破,特命之"⑦。

此处标点应改为"换武当为内殿承制,知廉州但当改一官"。该日王安石言"乘兵势措置经久,可以控扼制服蛮夷事"⑧,其中逗号应删去。

100. 卷二七六:熙宁九年"六月乙酉朔,广南东路转运使陈倩言:'乞选差经水战兵官,以备舟师攻讨'"⑨。

本年二月庚寅,御史蔡承禧言"广南东路转运使陈倩精神昏短,乞别选材

---

① [宋]李焘:《长编》卷二七五,第6733页。
② [宋]李焘:《长编》卷二六一,第6357页。
③ [宋]李焘:《长编》卷二六一,影印《四库全书》底本,第26册,第14615页;《景印文渊阁四库全书》第318册,第410页。
④ [宋]李焘:《长编》卷二六一,影印浙江书局本,第2446页。
⑤ [宋]李焘:《长编》卷二七五,影印《四库全书》底本,第27册,第15494页;《景印文渊阁四库全书》第318册,第634页。
⑥ [宋]李焘:《长编》卷二七五,影印浙江书局本,第2593页。
⑦ [宋]李焘:《长编》卷二七五,第6734页。
⑧ [宋]李焘:《长编》卷二七五,第6735页。
⑨ [宋]李焘:《长编》卷二七六,第6738页。

臣代倩。'从之",注文为"是年六月初一日,倩犹以广东运副论事"①,则六月乙酉条中"转运使"应为"转运副使"。既云"犹以",则二月时他应当也是转运副使,但因不敢确信,则应出校勘记说明。

101. 卷二七六：熙宁九年六月己丑,诏："左侍禁张义有功没阵,与赠官;子宗望、宗保及女倈出嫁,夫并与借职。"②

宗望、宗保为张义之子,又怎能有丈夫被授予官职,故该句标点应改为"子宗望、宗保及女倈出嫁夫,并与借职"。

102. 卷二七六：熙宁九年六月己亥,"是日,安南行营发潭州,趋桂州","是日"后有注文"六月己亥,十九日也",末尾注文中有"此据郭逵家所录《征南一宗文字》六月十日奏"③。

本月乙酉朔,己亥为十五日,但该本及《四库全书》底本、文渊阁《四库全书》本皆误作"十九日"④,应改正。此外,李焘在此及之后都将《征南一宗文字》中相关内容附于当日之下,且不当十日已奏十五日出发事,七月末注文中也提及"六月十五日移军奏"⑤,故"六月十日"应为"六月十五日"。

103. 卷二七七：熙宁九年七月壬戌条注文为"此据《时政记》增入,权流内铨主簿不足书,为蔡京故特书。十年七月二十四日改校书习学"⑥。

末句标点应改为"十年七月二十四日改校书、习学"。七月丙寅条注文为"九月戊寅令始中格"⑦,其中"令始"应标专名线,因根据本卷九月戊寅条⑧,可知令始为一宗室人员的名字。此外,九月戊寅条中"说诗中等"中"诗"应标书

---

① 〔宋〕李焘:《长编》卷二七三,第6677页。
② 〔宋〕李焘:《长编》卷二七六,第6742页。
③ 〔宋〕李焘:《长编》卷二七六,第6748页。
④ 〔宋〕李焘:《长编》卷二七六,影印《四库全书》底本,第27册,第15531页;《景印文渊阁四库全书》第318册,第645页。
⑤ 〔宋〕李焘:《长编》卷二七七,第6772页。
⑥ 〔宋〕李焘:《长编》卷二七七,第6768页。
⑦ 〔宋〕李焘:《长编》卷二七七,第6770页。
⑧ 〔宋〕李焘:《长编》卷二七七,第6785页。

名线,因其所指为《诗经》。

104. 卷二七七:熙宁九年八月丁酉,"诏南阳关安抚司检举先降条制,禁民阑出谷北边"①。

"南阳关",《四库全书》底本、文渊阁《四库全书》本同②,但北宋并无此地名,亦无"南阳关安抚司"这样的机构。查河北置有"高阳关路安抚使"③,为该安抚司路长官,且此地为对辽边防要地,故可以禁止宋朝百姓将谷物带去北边辽朝。因而,上述"南阳关"应改为"高阳关"。八月戊申诏书中说"秀州制狱,见禁系干连人已不少,其勘官又曰有枝蔓"④,"曰",《四库全书》底本、文渊阁《四库全书》本、浙江书局本皆作"日"⑤,应据改,此当为排印错误。

105. 卷二七七:熙宁九年八月乙巳,"诏江东、福建路转运司召人告捕信州强贼仵小八,如能捕获,与三班奉职,本路巡检徒中能自杀,并与推恩"⑥。

该句标点有误,应改为"如能捕获,与三班奉职、本路巡检,徒中能自杀,并与推恩","徒中"是指仵小八徒众之中。九月"己巳,命权同判都水监刘璹提举卖修置清汴材木、兼卫州界运河同管勾,外都水监丞范子渊同提举卫州界运河、兼卖河北淤田及材木等事"⑦。此处官职标点有误,应改为"刘璹提举卖修置清汴材木、兼卫州界运河,同管勾外都水监丞范子渊同提举卫州界运河"。九月"庚午,枢密院言,安南诸将所召募人,缘路多不法,未有约束。诏令将官量人数权立人员管辖,有犯依阶级法至死者,奏裁"⑧,该句末尾标点有误,应改为"有犯依阶级法,至死者奏裁"。

---

① [宋]李焘:《长编》卷二七七,第 6777 页。
② [宋]李焘:《长编》卷二七七,影印《四库全书》底本,第 27 册,第 15600 页;《景印文渊阁四库全书》第 318 册,第 662 页。
③ [元]脱脱等:《宋史》卷八六《地理志二》,第 2123 页。
④ [宋]李焘:《长编》卷二七七,第 6779 页。
⑤ [宋]李焘:《长编》卷二七七,影印《四库全书》底本,第 27 册,第 15605 页;《景印文渊阁四库全书》第 318 册,第 663 页;影印浙江书局本,第 2612 页。
⑥ [宋]李焘:《长编》卷二七七,第 6778 页。
⑦ [宋]李焘:《长编》卷二七七,第 6783 页。
⑧ [宋]李焘:《长编》卷二七七,第 6783 页。

106. 卷二七八：熙宁九年十月甲午条中云"已而（谢）季成不待报，径赴浙西新任，诏诘责之。时八月己卯也，于是复遣季成募兵福建，讨捕廖小八"①。

八月甲申朔，无己卯日，应出校记说明，"时八月己卯也"前的句号应改为逗号，其后的逗号应改为句号。

107. 卷二七八：熙宁九年十月丁酉，文彦博言："准中书批送下外都水监丞范子渊奏……"②

"都水监"三字标有专名线，实不应标。十月庚子，神宗批示："邕州金帛钱谷万数不少，行营军马非久，进发出界，须城守坚完，乃保无虞。"③"非久"后逗号应删去。十月丙午条注文中云"然《元祐实录》虽不于（王）安石罢相时载缴书事，仍于冯京《参政记》载之"④。此处标点有误。"元祐实录"所指为元祐时期所修的《神宗实录》，亦即墨本实录，四字连标容易让人误解为哲宗《元祐实录》，故"元祐"应标专名线，"实录"应标书名线。此外，宋代并无《参政记》这样的书名，该句意思为元祐《神宗实录》没有在王安石罢相时记载吕惠卿缴进私书事，而是在冯京参政时记载，故此三字所标书名线应删去。十月戊申，"诏今后中书检正官所行帖子，下诸处并先禀执政，仍置簿抄录，每五日一次呈押"⑤。前半句标点应改为"诏今后中书检正官所行帖子下诸处，并先禀执政"。十月末所录御史蔡承禧上奏中说："今（邓）润甫职在谏司，乞除政府，殆不知其所职，亦何足以备官二府。固圣虑之所关，大臣非近列之宜荐。"⑥后半句标点应改为"亦何足以备官。二府固圣虑之所关"。

108. 卷二七八：熙宁九年十月庚戌，"诏舒光禄与右班直，添差沅州黔江城巡检，仍赐锦袍、银带，及绢三百匹"⑦。

---

① ［宋］李焘：《长编》卷二七八，第6798页。
② ［宋］李焘：《长编》卷二七八，第6800页。
③ ［宋］李焘：《长编》卷二七八，第6801页。
④ ［宋］李焘：《长编》卷二七八，第6805页。
⑤ ［宋］李焘：《长编》卷二七八，第6806页。
⑥ ［宋］李焘：《长编》卷二七八，第6815页。
⑦ ［宋］李焘：《长编》卷二七八，第6807页。

"右班直",《四库全书》底本、文渊阁《四库全书》本、浙江书局本皆同①,但宋代并无这样的官职,授予南方少数民族首领的经常为小武官,与"右班直"接近者为"右班殿直",如熙宁八年十二月庚子,孙构"请补(杨)昌衔右班殿直,弟侄男等十人为三班奉职、借职、差使,下班殿侍"②,则上述"右班直"应补"殿"字为"右班殿直"。另"锡袍"应据以上三本改为"锦袍",此为排印错误。

109. 卷二七九:熙宁九年十二月丙申,知太原府韩绛上疏指出河东民间疾苦三项,即食盐、铁钱与和籴,并提出"欲乞陛下精选才臣,令与臣即监司置局于太原,讲求利害,具可行事状以闻"③。

"即",《四库全书》底本、文渊阁《四库全书》本皆同④,在此为"就"之意,是指由神宗派人与韩绛在监司置局商议利害,而监司并非参与者,只是被借用场所而已。至次年九月乙丑,知太原府韩绛再次"乞精选才臣,令与臣及监司置局于太原府,讲求和籴利害"⑤,两处表述如此相似,但"即"与"及"不同,后者意思为监司亦是参与者。为神宗派出者为陈安石,他"乘驿与知太原府韩绛同转运司讲求边储利害,绛乞改和籴之法"⑥,"同"与"及"意思相同。上述三项民间疾苦皆与经济有关,不当作为监司的转运司不参与,故九年十二月丙申条中"即"应改为"及"。

110. 卷二七九:熙宁九年十二月甲辰,"诏司农寺常平等敕,就差本寺丞、簿、编修、主判看详"⑦。

其中"主判"乃是指司农寺主判官,故该句后半标点应改为"就差本寺丞、簿编修,主判看详"。

---

① [宋]李焘:《长编》卷二七八,影印《四库全书》底本,第 28 册,第 15675 页;《景印文渊阁四库全书》第 318 册,第 681 页;影印浙江书局本,第 2624 页。
② [宋]李焘:《长编》卷二七一,第 6641 页。
③ [宋]李焘:《长编》卷二七九,第 6835—6837 页。
④ [宋]李焘:《长编》卷二七九,影印《四库全书》底本,第 28 册,第 15746 页;《景印文渊阁四库全书》本,第 318 册,第 699 页。
⑤ [宋]李焘:《长编》卷二八四,第 6963 页。
⑥ [宋]李焘:《长编》卷二八七,元丰元年闰正月丙子,第 7022 页。
⑦ [宋]李焘:《长编》卷二七九,第 6845 页。

111. 卷二八〇：熙宁十年正月"癸亥,广南东路转运司言,军兴之际,州县阙官,欲令江西十州军见任京朝官、选人、大小使臣,各依合入资序指射,本路员阙,上铨院奏差。从之"①。

后半句标点应改为"各依合入资序指射本路员阙,上铨院奏差",否则易引起歧义。同日,侍御史周尹上疏弹劾李稷,其中有"稷何人斯,乃获幸免"②一句,标点应改为"稷何人,斯乃获幸免"。该月戊寅条载胡志忠"尝预(王)廷老等大教妓乐宴会;案问欲举,(郑)膺诡名射民田"③,标点应改为"志忠尝预廷老等大教妓乐宴会,案问欲举;膺诡名射民田"。二月丙戌条中"若违誓诏,修建城池"④,标点应改为"若违誓诏修建城池"。二月乙未,权御史中丞邓润甫上言中提及"熙宁令前代帝王陵寝并禁樵采,遇郊祀则敕吏致祭,其德意可谓远矣"⑤,其中"熙宁"标有专名线,但"熙宁令"为一部法典,应标书名线。二月戊申条注文中"制置解盐使。皮公弼请复范祥旧法,平市价"⑥,标点应改为"制置解盐使皮公弼请复范祥旧法"。

112. 卷二八〇：熙宁十年二月己亥枢密副使王韶罢任后的注文中引述魏泰《东轩杂录》的相关内容,其中王韶说:"今市易务衰剥民利,十倍(桑)弘羊,而此来官吏失于奉行者,多至黜免。今之大旱,皆由吕嘉问作法害人,以致和气不至。"⑦

该条在今本《东轩笔录》中有留存,"此""至",今本分别作"比""召"⑧,意思更加优长,应据改。二月己酉常秩卒条的注文中亦引述了魏泰《东轩录》的内容,其中提及"中间谒告归汝阴,上特降诏召之。两制降诏,自秩始也。会放进士徐铎榜,秩密以太学生之薄于行者,藉名于册……我若致汝于吏……先是,

---

① [宋]李焘:《长编》卷二八〇,第6851页。
② [宋]李焘:《长编》卷二八〇,第6851页。
③ [宋]李焘:《长编》卷二八〇,第6855页。
④ [宋]李焘:《长编》卷二八〇,第6860页。
⑤ [宋]李焘:《长编》卷二八〇,第6864页。
⑥ [宋]李焘:《长编》卷二八〇,第6873页。
⑦ [宋]李焘:《长编》卷二八〇,第6866页。
⑧ [宋]魏泰:《东轩笔录》卷六,第65—66页。

秩未谒告时,敕差谋向经葬事。至是,经葬百日,上亲奠祭"①。"召",今本《东轩笔录》作"起",应出异文校;"两制",今本无,常秩此时非翰林学士或知制诰,两字应删去或出校勘记说明;"册""吏",今本分别作"方册""法",应出异文校;"谋""百",今本分别作"护""有"②,应据改。

113. 卷二八一:熙宁十年三月丙寅,三司言:"相度及再体问商人,自来出产小盐及邻接京东、河北末盐地分澶,濮、济、单、曹、怀州,南京及开封府界阳武……韦城九县,令通商必为外来及小盐侵夺,贩卖不行。合依旧官自出卖……"③

上述官卖盐州府只有七个,但在注文中李焘却说"曹、濮、澶、怀、卫、济、单、南京并阳武等九县官卖犹如故"④,两相比照,正文中少卫州。查此次改制前,"畿县及澶、曹、濮、怀、卫、济、单、解、同、华、陕、河中府、南京、河阳,令提举解盐司运盐货鬻"⑤,经过此次改革后,"河阳、同、华、解州,河中、陕府,及开封府界陈留……新郑十一县,欲且令通商"⑥,两者相加,仍比之前少"卫州",故上条"澶"后之逗号应改为顿号,并在"怀"后补"、卫"。

114. 卷二八二:熙宁十年五月庚申,"秦凤、熙河路计议措置边事李宪上攻讨山后生羌禽冷鸡朴功状,诏……中军将、引进使、英州刺史王君万重伤,复客省使、达州团练使,赐绢二百;副将、崇仪使张若讷迁内藏库使;前军将、皇城使姚麟为西上阁门使、英州刺史,将、内殿承制孙咸宁为礼宾副使兼阁门通事舍人"⑦。

纵观此处各将均言明其在军阵中的地位,而孙咸宁仅说其为将,《四库全书》底本同,文渊阁《四库全书》本作"副将"⑧。此处每一军前列正将,后列副

---

① [宋]李焘:《长编》卷二八〇,第6877—6878页。
② [宋]魏泰:《东轩笔录》卷四,第47页。
③ [宋]李焘:《长编》卷二八一,第6884页。
④ [宋]李焘:《长编》卷二八一,第6885页。
⑤ [元]脱脱等:《宋史》卷一八一《食货志下三》,第4421页。
⑥ [宋]李焘:《长编》卷二八一,第6884—6885页。
⑦ [宋]李焘:《长编》卷二八二,第6903—6904页。
⑧ [宋]李焘:《长编》卷二八二,影印《四库全书》底本,第28册,第15896页;《景印文渊阁四库全书》第318册,第738页。

将,四库馆臣当依据此补一"副"字,上条应据该处体例及文渊阁本补。

115. 卷二八二,熙宁十年五月"甲子,吴充言:'史院旧用中书、枢密院《时政记》及《起居注》诸司文字纂类《日历》……'"①

诸司文字为相关政府部门所保存的官文书,与《起居注》无关,故上句后半标点应为"及《起居注》、诸司文字纂类《日历》"。

116. 卷二八二:熙宁十年五月"辛未,遣左藏库副使彭孙募胆勇人捕杀廖恩,以上批'恩杀巡检,气势滋盛,须及时扑灭,可速与枢密院议选一官兵,募三五百人捕'故也"②。

"官兵募",《四库全书》底本同,文渊阁《四库全书》本作"官募兵"③。实际上神宗令人与枢密院选择的是一名统兵官,命其募人前去捕杀廖恩,此人即彭孙,在此种语境下,所用词应为"兵官",如该年七月壬子中书所拟敕榜中即说廖恩"今乃啸聚徒众,敢行剽劫,屠害官兵,已令本路进兵,及选差兵官前去翦除"④,故上述"官兵"应予以乙正,文渊阁本校勘者发现了此处存在的问题,但因为不了解宋人的用词习惯而进行了臆改。

117. 卷二八三:熙宁十年六月"壬辰,秦凤、熙河路计议措置边事司言:'山西得功蕃官皇城使、康州刺史包顺忠白向汉,众所推服……今所推赏,未厌众论。及内藏库副使赵绍忠、供备库使包诚皆戮力效死,亦望别议赏典。'诏顺领荣州团练使,又与一子转资;诚为文思使,绍宗为崇仪使"⑤。

既然奏请赵绍忠等"别议赏典",然而最终为崇仪使的却是"绍宗"。《四库全书》底本、文渊阁《四库全书》本皆作"绍忠"⑥,而首次上报军功后,也是以"崇

---

① [宋]李焘:《长编》卷二八二,第6907页。
② [宋]李焘:《长编》卷二八二,第6917页。
③ [宋]李焘:《长编》卷二八二,影印《四库全书》底本,第28册,第15933页;《景印文渊阁四库全书》第318册,第747页。
④ [宋]李焘:《长编》卷二八三,第6931页。
⑤ [宋]李焘:《长编》卷二八三,第6924页。
⑥ [宋]李焘:《长编》卷二八三,影印《四库全书》底本,第28册,第15944页;《景印文渊阁四库全书》第318册,第750页。

仪副使赵绍忠为内藏库副使"①,故上述"绍宗"应改为"绍忠",此处为沿袭底本之误②。

118. 卷二八三:熙宁十年六月辛丑,"枢密院言:'闻邕州、钦州峒丁,其人颇骁勇,但训练不至,激劝无术。欲委经略司选举才武廉干之人为都司、巡检等,提举训练,每季分往案阅……'"③。

"都司",《四库全书》底本、文渊阁《四库全书》本皆同④,但都司一般指尚书都省,置于此处殊不可解。《宋史·兵志》"邕、钦溪洞壮丁"条载:熙宁"十年,枢密院请:'邕、钦峒丁委经略司提举,同巡检总莅训练之事,一委分接;岁终上艺优者,与其酋首第受赏……'"⑤,二者所记为同一事,可见该地有"同巡检"之设;《宋史》又记载元祐元年"十二月,广西经略安抚使、都钤辖司言:'乞除桂、宜、融、钦、廉州系将、不系将马步军轮差赴邕州极边水土恶弱砦镇监栅及巡防并都同巡检等处,并乞依邕州条例,一年一替……'"⑥,则上述"都司巡检"应为"都同巡检"之误,意为都巡检与同巡检。

119. 卷二八三:熙宁十年七月丁巳条注文末尾为"今附见,当考元丰元年八月十一日云云"⑦。

"今附见,当考"是指之前所引述的沈括《自志》的内容,而非指其后内容,故该句标点应为"今附见,当考。元丰元年八月十一日云云"。七月辛酉条注文云:"朱史签贴、《时政记》,载(李)直躬尝自请磨勘改官,无足书。新本亦削去。"⑧此处签贴是为说明材料去取原因,亦即该条签贴中引述了《时政记》的内容,而非两者并列,故此句标点应改为"朱史签贴:《时政记》载直躬尝自请磨勘改官,无足书。新本亦削去"。七月乙亥条注文末尾为"按:(赵)卨方以措

---

① [宋]李焘:《长编》卷二八〇,熙宁十年二月戊子,第6861页。
② [宋]李焘:《长编》卷二八三,影印浙江书局本,第2669页。
③ [宋]李焘:《长编》卷二八三,第6927页。
④ [宋]李焘:《长编》卷二八三,影印《四库全书》底本,第28册,第15951页;《景印文渊阁四库全书》第318册,第752页。
⑤ [元]脱脱等:《宋史》卷一九一《兵志五》,第4747页。
⑥ [元]脱脱等:《宋史》卷一九六《兵志一〇》,第4900—4901页。
⑦ [宋]李焘:《长编》卷二八三,第6935页。
⑧ [宋]李焘:《长编》卷二八三,第6936页。

置粮草乖方被责,八月一日,又责;李平一、蔡晔、周沃等皆缘漕运不办贬降"①,查八月初一日戊寅被责的为李平一、蔡晔、周沃②,故上句标点应为"八月一日,又责李平一、蔡晔、周沃等,皆缘漕运不办贬降"。同日河决条有注文"《新》、《旧纪》于丙子日乃书:河决澶州曹村埽,十七日,大决曹村"③,"十七日"前的逗号应改为句号。

120. 卷二八三:熙宁十年七月"辛酉,群臣拜表上尊号曰奉元宪古文武仁孝,诏答不允。表五上,终不允"④。

"奉元",《四库全书》底本、文渊阁《四库全书》本皆同⑤。《宋史》所载为"辛酉,群臣五上尊号曰奉天宪古文武仁孝皇帝,不许"⑥。《宋会要辑稿》《宋大诏令集》所载亦为"奉天宪古文武仁孝皇帝"⑦。故上述《长编》中"奉元"应改为"奉天"。

121. 卷二八三:熙宁十年七月壬戌,手诏:"皇伯祖、保大将军、节度使承选摄太尉,孟秋荐飨太庙。承选年高,难于拜起,可特免差摄。"⑧

此处关于赵承选的官职记载有误,因宋代不存在"保大将军"这样的官职,《四库全书》底本、文渊阁《四库全书》本皆作"保大军"⑨。本年二月甲申"彰武留后承选为保大军节度使"⑩,故上述"保大将军、节度使"应改为"保大军节度使",保大军为鄜州军号⑪,点校本此处为沿袭底本之误⑫。

---

① [宋]李焘:《长编》卷二八三,第6940页。
② [宋]李焘:《长编》卷二八四,第6945页。
③ [宋]李焘:《长编》卷二八三,第6940页。
④ [宋]李焘:《长编》卷二八三,第6936页。
⑤ [宋]李焘:《长编》卷二八三,影印《四库全书》底本,第28册,第15975页;《景印文渊阁四库全书》318册,第758页。
⑥ [元]脱脱等:《宋史》卷一五《神宗纪二》,第293页。
⑦ 《宋会要辑稿》礼四九之二〇,第1793页;司义祖整理:《宋大诏令集》卷四《宰相等表上尊号不允批答》,第18页。
⑧ [宋]李焘:《长编》卷二八三,第6937页。
⑨ [宋]李焘:《长编》卷二八三,影印《四库全书》底本,第28册,第15977页;《景印文渊阁四库全书》318册,第758页。
⑩ [宋]李焘:《长编》卷二八〇,第6859页。
⑪ [元]脱脱等:《宋史》卷八七《地理志三》,第2148页。
⑫ [宋]李焘:《长编》卷二八三,影印浙江书局本,第2675页。

122. 卷二八三：熙宁十年七月"庚午，西上阁门副使、知代州刘舜卿为客省使、知太原府。韩绛言舜卿八年不磨勘故也"①。

此处标点有误。韩绛于熙宁九年二月任知太原府②，元丰元年八月改知定州③，期间差遣未有变动。熙宁九年正月壬申，"以皇城副使、兼阁门通事舍人刘舜卿为西上阁门副使、知代州"④，《宋史》本传亦记载其"迁皇城副使。久之，知代州，加客省副使……转西上阁门使、知雄州"⑤，期间亦未有职位迁转。"客省使"为横班最高一级，而阁门副使以上的横班副使需要逐级迁转⑥，刘舜卿八年未磨勘，此次未有军功或特恩，应是由西上阁门副使转引进副使，再由引进副使转客省副使⑦，故该处"客省使"应为"客省副使"，至少应据《宋史》本传出校，故上述相应文字及标点应改为"西上阁门副使、知代州刘舜卿为客省副使。知太原府韩绛"。

123. 卷二八四：熙宁十年八月戊子，"诏给河北东路坊场钱十万缗，付转运司增修霖雨所损州县城、仓库等。后又赐体量安抚司斋郎、助教敕牒十五。修完，又赐常平谷三千石，赈济避水第四等以下户"⑧。

此处标点有误。该段文字意思应为第一次所赐十万缗不足，故第二次又赐斋郎、助教敕牒出售换取金钱以完成维修县城、仓库等，故中间一句标点应改为"后又赐体量安抚司斋郎、助教敕牒十五修完"。

124. 卷二八五：熙宁十年十月庚寅条末尾云："诏两浙转运、提点刑狱司同体量以闻。后二十一日，卒罢（俞）充都检正。"注文中云"充罢都检正在十二月五日"⑨。

---

① ［宋］李焘：《长编》卷二八三，第6937—6938页。
② ［宋］李焘：《长编》卷二七三，熙宁九年二月戊子，第6674页。
③ ［宋］李焘：《长编》卷二九一，元丰元年八月癸丑，第7117页。
④ ［宋］李焘：《长编》卷二七二，第6660页。
⑤ ［元］脱脱等：《宋史》卷三四九《刘舜卿传》，第11063页。
⑥ 苗书梅：《宋代官员选任和管理制度》，开封：河南大学出版社，1996年，第448页。
⑦ ［元］脱脱等：《宋史》卷一六九《职官志九》，第4032页。
⑧ ［宋］李焘：《长编》卷二八四，第6951页。
⑨ ［宋］李焘：《长编》卷二八五，第6979页。

查十二月"辛巳,以太常丞、直史馆、检正中书五房公事俞充为集贤殿修撰、都大提举市易司兼在京诸司库务"①。十月戊寅朔,庚寅为十三日,十二月辛巳正为五日,其间间隔46天,而非21天。

125. 卷二八五:熙宁十年十一月"丙辰,军器监言:'天下军器,五路已编排修完,其余诸路欲令随州郡大小次第编排,以五千人至千人为额,从本监量定年限,于都作院修选,委监司或提举司官一员提举点检。'从之"②。

后半部分标点应改为"从本监量定年限于都作院修,选委监司或提举司官一员提举点检"。十一月戊午条载手诏:"相王允弼皇家近属,先帝敦伯父之爱,眷顾加礼。逮朕纂承,以行尊,诸祖待之,尤所致恭。"③后半部分标点应改为"以行尊诸祖待之,尤所致恭"。

126. 卷二八五:熙宁十年十一月"壬戌,以成都府利州路钤辖,客省使狄詠为西上閤门使。用去年十一月癸酉诏也"④。

查熙宁九年十一月癸酉,因讨茂州蕃部功,"西上閤门副使狄詠为客省副使,候一年与转西上閤门使"⑤,此时满一年,则他当由客省副使转西上閤门使,而非客省使,因客省使已为横班最高一阶,《宋史·职官志》所载迁转次序亦是"客省副使转西上閤门使"⑥。故上句应为"以成都府利州路钤辖、客省副使狄詠为西上閤门使"。

127. 卷二八六:熙宁十年十二月甲申条载"议者欲自夏津县东开签河入董固护旧河,袤七十里九十步,又自张村埽直东筑堤至庞家庄古堤,袤五十里二百步,计用兵三百余万、物料三十余万"⑦。

---

① [宋]李焘:《长编》卷二八六,第6994页。
② [宋]李焘:《长编》卷二八五,第6989页。
③ [宋]李焘:《长编》卷二八五,第6989页。
④ [宋]李焘:《长编》卷二八五,第6990页。
⑤ [宋]李焘:《长编》卷二七九,第6822页。
⑥ [元]脱脱等:《宋史》卷一六九《职官志九》,第4032页。
⑦ [宋]李焘:《长编》卷二八六,第6996页。

"用兵",《四库全书》底本、文渊阁《四库全书》本均同①,但北宋修河一般用民夫,亦有用军兵,此时宋朝厢禁军总数为八十三万九千余人②,故三百余万显得数字过于庞大,颇疑"兵"为"工"字之误。

128. 卷二八六:熙宁十年十二月辛丑,"客省使、达州刺史、熙河路钤辖王君万兼同管勾经制本路边防财用事"③。

在本年十一月癸亥,"录抚接董毡般擦出汉功……客省使、达州团练使、熙河路钤辖王君万为本路都钤辖"④,故此处"熙河路钤辖"应为"熙河路都钤辖"。

129. 卷二八六:熙宁十年十二月癸卯,"河北东路经略使韩绛言:'殿中丞、权通判代州赵咸根括地毕,乞推恩。'诏赵咸迁一官,升一任"⑤。

此处"河北东路"有误,因其为河北的转运司路分,而非安抚司路,不可能置经略使。如上所述,韩绛于熙宁九年二月任知太原府,元丰元年八月改知定州,知"太原府、延安府、庆州、渭州、熙州、秦州则兼经略安抚使、马步军都总管。定州、真定府、瀛州、大名府、京兆府则兼安抚使、马步军都总管"⑥,亦即知太原府例兼河东经略安抚使,而河北则不设置经略使,《长编》在此时间段内也有数处"河东路经略使韩绛"的记载⑦,且代州在河东路境内,故上述"河北东路"应改为"河东路"。

以上为笔者阅读《长编》熙宁部分的读书笔记。对于神宗朝《长编》的编纂而言,王安石第二次罢相前后所依据的材料表面看起来存在有较大差异,即此后部分倚重于《神宗实录》;之前部分虽也大量参据并引述了《实录》,但《王安石日录》在其中占有重要地位。问题的实质在于《实录》朱本的编撰者主要参

---

① [宋] 李焘:《长编》卷二八六,影印《四库全书》底本,第 28 册,第 16111 页;《景印文渊阁四库全书》第 318 册,第 793 页。
② 王曾瑜:《宋朝军制初探》(增订本),北京:中华书局,2011 年,第 107—108 页。
③ [宋] 李焘:《长编》卷二八六,第 7000 页。
④ [宋] 李焘:《长编》卷二八五,第 6991 页。
⑤ [宋] 李焘:《长编》卷二八六,第 7001 页。
⑥ [元] 脱脱等:《宋史》卷一六七《职官志七》,第 3973 页。
⑦ 如[宋] 李焘:《长编》卷二八八,元丰元年二月壬子,第 7043 页。

据了《日录》,墨本也是以王安石主政时所修的《中书时政记》为重要依据,虽说王安石并未将《日录》进献给神宗,但他也不可能凭空撰造出那样详细的对话和记事,故《日录》与熙宁时期《中书时政记》的相似度应是比较高的。也就是说,即使完整的《王安石日录》存在,也与《神宗实录》相关部分之间不会有太大不同。从这点上来看,《长编》在王安石第二次罢相前后所依据的主要材料在本质上并无巨大差异。但由于《王安石日录》现已佚失,陈瓘和杨时所引用的只是较小一部分,故而除《宋会要辑稿》《宋史》外,《长编》熙宁部分的整理因大宗同源文献较少,故只能以本校与对校为主,与《长编》相关节本的对校实质上也属于后者。

那么《长编》诸版本中有无最好的版本呢?答案是否定的。文津阁本、活字本、浙江书局本中均存在诸多改译与讹误,文渊阁本准确度要稍高一些。苗润博于数年前发现的《四库全书》底本确实为一个重要的版本,具有较高的文献价值①,尤其是在恢复被四库馆臣删改的部分。但需要注意的是,该本也仅是一个过程稿本,而非定本,也存在较多讹误与脱文。对于后者,上文已指出的卷二四八熙宁七年二月脱去四百余字是一例,而在卷二五一熙宁七年三月己未,《四库全书》底本载"先是,上欲赦以救旱灾,金谓一岁三赦非宜。是日,上复欲赦,王安石曰"②,其下本应为讨论降赦的内容,即"汤旱以六事自责,首曰'政不节欤',若一岁三赦,即是政不节,非所以弭灾也。'乃已"③,但该本却为"夫诸司使带遥郡者,荫补外准此……",经查,此为元祐四年八月甲寅事④,接下来该本所载亦皆为该月记事,直至此卷末条,此条正文为"诏洺州曲周、鸡泽依旧分为两县,从河北都转运司、提点刑狱奏请也",注文为"《编录册》八月二日事。省曲周入鸡泽,在熙宁二年"⑤,《四库全书》底本中则无"都转运"之后的内容⑥。该卷同于卷四三二的篇幅达 36 个半页之多,直至下卷方恢复正常。本不相连的两个部分不仅在同一个半页内,且"王安石曰"之"曰"字与"夫诸司

---

① 苗润博:《〈续资治通鉴长编〉四库底本之发现及其文献价值》,《文史》2015 年第 2 辑,第 221—243 页。
② [宋]李焘:《长编》卷二五一,影印《四库全书》底本,第 25 册,第 14109 页。
③ [宋]李焘:《长编》卷二五一,第 6127 页。
④ [宋]李焘:《长编》卷四三二,第 10424 页。
⑤ [宋]李焘:《长编》卷四三二,第 10437 页。
⑥ [宋]李焘:《长编》卷二五一,影印《四库全书》底本,第 25 册,第 14145 页。

使……"在同一行,由此可知此处并非书页散乱所致。其间阙失的内容,据浙江书局本统计亦有23个半页有余,不可谓不严重,文渊阁《四库全书》本等此处则不存在该问题。且此本卷四三二重复了此处"夫诸司使"之后的内容,并且是完整的。① 这样严重的问题是否还有,则需要进一步查核方可得知。因而,《长编》再整理时选择何本为底本是一个破费思量的问题。选择《四库全书》底本在恢复馆臣改译删削方面无疑是正确的,但其他部分的文字准确率却不如文渊阁《四库全书》本;文渊阁《四库全书》本为定本,文字准确率高,但其间有意改译与偶尔误校是该本存在的主要问题。对此选择,则取决于再整理的取向。

《长编》该部分的编纂还有一个特点,那就是前后互见的地方较多,对此应充分翻检,取资以校,是为本校。但这些地方存在的问题也较多,这也是再次整理时需要注意之处。而其所依据《会要》《国史》等其他典籍的内容,也只能尽量取《宋会要辑稿》《宋史》等以资校对。该部分还引用了一些臣僚的奏议以及一些笔记等,有些已与原书核对,有的却无,如韩维的《南阳集》等就未取校,还有一些书如《东轩笔录》《涑水记闻》等,有些予以对校,有些可能由于技术原因未找到相应文字,也就未予以校对,对此也应予以补校。而之前的一些勘误文章指出《长编》某处有误,但有些为李焘引述的其他文献,经与原书比对后发现原文即已如此,对此应谨慎处理。对于已经佚失文献中明显讹误的文字如人名、地名等,或可予以校改,但对于现存文献中的此类文字,若无版本依据,合理的处理方式应是出校予以说明为妥。李焘在表述及引据文献时有时并不十分严格,如"秦凤等路转运司"经常简称为"秦凤路转运司",对此也不应补正。此外,该部分中有些人名用字不统一,如蔡挺有一子名字或作"蔡烨",或作"蔡晔",对此应予以考辨、统一。

---

① [宋]李焘:《长编》卷四三二,影印《四库全书》底本,第42册,第24228—24264页。

朱胜非《渡江遭变录》钩沉

浙大城市学院浙江历史研究中心助理研究员 帅克

摘 要：《三朝北盟会编》与《建炎以来系年要录》记苗刘之变时所引的名为《秀水闲居录》的文字，实为被认为已散佚的朱胜非另一笔记《渡江遭变录》的大部分内容。《渡江遭变录》为史部之传记杂史，《秀水闲居录》为子部之小说，二者之体裁类目、语言风格不同，亦曾分别为宋人著录。《渡江遭变录》曾单行于世，但约在淳熙以后与《秀水闲居录》合并进而冠以后者之名。随着二书的合并与散佚，后人遂不复区分二者。

关键词：《渡江遭变录》；朱胜非；《秀水闲居录》；苗刘之变

一、引　言

朱胜非（1082—1141），字藏一，蔡州人，崇宁四年（1105）上舍及第，至建炎三年（1129）、绍兴二年（1132）两度拜相。其生平经历见于《三朝北盟会编》卷二一三引《朱胜非行状》《中兴姓氏录·朱胜非传》与《宋史·朱胜非传》，其人在两宋之际历史中的功过也已积累了不少研究[①]。在关于朱胜

---

① 相关研究有李华瑞：《朱胜非与南宋初期和战》，《文史》2004年第1辑，第76—86页；王曾瑜、史泠歌：《南宋宰相吕颐浩和朱胜非的重要事迹述评》，《首都师范大学学报（社会科学版）》2013年第3期，第1—7页；刘云军：《〈宋史·朱胜非传〉补正》，《〈宋史〉宰辅列传补正》，保定：河北大学出版社，2016年，第80—116页；刘昱枫：《朱胜非与〈秀水闲居录〉研究》，河北大学硕士学位论文，2020年等。

非著作的研究中,一般认为《渡江遭变录》今已散佚不存①。《渡江遭变录》,"丞相上蔡朱胜非藏一撰,记苗刘作难至复辟事"②,则"渡江遭变"之"变"即苗刘之变。苗刘之变为南宋初的重大事件,各方都留下记述,"矜夸复辟之功",宋廷此后亦要求勤王臣僚将"诸路勤王事迹"进呈③。《渡江遭变录》即其中之一,是朱胜非记载苗刘之变始末的作品。苗刘之变期间,朱胜非为宋廷宰相,经历了事变全程,故其《渡江遭变录》为记录该事变的一手史料。

不过,从南宋人评论、引用《渡江遭变录》的一些文字中可以发现,这些文字与现存朱胜非《闲居录》的一部分内容存在十分紧密的对应关系。本文从这一细节入手,从现存题为《闲居录》的文本中勾稽出应属于《渡江遭变录》的部分,并试图解释《渡江遭变录》与《闲居录》之前的关系与《闲居录》文本现状的成因。

二、宋人对《渡江遭变录》的引用、评论与《会编》《要录》所引《闲居录》

《渡江遭变录》虽已散佚,但也曾被南宋人著录、评论并引用。通过这些评论、引用的文字,今人可得知《渡江遭变录》的大致内容与些许细节。汪应辰(1118—1176)有《书朱丞相〈渡江遭变录〉》一文,认为朱胜非此作矜夸己功,有失公允,其中对《渡江遭变录》中所记的许多细节提出了质疑和批评,也使今人能够从中看到《渡江遭变录》的个别原文字句:

> 今观朱丞相《渡江遭变录》……六日赦书上徽号,曰"睿圣仁孝皇帝",今但云"上幸别宫,继有旨称'睿圣太上皇帝'"。然则赦书谁所定?所谓"有旨"者,旨安所自出哉?又改元明受,乃三月十

---

① 刘云军:《〈宋史·朱胜非传〉补正》,《〈宋史〉宰辅列传补正》,第 116 页;[宋]朱胜非撰,史泠歌整理:《秀水闲居录·点校说明》,上海师范大学古籍整理研究所编《全宋笔记》第 9 编第 1 册,郑州:大象出版社,2018 年,第 352 页;刘昱枫:《朱胜非与〈秀水闲居录〉研究》,第 18 页;朱易安:《〈全宋笔记书目提要〉序言》,张剑光、刘光胜主编《文化典籍》(第一辑),上海:中西书局,2019 年,第 160 页;顾宏义:《宋代笔记录考》中册,北京:中华书局,2020 年,第 465—468 页。

② [宋]陈振孙撰,徐小蛮、顾美华点校:《直斋书录解题·杂史类》,上海:上海古籍出版社,2015 年,第 155 页。

③ [清]永瑢:《四库全书总目》卷六四《勤王记》,北京:中华书局,1965 年,第 571 页。

日,而以为十八日。又十二日百官始朝睿圣宫,今但于"幸别宫"之下云"宰执百官皆从,侍卫如仪"而已。张丞相所上表……今《渡江遭变录》但云张乞主上"贬损位号、柔服敌情"而已。既改"抑去徽名"为"贬损位号",又表中其他要切之语皆不载。盖所谓"徽名"者,乃是时所上"睿圣仁孝皇帝"之名,其与位号不同矣,而差误疏略如此,果何意耶? 贼徒凶焰,而冯康国以布衣单骑冒险入城,说谕傅等。其死生未可知,乃谓遣康国者,"欲成就一官爵耳"。责张丞相散官、郴州安置,而止云"罢礼部侍郎"。谓"檄书到,反正事已成",然二十四日诏乃云云如此,何也? 临平之战,而以为"未尝战斗",勤王之云"天下共诛之",而谓"事若至此,虽诛何益?"又因说再贬汪、黄二相,而谓张丞相为黄潜善所知,且黄虽误国,岂不容其知人? 况是时为执政者,其与黄同乎异乎? 窃谓遭变反正,事之细微曲折固不一,然其本末大概,则有不可拚者。是以摭其事实备论之,庶几是非有考焉。①

倘若将汪应辰所引用的《渡江遭变录》语句罗列下来,便可发现其中的细节与徐梦莘(1126—1207)《三朝北盟会编》(以下简称"《会编》")卷一二五、一二六及李心传(1166—1243)《建炎以来系年要录》(以下简称"《要录》")卷二一、二二中记苗刘之变时所引的朱胜非《闲居录》全部吻合(见表1)。

表1 《书朱丞相〈渡江遭变录〉》与《会编》《要录》
记苗刘之变引《闲居录》内容对照表

序号	《书朱丞相〈渡江遭变录〉》	《会编》《要录》引《闲居录》
1	又,六日敕书、上徽号曰"睿圣仁孝皇帝",今但云"**上幸别宫,继有旨称'睿圣太上皇帝'**"。……又,十二日,百官始朝睿圣宫,今但于幸别宫之下云"**宰执百官皆从,侍卫如仪**"而已。	是日,**上幸别宫**(故相刘正夫第也),**继有旨称"睿圣太上皇帝"**,仍以睿圣为宫名,**宰执百官皆从,侍卫如仪**。(《会编》卷125)

---

① [宋]汪应辰:《文定集》卷一一《书朱丞相〈渡江遭变录〉》,《景印文渊阁四库全书》第1138册,台北:台湾商务印书馆,1986年,第690—692页。

续 表

序号	《书朱丞相〈渡江遭变录〉》	《会编》《要录》引《闲居录》
2	今《渡江遭变录》但云张"**乞主上贬损位号,柔服敌情**"而已,既改"抑去徽名"为"贬损位号"……	十四日,张浚自平江遣进士冯康国持奏并申都省,**乞主上贬损位号,柔服虏情**。(《要录》卷21,《会编》卷125)①
3	贼徒凶焰,而冯康国以布衣单骑冒险入城,说谕傅等,其死生未可知,乃谓遣康国者,"**欲成就一官爵耳**"。	浚僚属甚多不遣,遣布衣来。且康国自言与浚皆蜀人,相从日久,或**欲成就官爵耳**。(《要录》卷21)
4	责张丞相散官、郴州安置,而止云"**罢礼部侍郎**"。 谓檄书到,**反正事已成**。 又因说再贬汪黄二相,而谓**张丞相为黄潜善所知**。	晚朝具奏,批旨云:"罢浚礼部侍郎。"后浚来,首语余曰:"前降罢命,知非朝廷意,即时毁却省札,弃之江中。"余曰:"方是时,**反正事垂成**,凡有益于此者皆为之。不特此命也,如黄汪二相再贬,亦是此意。"**浚与黄潜善深知**,故并告之。(《会编》卷126)
5	临平之战,而以为"**未尝战斗**"。	韩世忠部将佐陈思恭、孙世询等至,皆以尘土蒙面,破裂衣裳,亦有面颊封药如金疮者。州人指笑曰:"舟行未尝有尘,**不曾战斗**,何故伤损?"(《会编》卷126)
6	勤王之云"**天下共诛之**",而谓"**事若至此,虽诛何益**"。	檄云"当与**天下共诛之**",此虽大义,然**事至此,虽诛何救**?度诸人朝夕必来,臣则去矣。(《会编》卷126)

据上表,《会编》卷一二五、一二六与《要录》卷二一、二二引用的关于苗刘之变的《闲居录》,与散佚的《渡江遭变录》在以上文字细节上都是相同的。除了具体文字,汪应辰亦提及朝廷改元明受的日期乃三月十日,而《渡江遭变录》"以为十八日"。《会编》卷一二六引《闲居录》:

> 三月(十)六日,王世修见余曰:"……二将所陈未有一事得请,颇以为言。如年号等事,昨日再入文字。"语未毕,呈内降文字,乃二凶

---

① 按今《文定集》《要录》之"柔服敌情"四字应经过清人删削。此四字,明抄本《会编》作"柔服虏情",许刻本《会编》改为"以听敌命"。

所奏。纸末批云:"第三奏可改元明德或明受。"余即示世修曰:"已从请矣。"……后两日,改年"明受"。①

按此《会编》引《闲居录》所记,改元明受之日为十六日的"后两日",正合《渡江遭变录》"十八日"之误。此外,李心传在《要录》中记明受改元事时也提到,"胜非《闲居录》载内批于十六日,又云'后两日改元'"②。那么徐梦莘、李心传二人所见《闲居录》连记事错误之处都与《渡江遭变录》相同了。

除了汪应辰之外,赵甡之在《中兴遗史》中亦曾提及《渡江遭变录》。《宋宰辅编年录》卷一四记朱胜非建炎三年罢相时,引赵甡之《中兴遗史》,其末云:"胜非有《遭变录》具载其事。"③这显示《中兴遗史》这段记述朱胜非罢相的内容很可能参考了《渡江遭变录》。将这段《中兴遗史》的内容与《会编》卷一二六引《闲居录》记朱胜非罢相事相对照,便可看出此段可能参考了《渡江遭变录》的《中兴遗史》文字与《会编》卷一二六之《闲居录》文字多有对应之处(见表2)。

表2 《宰辅编年录》引《遗史》与《会编》引《闲居录》对照表

《宋宰辅编年录》卷一四引《中兴遗史》	《会编》卷一二六引《闲居录》
至是,胜非乞罢相,且**自陈苗傅申请十八事,臣皆不为施行**。识者闻胜非言及于此,不□也。上不许其去,胜非力请,上坚不许。胜非曰:"臣备位宰相,至使贼臣敢弄兵犯阙,陛下不以臣即死,而犹位宰相,臣何面目以见士大夫。"犹不许。胜非曰:"陛下如欲用臣,则俟异日。臣愿以死报陛下。今日之罪,臣不自安,乞避相位。"上曰:"**卿去,谁可代者**?"胜非曰:"吕颐浩、张浚。"上问谁先、	初五日,二府奏事方退,留身奏曰:"陛下既许臣罢去,乞早赐处分。臣自此不复敢赴朝。"上曰:"卿拜相方三日,事变遽作。赖卿之力,二十五日而事平。以卿平难之谋,用图恢复,必有所济。"……上又曰:"朕与卿相知,**今暂听卿去,然孰可继卿者**?"余曰:"以时事言之,须**吕颐浩、张浚**。"上曰:"以谓勤王有功耶?城中安静数日方至。"……上曰:"且除一人。二人

---

① [宋]徐梦莘:《三朝北盟会编》卷一二六,上海:上海古籍出版社,2019年影印许涵度刻本,第918页,以明抄本参校。此处日期,许刻本作"三月六日",明抄本作"十六日"。按原文此前已记十五日事,此处日期应为十六日。

② [宋]李心传撰,辛更儒点校:《建炎以来系年要录》卷二一,建炎三年三月己丑条,上海:上海古籍出版社,2018年,第442页。

③ [宋]徐自明撰,王瑞来校补:《宋宰辅编年录校补》卷一四《高宗皇帝上·建炎三年》,北京:中华书局,1986年,第934页。

続　表

《宋宰辅编年录》卷一四引《中兴遗史》	《会编》卷一二六引《闲居录》
胜非曰："如不出于二人,当先颐浩。"上首肯之,乃许胜非罢相,遂以观文殿学士知洪州。赐诏褒谕曰："卿位宰司之三日,变起仓猝。方群凶肆虐,胁制上下,图谋僭逆。卿在庙堂,能折奸言,拒而不行。保安两宫,卒以无虞。虽在外大臣提兵入援之力,实卿谋虑周密,终始保佑之功。朕甚嘉之,已除卿观文殿学士知平江府。盖朕将幸建康以援中原,倚大臣为屏翰,委任重矣。"胜非闻命力辞,止乞依前降诏守洪。累诏不从,章五上乃许之。自南渡,胜非尽弃囊橐,一簪不存。至是,携一布囊径之洪州。行路人皆叹息胜非遭变,委曲调护二贼,不敢别生他心,此为大功。胜非有《遭变录》具载其事。	孰优?"余曰："知臣莫如君。况命相大事,臣何敢优劣?"上曰："第言之。"余曰："颐浩练事而粗暴,张浚喜事而疏浅。"上曰："俱轻。浚太少年。"……至晚锁院,宣召直院王陶翊立宣制,颐浩右相,余观文殿大学士知洪州,即奏乞免谢辞,径之城外接待院。先因渡江,尽弃囊橐,一簪不存。至是,随行惟一布囊,负之而趋,路人皆笑,有叹息见怜者。中书省吏赍机密文字黄袋来纳,余令当面开示,有二凶请札子不曾施行者十八纸,具奏缴纳。……奖谕手诏云："朕览卿所奏苗傅等申请朝廷不曾施行事十八纸。卿任宰司之三日,变起仓促。方群凶肆虐,劫制上下,图谋为逆。卿在庙堂,能折奸言,拒而不行。保安两宫,卒以无虞。虽曰在外将帅提兵入援,实卿谋虑周密,终始保护之功。朕甚嘉之,已除卿观文殿学士知平江府。盖朕将幸建康以援中原,倚大臣为屏翰,委任重矣。故兹亲笔示谕,想宜知悉。"……

这亦与上文汪应辰的文字一同显示,《会编》卷一二五、一二六与《要录》卷二一、二二记苗刘之变时所引《闲居录》文字,与《渡江遭变录》的内容高度重合。据此,这些文字是否就来自《渡江遭变录》? 可否据此复原部分《渡江遭变录》? 徐梦莘、李心传二人所引《闲居录》与《渡江遭变录》是何关系?

三、《会编》《要录》记苗刘之变引《闲居录》文字考

（一）《会编》《要录》所引《闲居录》文字为《渡江遭变录》

首先要考察的是《会编》《要录》记苗刘之变时所引《闲居录》文字的特征。《会编》在卷一二五"(三月)五日癸未,御营都副统制苗傅、刘正彦杀签书枢密王渊,举兵诣阙,反逼上逊位皇太子,元祐太后垂帘听政"条之下,将朱胜非《闲

居录》大段收录，占卷一二五后半部分与卷一二六全部，计七千余字①。该段文字叙事连贯，记录了建炎三年二月维扬之变发生至四月朱胜非罢相期间作者的经历见闻，发生在三月的苗刘之变即被包含在内。

与此同时，《要录》卷二一、二二在记苗刘之变时，曾十数次提及、引用《闲居录》，其中一些文字与《会编》所引内容相同，另有一千一百余字不见于《会编》。其中有些整段的文字未被《会编》收录，如《要录》卷二一建炎三年三月己丑条引《闲居录》三月十三日记事："余留身奏曰：'六人者已引遍奏对，何如？'太后曰：'问劳劝勉，皆如卿言'……"凡二百余字，而此日记事不见于《会编》引文②。

还有些段落在收入《会编》时被徐梦莘重新删改拼接。如《闲居录》三月十五日、十六日记事，《要录》引文八百余字，叙述了三月十五日朱胜非与苗刘二人在政事堂周旋之后，次日再去与太后商议对策的过程，而《会编》引文则将上述十五日的全部内容以及十六日奏对的开头部分近六百字浓缩为不到一百字：

> （十五日）二凶堂白："当遣使议和，不可缓。"余曰："议定朝夕行，出闻得房砦有在淮扬之间者，未知酋长何在，须遣小使寻访报信。今欲外召二使，先遣一小使报信，如何？"皆曰："善。"遂拟定。召王孝迪、卢益，枢密院准备差遣中遣小使。
>
> 次日早朝奏陈……（以下二百余字，《会编》与《要录》同）③

经过以上对比可以发现，《会编》与《要录》记苗刘之变时所引《闲居录》，系两位作者从朱胜非原作"各取所需"而来。徐梦莘删减了一些内容，但保留了文本的连贯性和整体性。李心传引《闲居录》，只是为了辨正考异，故只取《闲居录》的一些片段，其中恰有被徐梦莘删削的内容。也就是说，《会编》与《要录》在记苗刘之变时所引的《闲居录》中，有一整段描述苗刘之变始末的文字，其字数应在八千以上。

《闲居录》中这一大段记苗刘之变本末的文字，正合于宋人对《渡江遭变

---

① 《三朝北盟会编》卷一二五至一二六，第913—922页。
② 《建炎以来系年要录》卷二一，建炎三年三月己丑条，第441页。
③ 《三朝北盟会编》卷一二五，第916—917页。

录》"记苗刘作难至复辟事"的概括,又与汪应辰提到的《渡江遭变录》诸细节完全符合。《会编》卷一二五引《闲居录》的开头为"建炎三年己酉二月三日,余为中书侍郎,从车驾自瓜洲渡江"①,之后便记述朱胜非拜相、遭逢苗刘之变的经历,完全合于"渡江遭变"之题。其现存字数,亦与《渡江遭变录》"一卷"的体量相仿佛。至此可以推断,《会编》《要录》记苗刘之变时所引《闲居录》文字,很可能是朱胜非所著《渡江遭变录》的大部分内容。

(二)《渡江遭变录》与《秀水闲居录》之区别

至此,本节须讨论又一问题:既然上节所提到的《闲居录》文字实乃《渡江遭变录》,徐、李二人却称所引文字出自《闲居录》,那么《渡江遭变录》会不会是《秀水闲居录》的一部分或一个条目呢?

首先需要考察这两部作品的著录情况。《闲居录》与《渡江遭变录》是两部作品,且曾被宋人分别著录,这是没有疑问的。

《闲居录》三卷,《遂初堂书目》《直斋书录解题》《文献通考·经籍考》皆归入小说类②。此书宋元之际已无全帙③,2018年出版的《全宋笔记》第9编第1册中,有史泠歌整理的《秀水闲居录》一卷,系从诸处文献中多方辑佚而成,是目前能见到的《闲居录》最完整、系统的版本④。该书为"丞相汝南朱胜非藏一撰,寓居宜春时作"⑤,从整理的情况来看,该书所记内容杂驳,年代上至战国,下至南宋,既有涉及当代政事的内容,亦有追记往事、记述典故、品评艺文作品的条目。

《渡江遭变录》一卷,《遂初堂书目》《直斋书录解题》与《文献通考·经籍考》等宋元文献都有著录,其中《遂初堂书目》归为本朝杂史,《直斋书录解题》

---

① 《三朝北盟会编》卷一二五,第914页。
② [宋]尤袤:《遂初堂书目·小说类》,《丛书集成初编》,上海:商务印书馆,1935年,第23页;《直斋书录解题·小说类》,第342页;[元]马端临撰,上海师范大学古籍研究所、华东师范大学古籍研究所点校:《文献通考》卷二一七《经籍考》,北京:中华书局,2011年,第6055页。
③ 《直斋书录解题》与《文献通考·经籍考》著录的《闲居录》为三卷,《宋史·艺文志》为二卷,刘昱枫据此推断《闲居录》在元代已散落遗失了一卷。详参刘昱枫《朱胜非与〈秀水闲居录〉研究》,第41—42页。
④ 《秀水闲居录》,《全宋笔记》第9编第1册,第352—412页。
⑤ 《直斋书录解题·小说类》,第342页。

将其归为杂史类,《文献通考·经籍考》归入传记,且转抄自《直斋书录解题》①。元代以后,虽然涵芬楼版《说郛》与《群书拾补》曾著录此书,但分别抄自《遂初堂书目》与《文献通考》②。所以此书实际上在宋代以后未再被著录。

  此二书如今虽可一概以"笔记"名之,但在当时的文献目录中却分属于不同类别。今人所谓"笔记小说",自《隋书·经籍志》以来即被划分为子部与史部,宋代的目录划分亦在此基础上更加精细③。具体到此二书,按以上的宋人著录情况,《闲居录》为子部之小说,而《渡江遭变录》为史部之杂史或传记。虽然"小说"与"杂史""传记"有许多共通之处,历代公私著录中也常常将这几类混杂,但相关研究指出,"小说"与"杂史"仍有功用价值定位与题材取向上的区别。从功用价值上看,"杂史"的补史价值更高,"小说"则更偏向娱乐消遣,在题材上,"杂史"多与庙堂大政相关,"小说"则多取鬼神怪异之事或历史人物的轶事琐闻④。以此标准出发,便可更好地理解《渡江遭变录》与《闲居录》的差别。作为"杂史"或"传记"的《渡江遭变录》,专记苗刘之变这一重大事件,事关政权存亡,且就是为了进呈朝廷以备修史之用的,而如今的《秀水闲居录》中除了"渡江遭变"之外的诸条目,内容杂驳,乃朱胜非闲居消遣之作。

  二书除了目录分类不同,文字风格与文本形态亦不同。在文字风格上,《渡江遭变录》以叙事为主,保留了大量的人物对话和行动,文字生动活泼,而《闲居录》诸条目的文字则多为议论,少有连贯的情节与对话,语言风格也清新平淡许多。刘昱枫在评价《闲居录》的文学价值时,认为其叙事极生动,举出的例子全部来自《渡江遭变录》的这段内容,这反而突出了《渡江遭变录》与今所谓《闲居录》其他诸条目的异质⑤。在文本形态上,《渡江遭变录》乃一大段连续

---

① 《遂初堂书目·本朝杂史》,第9页;《直斋书录解题·杂史类》,第155页;《文献通考》卷一九七《经籍考》,第5689页。
② [元]陶宗仪:《说郛三种》,上海:上海古籍出版社,1988年,第485页;[清]卢文弨撰,程惠新、陈东辉校点:《群书拾补》(上),杭州:浙江大学出版社,2019年,第254页。
③ 刘师健:《宋代笔记的文体自觉与定型》,《云南师范大学学报(哲学社会科学版)》2018年第2期,第126—127页。
④ 王庆华:《论古代"小说"与"杂史"文类之混杂》,《华东师范大学学报(哲学社会科学版)》2015年第5期,第206—207页。
⑤ 刘昱枫:《朱胜非与〈秀水闲居录〉研究》,第67—69页。

的文字,逐日记录作者见闻,首尾具备,自成一体,而《闲居录》则是由杂驳短小的许多条目组成的一部笔记小说。

综上所述,从记事内容与范围、宋人文体观念与著录分类情况、文字风格与文本形态等方面来看,《渡江遭变录》与《闲居录》乃绝不相同的两部作品。另外,从当时的著述风尚来看,《渡江遭变录》应是南宋中叶"纪事本末"体出现前夜集中涌现的如《建炎复辟记》之类的"记一事本末之书"中的一种①,而《闲居录》则是更标准、传统的士大夫笔记。《渡江遭变录》应不是《闲居录》的一个条目——从现存情况来看,《闲居录》诸条目少则十数字,多不过二三百字,无法想象完整的三卷本《闲居录》中,会有一超过八千字的条目占去一整卷。

四、《渡江遭变录》与《闲居录》的合并

既然《闲居录》与《渡江遭变录》乃二书,李心传与徐梦莘为何会将这段文字一概称为《闲居录》? 本文推测,此二书应经历了一个由分到合的过程。《渡江遭变录》在隆兴二年(1164)十月由朱胜非之子朱夏卿进呈朝廷:

> 孝宗隆兴二年十月三日,右朝请郎、直龙图阁、权发遣两浙路计度转运副使朱夏卿状:"先父观文殿大学士、左光禄大夫致仕胜非手录《渡江》《复辟事迹》各一帙,乞令本家善写投进。"诏从之。②

此段材料显示,此时的《渡江遭变录》乃是一单行的作品,而上文提到的几处宋人著录、评论《渡江遭变录》的情况也说明,它曾作为一部独立的作品流传。汪应辰淳熙三年(1176)去世,而现在的研究认为《中兴遗史》至晚在淳熙年间已修成③,这显示单行的《渡江遭变录》在乾、淳时期曾流于世。在此之后,《渡江遭变录》便只存在于目录书中。从此后人们对《闲居录》的引用和评论情况来

---

① 关于此时史学著述风气与新动向,详参曹鹏程:《纪事本末体在南宋的出现及其背景》,《中华文化论坛》2016 年第 6 期,第 114—117 页。

② [清]徐松辑,刘琳等点校:《宋会要辑稿》崇儒五之三七,上海:上海古籍出版社,2014 年,第 2855 页。

③ 许起山、张其凡:《赵甡之与〈中兴遗史〉》,《宋史研究论丛》第 21 辑,北京:科学出版社,2017 年,第 287 页。

看,《渡江遭变录》应在孝宗朝之后与《闲居录》合二为一了。除了《会编》与《要录》,朱熹(1130—1200)曾云:"朱丞相《秀水闲居录》自夸其功太过,以复辟之事皆由他做,不公道"①;刘克庄(1187—1269)说:"《秀水闲居录》,非笑勤王诸公,若以为无寸劳者"②。根据二人言论所反映出的《闲居录》内容来看,此时的《闲居录》已将《渡江遭变录》包含在内。《会编》于绍熙五年(1194)十二月修成,但编纂此书应耗时不少,上推数年便是淳熙年间,那么《渡江遭变录》与《闲居录》合并刊行或传抄的时间,可能在淳熙、绍熙之际。至于合并的原因,可能是由于这两部作品都出自朱胜非笔下,且都卷帙短小。

综上所述,《渡江遭变录》与《闲居录》本是朱胜非所作的两部不同内容、类型的作品,二书曾分别流传于世并被著录。到了淳熙、绍熙之际,《渡江遭变录》与《闲居录》合并,并以《闲居录》之名留存于世。

结　　语

此前,无名氏的《建炎复辟记》被认为是当年诸多记载苗刘之变作品中唯一留存至今的作品,经过本文的分析,如今已可恢复另一部专记苗刘之变的作品《渡江遭变录》之大概。

《渡江遭变录》乃朱胜非记录苗刘之变始末的作品,起自建炎三年二月的维扬之变,终于四月朱胜非罢相赴洪州上任。虽然《渡江遭变录》因太强的主观色彩与许多史实错误而被当时人批评,但时任宰相的朱胜非在其中逐日记载了本人的见闻,尤其保留了苗刘之变期间宋廷高层人物活动的大量史料,其中不少内容都是孤证,因此,这部笔记仍是研究苗刘之变乃至南宋初年历史的重要材料。

《渡江遭变录》于隆兴二年进呈之后为世人所知,并被当时的藏书家著录。到了淳熙、绍熙之际,《渡江遭变录》与《秀水闲居录》合二为一,并继续以《秀水闲居录》之名流传于世,曾单行于世的《渡江遭变录》开始淡出人们的视野。宋

---

① [宋]黎靖德编,王星贤点校:《朱子语类》卷一三一《中兴至今日人物上》,北京:中华书局,1986年,第3140页。

② [宋]刘克庄撰,辛更儒笺校:《刘克庄集笺校》卷一〇八《跋〈绍兴奖谕诏〉》,北京:中华书局,2011年,第4497页。

代以后,完整的《秀水闲居录》已不存,原本被包含在其中的《渡江遭变录》亦彻底为人遗忘。幸运的是,结合宋人对《渡江遭变录》的著录、评论以及《要录》与《会编》记苗刘之变时所引用的《秀水闲居录》文字,我们得以发现后者恰好是原《渡江遭变录》的大部分内容。

《宋史·乐志》校札二十一则

四川文理学院文学与传播学院副教授　刘术

摘　要：《宋史》因成书仓促且出众手，在抄录、剪裁、考订史料方面多有缺失，中华书局点校本的标点也偶有待商榷之处。本文乃据相关史料，对《宋史·乐志》（一至三）中存在的讹误以及标点问题加以辨析考证，撰成札记二十一则，以期对该书的进一步整理有所助益。

关键词：《宋史·乐志》；校勘；标点

《宋史》因出众手且成书仓促，在抄录、剪裁、考订史料方面多有缺失，其中《乐志》部分也存在相同的问题。丘琼荪先生于20世纪60年代完成的《历代乐志律志校释》一书，其中就包括对《宋史·乐志》的校释，但惜此部分还未出版就在"文革"中散失了，至今未见。之后，王小盾先生指导他的博士生对丘稿缺失部分进行补校、补释，①其中李方元先生完成了《〈宋史·乐志〉研究》一书，是书从总体上讨论了《宋史·乐志》的编纂过程、写作的历史传统、史料来源与历史性质等问题，但并未就《乐志》文本作具体的校释工作。另外，中华书局点校本的标点也偶有待商榷之处。现就《乐一》至《乐三》部分试陈管见，补正数则，以供该书再版修订时参考。文中条目《宋史》正文为中华书局1977年版点校本，并一一标明页码。

---

① 丘琼荪：《历代乐志律志校释·出版说明》，北京：人民音乐出版社，1999年，第1页。

1. 宋初,命俨仍兼太常。建隆元年二月,俨上言曰:"三、五之兴,礼乐不相沿袭。洪惟圣宋,肇建皇极,一代之乐,宜乎立名。乐章固当易以新词,式遵旧典。"从之,因诏俨专其事……郊庙俎豆入为《丰安》。(第2939—2940页)

按:"二月"当为"三月"。《玉海》卷一〇五《建隆新定乐舞》条引《会要》:"建隆元年二月五日,有司上言,请改乐名。诏恭依。令权判太常寺窦俨撰进……三月,兼判太常寺窦俨上言:'三王之兴,礼乐不相沿袭。洪惟圣宋,肇建皇极,一代之乐,宜乎立名。禋享宴会乐章,固当易以新词,式遵旧典。'即诏俨改周乐"①云云。《玉海》所引《会要》对此事的时间记载非常清楚,"二月"乃"有司上言",三月方有窦俨"上言"。《长编》亦将窦俨"上言"系于建隆元年(960)三月己巳。② 故"三月"为是。

"郊庙俎豆入"当为"郊庙俎入"。《太常因革礼》卷一七引《国朝会要》、③《玉海》卷一〇四引《会要》、④《宋会要辑稿》乐四、⑤《长编》卷一⑥载窦俨所上乐名,均作"郊庙俎入为《丰安》"。

2. (乾德)四年春,遣拾遗孙吉取成都孟昶伪宫县至京师,太常官属阅视,考其乐器,不协音律,命毁弃之。(第2940页)

按:"拾遗孙吉"当为"右拾遗孙逢吉";"四年春"当为"四年五月"。《长编》卷七乾德四年五月条载:"先是,上遣右拾遗孙逢吉至成都收伪蜀图书法物。乙亥,逢吉还,所上法物皆不中度,悉命焚毁,图书付史馆。"⑦《事实类苑》卷三一:"(乾德)三年九月,命右拾遗孙逢吉往西川取伪蜀法物、图籍、印篆赴阙,得万三千卷,送三馆。"⑧《麟台故事》卷二中:"(乾德)三年平蜀,遣右拾遗孙逢吉往收其图籍。"⑨《太常因革礼》卷二八引《太祖实录》:"乾德六年,平蜀,命右拾

---

① [宋]王应麟:《玉海》卷一〇五,扬州:广陵书社,2007年,第1923页。
② [宋]李焘:《续资治通鉴长编》卷一,北京:中华书局,2004年,第11页。(以下简称《长编》)
③ [宋]欧阳修,苏洵:《太常因革礼》卷一七,《丛书集成初编》,上海:商务印书馆,1936年,第96页。
④ [宋]王应麟:《玉海》卷一〇五,第1923页。
⑤ [清]徐松辑,刘琳等点校:《宋会要辑稿》乐四之一〇,上海:上海古籍出版社,2014年,第399页。
⑥ [宋]李焘:《长编》卷一,第11页。
⑦ [宋]李焘:《长编》卷七,第171页。
⑧ [宋]江少虞:《事实类苑》卷三一,《景印文渊阁四库全书》第874册,台北:商务印书馆,1986年,第265页。
⑨ [宋]程俱撰,张富祥校证:《麟台故事校证》卷二中,北京:中华书局,2000年,第251页。

遗孙逢吉收伪蜀法物,其不中度者悉毁去。"①乾德六年当为乾德三年。《文献通考》卷一一七《王礼考》一二:"乾德三年,蜀平,命右拾遗孙逢吉收伪法物之不中度者,悉毁之。"②由以上文献所载可知,所遣之人当为"右拾遗孙逢吉",其赴成都在乾德三年(965)九月,乾德四年(966)五月始还京师。故《宋史》本条"四年春"当为"四年五月"。

3. 淳化二年,太子中允、直集贤院和㠓上言:"兄岘尝于乾德中约《唐志》故事,请改殿庭二舞之名,舞有六变之象,每变各有乐章,歌咏太祖功业。"(第2943页)

按:"《唐志》"当为"唐"。《太常因革礼》卷一七引《国朝会要》:"淳化二年,太子中允、直集贤院和㠓上言:'臣兄岘尝于乾德中约唐故事,改殿廷二舞之名。'"③和㠓在此所言"兄岘尝于乾德中约唐故事"指乾德四年十月和岘将文舞改为《玄德升闻之舞》,武舞改为《天下大定之舞》,且为其六变各作乐章一事。而其所"约唐故事"即唐高宗仪凤二年(677),太常卿韦万石定武舞《凯安舞》六变一事。《新唐书》卷二一《礼乐志》:"仪凤二年,太常卿韦万石定《凯安舞》六变:一变象龙兴参墟;二变象克定关中;三变象东夏宾服;四变象江淮平;五变象狝狁伏从;六变复位以崇,象兵还振旅。"④"故事"在此指掌故、先例之意,主要和朝代、人物等连用。故《国朝会要》作"唐故事"为确。而《宋史》所云"《唐志》"当为《旧唐书·音乐志》,该《志》中的确载有韦万石改乐舞事,因而致误。

4. 景德二年八月,监察御史艾仲孺上言,请修饰乐器,调正音律,乃诏翰林学士李宗谔权判太常寺,及令内臣监修乐器。(第2945页)

按:"监察御史艾仲孺"当作"殿中侍御史艾仲孺"。《宋会要辑稿》乐四记有此事,云:"景德二年八月一日,殿中侍御史艾仲孺言:'太常乐器多损,音律不调,严禋在近,望遣使修饰。'帝以典乐之任宜得其人,乃命翰林学士李宗谔权判太常寺,及令内臣监修乐器。"⑤可见,《宋会要》将艾仲孺此时的官职记为"殿中侍御史"。此后,《长编》卷六一景德二年(1005)八月丁丑条也记此事,

---

① [宋]欧阳修、苏洵:《太常因革礼》卷二八,第177页。
② [元]马端临:《文献通考》卷一一七,北京:中华书局,1986年,第1055页上栏。
③ [宋]欧阳修、苏洵:《太常因革礼》卷二〇,第125页。
④ [宋]欧阳修、宋祁:《新唐书》卷二一,北京:中华书局,2013年,第467页。
⑤ [清]徐松辑:《宋会要辑稿》乐四之一四,第402页。

云:"八月丁丑朔,以翰林学士李宗谔、左谏议大夫张秉同判太常寺,仍命内臣监修乐器。时殿中侍御史艾仲孺上言:'每监祠祭,伏见太常乐器损暗,音律不调。郊禋在近,望遣使修饰,及择近臣判寺。'故以命宗谔等。"①细察上引二书文字,《长编》显然并非据《会要》而成,而是另有所本。可见,在宋代不同史源中均载,景德二年八月艾仲孺为殿中侍御史。同时,在《玉海》卷一〇五《景德乐纂》中亦载:"景德二年八月丁丑朔,殿中侍御史、监祭使艾仲孺言:'每监祠祭,太常乐器多损,音律不调。郊禋在近,望遣使修饰。'乃命翰林李宗谔及左谏议张秉判寺,令内臣监修乐器。"②《玉海》在此将艾仲孺此时的官职记为"殿中侍御史、监祭使"。《宋会要辑稿》职官一七引《两朝国史志》,云:"御史台,其属有三院:一曰台院,侍御史隶焉。二曰殿院,殿中侍御史隶焉。三曰察院,监察御史隶焉……凡祭祀则兼监祭使。"③因景德二年七月"丁巳,诏以十一月十三日有事于南郊"。④ 因此之故,作为御史之一的艾仲孺在此次南郊祭天中兼"监祭使"。因此可以看出,《玉海》对景德二年艾仲孺任职情况的记载比上引《会要》和《长编》更加全面,且其也记此时的艾仲孺为"殿中侍御史"。由以上三书的记载可知,景德二年艾仲孺当任职于御史台殿院的殿中侍御史,而非察院的监察御史。

而在现存文献中,首次认为艾仲孺此时任职"监察御史"的是《文献通考》,云:"监察御史艾仲孺复上言,请修饰乐器,调正音律。"⑤其后,《宋史·乐志》因之,因而致误。

5. (景德三年)八月,上御崇政殿张宫县阅试,召宰执、亲王临观,宗谔执乐谱立侍。(第 2945 页)

按:"上御崇政殿张宫县阅试"句语意未全。《长编》卷六三:"(景德三年八月)癸酉,上御崇政殿,张宫县,阅试李宗谔等新习雅乐,召宰相、亲王临观。宗谔执乐谱立侍。"⑥《宋会要辑稿》乐四:"(景德三年)八月四日,引太常工于崇政

---

① [宋] 李焘:《长编》卷六一,第 1356 页。
② [宋] 王应麟:《玉海》卷一〇五,第 1925 页。
③ [清] 徐松辑:《宋会要辑稿》职官一七之一,第 3449 页。
④ [宋] 李焘:《长编》卷六〇,第 1350 页。
⑤ [元] 马端临:《文献通考》卷一三〇《乐考三》,第 1157 页上栏。
⑥ [宋] 李焘:《长编》卷六三,第 1416 页。

殿,设宫县,作新教雅乐。帝召亲王、辅臣列侍以观。宗谔执乐谱立御前承旨。"①《玉海》卷一〇五亦作:"宗谔引太常乐工诣崇政殿,设宫县,作新习雅乐。上召亲王、辅臣列侍以观。"②由上引文献可知,宋真宗"阅试"的对象是"李宗谔等新习雅乐"。

6. 明年二月,肃等上考定乐器并见工人,帝御延福宫临阅,奏郊庙五十一曲,因问照乐音高,命详陈之。照言:"朴准视古乐高五律,视教坊乐高二律。盖五代之乱,雅乐废坏,朴创意造准,不合古法,用之本朝,卒无福应。又编钟、镈、磬无大小、轻重、厚薄、长短之差,铜锡不精,声韵失美,大者陵,小者抑,非中度之器也。"(第2948页)

按:"因问照乐音高"句,文意令人费解。《长编》卷一一六载此事,云:"景祐二年二月丙辰朔,燕肃等上考定乐器并见工人。戊午,御延福宫临阅,奏郊庙五十一曲。因问李照乐何如,照对乐音高。命详陈之。"③《皇朝编年纲目备要》卷一〇:"(仁宗)因问照:'乐何如?'照对:'乐音高。'"④《宋会要辑稿》乐一:"帝问李照:'此乐如何?'照对:'高古乐五律。'"⑤由此可见,《宋史》"因问照乐音高"句当是对宋仁宗和李照一问一答的删改,因删去数字,则其义不可解。"镈、磬"当作"镈钟"。《皇朝编年纲目备要》卷一〇、《长编》卷一一六景祐二年二月丙辰条、《太平治迹统类》卷六、《宋通鉴长编纪事本末》卷三一、《文献通考》卷一三〇《乐考三》诸书载李照之言,均作"镈钟"。而在现存文献中,作"镈、磬"者始自《宋史·乐志》。

7. 礼官又言:"《春秋》隐公五年:'考仲子之宫,初献六羽。'何休、范宁等咸谓,不言佾者,明佾则干舞在其中,妇人无武事,独奏文乐也。江左宋建平、王宏皆据以为说,故章皇后庙独用文舞。"(第2953页)

按:标点本在"江左""宋建平""王宏"下分别加专名号。据《通典》卷一四一载:"孝武孝建二年,有司奏:'前殿中曹郎荀万秋议,郊庙宜设乐。'于是使内外博议。竟陵王诞等并同万秋议。建平王宏议,以《凯容》为韶舞,《宣烈》为武

---

① [清] 徐松辑:《宋会要辑稿》乐四之一五,第402页。
② [宋] 王应麟:《玉海》卷一〇五,第1925页。
③ [宋] 李焘:《长编》卷一一六,第2720页。
④ [宋] 陈均编,许沛藻等点校:《皇朝编年纲目备要》卷一〇,北京:中华书局,2006年,第213页。
⑤ [宋] 徐松辑:《宋会要辑稿》乐一之三,第342页。

舞,祖宗庙乐总以德为名,章皇太后庙奏文乐,《永至》等乐仍旧。"①可见,《宋史》此处"江左宋建平、王宏"所云"宋"指刘宋王朝,"宏"指刘宏。《宋书》卷七二:"建平宣简王宏,字休度,文帝第七子也。早丧母,元嘉二十一年,年十一,封建平王。"②故标点当为:<u>江左 宋 建平王 宏</u>。

"章皇后庙"当为"章皇太后庙"。据《宋书》卷四一:"武帝胡婕妤,讳道安,淮南人。义熙初,为高祖所纳,生文帝。五年,被谴赐死,时年四十二。葬丹徒。高祖践阼,追赠婕妤。太祖即位,有司奏曰:'臣闻德厚者礼尊,庆深者位极。故闷宫既构,咏歌先姒;园陵崇卫,聿追来孝。伏惟先婕妤柔明塞渊,光备六列,德昭坤范,训洽母仪。用能启祚圣明,奄宅四海。严亲莫逮,天禄永违。臣等远准《春秋》,近稽汉、晋。谨上尊号曰章皇太后,陵曰熙宁。'立庙于京师。"③由此可知,胡道安,死于东晋安帝义熙五年,刘裕建宋后方追赠其为婕妤。生太祖刘义隆。刘义隆即位后,上尊号曰章皇太后,在国都建康立庙,即此处所谓"章皇后庙"。因胡氏既未当过皇后,死后也未获赠"皇后"之号,而只受尊号为"章皇太后"。

8. 初,照等改造金石所用员程凡七百十四:攻金之工百五十三,攻木之工二百十六,攻皮之工四十九,刮摩之工九十一,搏埴之工十六,设色之工百八十九。(第2955页)

按:《宋会要辑稿》乐二"攻金之工百五十三"作"攻金之工二百五十三"。④因"所用员程凡七百十四",而据《宋史》所载计算,总计缺一百人。按《宋会要辑稿》乐二所记计算,则合七百十四之数,当从《宋会要辑稿》,作"攻金之工二百五十三"。

9. 左司谏姚仲孙言:"照所制乐多诡异,至如炼白石以为磬,范中金以作钟,又欲以三辰、五灵为乐器之饰。臣愚,窃有所疑。自祖宗考正大乐,荐之郊庙,垂七十年,一旦黜废而用新器,臣窃以为不可。"(第2956页)

按:姚仲孙此处所言发生在景祐二年(1035)六月九日。⑤《宋史》"垂七十

---

① [唐]杜佑撰,王文锦等点校:《通典》卷一四一,北京:中华书局,1988年,第3600页。
② [南朝宋]沈约:《宋书》卷七二《刘宏传》,北京:中华书局,2013年,第1858页。
③ [南朝宋]沈约:《宋书》卷四一《后妃》,第1283页。
④ [宋]徐松辑:《宋会要辑稿》乐二之七,第358页。
⑤ [宋]徐松辑:《宋会要辑稿》乐一之二三,第353页。

年"当是从宋太祖乾德四年(966),和岘修乐完成时开始计算而得的。乐成后,"(乾德四年十一月癸巳)上御乾元殿受朝毕,常服御大明殿,群臣上寿,初用雅乐登歌及文德、武功二舞"。① 但《长编》卷一一六,②《宋会要辑稿》乐一③、《太平治迹统类》卷六④载姚仲孙所言,"垂七十年"却均作"垂八十年"。宋太祖修制雅乐最早发生在建隆元年(960)三月而非乾德四年(966),其时诏判太常寺窦俨改制禋享宴会乐章,同年四月即成,用之郊庙。⑤ 建隆元年(960)至景祐二年(1035)凡七十六年,《长编》《会要》等举其约数,故称"垂八十年",为确。

10. (景祐三年)十月,度等言:"据邓保信黍尺二,其一称用上党秬黍圆者一黍之长,累百成尺,与蔡邕合。臣等检详前代造尺,皆以一黍之广为分,唯后魏公孙崇以一黍之长累为寸法,太常刘芳以秬黍中者一黍之广即为一分,中尉元匡以一黍之广度黍二缝以取一分,三家竞不能决。而蔡邕铜龠,本志中亦不明言用黍长广累尺。今将保信黄钟管内秬黍二百粒以黍长为分,再累至尺二条,比保信元尺一长五黍,一长七黍,又律管黄钟龠一枚,容秬黍千二百粒,以元尺比量,分寸略同。复将实龠秬黍再累者校之,即又不同。其龠、合、升、斗亦皆类此。又阮逸、胡瑗钟律法黍尺,其一称用上党羊头山秬黍中者累广求尺,制黄钟之声。臣等以其大黍百粒累广成尺,复将管内二百粒以黍广为分,再累至尺二条,比逸等元尺,一短七黍,一短三黍。盖逸等元尺并用一等大黍,其实管之黍大小不均,遂致差异。又其铜律管十二枚,臣等据楚衍等围九方分之法,与逸等元尺及所实龠秬黍再累成尺者校之,又各不同。又所制铜称二量亦皆类此。臣等看详,其钟、磬各一架,虽合典故,而黍尺一差,难以定夺。"(第 **2960—2961** 页)

按:"十月"当为"九月"。《长编》卷一〇九将丁度等所上奏议系于景祐三年(1036)九月丁亥(十四日)。⑥《玉海》卷一〇五⑦所载与《长编》同。《太平治

---

① [宋]李焘:《长编》卷七,第181页。
② [宋]李焘:《长编》卷一一六,第2736页。
③ [清]徐松辑:《宋会要辑稿》乐一之二三,第353页。
④ [宋]彭百川:《太平治迹统类》卷六,《景印文渊阁四库全书》第408册,台北:商务印书馆,1986年,第175页下栏。
⑤ [宋]李焘:《长编》卷一,第11页。
⑥ [宋]李焘:《长编》卷一一九,第2802—2803页。
⑦ [宋]王应麟:《玉海》卷一〇五,第1926页。

迹统类》卷六将其系于九月。① 景祐三年（1036）七月十三日，冯元、聂冠卿、宋祁等上《景祐广乐记》，标志着景祐修乐基本完成。十四日，诏丁度、胥偃、韩琦等取邓保信、阮逸、胡瑗等钟律详定以闻。八月甲戌（二十九日）韩琦上《上仁宗论详定雅乐》奏疏。看了韩琦的奏疏后，宋仁宗随即"诏丁度等速详定以闻"。② 由一"速"字可见，仁宗已经在催促丁度等人加快进度了。而《长编》等载丁度在九月十四日上详定雅乐奏疏，离仁宗下催促诏书仅十五日，而《宋史》所记"十月"则已过一个多月。故《长编》等所记更合常理。《宋史》在本条文字之后随即写道"又言：太祖皇帝尝诏和岘等用景表尺典修金石……其阮逸、胡瑗、邓保信并李照所用太府寺等尺及阮逸状进《周礼》度量法，其说疏舛，不可依用"。③ 此事发生在景祐三年（1036）十月十九日。④ 因此，《宋史》可能是在改写史料时将丁度两次不同时间所上奏疏的时间误为一时了。

"据邓保信黍尺二，其一称用上党秬黍圆者"句中，"黍尺"和"称"很难搭配，文意令人费解。《宋会要辑稿》乐二详载丁度此次所上奏疏："景祐三年十月四日，丁度等言：奉诏取邓保信、阮逸、胡瑗等钟律定夺闻奏……今取到邓保信等奏议，及所造黍尺、律管、权量、钟磬等，并崇文院检到历代钟律典故，与差到天官再算管龠法度；仍取保信、逸、瑗、元实黄钟管秬黍，再令尺匠别造到黍尺各二条参校，备见得失。据邓保信律法，其黍尺一条，称用上党秬黍圆者，一黍之长，累百成尺，与蔡邕铜龠符合。"⑤很明显，《宋史》此句本于丁度原奏疏"据邓保信律法，其黍尺一条，称用上党秬黍圆者"。而丁度所"据邓保信律法"当在前文所云"今取到邓保信等奏议"之中。《宋史》删改原奏疏数字，致文意不明。

"本志"所指不明。《宋会要辑稿》乐二载丁度奏疏，在"三家竟不能决"和"本志中"之间还有"太和十九年，高祖诏以一黍之广，用成分体，典修金石。及《隋志》云：'从上相承，有铜龠一，以银错题其铭曰：黄钟之宫长九寸，空围九分，容秬黍千二百粒。祖孝孙云：相承传是蔡邕铜龠'"。⑥ 由此可见，丁度诏

---

① ［宋］彭百川：《太平治迹统类》卷六，第178页下栏。
② ［宋］李焘：《长编》卷一一九，第2802页。
③ ［元］脱脱等：《宋史》卷一二七，第2961页。
④ ［清］徐松辑：《宋会要辑稿》乐二，第363页。
⑤ ［清］徐松辑：《宋会要辑稿》乐二之一六，第362页。
⑥ ［清］徐松辑：《宋会要辑稿》乐二之一三、一四，第362页。

书原文,"本志"是承上指代《隋志》,但经《宋史》撰者将此段话剪裁之后,却并未将"本志"改换成"《隋志》",导致指代不明。此"《隋志》"指《隋书·律历志》。"又阮逸、胡瑗钟律法黍尺,其一"句,语意不明。丁度奏疏原文为"又据阮逸、胡瑗钟律法,黍尺一条"。① 此处行文与上文"据邓保信律法,其黍尺一条"表述一致。《宋史》删改原奏疏数字,致文意不明,进而致整理本标点错误,"黍尺"二字当属下句。

"据楚衍等围九方分之法"当为"据楚衍等算到空围九方分之法"。《宋会要辑稿》乐二载丁度奏疏原文作"据楚衍等算到围九方分之法校之"。② 可见,《宋史》此句乃删奏疏原文中"算到"二字而成。但丁度所云之事,载于《宋会要辑稿》乐二:"冯元等奏,令司天秋官正楚衍、灵台郎朱吉算定逸、瑗律管九方分之法,云:黄钟管长九寸,径三分,按《九章》之法求积分,以径三分自乘得九分,又以管长寸通之为九十分,乘之得八百十分,为方积之数,容黍一千二百。"③而阮逸、胡瑗"律管九方分之法"是指"阮逸、胡瑗《钟律奏议》三卷,并所造黄钟律管、铜龠一、木龠一,各受黍千二百粒。其数法,取空围内容九方分以积之"。④ 因此,丁度奏疏中"围九方分"当取自此处的"空围内容九方分"。"空围九分"见相传为蔡邕铜龠之铭文,云:"龠,黄钟之宫,长九寸,空围九分,容秬黍一千二百粒,称重十二铢,两之为一合,三分损益,转生十二律。"⑤

"臣等看详,其钟、磬各一架,虽合典故,而黍尺一差"句,"虽合"前当有"形制"二字,"一"当作"已"。丁度奏疏原文作:"又钟、磬各一架,臣等看详,虽形制有合典故,又缘黍尺已差,难为定夺。"⑥《宋史》此条删去原文"形制"二字,致语意有差。

11. (景祐五年五月)诏资政殿大学士宋绶、三司使晏殊同两制官详定以闻。(第2961页)

按:"三司使晏殊"当作"御史中丞晏殊"。据《长编》卷一二二:"(宝元元年

---

① 〔清〕徐松辑:《宋会要辑稿》乐二之一四,第362页。
② 〔清〕徐松辑:《宋会要辑稿》乐二之一五,第363页。
③ 〔清〕徐松辑:《宋会要辑稿》乐二之九、一〇,第360页。
④ 〔清〕徐松辑:《宋会要辑稿》乐二之九,第360页。
⑤ 〔唐〕魏征等:《隋书》卷一六《律历上》,北京:中华书局,1973年,第406页。
⑥ 〔清〕徐松辑:《宋会要辑稿》乐二之一六,第363页。

四月乙亥)刑部尚书、知陈州晏殊以本官兼御史中丞,充理检使。"①"(宝元元年十二月)甲戌,刑部尚书、兼御史中丞晏殊复为三司使。"②由此可知,宝元元年(1038)四月乙亥至同年十二月甲戌,晏殊乃刑部尚书、知陈州兼御史中丞。宝元元年(1038)十二月甲戌方才恢复其明道元年(1032)八月辛丑所罢之三司使之职。③ 因景祐五年(1038)十一月庚戌改元宝元,故文献中多将其混用,但指同一年。故当从《长编》,作"御史中丞晏殊"。

12. (皇祐二年)六月,内出御撰明堂乐八曲……及御撰鼓吹、警严曲、合宫歌并肄于太常。(第 2962 页)

按:"及御撰鼓吹、警严曲、合宫歌并肄于太常"一句,标点宜改作:"及御撰鼓吹警严曲《合宫歌》,并肄于太常。"《宋会要辑稿》礼二四:"(皇祐二年六月四日)其御撰鼓吹警严曲合宫歌一阕,并下太常肄习之。"④《玉海》卷一〇六亦载:"六月己未,内出御撰明堂乐八曲……又制鼓吹警严曲合宫歌一阕。"⑤阕,量词,用于词或歌曲。此处"一阕"乃修饰"鼓吹警严曲合宫歌",指其为一首歌曲。《古今图书集成·理学汇编·文学典》卷二四〇,云:"警严曲者,车驾所止,宿卫警场之乐歌也。自汉迄唐无闻,至宋始行之。其歌名有《六州》《十二时》,每更三奏之,若导引曲。"⑥《续通志》卷一二七《乐略·宋鼓吹十曲》:"自汉迄唐,鼓角横吹本于边徼所传,而用以为出入警严之节,盖取其声之激越震厉,多仍其旧曲,间或依倣彼调,别谱新词。然所述皆北方之事也。宋时旧曲失传,于是鼓吹一部所奏曲,命名乃大远古意,角声之变革自此始矣。"⑦宋时,作为警严、导引之用的"鼓吹十曲"包括《导引》《六州》《十二时》《奉禋歌》《降仙台》《合宫歌》《祔陵歌》《虞主歌》《永裕陵歌》《虞神歌》。⑧ 另,此句中之"并"字,指的是"明堂乐八曲"和"鼓吹警严曲《合宫歌》",而非单指后者。

---

① [宋]李焘:《长编》卷一二二,第 2872 页。
② [宋]李焘:《长编》卷一二二,第 2887 页。
③ [宋]李焘:《长编》卷一一一,第 2585 页。
④ [清]徐松辑:《宋会要辑稿》礼二四之一四,第 1146 页。
⑤ [宋]王应麟:《玉海》卷一〇六,第 1955 页。
⑥ [清]陈梦雷:《古今图书集成·理学汇编·文学典》卷二四〇,清雍正铜活字本。
⑦ [清]嵇璜、刘墉等:《续通志》卷一二七,杭州:浙江古籍出版社,1988 年,第 4024 页。
⑧ [清]嵇璜、刘墉等:《续通志》卷一二七,第 4024 页。

13. （皇祐二年）九月，帝服靴袍，御崇政殿……因出太宗琴、阮谱及御撰明堂乐曲音谱，并按习大乐新录，赐群臣。又出新制颂埙、匏笙、洞箫，仍令登歌以八音诸器各奏一曲，遂召鼓吹局按警场，赐大乐、鼓吹令丞至乐工徒吏缗钱有差。（第2965页）

按："并按习大乐新录"一句，标点宜改作："并按习《大乐新录》。"《玉海》卷一〇五亦载此事，题名为："皇祐崇政殿阅雅乐　御撰明堂乐曲音谱　大乐新录"。① 同书卷一〇六亦有"皇祐崇政殿阅雅乐　大乐新录"条。② "新录"作为书名，宋代用例颇多，如《宋史·艺文志》所载有《三楚新录》《九华山新录》《丹台新录》《会稽新录》等。故"大乐新录"当为宋仁宗所撰供乐工排练的乐曲汇编，当标书名号。之所以不将"按习"二字置于书名号内，因"按习"乃排练之意，如《长编》卷八一："（大中祥符六年十月乙丑）诏：'如闻诸路先天、降圣、承天等节宴会，先一月召集乐工，按习于司理院，颇妨推勘。自今止令前七日按习，违者置其罪。'"③因此，"按习大乐新录"意为大乐所乐工排练的《大乐新录》。

"赐大乐、鼓吹令丞至乐工徒吏缗钱有差"一句，标点宜改作："赐大乐、鼓吹令、丞至乐工、徒吏缗钱有差。"《文献通考》卷五五："宋制：太乐局令一人，丞一人，乐正二人，副使正二人。"④"宋鼓吹局，令一人，丞一人。"⑤故"令丞"当用顿号分开。另"乐工"和"徒吏"是两类从事不同工作的人，当用顿号断开。

14. 秘阁校理裴煜奏："大祠与国忌同者，有司援旧制，礼乐备而不作。"（第2971页）

按："有司援旧制，礼乐备而不作"一句，宜改作："有司援旧礼，乐备而不作。"《太常因革礼》卷二〇引《礼院仪注》对裴煜所奏之言记之颇详，云："窃观祠祭事有可以增损者，如天地、日月、社稷，其行礼日与国忌日同者，自庆历至嘉祐凡八祠，皆援据《太常新礼》。天禧二年六月十七日立秋，祀白帝，以文懿皇后忌同日，乐备而不作。伏缘忌日必哀，志有所至，其不作乐宜也。夫祀，国

---

① [宋]王应麟：《玉海》卷一〇五，第1929页。
② [宋]王应麟：《玉海》卷一〇六，第1955页。
③ [宋]李焘：《长编》卷八一，第1849页。
④ [元]马端临：《文献通考》卷五五，第499页上栏。
⑤ [元]马端临：《文献通考》卷五五，第499页上栏。

之大事,乐所以降格神祇,非以适一己之私也。在礼,固不可阙。"①李焘在《长编》中将裴煜所奏改为"大祀与国忌同者,自庆历至嘉祐凡八祀,有司皆援旧礼,乐备而不作。忌日必哀,志有所至,其不用乐,宜也。然乐所以降格神祇,非以适一己之私也。谨按开元中礼部建言,忌日享庙应用乐。裴宽立议:'庙尊忌卑则作乐,庙卑忌尊则备而不奏。'中书令张说以宽议为是。宗庙如此,则天地、日月、社稷之祀用乐明矣。臣以为凡祀天地、日月、社稷与忌日同者,伏请用乐,其在庙,则如宽之议。所冀略轻存重,不失其称"。② 两相对比,可以发现李焘对裴煜奏疏之原文进行了删改,其中"大祀与国忌同者"句改自"如天地、日月、社稷,其行礼日与国忌同者",而"有司皆援旧礼,乐备而不作"句改自"皆援据《太常新礼》。天禧二年六月十七日立秋,祀白帝,以文懿皇后忌同日,乐备而不作"。由此可知,李焘所谓有司皆援"旧礼"乃《太常新礼》"。

对比《长编》和《宋史》所载裴煜所奏文字可知,后者显系本于前者而略加改动。而《宋史》所载"大祠与国忌同者,有司援旧制,礼乐备而不作"句乃对《长编》"大祀与国忌同者,自庆历至嘉祐凡八祀,有司皆援旧礼,乐备而不作"的改写,但在改写过程中误添一"制"字,致使文意与裴煜之原意有别,进而导致标点错误。③

15. 二曰八音不谐,钟磬阙四清声。(第 2982 页)

按:"钟磬阙四清声"当为"钟磬箫阙四清声",佚"箫"字。理由如下:此句乃《宋史》作者引杨杰《上言大乐七事》之第二事的论点。《无为集》卷一五《上言大乐七事》作:"二曰八音不谐,钟、磬、箫阙四清声事。"④《历代名臣奏议》所收同《无为集》,亦有"箫"字。⑤ 其次,此论点后,《宋史》作者节引杨杰论证文字:"虞乐九成,以箫为主;商乐和平,以磬为依;周乐合奏,以金为首。钟、磬、箫者,众乐之所宗,则天子之乐用八;钟、磬、箫,众乐之本,乃倍之为十六。且十二者,律之本声;而四者,应声也。本声重大为君父,应声轻清为臣子,故其四声曰清声,或曰子声也。李照议乐,始不用四清声,是有本而无应,八音何从

---

① [宋]欧阳修、苏辙:《太常因革礼》卷二〇,第 122 页。
② [宋]李焘:《长编》卷一九七,第 4771 页。
③ 此处对"制"字的处理参考了外审专家的意见。
④ [宋]杨杰:《无为集》卷一五,《宋集珍本丛刊》第 15 册,北京:线装书局,2004 年,第 360 页。
⑤ [明]黄淮、杨士奇编:《历代名臣奏议》卷一二八,上海:上海古籍出版社,1989 年,第 1684 页。

而谐哉？今巢笙、和笙，其管十九，以十二管发律吕之本声，以七管为应声。用之已久，而声至和，则编钟、磬、箫宜用四子声以谐八音。"①此段文字论述了钟、磬、箫作为本声的地位，但从李照乐开始，本声则无四清声相配，故导致"八音不谐"，因此，杨杰在此提出钟、磬、箫宜用四清声相配。由此可见，当有"箫"字。

16. 六曰祭祀、飨无分乐之序。（第2983页）

按：标点当为"六曰祭、祀、飨无分乐之序"。理由如下：此文乃杨杰《上言大乐七事》之第六事的论点，在绍兴十三年刊本《无为集》中，其后的论证文字有："今冬至祀天，不歌大吕；夏至祭地，不歌太蔟。春享祖庙，不奏无射；秋享后庙，不歌小吕。"②"享""飨"在经传中多通用。从此段文字可知，杨杰认为祭、祀、享分别为祭祀之一种，祭天曰"祀"，祭地曰"祭"，祭人曰"享"。如按《宋史》标点本，则将"祭祀"和"飨"并列，但"飨"是"祭祀"的一种，乃包含关系，而非并列关系。又，不将"祭祀"用顿号断开，则失去了杨杰在此将"祭""祀"区别的原意。此外，《周礼·春官宗伯·大司乐》载："乃分乐而序之，以祭，以享，以祀。"③由此也可证祭、享、祀三者在此为并列关系。

17. 今古器尚存，律吕悉备，而学士、大夫不讲考击，奏作委之贱工，则雅、郑不得不杂。（第2983页）

按：此句标点宜为："今古器尚存，律吕悉备，而学士大夫不讲，考击奏作，委之贱工，则雅、郑不得不杂。"考此句《宋史》作者据以改编之原文，乃杨杰《无为集·上言大乐七事》第七事中语，原文为"今雅乐古器非不存也，太常律吕非不备也，而学士大夫置而不讲，考击奏作，委之贱工，如之何不使雅、郑之杂耶？"④在原文中，"不讲"前有"置而"二字，可见，杨杰原意"学士大夫置而不讲"的对象并非"考击"，而是大乐理论。又，"雅乐古器"既包括需要"考击"来演出的类型，如钟、磬等，也包括需要"奏作"等吹拉弹方式来表演的类型，如琴、笛等。故此句中用"考击奏作"来指所有类型的乐器，而并非只有"奏作"的乐器才交给乐工演奏。另，"学士大夫"如在无需特别区分两者差异的语境中，学界

---

① ［元］脱脱等：《宋史》卷一二八，第2982页。
② ［宋］杨杰：《无为集》卷一五，第361页。
③ ［汉］郑玄注，［唐］贾公彦疏：《周礼注疏》卷二五，上海：上海古籍出版社，2010年，第838页。
④ ［宋］杨杰：《无为集》卷一五，第361页。

多将其作为一专有名词,可不点断。

18. 遂为十二均图。(第 2983 页)

按:此句标点宜为"遂为《十二均图》"。理由如下:此句乃据杨杰《上言大乐七事》一文末句"今著大乐十二均图一卷"①云云改写,故此处"十二均图"系原文中的"大乐十二均图"的简称。据《大乐十二均图序》:"今著《大乐十二均图》一卷,既备载律吕宫调,又各取一章附于篇。按图考声,不可以辨工师之能否;穷本知变,上足以赞圣明之述作云尔。"②由此可见,《大乐十二均图》乃杨杰所撰之乐理著作,故此句"十二均图"应加书名号。

19. (元丰)四年十一月,详定所言:"'搏拊、琴、瑟以咏',则堂上之乐,以象朝廷之治;'下管、鼗鼓','合止柷、敔','笙、镛以间',则堂下之乐,以象万物之治。"(第 2986 页)

按:此处"下管、鼗鼓","合止柷、敔","笙、镛以间"乃详定礼文所礼官引用《尚书·益稷》中夔之语。《尚书》原文为"夔击鸣球,搏拊、琴、瑟以咏。祖考来格。虞宾在位,群后德让。下管、鼗鼓,合止柷、敔,笙、镛以间,鸟兽跄跄。箫韶九成,凤皇来仪"。③ 因引用的是《尚书》中连续的文字,故标点当为:四年十一月,详定所言:"'搏拊、琴、瑟以咏',则堂上之乐,以象朝廷之治;'下管、鼗鼓,合止柷、敔,笙、镛以间',则堂下之乐,以象万物之治。"

20.《论钟》曰:夫钟之制,《周官·凫氏》言之甚详,而训解者其误有三……又云:"舞,上下促,以横为修,从为广,舞广四分。"今亦去径之二分以为之间,则舞间之方常居铣之四也。舞间方四,则鼓间六亦其方也。鼓六、钲六、舞四,既言鼓间与舞佾相应,则鼓与舞皆六,所云"钲六、舞四",其误二也。(第 2989 页)

按:此文乃《宋史》作者引用范镇《乐论·论钟》之语,范镇在此引用郑玄对《周礼·考工记·凫氏》的注文。考《周礼注疏》,"舞上下促,以横为修,从为广。舞广四分。今亦去径之二分以为之间,则舞间之方恒居铣之四也。舞间方四,则鼓间六亦其方也。鼓六、钲六、舞四"④均为郑玄注文,故后引号当在

---

① [宋]杨杰:《无为集》卷一五,第 361 页。
② [宋]杨杰:《无为集》卷八,第 310 页。
③ [汉]孔安国传,[唐]孔颖达正义:《尚书正义》,上海:上海古籍出版社,2007 年,第 179 页。
④ [汉]郑玄注,[唐]贾公彦疏:《周礼注疏》卷四七,第 1588 页。

"鼓六、钲六、舞四"后。

21. 乐下太常,而杨杰上言:"元丰中,诏范镇、刘几与臣详议郊庙大乐,既成而奏,称其和协。今镇新定乐法,颇与乐局所议不同。且乐经仁宗制作,神考睿断,奏之郊庙、朝廷,盖已久矣,岂可用镇一说而遽改之?"遂著《元祐乐议》,以破镇说。(第2991页)

按:"今镇新定乐法"一句,标点宜为"今镇《新定乐法》"。《宋会要辑稿》乐二亦载此事,云:"哲宗元祐元年(笔者按,当为"三年")闰十二月,杨杰言:'元丰中,尝诏范镇、刘几与臣详议郊庙大乐,既成而奏,称其和协。近见镇有《元祐新定乐法》,颇与乐局所议不同。窃缘其乐先经仁宗制作,后经神考睿断,奏之郊庙朝廷,盖已久矣,不可用镇一家之说而遽改之。'遂撰成《元祐乐议》七篇。"①《玉海》卷八《元祐乐尺》条亦载:"元祐三年(1088)闰十二月,杨杰言,范镇有《元祐新定乐法》。"②可见,《宋史》所载杨杰"上言"中范镇"新定乐法"当指"元祐新定乐法"。《通志·艺文略》第二著录:"《元祐新定乐法》一卷,范镇。"③而《玉海》卷七、④《宋史·艺文志》⑤则著录为"范镇《新定乐法》一卷",二者当为同一书。

(附言:本文得到何剑平教授的悉心指导和外审专家详细的修改意见,在此诚致谢意。)

---

① [清]徐松辑:《宋会要辑稿》乐二之二九,第371页。
② [宋]王应麟:《玉海》卷八,第155页。
③ [宋]郑樵:《通志·二十略》,北京:中华书局,2000年,第1509页。
④ [宋]王应麟:《玉海》卷七,第146页。
⑤ [元]脱脱等:《宋史》卷二〇二,第5054页。

《宋史·洪遵传》"厘为三司"辨正

河北师范大学历史文化学院副教授 朱安祥

南宋绍兴二十九年(1159),中书舍人洪遵曾应诏对复置钱监问题发表过自己的见解,《宋史·洪遵传》载云:"论者欲复鄱阳永平、永丰两监鼓铸,诏给、舍议,遵曰:'唐有鼓铸使,国朝或以漕臣兼领,或分道置使,厘为三司。'"① 按:此处"三司"应为"二司"之误。

关于此事,《建炎以来系年要录》也有记载,《要录》云:"唐有鼓铸使,国朝或以漕臣兼领,或分道置使,或厘为二司。"② 从中可明显看出,洪遵所述为唐宋以来铸钱职官之沿革,其中"鼓铸使"指唐代所设负责监管地方铸钱机构的铸钱使,而"漕臣兼领"则是指北宋以发运使兼领铸钱官一事。因此,《要录》所记之"厘为二司"也与铸钱一事有关,所指应为北宋元丰二年分置饶州、虔州铸钱司一事,《宋史·职官七》载:"提举坑冶司,掌收山泽之所产及铸泉货,以给邦国之用……旧制一员,元丰初,以其通领九路,岁不能周历所部,始增为二员,分置两司:在饶者领江东、淮、浙、福建等路,在虔者领江西、湖、广等路。"③

此外,《宋会要辑稿》记载了洪遵此次应诏之议的详细内容,并且保留了洪遵提出的六条具体建议,其中第

---

① [元]脱脱等:《宋史》卷三七三《洪遵传》,北京:中华书局,1985年,第11566页。
② [宋]李心传编撰,胡坤点校:《建炎以来系年要录》卷一八二,绍兴二十九年五月至闰六月,北京:中华书局,2013年,第3512页。
③ 《宋史》卷一六七《职官七》,第3970页。

一条就明确说道:"元丰二年,分置两司……今欲参酌祖宗旧制,以'江淮荆浙福建广南路提点坑冶铸钱公事'系衔,与转运判官序官,依旧于饶、赣(笔者注:虔州改名)二州置司,轮年守任,专以措置坑冶、督责鼓铸为职",①此条建议是洪遵主张复置永平、永丰两监的具体方案,从"元丰二年,分置两司"与"依旧于饶、赣二州置司"两句可以确认他之前所阐述的内容必定系"厘为二司",而非"三司"。

同时,根据《宋史·职官三》载:"国初以天下财计归之三司……元丰正官名,始并归户部……三年,罢归中书,以常平、免役、农田、水利新法归司农,以胄案归军器监,修造归将作监,推勘公事归大理寺,帐司、理欠归比部,衙司归都官,坑冶归虞部,而三司之权始分矣。"②可知"三司"这一机构在元丰年间便已裁撤。如此,更进一步证明"三司"应为"二司"之误。

---

① 〔清〕徐松辑,刘琳等校点:《宋会要辑稿》职官四三,上海:上海古籍出版社,2014年,第4188页。
② 《宋史》卷一六三《职官三》,第3846—3847页。

点校本《建炎以来系年要录》中的地名订误

四川大学历史文化学院博士研究生 王琪

摘 要：《建炎以来系年要录》的现存版本主要辑自《永乐大典》，自清中叶以来，此书长期以钞本形式流传。同时，由于形近、音近、人为篡改等原因造成了大量讹误，尤其是与地名相关的记载方面，错误尤为显著。在现有点校本的基础之上，通过史源学、校勘学的方法，利用各类宋代传世史籍相互参证，《建炎以来系年要录》中的多处地名类讹误可以得到订正。

关键词：宋代；《建炎以来系年要录》；地名；订误

《建炎以来系年要录》（以下简称《要录》）由史学名家李心传编撰而成，是一部南宋时期的"当代史"，全书共二百卷，是宋史研究最重要的基础史料之一。特别是研究南宋高宗朝三十多年的历史时，《要录》中许多独一无二的记载更是拥有极高的史料价值。因此，有效利用这部史学著作几乎成为所有治史者的共识。与此同时，学界一直在推进《要录》的各类版本研究和点校整理工作。

《要录》因体量巨大，历史上关于该书的传抄刊刻十分有限。现存诸多版本基本都是出自清中叶以来的《永乐大典》辑佚本，且以钞本形式为主。这其中最常见的版本便是《四库全书》文渊阁本（以下简称"文渊阁本"），

---

* 本文得到了编辑老师和外审专家的诸多指正，深表感谢。

也是《要录》的重要定本之一。① 清光绪年间,先后又有仁寿萧藩刻本和广雅书局重刻本(以下简称"广雅本")问世,其中广雅本流传较为广泛。民国时期商务印书馆以广雅本为底本,在此基础上出版了《国学基本丛书》排印本和《丛书集成初编》排印本。中华人民共和国成立后,既有对旧版本的影印出版②,又有新式标点本的出现。而目前学界常用的点校本,包括2013年由胡坤整理的中华书局本(以下简称"中华本"),以及2018年辛更儒整理的上海古籍出版社本(以下简称"上古本")③。两书皆以文渊阁本为底本,且都以广雅本作为主要参校对象④。

以上两种点校本的完成,嘉惠学林颇多。不过,由于《要录》没有宋刻本传世,且流传过程中长期以钞本为主,书中有不少形近、音近、人为篡改等原因造成的讹误。点校本作了大量的初步工作,多有厘正,但仍有讹误未得到及时校正。为了最大程度地恢复《要录》的宋本原貌,近些年有部分学人在点校本基础上继续指正辨误,这其中最常见的便是地名、地理类讹误。⑤ 笔者在阅读的过程中,也发现一些前人未曾指出的失校与误校,故订正辨误,以求教于方家。需要说明的是,两个点校本各有优劣,本文所论一般指两个点校本共同的讹误,凡中华本讹误而上古本不误,或上古本讹误而中华本不误者,不在本文讨论范围之内。此外,下列凡引文页码皆于圆括号中以"/"相区别,前后分别代

---

① 进入21世纪以来,学者们对国内多家图书馆所藏其他诸多清钞本进行了部分清查,并试图理清各类钞本间的传抄关系和性质,以期在此基础上最科学地选定点校底本与参校本。参见秦仪、韩冠群《近四十年来大陆地区〈建炎以来系年要录〉研究综述(1980—2021年)》,《湖南科技学院学报》2022年第2期,第24—28页。

② 1956年中华书局以相同纸型重印了《国学基本丛书》排印本,1992年上海古籍出版社曾影印文渊阁本,2008年商务印书馆影印有《四库全书》文津阁本。

③ 2020年上海古籍出版社又出版了该书精装本,两书内容完全相同,亦可参考。

④ 中华本的参校本为文津阁本和广雅本,上古本则以1956年中华书局重印《国学基本丛书》本和宋刻本《皇朝中兴系年要录节要》作为重要校本。因《国学基本丛书》排印本是以广雅本为底本,故而实际上两个点校本主要参校的皆是广雅本。

⑤ 两个点校本出版后,胡玉最早指出《要录》卷一二二将"镇汝军"误作了"镇淮军",参见胡玉《〈建炎以来系年要录〉勘误一则》,《读书》2020年第1期,第28页。此后,刘军华又指出了4条,参见刘军华《〈建炎以来系年要录〉四处地名讹误辨正》,《中国历史地理论丛》2022年第3期,第150—153页。陈豫韬先后指出了《要录》中的50多条地理类讹误,与刘军华所订误的有部分重复,参见陈豫韬《〈建炎以来系年要录〉校补》,《古典文献研究》2022年第2期,第332—353页;《〈建炎以来系年要录〉地理类讹误订补》,《历史文献研究》2023年第1期,第217—232页。

表中华本与上古本的不同页码。

1. "苏州"误作"蓟州"

"(政和七年)高药师等还奏,谓虽已到彼蓟州界,望见岸上女真兵甲多,不敢近而回。"(卷一,注文引蔡絛《北征纪实》,2/3)

按:文渊阁本《要录》原作"苏州",中华本、上古本据广雅本参校,改作"蓟州"。《三朝北盟会编》(以下简称《会编》)卷一亦引《北征纪实》此段记述,作"苏州"①。此处非宋朝浙西路的苏州,而是辽朝苏州(治今大连市金州区),属东京道,近海岸线,与北宋登州隔渤海海峡相望,宋初以来此处便是女真人往来宋境的重要通道。此外,政和七年时蓟州(治今天津市蓟州区)仍属辽朝管辖,女真战线尚未推进至此。且蓟州远在海岸线之北二百多里,与文中描述不符。故知底本所书不误,中华本、上古本皆误校,当改正。

2. "淮阴县"似作"淮阴村"

"贼党忠犯淮阴县,从事郎·权罗山县尉李迥、秉义郎·监酒税赵士壮率民兵拒战,为所杀。此据绍兴四年二月辛卯八年九月甲子迥、士壮家《乞推恩状》修入。"(卷五,建炎元年五月乙未,140/125)

按:此处广雅本作"淮阴村"。上述党忠进犯淮阴之事仅见于《要录》,其人原是刘延庆部下班直,开封城破后出奔。建炎元年正月,扰于京西、河北诸郡之间。《会编》卷七三引《幼老春秋》云:"京城失守,禁卒溃散,有自万胜门出得路而逃者,皆群聚劫抚州县。有王在、党忠共犯随州……"②至同年七月初,"河北群盗阁仅、党忠、薛广、祝靖皆赴招抚司自效"③,党忠等人终被南宋成功招安。宋朝淮阴县属淮南东路,治今江苏淮安市。而罗山县属京西北路,即今河南信阳市下辖罗山县,两地相距甚远。据党忠等人进犯随州等活动范围考之,李迥、赵士壮拒战被杀当在罗山县境内,"淮阴县"必误。宋代史籍虽不载淮阴村,但罗山县恰在淮河上游之南,与"淮阴"之命名习惯亦相吻合。惟广雅

---

① [宋]徐梦莘编著:《三朝北盟会编》(以下简称《会编》)卷一,政和八年正月三日引《北征纪实》,上海:上海古籍出版社影印许刻本,1987年,第3页上栏。明钞本作"蓟州",误,参见《会编》卷一,《中华再造善本》影印国家图书馆藏明钞本,北京:国家图书馆出版社,2013年,叶6a。

② [宋]徐梦莘编著:《三朝北盟会编》(以下简称《会编》)卷七三,靖康元年十二月引《幼老春秋》,《中华再造善本》影印国家图书馆藏明钞本,北京:国家图书馆出版社,2013年,叶9b。

③ [宋]徐梦莘编著:《会编》卷一〇九,建炎元年六月,《中华再造善本》影印国家图书馆藏明钞本,叶9a。

本孤证难立，不当径改原文，中华本、上古本失校，可出校说明。

3. "鄄城"误作"邮城"

"(李)伦，迪孙。迪，邮城人，天禧中宰相。"（卷六，建炎元年六月己巳，178/162）

按：宋代县级政区中无"邮城"地名，《东都事略》卷五一《李迪传》作濮州鄄城人。①《要录》卷一〇提及李孝扬时亦称："孝扬，迪孙。迪，鄄城人。"（建炎元年十一月戊子）。当是形近而误，中华本、上古本失校，可据改。

4. "河间府"误作"河中府"

"是日，金人陷河中府。初，黄潜善去河间，以兵马钤辖孙某权府事……高阳关路走马承受官李某者，屡率兵与金人战，军民服其忠勇。"（卷一〇，建炎元年十一月辛亥，278/252）

按：据《要录》卷五载，早在建炎元年五月丙午时，"金人陷河中府"，故此处必误。《会编》卷一一四载："二十五日辛亥，金人陷河间府，权府钤辖孙某、廉访李某皆被杀。"②《宋史·高宗纪一》载（建炎元年十一月）辛亥日"金人陷河间府"③。另据原文"去河间……高阳关路走马承受官"云云，可知此处所述实为河间府（治今河北河间市）战守事宜，而非河中府（治今山西永济市西）。当是形近而误，中华本、上古本失校，可据改。

5. "应山县"误作"宿山县"

"盗孙琦破宿山县。"（卷一五，建炎二年五月乙酉，/327）

按：据《要录》载，建炎元年（1127）十月，溃兵孙琦于淮东宝应县叛乱，后流窜至京西、湖北一带。建炎二年四月孙琦等人焚随州，四月底拔唐州。《宋史·高宗纪二》载五月乙酉日"孙琦犯德安府"④，与《要录》所载为同一件事。而宋代无宿山县，此处疑似德安府下辖应山县（治今湖北广水市）之误。盖孙琦行进路线自随州（今湖北随州市）、唐州（治今河南唐河县）转而进攻德安府

---

① ［宋］王称撰，吴洪泽笺证：《东都事略笺证》卷五一《李迪传》，上海：上海古籍出版社，2023年，第559页。
② ［宋］徐梦莘编著：《会编》卷一一四，建炎元年十一月二十五日辛亥，《续宋本丛书》影印上海图书馆藏明钞本，桂林：广西师范大学出版社，2023年，第87页。许刻本同作"河间府"，参见第832页下栏。
③ ［元］脱脱等：《宋史》卷二四《高宗纪一》，北京：中华书局，1985年，第450页。
④ 《宋史》卷二五《高宗纪二》，第456页。

（治今湖北安陆市），应山县为其必经之路。类似记载又见于《皇宋十朝纲要》卷二一："（建炎二年四月）己巳，京西贼孙琦等拥众数万起为盗。壬申，焚随州。癸未，陷唐州。五月乙酉，犯德安府宿山县。"①"应山"亦误作"宿山"，上述两书或出自同一错误史源。中华本、上古本失校，可出校说明。

6. "招信"误作"昭信"

"兵至泗州近境，（阎）瑾引军南走。昭信尉孙荣将射士百余人拒敌。"（卷一九，建炎三年正月己酉，451/399）

按：宋朝行政建置中无昭信县，当作招信县（治今安徽明光市西北），北宋时属泗州②，《要录》卷五一载："（绍兴元年正月癸丑）诏招信县复隶泗州。"点校本《要录》多袭底本之讹，后文又有几处同类错误，兹列于此："是日，京东淮东宣抚处置使韩世忠舟师至昭信县。"（卷一三九，绍兴十一年三月丙午，2621/2355）"东过临淮，南至六合，西临昭信，昼夜不绝。"（卷一四二，绍兴十一年十一月辛丑暨注文引《征蒙记》，2681/2412）以上皆将"招信"误作"昭信"，中华本、上古本失校，当据改。

7. "新息县"疑似误作"新恩县"

"丁丑，金人犯蔡州，守臣程昌寓遣将时贵拒之，敌留攻七日而去。既而贼田皋犯新恩县，昌寓命杜湛出擒之……"（卷二八，建炎三年十月丁丑，656/581）

按：宋代蔡州下辖无新恩县，必误。《宋史·地理志一》载蔡州下辖有新息县③，治今河南息县。疑似形近而讹，然无相关佐证，可出校说明。

8. "凤凰洲"误作"凤凰州"

"先是，沿淮水陆巡检寇宏以其众附于真扬镇抚使郭仲威……宏遂复上凤凰州，刘民麦以食。"（卷四三，绍兴元年四月己卯，927/811）

按：宋朝行政建置中无凤凰州。《会编》载寇宏事迹，云："遂令宏水陆巡检，宏以众数百人泊舟于凤凰洲……宏复上凤凰洲。"④所谓"凤凰洲"，即濠州

---

① ［宋］李埴撰，燕永成校正：《皇宋十朝纲要校正》卷二一，高宗建炎二年，北京：中华书局，2013年，第613页。
② 参见《宋史》卷八八《地理志四》，第2182页。
③ 《宋史》卷八五《地理志一》，第2116页。
④ ［宋］徐梦莘编著：《会编》卷一四六，"寇宏与宿迁县土豪赵革合军于龟山"条，《中华再造善本》影印国家图书馆藏明钞本，叶9b。许刻本同，参见第1064页下栏。

(治今安徽凤阳县东北)城外淮河上的一处河心洲。如《要录》卷四八记载"王才据横涧山寨,遣将丁顺围濠州……宏时在凤凰洲……"(绍兴元年十月庚辰,1011/889①),此说不误。同类错误又见于《要录》卷四六"武翼大夫、知濠州李玠弃城去。……玠欲顺流东下,为凤凰州寇宏所扼"(绍兴元年七月,973/852)。此处底本亦误,中华本、上古本失校,可据改。

9. "渡江"误作"渡淮"

"初,李捧既受招,其徒路进以所部数千人渡淮而北,进犯舒州……进与其徒遁去,居太湖县之司空山……江西安抚大使李回以准备将领、武经郎武纠代之。进寻为纠所杀,其党李通率众作乱。"(卷五一,绍兴二年正月癸丑,1051/925)

按:李捧、路进、李通皆乃南宋溃卒,绍兴元年十月庚午在池州接受江东安抚大使刘洪道招安,继而路进自池州(今安徽池州市)渡江北犯舒州(治今安徽安庆市),又占据舒州太湖县,后一度流窜于舒、蕲州(治今湖北蕲春县)和兴国军(治今湖北阳新县)等长江两岸州郡。②可见其活跃地多在长江南北沿岸,而非淮河,此处云"渡淮而北",显误。但相似表达仅见此一处,别无所本。中华本、上古本失校,可出校说明。

10. "忻州"误作"沂州"

"责授沂州团练副使王仲嶷复〔左〕中大夫,与宫观。言者论其不廉不忠,乃诏更俟一赦取旨。"(卷八八,绍兴五年四月壬子,1700/1514)

按:《要录》卷三二载:"(建炎四年四月癸酉)言者因奏显谟阁待制、知袁州王仲嶷投拜之罪,乃责仲嶷为忻州团练副使,潮州安置。"同书卷一〇三载:"(绍兴六年七月)乙酉,责授忻州团练〔副〕使王仲嶷复左中大夫,与宫观。"可知绍兴五年四月前后王仲嶷责授散官皆作"忻州团练副使",引文中"沂州团练

---

① 按:此处文渊阁本与广雅本皆作"凤凰洲",原不误,但上古本误校为"凤凰州"。
② 李捧等人相关事迹可参见《宋史》卷二七《高宗纪》:"(绍兴二年九月)戊辰,司空山贼李通出降,以为都督府亲军统领。"《宋会要辑稿·兵》一三之一三载绍兴三年二月二十六日诏书云:"李通元系路进下以次首领,其路进等系已受招安、再行作过之人,元在司空山札寨,侵扰舒、蕲二州。因知舒州武起死路进,李通聚众攻破舒州,残害不少。后来虽受都督府招安,令往和州驻札;又迁延累月,不下山寨,前后反覆,放兵劫掠,作过不已。今来止是因起发间,被火内杀并,即不见得的实事因,难以追赠。令都督府照会施行。"据周必大所撰《兴国太守赠太保王公绚神道碑》载王绚在兴国军知军任内,"淮南溃卒路进以千人济江薄境,军无城垒,厢禁兵不满百,公亟乞师于蕲州戍将李山"。此处即明言路进等人乃"济江薄境",或可参考。

副使"疑似有误。又《宋史·地理志》载沂州和忻州州格分别为防御使与团练使,故知"沂州团练副使"必误。上古本、中华本皆失校,可据改。

11. "吉州"误作"吉川"

"吉川盗王权既受岳飞招安,复自军中亡命。"(卷一〇二,绍兴六年六月戊午,1933/1727)

按:宋朝行政建置中无吉川地名。据《要录》卷七六载,绍兴四年时岳飞曾在虔、吉州(治今江西吉安市)一带措置平盗,战绩卓著。《要录》广雅本此处作"吉州",是。上古本、中华本皆失校,当据改。

12. "高邮州"有误

"辛丑,诏提点淮南公事张成宪重别措置大军所须茭刍,毋令骚扰。时淮泗大军所须茭刍甚伙,而成宪均之扬、楚、泰州暨高邮州。"(卷一〇六,绍兴六年十月辛丑,1985/1776)

按:既称"扬、楚、泰州",又称"高邮州",与李心传常见的书写体例不符。且明朝洪武元年(1368)始设高邮州,此处必误,或是修《永乐大典》时篡改。据《要录》所载,建炎四年(1130)五月乙丑,升高邮军(治今江苏高邮市)为承州,附郭高邮县。绍兴五年十月丙午,复高邮县为军,故此处(绍兴六年十月)当称高邮军或高邮。《永乐大典》引《宝祐维扬志》载:"(张)成宪均之,扬、楚、泰州暨高邮,每州十万束,民间津送每束有至五六百钱者。"①可资参考。上古本、中华本皆失校,当出校说明。

13. "泰州"误作"秦州"

"先是,直秘阁·新知太平州秦梓、直秘阁·知秦州王映皆以恩幸得官。"(卷一三四,绍兴十年二月癸酉,2504/2248)

按:《要录》卷一三〇载:"(绍兴九年七月丁亥)右中大夫、直秘阁王映知泰州。"同书卷一三九载:"(绍兴十一年二月)辛巳,直秘阁、知泰州王映兼通泰制置使,措置水寨乡兵,控守二州。"《皇宋中兴两朝圣政》(以下简称《两朝圣政》)卷二六亦作"知泰州王映"②,则王映知泰州无疑,上古本、中华本皆失校,可据改。

---

① 马蓉等点校:《永乐大典方志辑佚》引《宝祐惟扬志·艺文》,北京:中华书局,2004年,第508页。
② [宋]佚名撰,孔学辑校:《皇宋中兴两朝圣政辑校》卷二六,绍兴十年,北京:中华书局,2019年,第825页。

14. "盱眙军"误作"盱胎军"

"太府寺丞向子固直秘阁、知盱胎军,措置榷场。后二日,赐子固三品服。"(卷一四七,绍兴十二年十二月辛酉,2786/2505)

按:《宋史·地理志四》作"盱眙军"①,治今江苏盱眙县。广雅本亦作"盱胎军","胎""眙"形近易误,可径改。同类错误又见于《要录》卷二〇〇载:"于是屯盱胎、楚、泗以扼涡、颍。"(绍兴三十二年六月庚午插引吕中《大事记》,3942/3630)亦当径改,可不出校。

15. "淳化县"疑似有误

"右承事郎、知严州淳化县孔括为右宣义郎。"(卷一四八,绍兴十三年四月壬戌,2803/2523)

按:《宋史·地理志四》载:"淳安,望。旧青溪县。宣和初,改淳化,南渡改今名。"②其他宋代史籍皆不见淳化县改名淳安(治今浙江千岛湖西)的具体时间,明代各类史籍也仅曰"绍兴中改淳安",绍兴元年改名的说法更是清代晚出,不足为据。所引该条记述又见于《皇朝中兴纪事本末》卷六一、《两朝圣政》卷二九、《宋史全文》卷二一中,皆作"淳化县"。又《中兴两朝编年纲目》卷九载:"十三年,宰执奏知严州淳化县孔括治状。上曰:'可与转一官,令再任,任满更与升擢。'"③上述史籍所载或是来自同一史源,或同源异流,难定孰是,或许绍兴十三年时淳化县尚未改名。孔括此次改官告词由时任中书舍人的张扩撰成,保存于张扩《东窗集》中,云《右承事郎知淳安县孔括转一官再任制》④。但张扩文集乃四库馆臣辑自《永乐大典》,已非宋本原貌,姑仍旧,留待后证。

16. "临漳"误作"临彰"

"丁亥,兵部郎中叶庭珪转对,言:'陛下比者专尚文德,天下廓廓无事,然芸省书籍未富。切见闽中不经残破之郡,士大夫藏书之家宛如平时,如兴化之方、临彰之吴,所藏尤富,悉是善本,望下逐州搜访抄录。'从之。"(卷一五三,绍

---

① 《宋史》卷八八《地理志四》,第 2181 页。
② 《宋史》卷八八《地理志四》,第 2177 页。
③ [宋]陈均撰,孔学点校:《中兴两朝编年纲目》卷九,绍兴十年,北京:中华书局,2023 年,第 411、412 页。
④ [宋]张扩:《东窗集》卷八《右承事郎知淳安县孔括转一官再任制》,《景印文渊阁四库全书》第 1129 册,台北:台湾商务印书馆,1983 年,第 80 页下栏。

兴十五年二月丁亥,2891/2612)

按:"临彰"字义不明,当有误。《直斋书录解题》卷八载《吴氏书目》一卷,又云:"奉议郎漳浦吴与可权家藏。闽中不经兵火,故家文籍多完具。"①郑樵《通志》云:"书不存于秘府而出于民间者甚多,如漳州吴氏,其家甚微,其官甚卑,然一生文字间,至老不休,故所得之书多蓬山所无者。"②广雅本此处作"临漳之吴",是。上述引文中漳浦、临漳皆乃宋代漳州(今福建漳州市)别称,实则一也。中华本、上古本皆失校,当据改。

17. "漳(州)"似误作"潭(州)"

"初,福建路自创奇兵,而虔、梅草寇不敢复入境,至是悉平。诏以巡检陈敏所部奇兵四百,及汀、潭戍兵之在闽者,并为殿前司左翼军,即以敏为统制官,留戍其地。"(卷一五八,绍兴十八年闰八月乙酉,2999、3000/2720)

按:宋朝汀州(治今福建长汀县)与潭州(治今湖南长沙市)相距甚远,似不应是潭州。《宋史全文》所载与《要录》相似,云:"诏以巡检陈敏所部奇兵四百,及汀、潭戍兵之在闽者,并为殿前司左翼军,留戍其地。"③又《淳熙三山志》卷一八载:"诏本州帅司统领陈敏下奇兵,并汀州驻札翟皋、温立,漳州驻札周皓、卢真下官兵改充殿前左翼军,以陈敏为统制、漳州驻札,卢真充统领、汀州驻札,并权听刘宝节制。"④翟、温、周、卢诸人分驻汀州、漳州,则潭州似为漳州之讹。《建炎以来朝野杂记》载左翼军创建过程,亦云:"有成忠郎石城陈敏、武翼郎开封周虎臣,各有家丁数百人,皆骁捷善战,乃奏敏为汀、漳巡检,虎臣本路将官,即选二人家丁千人,日给钱米,责以捕盗,谓之奇兵。于是虔、梅草寇不复入境,诸盗悉平。"⑤此外,《中兴小历》卷三二、《皇朝中兴纪事本末》卷六六

---

① [宋]陈振孙撰,徐小蛮、顾美华点校:《直斋书录解题》卷八"目录类",上海:上海古籍出版社,1987年,第235页。
② [宋]郑樵撰,王树民点校:《通志二十略·校雠略》之《求书之道有八论九篇》,北京:中华书局,1995年,第1814页。
③ 佚名撰,汪圣铎点校:《宋史全文》卷二一下,绍兴十八年闰八月乙酉,北京:中华书局,2016年,第1730页。
④ [宋]梁克家修纂:《淳熙三山志》卷一八《兵防类一·延祥寨水军》,福州:海风出版社,点校本,2000年,第205页。
⑤ [宋]李心传撰,徐规点校:《建炎以来朝野杂记·甲集》卷一八,"殿前司左翼军"条,北京:中华书局,2000年,第419—420页。

皆云："有武翼郎周虎臣、成忠郎陈敏，各有家丁数百人，皆能战。比之官军，一可当十，遂辟虎臣为本路将官，敏为汀、漳巡检。"同样是汀、漳州并提，故此处"潭州"当作"漳州"。但上述史籍所载，仅有《宋史全文》与《要录》表达几乎一致，且皆作"潭"，疑是早期传抄之误，可出校说明。

18. "泷水"疑似误作"陇水"

"壬申，故迪功郎谢澘特赠右承务郎，官一子。澘为陇水尉，捕贼死，故录之。"（卷一五八，绍兴十八年十二月壬申，3005/2726）

按：现存史籍皆不载此事，然宋朝无陇水县，此必有误。《宋史·地理志六》载广南东路德庆府下辖有泷水县（今广东罗定市），"泷水。下。旧隶泷州，州废，以县来隶"①。或是"泷水"形近而误，中华本、上古本皆失校，可出校说明。

19. "丹稜"误作"丹陵"

"左朝奉大夫史聿时为潼川府路转运判官，置狱遂宁府，穷治之……聿，丹陵人。"（卷一六五，绍兴二十三年八月丙寅，3135/2853）

按：宋朝行政建置中无丹陵县，《宋史·地理志五》载眉州下辖有丹稜县，治今四川丹棱县。《要录》多将"丹稜"误作"丹陵"，如卷一二〇同类错误陈韬豫已有订正。② 中华本、上古本皆失校，此处亦当据改。

20. "台州"误作"合州"

"徽猷阁直学士、提举江州太平兴国宫李擢卒于合州。"（卷一六五，绍兴二十三年十二月乙亥，3145/2863）

按：李擢，字德升，高宗朝官至侍从。本兖州奉符（治今山东泰安市）人，《嘉定赤城志》卷三四载："绍兴初寓临海，事见国史。子益议，吏部侍郎；益能，宗正丞。"③临海即台州附郭县，故李擢卒于台州无疑。合州（治今重庆市合川区）远在蜀中，李擢生平未曾涉足西蜀，或是形近而误。中华本、上古本皆失校，可出校说明。

---

① 《宋史》卷九〇《地理六》，第2238页。
② 参见陈豫韬：《〈建炎以来系年要录〉地理类讹误订补》，《历史文献研究》2023年第1期，第225—226页。
③ ［宋］黄䈮、齐硕修，［宋］陈耆卿纂：《嘉定赤城志》卷三四《人物门三·侨寓》，《宋元方志丛刊》第7册，北京：中华书局，1990年，第7550页上栏。

21. "荣州"误作"茭州"

"加封汉将庞统为通惠威烈侯,庙在<u>茭州</u>。"(卷一七〇,绍兴二十五年十二月辛丑,3251/2965)

按:宋朝行政建置中无茭州,《舆地纪胜》卷一六〇载荣州(治今四川荣县)有祭祀庞统的英显庙,"绍兴二十六年正月,增封通惠威烈侯"①。又广雅本作"荣州",是。当为形近而误,可径改,校记可出可不出。

22. "太平州"误作"太平府"

"自远方召来特起之士,临轩赐对,欲为中都官者,辄以私衅出之,止令补外,如新差<u>太平府</u>教授陈天麟是也,此良臣之方命而擅作威也。"(卷一七一,绍兴二十六年二月辛卯,3273/2987)

按:宋朝行政建置无太平府,明初太平州改名太平府,或是修《永乐大典》时篡改。《要录》卷一七二载:"(绍兴二十六年三月戊辰)左从政郎、新太平州州学教授陈天麟行国子正。此为魏良臣不公事,已见今年二月。"故当作太平州(治今安徽当涂县),中华本、上古本皆失校,可据改。

23. "奉圣"疑作"顺圣"

"戊寅,金国贺生辰使·骠骑上将军·殿前司副都点检萧恭、副使·中大夫·尚书工部侍郎魏子平见于紫宸殿。时泉州观察使、知阁门事石清为馆伴副使,饮醉慢易,乃诏特与外任,日下出门。子平,<u>宏州奉圣</u>人。"(卷一七九,绍兴二十八年五月戊寅,3438/3152)

按:"宏州"原作"弘州",或是避宋宣祖赵弘殷之讳②,参见《金史·地理志上》:"弘州,下,刺史。"③《金史·魏子平传》称:"字仲均,弘州人。"④此外,金代弘州(治今河北阳原县)下辖有顺圣县,与奉圣州(治今河北涿鹿县)同属西京路,疑似李心传书写有误,然无佐证,故仍旧,可出校说明。

24. "泰州"误作"秦州"

左朝奉郎黄抗知<u>秦州</u>。(卷一八八,绍兴三十一年正月庚寅,3642/3355)

---

① [宋]王象之编著,赵一生点校:《舆地纪胜》卷一六〇《潼川府路·荣州·古迹》,杭州:浙江古籍出版社,2013年,第3446页。

② 绍熙五年(1194)年底,宋廷祧宣祖之庙,自此宣祖之讳当不必再避。《要录》成书在宣祖祧庙之后,故上述"宏州"或是清人避弘历之讳。

③ [元]脱脱等:《金史》卷二四《地理上·西京路》,北京:中华书局点校本,1975年,第565页。

④ 《金史》卷八九《魏子平传》,第1976页。

按：《要录》卷一九二载："(三十一年九月甲午)兴州驻札御前前军统领刘海复秦州。"故知绍兴三十一年正月时秦州(治今甘肃天水市)尚在金国管辖之下，黄抗不当知秦州。《要录》中多将秦州、泰州相混淆，此处或作"泰州"，然无佐证，可出校说明。

25．"遂宁府"误作"遂宁州"

"戊辰，殿中侍御史杜莘老直显谟阁、知遂宁州。"(卷一九三，绍兴三十一年十月戊辰，3774/3480)

按：宋朝行政建置中无遂宁州，《宋史·地理志五》载北宋徽宗政和五年(1115)，升遂州为遂宁府①。又《要录》卷一九四载："(绍兴三十一年十一月甲戌)新除直显谟阁、知遂宁府杜莘老守司农少卿。"故当作遂宁府(治今四川遂宁市)，中华本、上古本皆失校，可据改。

---

① 《宋史》卷八九《地理志五》，第2216页。

近百年南宋川陕军政问题研究述评*

四川大学古籍整理研究所副研究员 陈希丰

前　言

南宋王朝的一个基本特点是诞生于错综纷乱的战火与危难中，并长期处于北方民族政权的军事强压之下的战时状态或准战时状态①，属于典型的"生于忧患，长于忧患"②。在这一基本立国背景下，依托江淮、京湖、川陕三大战区（宋人称为"三边"）为核心的边防体系，南宋与金、蒙（元）北族政权持续对抗达一百五十年之久。

作为南宋"三边"之一，川陕③是南宋王朝抗击金、蒙北族政权的重要区域与战场。南宋初年，张浚、吴玠保

---

* 本文是国家社科基金西部项目"南宋边防格局的形成与演变研究"（19XZS007）阶段性成果。

① 张邦炜：《战时状态与南宋社会述略》，原载《西北师范大学学报》2014年第1期，收入氏著《恍惚斋两宋史论集》，保定：河北大学出版社，2020年，第148页。

② 邓小南：《王安石与他的时代》（一），《文史知识》2016年第1期，第97页。

③ 南宋所设宣抚司、制置司等"军管型准行政组织"，其军事战略属性、空间统辖范围等与现代军事学概念"战区"存在较大程度的相似性，故本文以"战区"指称南宋宣抚司、制置司辖区，宋人或称"防区"。就川陕而言，南宋中央设有川陕宣抚司、四川宣抚司或四川制置司以统辖，其地域包含南宋利州、夔州、潼川府、成都府四路，大致相当于今四川省、重庆市大部及甘肃、陕西、贵州、湖南省一部。何玉红对川陕的界定与本文不同，他认为川陕战区的地理范围大致相当于今陕西省南部、四川省北部、甘肃省南部三省交叉地带，也即以今汉中盆地为中心及其周边地区，大致与南宋利州路相当，见氏著《南宋川陕边防行政运行体制研究》，上海：上海古籍出版社，2012年，第3页。

固陕蜀,"以形势牵制东南"①,分担江淮战场防守压力,使高宗政权得以在东南站稳脚跟;至晚宋时,宋祚之延续亦有赖于川陕战区调整防御机制,抵挡住蒙元的持续进攻。宋人因有"无蜀是无东南"②之语。同时,川陕又是空间上距离南宋中央最为遥远的地区。宋廷一方面适度容忍川陕地方势力——特别是地方武将势力的存在,作为抵御北族、稳固边防的中坚力量;另一方面派遣以文臣为主体的宣抚使、制置使、宣谕使及总领财赋等任职蜀地,赋予其不同程度的便宜权,使之充当朝廷治理川陕、限制地方势力的代理人。回顾过往百年的宋史研究历程,川陕军政问题在南宋各区域研究中受关注程度最高,成果积淀最为深厚,成为宋史学界长盛不衰的研究领域,绝非巧合。

所谓"军政",狭义为与军队、兵防、边备、戎马相关之政事及政令,同民政、财政等政事相对;广义亦包含军事与政治之关系③。本文所回顾与述评之"南宋川陕军政",既包括南宋川陕地区与军队、兵防、边备相关之政事,川陕军事与政治、主要军事制度与政治制度之关系,也涵盖南宋川陕的军事防御体制、与金/蒙北族政权的军事战争等。

(一)

二十世纪二三十年代,中国现代史学形成相对独立的宋史研究④。不过,张荫麟、蒙文通、邓广铭等宋史研究开创者对南宋川陕军政的关注并不多。史学界较早涉及南宋川陕军政的专论出现于四十年代,杨效曾钩沉南宋初年李彦仙据陕州抗金史事,以激励国人抗战;张政烺广引群书,对晚宋四川制置副使彭大雅生平及帅蜀筑重庆府城事作了梳理,极见功力⑤,二文之议题亦体现人物研究作为中国传统史学的特点与路径。值得一提的是,这一时期集中出现了几部对国史叙述脉络产生深远影响的中国通史著作。在铺陈南宋史事

---

① [宋]朱熹撰,郭齐、尹波点校:《朱熹集》卷九五上《少师保信军节度使魏国公致仕赠太保张公行状上》,成都:四川教育出版社,1996年,第4825页。
② [元]脱脱等撰:《宋史》卷三九八《余端礼传》,中华书局,1985年,第12105页。
③ 参见陈峰、王军营:《宋代军政研究七十年》,《中国史研究动态》2020年第4期,第39页。
④ 王曾瑜:《宋史研究的回顾与展望》,《历史研究》1997年第4期,第146页。
⑤ 杨效曾:《艰苦抗金的民族英雄李彦仙》,《文史杂志》1942年第2卷第1期;张政烺:《宋故四川安抚制置副使知重庆府彭忠烈公事辑:黑鞑事略的作者彭大雅》,《国学季刊》第6卷第4号,1946年,收入氏著《张政烺文史论稿》,北京:中华书局,2004年,第196—218页。

时,吕思勉《自修适用白话本国史》(1923)略及南宋初年张浚富平兵败、吴氏保蜀及晚宋王坚坚守合州城事①,范文澜《中国通史简编》(1942)则述及余玠据山险筑城、蒙哥南征病死钓鱼城事②,而钱穆《国史大纲》(1940)则全然未涉南宋川陕史事。

  进入二十世纪下半段,大陆与港台由于社会政治环境的差异,史学研究的整体发展呈现出不同的面貌。然就南宋川陕军政而言,无论大陆还是台湾地区,在研究议题上都侧重于人物与战争。五六十年代,由大陆前往台湾、以蒙元史见长的姚从吾整理辑录《蒙古与南宋争夺巴蜀始末史料选辑》,并据此发表了一系列有关晚宋四川守将余玠与山城设防、抵御蒙军的论文。这些论文基本遵循传统的史料考据之法(如详考《合川县志》所载熊耳夫人事迹),并就此开创了台湾宋史学界的宋蒙战史研究传统③。七十年代初,黄宽重即以晚宋另一位守蜀名将孟珙事迹的梳理及宋元襄樊之战研究崭露头角④。稍后,鉴于姚从吾对晚宋川陕战场的探索偏重于余玠帅蜀与山城防御体系,李天鸣发表了有关余玠北伐汉中、蒙军假道蜀口、宝庆蜀口之役等一系列宋蒙战争川陕战事的论文⑤,后汇入1988年出版的多卷本《宋元战争》这部"取材广博、史实详赡""对战争军事层面之考析透彻"⑥的台湾宋蒙战史研究之集大成之作中⑦。

  大陆方面,五十年代末六十年代初,华山、李蔚相继发表有关吴玠、吴璘兄

---

① 吕思勉:《吕思勉全集·白话本国史》,上海:上海古籍出版社,2016年,第309、330页。
② 范文澜:《中国通史简编》,《民国丛书》第一编第74册,第446页。
③ 姚从吾:《宋余玠防山城对蒙古入侵的打击》,《大陆杂志》1955年第5期;姚从吾:《宋蒙钓鱼城战役中熊耳夫人家世及王立与合州获得保全考》,《史语所集刊》第29辑下册,1958年;姚从吾:《元宪宗(蒙哥汗)的大举征蜀与他在合州钓鱼城的战死》,《台大文史哲学报》第14辑,1965年;姚从吾:《余玠评传》,收入"中央研究院"历史语言研究所庆祝李济先生七十生日论文集》,1967年,收入《宋史研究集》第四辑,第95—158页。
④ 黄宽重:《宋元襄樊之战》,《大陆杂志》1971年第4期;黄宽重:《孟珙年谱》,《史源》第4辑,1973年。黄氏后来还发表过《孟珙与四川》一文,载《思与言》1990年第2期。
⑤ 李天鸣:《余玠北伐汉中之役》,《中华文化复兴月刊》1984年第10辑;李天鸣:《绍定四年蒙军强行假道宋境考》,《大陆杂志》1985年第6期;李天鸣:《宝庆蜀口之役及事后宋人的防务改进建议》,《大陆杂志》1986年第1期;等等。
⑥ 萧启庆:《宋元战史研究的新丰收:评介海峡两岸的三部新著》,收入氏著《蒙元史新研》,台北:允晨文化实业股份有限公司,1994年,第403页。
⑦ 李天鸣:《宋元战史》,台北:食货出版社,1988年。

弟在川陕战场抗金事迹的论文①。此后是整整二十年的学术停滞期。八十年代后,宋史研究逐步复苏。这一时期,出于对马克思主义理论长期灌输的反省,学界普遍追求文献考索的实证学风。1983年出版的王曾瑜《宋朝兵制初探》即是典型,该书对南宋蜀口屯驻大军的形成、建制、发展过程与晚宋四川新军设置、兵力分布等议题作了扎实扼要的梳理,可谓一无空言②。与此同时,学者们接续此前的战史研究脉络,对宋金、宋蒙/元川陕战事开展进一步研究。王曾瑜、胡昭曦、陈世松是这一时期最重要的代表。王曾瑜的关注点主要在宋金战争前期,针对富平、和尚原、饶风关、仙人关、德顺之战发表了数篇论文③。胡、陈则侧重宋蒙/元战争,分别出版有《蒙古定蜀史稿》《宋元战争史》《宋蒙(元)关系研究》《宋蒙(元)关系史》等著作④。值得指出的是,胡昭曦在开展宋元战争研究时,注重引导学生共同参与,培养研究团队,并特别重视对四川境内晚宋山城遗址的实地考察。

海峡两岸之所以共同形成并承续战争史研究的传统,很大程度上是因为近代以来国人对南宋一朝的评价十分低下,"认为它是凭人欺侮的软弱之国"⑤。故部分宋史学者希望通过研究南宋军民对金、元北族政权的抗击,扭转这一认知。不过,相关研究以战争经过的平面叙述为主,缺乏在战术战法、军事地理、军队组织、军事后勤等层面具有较强分析力、解释性的论作。

(二)

八十年代后,受欧美学界社会科学理论的影响,港台地区有关南宋川陕军政的研究率先发生问题意识与研究路径的转向。1980年,林天蔚发表《南宋时

---

① 华山:《南宋初年的宋金陕西之战》,《历史教学》1955年第6期;李蔚:《吴玠吴璘抗金史迹述评》,《兰州大学学报》1963年第3期。

② 王曾瑜:《宋朝兵制初探》,北京:中华书局,1983年,第137、142、146—148页。

③ 王曾瑜:《宋金富平之战》,《中州学刊》1983年第1期;王曾瑜:《和尚原和仙人关之战述评》,《西南师范学院学报》1983年第2期;王曾瑜:《南宋对金第二次战争的重要战役述评·德顺之战》,原载《纪念陈寅恪先生诞辰百年学术论文集》,北京:北京大学出版社,1989年。

④ 胡昭曦等:《宋末四川战争史料选编》,成都:四川人民出版社,1984年;陈世松:《蒙古定蜀史稿》,成都:四川省社会科学院出版社,1985年;陈世松、匡裕彻、朱清泽、李鹏贵:《宋元战争史》,成都:四川省社会科学院出版社,1988年;胡昭曦、邹重华:《宋蒙(元)关系研究》,成都:四川大学出版社,1989年;胡昭曦主编:《宋蒙(元)关系史》,成都:四川大学出版社,1992年。

⑤ 李华瑞:《改革开放以来宋史研究若干热点问题述评》,《史学月刊》2010年第3期,第15页。

强干弱枝政策是否动摇——四川特殊化之分析》一文,从军政制度(宣抚司)、选举制度(类省试)与财政制度(总领所)三方面论述了南宋中央对四川的特殊政策,并注意到宣抚司制度与吴氏集团的关系,认为宣抚使位尊权大,其与吴氏三世为将相结合,最终发展成为吴曦之变。该文对南宋四川的特殊性与南宋中央对四川的特殊治理政策作出了颇具眼光的把握,并呈现出一种联通制度、人物与事件的研究取向,成为日后中国宋史学界讨论南宋四川军政问题的重要基点①。

八九十年代,黄宽重集中发表了抗金义军、飞虎军、摧锋军、左翼军、两淮山水寨等一系列有关南宋地方武力与基层社会的研究成果②,同时回应了宋代"强干弱枝"国策及刘子健关于南宋政权"包容政治"的特性,指出南宋王朝在强敌威胁下,能够在一定程度上突破、但又不致太过偏离"强干弱枝"的集权国策,这是南宋能够维持百余年国祚的有利因素③。黄宽重有关南宋川陕军政的论著虽不多,但其结合自身研究经验,在两岸宋史学界大力倡议开展地方行政与地方势力、中央与地方关系的研究④。在林天蔚与黄宽重的带动下,这一时期的台湾新生代学者如陈家秀《吴氏武将对四川之统治及南宋的对策》、蔡哲

---

① 林天蔚:《南宋时强干弱枝政策是否动摇——四川特殊化之分析》,原刊香港大学《东方文化》第十八卷第一、二期,1980年,收入氏著《宋代史事质疑》,台北:商务印书馆,1987年,第178—219页。当然,林文也存在一些不足,如就军政制度而言,该文主要关注宣抚司制度在南宋四川的长期施行。然事实上,仅乾道年间四川保留宣抚使带有较大特殊性。制置司制度作为南宋四川长期实行、更具特殊性质的军政制度,林氏却基本未涉。

② 如黄宽重:《南宋高宗孝宗之际的抗金义军》,《史语所集刊》第51辑第3册,1980年;黄宽重:《南宋初期抗金义军的组织与性质》,收入许倬云、毛汉光、刘翠溶同编:《第二届中国社会经济史研讨会论文集》,1983年,第123—152页;黄宽重:《南宋宁宗、理宗时期抗金的义军》,《史语所集刊》第54辑第3册,1983年;黄宽重:《南宋飞虎军:从地方军到调驻军的演变》,《史语所集刊》第57辑第1册,1986年;黄宽重:《南宋对地方武力的利用和控制:以镇抚使为例》,《"中央研究院"第二届国际汉学会议论文集》,1989年,第1047—1080页;黄宽重:《广东摧锋军——南宋地方军演变的个案研究》,《史语所集刊》第65辑第4册,1994年;黄宽重:《福建左翼军:南宋地方军演变的个案研究》,《史语所集刊》第68辑第2册,1997年;黄宽重:《政局变动与政治抉择:以宋元之际东南地区三支地方军的遭遇为例》,《台大历史学报》第21卷,1997年;黄宽重:《两淮山水寨:南宋中央对地方武力的利用与控制》,《史语所集刊》第72辑第4册,2001年;等等。

③ 黄宽重:《南宋地方武力——地方军与民间自卫武力的探讨》,台北:东大图书公司,2002年,第348页。

④ 黄宽重:《南宋史研究与教学的几个议题》,收入氏著《宋史论丛》,台北:新文丰出版公司,1993年,第293—309页;黄宽重:《海峡两岸宋史研究动向》,《历史研究》1993年第3期。

修《张浚与川陕的经略》都明显呈现出探索南宋中央与地方关系的问题意识①。

相较而言,大陆地区的研究取径转型稍显迟缓。正如李华瑞在二十一世纪初所总结:"建国以来特别是1980年以后,宋代经济史、典章制度和人物评价一直是众多研究者关注的重点。"②八九十年代,就南宋川陕军政而言,大陆地区在注重战史的同时,仍延续此前注重人物考订与评价的传统。学者对曲端、张浚、吴玠、吴璘、余玠等南宋川陕重要军政人物予以事迹考辨与功过评述③。其中,南宋初年发动富平之战、诛杀曲端的首任川陕宣抚使张浚成为最大的焦点④。

1996年王智勇发表的《吴氏世将与南宋政治》则是这一时期反映大陆地区南宋军政研究新视野的佳作。该文对吴氏家族何以四世掌川陕重兵之权以及南宋君臣采取了何种防范措施作了集中梳理与分析,认为吴氏四世掌兵正是宋代抑制武将专权的祖宗之法与世代为将的武臣之间冲突的典型实例,而无论是吴玠及吴璘去世以后南宋中央恢复以文制武的体制,还是吴挺去世后全面铲除吴氏世将的努力,实际上都是成功的⑤。

此外,九十年代中期,在两岸宋史学界大力倡导家族研究的风潮影响下⑥,大陆宋史学界出现了王智勇《南宋吴氏家族的兴亡——宋代武将家族个案研

---

① 陈家秀:《吴氏武将对四川之统治及南宋的对策》,《台北师专学报》第11期,1985年;蔡哲修:《张浚与川陕的经营(1129—1133):"南宋偏安局面的形成"研究之二》,《大陆杂志》第99卷第1期,1999年。

② 李华瑞:《建国以来的宋史研究》,《中国史研究》2005年增刊,第8页。

③ 如李蔚:《略论曲端》,《兰州大学学报》1981年第1期;胡汉生等:《余玠治蜀刍论》,《西南师院学报》1981年第1期;陈世松:《余玠传》,重庆:重庆出版社,1982年;周恩棠、郝玉屏:《力战抗金确保巴蜀的英雄——吴玠、吴璘》,《甘肃社会科学》1983年第4期;萧化:《西北抗金双节——吴玠和吴璘》,《西北师院学报》1983年第4期;顾吉辰:《宋代名将曲端事迹考述》,《固原师专学报》1991年第2期;王智勇:《吴璘抗金事迹述评》,《宋代文化研究》第4辑,1994年;王智勇:《论曲端》,《宋代文化研究》第8辑,1999年;等等。

④ 李蔚:《张浚与富平之战》,《西北史地》1981年第3期;杨德泉:《张浚事迹述评》,载邓广铭、郦家驹等主编《宋史研究论文集》,郑州:河南人民出版社,1984年,第563—592页;闫邦本:《对〈张浚事迹述评〉的几点商榷》,《四川师范学院学报》1989年第2期;魏隽如:《关于张浚的评价问题》,《历史教学》1990年第12期;王德忠:《张浚新论》,《东北师大学报》1992年第3期;闫邦本:《对〈张浚事迹述评〉的几点商榷之二》,《四川师范学院学报》1992年第5期;方健:《再论张浚——兼答闫邦本同志》,《岳飞研究》第4辑,北京:中华书局,1996年;闫邦本:《读〈再论张浚:答闫邦本同志〉》,《四川师范学院学报》1998年第1期;等等。

⑤ 王智勇:《吴氏世将与南宋政治》,《中国史研究》1996年第4期。

⑥ 粟品孝:《组织制度、兴衰沉浮与地域空间——近八十年宋代家族史研究走向》,《社会科学战线》2010年第3期。

究》与杨倩描《吴家将——吴玠吴璘吴挺吴曦合传》两部以吴氏武将家族兴衰为主线研究南宋川陕军政的重要成果①。二书在侧重吴玠、吴璘、吴挺个人事迹叙述的同时,都特别重视吴氏所指挥、参与的宋金川陕战争,并对以前较为薄弱的南宋中期宋金川陕战场的研究有明显推进。

（三）

进入二十一世纪后,受政治史研究消退的影响,加之港台宋史学界整体呈现后继乏人的趋势,除雷家圣发表《南宋四川总领所地位的演变——以总领所与宣抚司、制置司的关系为中心》一文②外,已鲜有关于南宋川陕军政研究的重要成果问世。与之形成鲜明对比的是,大陆地区出现了南宋川陕军政研究成果的小规模井喷。2020年,曹家齐在回顾二十一世纪前二十年大陆南宋史研究时,即将"南宋前期军政"与"南宋城市坊厢制、农村乡里制等基层社会""财政体制及运行"列为"推进最为突出"的研究领域③。

这一时期,受到注重关系、结构的社会学、政治学等社会科学研究的影响,同时在邓小南"活"的制度史研究取径的指引以及黄宽重倡议的感召下,大陆地区研究南宋川陕军政的新生代主力何玉红、王化雨等已将中央与地方关系、中央治理川陕、川陕军政权力关系与制度运行作为研究的基本问题意识,大大推进了南宋川陕军政研究的广度与深度。

2012年出版的何玉红《南宋川陕边防行政运行体制研究》是这一时期有关南宋川陕军政具有代表性的成果。该书共分五章(分别为：一、南宋川陕战区的战略地位与军事戍防体系；二、中央与地方之间：南宋川陕宣抚处置司的运行；三、兴州地域集团与南宋川陕边防；四、南宋川陕边防财政运营；五、南宋川陕边防后勤保障),以制度与体制的运行、"以文驭武"与"强干弱枝"祖宗家法的变通与坚守、中央与地方权力划分作为基本研究导向,对大陆学界过往侧

---

① 王智勇：《南宋吴氏家族的兴亡——宋代武将家族个案研究》,成都：巴蜀书社,1995年；杨倩描：《吴家将——吴玠吴璘吴挺吴曦合传》,保定：河北大学出版社,1996年。
② 雷家圣：《南宋四川总领所地位的演变——以总领所与宣抚司、制置司的关系为中心》,《台湾师大历史学报》第41期,2009年。
③ 曹家齐：《中国大陆南宋史研究二十年回顾》,《中国社会科学报》2020年9月14日。

重人物评价、战争过程、经济发展的研究范式形成了较大的突破①。王化雨则在王智勇、何玉红等人的基础上,通过分析蜀帅、武将、财臣间的人事关系与权力分配,探讨南宋中央对蜀地的治效,将南宋前中期川陕军政研究进一步引向深入②。余蔚从地方行政组织与政治地理的视角对南宋地方行政体系的设计理念、各区域板块的定位与功能作了更具宏观性的把控,同样有助于深化学界对南宋川陕军政的认知③。

近年来,围绕着沟通中央与地方的"信息渠道"这一论题,宋史学界展开了广泛的讨论,成为宋代政治制度史研究的新趋向④。就南宋川陕军政而言,曹家齐对南宋中央与川陕间文书传递的实际状况进行了梳理,并通过考证开禧三年(1207)韩侂胄致吴曦书与宁宗御札的传递时间,精彩剖析了宋廷对吴曦之变的应对⑤。

以往对于南宋川陕军政的研究,长期集中在个别代表性人物与重大军政事件之上。代表性人物如南宋初年的曲端、张浚、吴玠,晚宋的孟珙、余玠;重大军政事件不外张浚经略川陕、曲端之死与吴曦之变。近二十年来,研究"点"明显更为丰富、立体。人物研究逐渐从个体走向群体,学者对王庶、王似、胡世将、郑刚中、吴挺、吴拱、孙应时、安丙等都有不同程度的讨论。人物研究的方式也从考辨人物事迹转变为探寻多方面的"关系",从塑造"脸谱化"人物转变为揭示历史人物更为复杂的面相。重大军政事件研究也不再把"'讲清楚'史实"⑥本身作为研究的最终目标,而是从"就事论事"转变为将事件作为考察政

---

① 何玉红:《南宋川陕边防行政运行体制研究》,上海:上海古籍出版社,2012年。
② 王化雨:《南宋绍兴前期的中央遣蜀帅臣》,《四川师范大学学报》2014年第1期,第23—24页;王化雨:《宋高宗朝的遣川陕特使与四川政局》,《宋史研究论丛》第17辑,2015年;王化雨:《南宋中期朝廷对四川的经营:以吴挺事迹为例》,《四川师范大学》2016年第6期。
③ 参见余蔚:《完整制与分离制:宋代地方行政权力的转移》,《历史研究》2005年第4期;余蔚:《两宋政治地理格局比较研究》,《中国社会科学》2006年第6期;余蔚:《论南宋宣抚使与制置使制度》,《中华文史论丛》2007年第1期。
④ 相关研究成果参见李全德:《宋代的信息沟通与文书行政研究述评》,收入邓小南主编:《宋史研究诸层面》,北京:北京大学出版社,2020年,第20—83页。
⑤ 曹家齐:《南宋朝廷与四川地区的文书传递》,《中国社会科学》2014年第5期;亦可参见陈希丰:《南宋朝廷与地方间文书传递的速度——以四川地区为中心》,《国学研究》第45卷,2021年。
⑥ 包伟民:《"理论与方法":近三十年宋史研究的回顾与反思》,《史学月刊》2012年第5期,第26页。

治、制度、社会结构的路径与视角的"事件路径"①。

必须强调的是,以上港台、大陆学界关于南宋川陕军政研究的"进展",是建立在中国宋元史学界学术自身发展、学术范式转换的脉络中的。事实上,南宋川陕军政研究开展的近百年间,不论港台抑或大陆,不论老一代还是新生代学者,对于日本学术界研究成果的参考一直都极为有限。宋史研究一直是日本学界中国史研究的重点。其关于南宋川陕军政的研究,主要以五六十年代的山内正博、七八十年的伊原弘以及二十一世纪初的高桥弘臣为代表②,研究脉络明显呈现为注重制度运行、央地关系、财政与军政关系等特点。若将日本学界关于南宋川陕军政的研究成果一并纳入讨论,那二十一世纪以来大陆宋史学界在南宋川陕军政领域所取得的推进就可能会稍打折扣。

以下试从宣抚/制置司制度与川陕军政研究、总领所制度与川陕军政研究、吴氏武将家族、宋金蒙/元川陕战争、川陕军事防御体系五个方面,对近百年来南宋川陕军政研究详作述评。挂一漏万,疏误之处,敬请方家批评指正。

一、宣抚/制置司制度与川陕军政研究

宣抚/制置司制度是南宋王朝出于加强军事防御而设置的可统率多个路级政区,集区域军政、财政、民事权于一的"军管型准行政组织"制度,也是有关南宋川陕军政最重要的制度。四川(川陕)宣抚/制置司的稳定辖区大体包括

---

① 蔡东洲、胡宁:《安丙研究》,成都:巴蜀书社,2004年;何玉红:《地方权威与中央控制:论郑刚中之死》,《社会科学战线》2010年第3期;王化雨:《宋高宗朝的遣川陕特使与四川政局》,《宋史研究论丛》第17辑,2015年;王军营:《南宋初期陕西军政之危机——以"王庶被拘"事件为中心》,《甘肃社会科学》2016年第5期;王化雨:《南宋中期朝廷对四川的经营:以吴挺事迹为例》,《四川师范大学》2016年第6期;黄宽重:《孙应时的学宦生涯——道学追随者对南宋中期政局变动的因应》,台北:台大出版中心,2018年;陈希丰:《吴璘病笃与蜀口谋帅:南宋高孝之际四川军政探析》,《中华文史论丛》2020年第3期;陈希丰:《王似帅蜀与南宋初年川陕军政》,《成都大学学报》2022年第4期;等等。

② 山内正博:《张浚の富平出兵策》,《东洋史研究》19—1,1960年,第37—56页。山内正博:《南宋の四川における张浚と吴玠——その势力交替の过程を中心として—》,《史林》四四—一,1961年,第98—124页。伊原弘:《南宋四川における吴氏の势力——吴曦の乱前史》,收入东洋文库宋代史研究室编《青山博士古稀纪念:宋代史论丛》,省心书房,1974年,第1—33页;伊原弘:《南宋总领所の任用官—「开禧用兵」前后の四川を中心に》,载矶部武雄编:《アジアの教育と社会—多贺秋五郎博士古稀记念论文集》,不昧堂,1983年,第126—138页;高桥弘臣:《南宋初期の川陕地方における宣抚处置使·宣抚使について》,《爱媛大学法文学部论集〈人文〉》第13卷,2002年,第25—45页。

成都府、潼川府、利州、夔州四路。与京湖、江淮地区随宋金/蒙战和时设时罢不同,自建炎三年(1129)初设川陕宣抚处置司至景炎三年(元至元十五年,1278)四川制置使张珏镇守的重庆失陷,宣抚/制置司制度在川陕的运行从未间断。如袁燮所说:"孝宗皇帝……切切焉惟蜀是忧,命执政大臣继踵宣威者,至于三四;又诏制置司,同诸帅臣,铨释兵将庸懦不堪倚仗者,而易置之。夫宣威之设,不于他路,而独于蜀;兵将之易置,不施之他路,而独施之蜀。圣哲之心,深知天下安危实系乎此,重此一方,所以重国势也。"①这既是南宋四川宣抚/制置司制度的一项突出特点,也是学者所谓南宋四川特殊化政策的重要表征。

据《宋史·职官志》记载,宋代宣抚使"掌宣布威灵、抚绥边境及统护将帅、督视军旅之事,以二府大臣充",制置使"掌经画边鄙军旅之事"②。以此而言,二者在职掌上似乎并无太大区别。只是就地位而言,多数情况下,宣抚使要高于制置使③。至于四川宣抚/制置使的职能,李心传在《建炎以来朝野杂记》有更为详尽的说明,称四川制置使"掌节制御前军马、官员升改、放散、类省试举人、铨量郡守、举辟边州守贰,其权略视宣抚司,唯财计、茶马不与"④。虽然宣、制二使同为南宋川陕最高军政长官,《宋史》《朝野杂记》等史籍对其职能规定的记述也较为接近,但实际上,二者仍存在重要区别。概言之,川陕/四川宣抚使偏重军事,四川制置使则更重民政⑤。特别是当二者并置之时,这一职能分工尤为明晰。如开禧三年(1207)五月,诏"四川宣抚、制置司分治兵民"⑥。

余蔚《论南宋宣抚使和制置使制度》是目前有关南宋宣抚/制置司制度最重要的研究。该文主要从地方行政组织着眼,考察了宣抚/制置使在唐宋时期

---

① [宋]袁燮:《絜斋集》卷四《论蜀札子二》,《景印文渊阁四库全书》第1157册,第38页。
② 《宋史》卷一六七《职官志七》,第3955、3957页。
③ 姚建根:《宋朝制置使制度研究》,上海:上海古籍出版社,2010年,第142页。
④ [宋]李心传撰,徐规点校:《建炎以来朝野杂记》甲集卷一一《制置使》,北京:中华书局,2000年,第220页。
⑤ 余蔚:《论南宋宣抚使和制置使制度》,《中华文史论丛》2007年第1期,第144页。杨倩描认为吴玠所领川陕宣抚司,其管辖范围局限在利州路的范围内。川陕宣抚司其实只不过是宋王朝四川地区的一个边防军司令部而已。掌握四川地区大权的最高机构乃是席益的四川制置大使司。即宣司与制司职权范围存在空间上的差异,见《吴家将——吴玠吴璘吴挺吴曦合传》,第96页。
⑥ 《宋史》卷三八《宁宗纪二》,第745页。

的演变过程、宣抚/制置使在南宋地方行政方面的职权、宣抚/制置使与南宋政治的关系等问题。余氏认为,到绍兴五年(1135)左右,宣抚、制置使基本完成由军事长官向军事、民事、财政合一的地方长官的演变,并在四川、京湖和江淮地区形成较为稳定的辖区范围。宣抚/制置使是南宋政权加强军事防御的产物,但它们增加了地方行政层级,导致中央集权的力度减弱。该文还注意到,四川、京湖、江淮三大宣抚/制置使的连续性、稳定性与职权依次递减。距离都城越远的地区,央地之间的信息传递越困难,就越需要具备统一指挥和独立行动的全面权力①。郑丽萍《宋朝宣抚使制度研究》、姚建根《宋朝制置使制度研究》是有关宋代宣抚/制置使制度的两部专著,对南宋宣抚/制置使的源流变革、辖区、职能、任官、属官及与其他地方机构间的关系等问题作了基础性梳理②。

有关南宋四川制置使治所的变迁,李昌宪作过专门考察,并将其分为三个阶段:一是绍兴五年至嘉定二年(1209),基本置于成都;二是嘉定二年至淳祐初,因吴曦叛变和金蒙相继入侵,南宋将制置司治所移至靠近前线的兴元(今陕西汉中)、利州(今四川广元),甚至河池(今甘肃徽县);三是淳祐二年(1242)余玠入蜀后,因沔州(今陕西略阳)、兴元、利州、成都一再被蒙军摧毁,四川制置司被迫转移至川东的重庆③。余蔚亦曾梳理四川宣、制二司的治所变迁过程,指出因军事形势不断变化,四川宣抚司徙治次数甚多;而民事格局较为稳定,故四川制置司大部分时间驻于成都。宣、制二司的治所变迁,其实是稳定的民事格局与不断变化的军事形势的反映④。此外,利州路作为川陕战区主要边防作战区域与吴氏世将的主要活动区域,朝廷对其行政建制的调整十分频繁,时而分利州路为东、西两路,时而又合二为一,前后达十数次之多。大要,合则治于兴元府,分则以兴元、兴(沔)州为帅府。李昌宪、熊梅等皆曾梳理南宋利州路分合过程,并尝试作出解释,大致认为合则为收兵权,分则以利战守及镇抚军民、弹压盗贼⑤。

---

① 余蔚:《论南宋宣抚使和制置使制度》,《中华文史论丛》2007年第1期,第129—179页。
② 郑丽萍:《宋朝宣抚使制度研究》,河北大学博士学位论文,2009年。
③ 李昌宪:《宋代四川帅司路考述》,原载《文史》第44辑,1998年,收入氏著《五代两宋时期政治制度研究》,北京:生活·读书·新知三联书店,2013年,第151—155页。
④ 余蔚:《论南宋宣抚使和制置使制度》,《中华文史论丛》2007年第1期,第146—148页。
⑤ 李昌宪:《宋代四川帅司路考述》;熊梅:《南宋利州路分合考论》,《历史地理》第22辑,2007年,第90—97页。

具体到南宋四川(川陕)宣抚/制置司制度以及运行,山内正博、王智勇、杨倩描、高桥弘臣、何玉红、王化雨等都曾作过精彩研究。文臣宣抚/制置使与以吴氏家族为代表的武将势力、与掌管财政的四川总领、与南宋中央之间形成多重矛盾,深刻影响着南宋川陕军政权力格局与历史演进过程。

(一)

建炎三年(1129)五月,处于风雨飘摇中的宋高宗任命张浚为宣抚处置使,许其在川陕地区享有军、政、财务一切支配权,"黜陟之典,得以便宜施行"①,由此开启了南宋川陕的新局面。梁天锡、蔡哲修、高桥弘臣等皆曾撰文梳理张浚任职川陕宣抚处置使之经历作为,评论其功过②。

有关川陕宣抚处置司的设置背景,蔡哲修《张浚与川陕的经营》从南宋初年"以藩屏宋"的呼声、川陕特殊的战略位置两方面予以阐述③。高桥弘臣《南宋初期の川陕地方における宣抚処置使・宣抚使について》则从张浚与高宗对陕西战略地位的重视、陕西因金军进攻而陷入混乱、南宋中央疲于奔命无法对川陕政务逐一裁决三方面加以剖析④。山内正博认为,张浚出使川陕的目的在于有效怀柔、压制陕西武将群体,以巩固南宋朝廷在该地区的统治⑤。何玉红《时变与应对:南宋川陕宣抚处置司设置原因述论》将川陕宣抚处置司的设立置于两宋之际川陕地区时局变动与中央应对的关系中加以讨论,认为两宋之际的川陕地区战略地位突出;川陕地区地方行政运行中弊端丛生,将帅之间内讧不断,相互扯皮,武将不听节制,对金兵的进攻无法组织起有效的抵抗;朝臣关于加强地方权力与整合地方力量的呼声日益兴起等,共同促成了川陕宣

---

① 《朱熹集》卷九五上《少师保信军节度使魏国公致仕赠太保张公行状上》,第4817页。
② 蔡哲修:《张浚与川陕的经营(1129—1133):"南宋偏安局面的形成"研究之二》,《大陆杂志》第99卷第1期,1999年,第13—30页;梁天锡:《张浚执政兼宣抚处置使考》,原刊《华冈文科学报》第19期,1993年,收入宋史座谈会编《宋史研究集》第26辑,台北:"国立编译馆",1997年,第307—370页;高桥弘臣:《南宋初期の川陕地方における宣抚処置使・宣抚使について》,《爱媛大学法文学部論集〈人文〉》第13卷,2002年,第25—45页。
③ 蔡哲修:《张浚与川陕的经营(1129—1133):"南宋偏安局面的形成"研究之二》,《大陆杂志》第99卷第1期,1999年,第14—15页。
④ 高桥弘臣:《南宋初期の川陕地方における宣抚処置使・宣抚使について》,《爱媛大学法文学部論集〈人文〉》第13卷,2002年,第26—31页。
⑤ 山内正博:《张浚の富平出兵策》,《东洋史研究》19—1,1960年,第46—47页。

抚处置司的设置。中央派出的宣抚使可全权掌管川陕诸路军政事务，由此确立起一个强有力的地方权力中心，将川陕各地分散的力量统一指挥、资源统一调配，这是南宋中央对北宋地方权力削弱弊端所作出的一项制度革新①。

张浚进入川陕后，通过拔擢亲信、更易帅臣②，很快改变了陕西六路各自为战的局面，但又与曲端为代表的陕西地方武将产生了冲突。山内正博《从对待武将政策的一环看张浚的富平出兵》认为，蜀地财政上的优势，是张浚借以怀柔与压制陕西武将势力最有力的武器③。在任期间，张浚诛杀了陕西大将曲端。该事件一直是历代文人学者争讼的焦点。曲端原为泾原路经略司统制官，张浚入陕，拜为宣抚处置司都统制、泾原路安抚使，后以"谋反"罪将其诛杀。后世或以曲端专横跋扈，死有余辜；或以曲端之死乃浚罗织罪名，残害忠良。现代学者中，李蔚认为曲端善于训练军队，长于兵略，在南宋属一流爱国将领，他的死"是南宋初年仅次于岳飞的最大冤案"④，杨德泉、李贵录并持此论⑤。与之相对，闫邦本以为曲端有专杀、失律、慢令之罪，曲端之死并非张浚罪过⑥。王曾瑜指出，罢黜曲端在相当程度上是张浚和曲端的意见存在分歧，张浚主战，曲端主守⑦。王智勇指出，曲端"借抗金之名，行扩大自己势力之实"⑧，这是张浚诛杀曲端最重要的原因。何玉红则进一步将曲端之死置于地方武将势力与南宋中央权威的冲突中加以审视，他在《地方武力与中央权威：以曲端之死为中心》一文中指出，两宋之际，中央对陕西的控制力减弱，以曲端为代表的地方武将乘势崛起，成为影响地方政局变动的关键因素。川陕宣抚

---

① 何玉红：《时变与应对：南宋川陕宣抚处置司设置原因述论》，《中华文史论丛》2009年第3期，第281—304页。
② 可参阅王泽青：《能动与被动：再论张浚与宋金富平之战》，《绵阳师范学院学报》2022年第9期，第142—143页。
③ 山内正博：《张浚の富平出兵策》，《东洋史研究》19—1,1960年，第52—53页。
④ 李蔚：《略论曲端》，《兰州大学学报》1981年第1期，第59页。
⑤ 杨德泉：《张浚事迹述评》，载邓广铭、郦家驹等主编《宋史研究论文集》，第563—592页；李贵录：《"曲端冤狱"与南宋初年的陕西失陷》，《南开学报》2002年第6期，第91—97页。
⑥ 闫邦本：《对〈张浚事迹述评〉的几点商榷》，《四川师范学院学报》1989年第2期，第3—12页；闫邦本：《对〈张浚事迹述评〉的几点商榷之二》，《四川师范学院学报》1992年第5期，第29—36页；闫邦本：《读〈再论张浚：答闫邦本同志〉》，《四川师范学院学报》1998年第1期，第6—9页；等等。
⑦ 王曾瑜：《宋金富平之战》，《中州学刊》1983年第2期，第112页。
⑧ 王智勇：《论曲端》，《宋代文化研究》第八辑，1999年，第96页。

处置司设置后,与曲端为代表的陕西地方武将势力冲突不断,最终导致宣司对武将势力的打击。该文认为,曲端之死是确保川陕宣抚处置司正常运行的需要,也是南宋中央在川陕地区重建权威的一项关键环节①。

在任川陕宣抚处置使期间,张浚虽遭富平兵败,失陕西六路,但一则树立起中央对川陕的权威,二则得保全蜀,并使朝廷获得宝贵的喘息与立足之机。不过,矫枉往往过正,张浚在川陕的权力过重、杀伐太专、其对"便宜"权的"过度"使用(即所谓"事任已重,处断太专"②)又成为中央集权的威胁所在。

有关宣抚处置司的职权,梁天锡《张浚执政兼宣抚处置使考》对张浚以"便宜"除易帅守、监司、将帅之事例逐一统计,并细致梳理了张浚的其他"便宜"之事,如止禁兵屯戍、增印钱引、印造度牒、路郡废置与拨隶、遣外交使节、置司类省试赐出身、封神等③。高桥弘臣将张浚的权限与职务分为军事、财政、其他(民政、科举、外交等)三方面加以归纳。何玉红《"便宜行事"与中央集权——以南宋川陕宣抚处置司的运行为中心》从制度运作角度进一步梳理归纳了张浚"便宜"之权的行使以及朝廷对宣司"便宜"之权的制约。该文注意到,除上述便宜之事外,还出现有中央诏令在先,宣司改而行之,以及因宣司"便宜行事"在先,中央诏令失效,不得不"改命"而行的现象;从权力行使主体看,"便宜之权"不仅限于宣抚处置使,还延伸到宣司属官。在宣司运行过程中,朝廷不断采取措施对其"便宜"之权加以约束与削弱,如严格宣司"行事"中的上奏程序、对与法令不符的"便宜行事"予以否定或更改、对有违中央旨意之"行事"予以禁止、缩小宣司统辖区域、设置宣抚处置副使等。何氏认为,在"便宜"之权使用与制约的背后,其实质是南宋央地间在权力分配问题上的失衡与冲突。川陕地方行政运行的现状背离宋朝祖宗家法的要求,这必然为皇权绝对集中的国策所不容。在这种格局下,罢免"跋扈"之臣,取消"便宜"之权,就是应有之事④。

---

① 何玉红:《地方武力与中央权威:以曲端之死为中心》,《国学研究》第二十三卷,2009年,第49—72页。
② [明]黄淮、杨士奇:《历代名臣奏议》卷二三九《任将》,章谊又奏,上海:上海古籍出版社,1989年,第3144页。
③ 梁天锡:《张浚执政兼宣抚处置使考》,宋史座谈会编《宋史研究集》第26辑,台北:"国立编译馆",1997年,第317—322页。
④ 何玉红:《"便宜行事"与中央集权——以南宋川陕宣抚处置司的运行为中心》,《四川大学学报》2007年第4期,第26—36页。

（二）

绍兴二年（1132）末，南宋中央宣布召还张浚，代之以王似、卢法原。陈希丰《王似帅蜀与南宋初年川陕军政》从央地权力关系、军事战略角度考察分析了王似继任川陕宣抚处置使的原因与施为。该文认为，限制宣司长官职权、防范"张浚式人物"再度出现乃是彼时宋廷治蜀方略的基本出发点。为此，召还张浚的同时，朝廷采取了一系列措置，如收回"便宜黜陟权"①，将宣司规制由"准朝廷"降格为地方跨路级行政机构，缩减其辖区，并用"威望素轻"的"无功侍从"王似、卢法原同掌川陕宣抚司。该文还指出，张浚之所以被召还，除地方权力过分集中外，还在于其与宋廷在川陕战区攻守战略问题上存在严重分歧：陕西六路既丧，朝廷希望宣司在川陕实施收缩防御战略，全力固守蜀口；张浚则仍孜孜谋求进取之计，"以图再举"。相较于张浚，王似"镇重宽厚""能坚守"的特质符合当时朝廷对川陕战场"据险坚壁""谨守关塞"的战略目标。从王似掌领宣司后的情形来看，他与卢法原充分继承了张浚遗留下的财政、军队人事格局②。

张浚去职后，川陕军政格局的两大重要走向是：第一，蜀口守将吴玠迅速崛起，很快掌控川陕兵柄，进而于绍兴六年（1136）全面掌领川陕宣抚司，直至绍兴九年病逝。其间，川陕宣抚司经历了王似、卢法原、范正己、邵溥四位文臣长官；绍兴五年末，朝廷又设安抚制置大使司于成都，席益、胡世将先后入蜀履职。以上这些蜀帅均被认为旨在节制吴玠，却又无力节制③。卢、范、席甚至与吴玠爆发激烈冲突。对此过程，杨倩描、高桥弘臣、陈希丰皆曾作过梳理。何玉红认为，张浚罢免后，如何有效节制吴玠，是南宋中央处理川陕战区行政事务时的一个重要任务。朝廷"虽屡派宣抚使以节制吴玠，但效果并不明显"，随

---

① 关于朝廷宣布"罢宣抚司便宜黜陟"，余蔚注意到在绍兴三年至五年之间，朝廷仍允许川陕宣抚司"保持一种与朝廷处在竞争状态的任命权"。川陕地区任何一种差遣，宣抚司所遣与朝廷所差官，先到任者得之，后至者"别与本等差遣"，见余蔚《论南宋宣抚使和制置使》，第167页。

② 陈希丰：《王似帅蜀与南宋初年川陕军政》，《成都大学学报》2022年第4期，第62—70页。

③ 如王智勇谓"尽管此时吴玠上面还有王似、卢法原，但他们事实上已经不能节制吴玠"（第111页），杨倩描谓"事实上，王似和卢法原也无法、无力指挥吴玠"（第73页），"尽管名义上是邵溥节制吴玠，但实际上却是吴玠节制邵溥"（第94页），王化雨谓"席益无法凌驾于吴玠、赵开之上"（第23页）。

后又改宣抚使称号为安抚制置大使,"以此更好地发挥节制吴玠的作用"①。高桥弘臣注意到,南宋中央对吴玠采取了各种抑制措施,但另一方面,不仅承认其专权,有时甚至赋予其更大的权限,中央的抑制政策孕育着矛盾②。山内正博指出,南宋中央对宣司的政策为武将吴玠的抬头提供了极为有利的形势。吴玠之所以能够迅速崛起,固然是因为他运用天才的军事能力保固川陕的战绩获得了中央的认可,但南宋政权对待宣抚使的政策也加速了他的崛起③。陈希丰认为,张浚去职前后,南宋中央治蜀方略的基本出发点并非武将专权,而是削弱宣司长官职权、防范"张浚式"人物的再度出现。为此,朝廷默认吴玠在军事实力上的坐大,同时不刻意压制吴玠政治地位的上升,借以对宣司长官形成掣肘与制衡。吴玠的迅速坐大固然得益于宋金战争情势及其过人的军事才能,但也是朝廷"制造"出来的。绍兴四、五年间,卢法原、范正己等宣司长贰与吴玠的冲突应在此背景下加以理解④。

第二,川陕宣抚处置司经过数年的运行,在绍兴六年确立为武将吴玠领宣抚司"专治兵事"、文臣席益掌制置司专管"选举、差注、民事"、赵开都转运司专理财政——即三司分立的新格局。山内正博《南宋四川的张浚与吴玠:以其势力交替过程为中心》一文初步梳理了张浚去职后川陕宣抚使职格与职权逐渐缩减以及宣司最终一分为三的过程⑤。陈希丰《以武制文与三司分立:南宋初年川陕高层的权力格局》同样关注张浚去职后川陕高层权力格局与宣抚处置司的发展走势,认为宣司存在一个明显的分权趋势,并体现为由人事对立到职能分化再到机构分立的演化过程。

之所以形成三司分立的局面,王化雨认为是由于这一时期川陕战场相对

---

① 何玉红:《武将知州与"以文驭武"——以南宋吴氏武将知兴州为中心》,《中国史研究》2011年第4期,第114页。
② 高桥弘臣:《南宋初期の川陕地方における宣抚处置使·宣抚使について》,《爱媛大学法文学部論集〈人文〉》第13卷,2002年,第55页。
③ 山内正博:《南宋の四川における張浚と呉玠——その勢力交替の過程を中心として—》,《史林》四四—一,1961年,第98—124页。
④ 陈希丰:《以武制文与三司分立:南宋初年川陕高层的权力格局》,《文史》2021年第4期,第65—86页。
⑤ 山内正博:《南宋の四川における張浚と呉玠——その勢力交替の過程を中心として—》,《史林》四四—一,1961年,第98—124页。

沉寂、边防压力减少与张浚入主中枢后对吴玠疑虑降低所致①。陈希丰则认为,三司分立局面的形成,一方面是张浚去职后,朝廷对川陕军政采行分权制衡政策的结果;另一方面又与绍兴五年后张浚全面负责南宋军政事务、兴师北伐的时局有关。看似"分权"的制度设计,实则是以"集权"为出发点的——宣司、制司、计司集权于张浚的都督府。不过,因张浚本人滞留江淮,未能按计划视师荆襄、川陕,反而造成三司无人统筹、交争相斗的局面。这与绍兴四年末赵鼎帅蜀未成有一定相似之处②。

有关绍兴六年至绍兴和议前后的川陕军政运行,王化雨《南宋绍兴前期的中央遣蜀帅臣》一文细致梳理了席益、胡世将、郑刚中三位蜀帅的职权与治效,重点考察了宣抚使、制置使、都转运使、总领财赋等川陕军政权力主体间的人事关系与权力分配。蜀口大军的军粮,大部须由成都府路、潼川府路远道北运。军粮运输则有陆运和水运两种方式。如时人周秘所言:"水运稍远,其行虽迟,而所费至少;陆运稍近,其行虽速,而所费至多。宣抚司欲其速至,则必以陆运为便;总制官欲其省费,则必以水运为便。"③围绕军粮馈运方式、军费开支问题,宣抚使吴玠与都转运使赵开(后为李迨)的矛盾十分尖锐④。制置大使席益入蜀后,亦介入到吴玠与都漕的冲突中。他先是协助吴玠催督赵开,而与开"不咸";继而又支持水运粮饷,与吴玠"关系趋于恶化"。王化雨指出,席益与赵开、李迨、吴玠的矛盾冲突,其根源在于川陕军、政、财三权分离的体制。各机构利益不一致,相互间利益与矛盾的协调势必困难⑤。何玉红《地理制约与权力博弈:南宋绍兴前期川陕军粮论争》详细考察了吴玠与赵开、李迨就军粮转运方式的论争,认为军粮转运的地理制约问题虽客观存在,却并非核心,

---

① 王化雨:《南宋绍兴前期的中央遣蜀帅臣》,《四川师范大学学报》2014年第1期,第23—24页。

② 陈希丰:《以武制文与三司分立:南宋初年川陕高层的权力格局》,《文史》2021年第4期,第83—85页。

③ 《要录》卷一〇二,绍兴六年六月辛酉,第1937页。

④ 杨倩描认为,四川内地的军粮水运,须先顺岷江、沱江、涪江南航至长江,继沿长江东行至今重庆,再溯嘉陵江而上至兴州,路线迂回,路途遥远,比陆运要多花一倍多的时间。然而,水运却比陆运费要少。以成都府路为例。水运一石军粮至兴州,费用为四贯三百文;而陆运一石军粮至兴州,费用则高达十三贯,是水运的3倍。(《吴家将——吴玠吴璘吴挺吴曦合传》,第100—101页)

⑤ 王化雨:《南宋绍兴前期的中央遣蜀帅臣》,《四川师范大学学报》2014年第1期,第23—24页。

财政官与军事官的权力博弈才是论争的根本所在①。

绍兴七年(1137)十一月,席益在政争的阴霾下去职,朝廷选派胡世将为四川安抚制置使。稍后,朝廷罢免与吴玠不协的都转运使李迨,改命宣司属官陈远猷、高士瑰掌领都转运司。山内正博认为,吴玠的职权由此得到了"飞跃性的增强"②。王化雨认为,此举使宣司获得了更多的财权,三权分立的格局已在一定程度上被打破。在新的格局中,制置司处于相对弱势的境地。故胡世将入蜀后,只得采取隐忍之术,先是主动与吴玠改善关系,继而"对制司权力进行主动收缩",避免与吴发生冲突③。

绍兴九年(1139)六月,四川宣抚使吴玠病逝。七月,制置使胡世将迅速兼权主管宣司职事。九月,朝廷正式任命胡世将为川陕宣抚副使,诸路并听节制;同时,裁撤四川制置司。至此,川陕三司分立的局面完全被打破,且南宋在最为遥远的川陕战区率先实现了"以文驭武"。王化雨注意到,胡世将之所以能迅速接任宣司,朝廷派往陕西的宣谕使楼炤以便宜权"先次差权,然后降旨"是关键④。

翌年,金方撕毁第一次绍兴和议,大举进攻陕西。大敌当前,朝廷进一步令"胡世将军前合行黜陟,许以昨张浚所得指挥"⑤,付以重权。胡世将随即指挥吴璘、杨政诸将击退金军,使川陕局势转危为安。然而,此时已全面掌控川陕军政大权的胡世将在陕西划界问题上与朝廷产生分歧,拒不执行朝命,协同吴璘、杨政等武将一起反对割让战略要地和尚原,引发高宗与秦桧君臣的猜忌与不满。绍兴十一年十月,为确保第二次绍兴和议顺利缔结,朝廷命郑刚中为川陕宣谕使,"得预边事",意在"分化、架空胡世将"⑥。

---

① 何玉红:《地理制约与权力博弈:南宋绍兴前期川陕军粮论争》,《宋史研究论丛》第17辑,2015年,第219—243页。
② 山内正博:《南宋の四川における張浚と呉玠——その勢力交替の過程を中心として—》,《史林》四四—一,1961年,第107页。
③ 王化雨:《南宋绍兴前期的中央遣蜀帅臣》,《四川师范大学学报》2014年第1期,第24—25页。
④ 王化雨:《宋高宗朝的遣川陕特使与四川政局》,《宋史研究论丛》第17辑,2015年,第199—200页。
⑤ 《要录》卷一三五,绍兴十年五月庚子,第2530页。
⑥ 王化雨:《南宋绍兴前期的中央遣蜀帅臣》,《四川师范大学学报》2014年第1期,第26页。

绍兴十二年(1142)三月,胡世将病逝于川陕军前,宣谕使郑刚中接任川陕宣抚副使。十四年,改四川宣抚副使。十七年七月,罢。后身陷囹圄,含恨而亡。史载:"刚中在蜀六年,事或专行,其服用往往逾制。"①关于郑刚中之死,史籍多记载为其与秦桧的个人恩怨。何玉红《地方权威与中央控制:论郑刚中之死》从央地权力关系的角度重新考察了郑刚中之死,认为一开始,作为宣抚副使的郑刚中很大程度上代表中央,并成功节制驾驭吴璘、杨政等川陕地方武将;但其后,郑氏奏"省四川都转运司,以其事归宣抚司",集军权、行政权、财权于一身,导致地方权力膨胀,从而成为朝廷制约甚至打击的对象。绍兴十五年末,宋廷任命赵不弃为四川总领财赋。赵不弃到任后,罗织郑刚中罪名,致其罢职贬死②。

郑刚中离任后,朝廷再次对川陕军政体制作出调整:改行营右护军为御前诸军,命右护军都统制吴璘为利州西路(又称兴州)驻扎御前诸军都统制;绍兴十八年(1148)五月,废罢四川宣抚司,恢复安抚制置司体制,并规定"制置司行宣抚司职事,案牍、人吏、钱物……拨隶制置司",宣司都统制杨政为利州东路(又称兴元府)驻扎御前诸军都统制③。新的制置司"掌节制御前军马、官员升改、放散、类省试举人、铨量郡守、举辟边州守贰,其权略视宣抚司,唯财计、茶马不与",其职权较之总领所设置之后的宣司,看似并无太大差别。王化雨认为,以制置使取代宣抚使,关键在于制置使驻节成都,与蜀口大军的距离遥远,势必使得制司对于军队的实际控制力度较宣使有所弱化。此外,宋廷赋予总领所"专一报发御前军马文字"之权,在军政方面对前者构成了制衡。制置使无财权,军权又受限制,便难以再成为郑刚中那样的跋扈之臣。但另一方面,制置使在制度上有权节制诸军,又可保证川陕军权不至旁落于武将之手。经过多年的摸索,南宋中央在集权、分权的模式切换过程中找寻到了治蜀的最佳平衡点④。

---

① 《要录》卷一五六,绍兴十七年七月庚辰,第2963—2964页。
② 何玉红:《地方权威与中央控制:论郑刚中之死》,《社会科学战线》2010年第3期,第74—80页。
③ 《要录》卷一五六,绍兴十七年七月戊子,第2965页;卷一五七,绍兴十八年五月甲申,第2988页。[清]徐松辑,刘琳、刁忠民、舒大刚、尹波等点校:《宋会要辑稿》职官四一之三八,上海:上海古籍出版社,2014年,第4018页。
④ 王化雨:《南宋绍兴前期的中央遣蜀帅臣》,《四川师范大学学报》2014年第1期,第28页。

除宣抚、制置使外,高宗一朝还曾陆续派遣多名特使赴川陕,执行特定的政治任务,以强化对川陕的控制。王化雨《宋高宗朝的遣川陕特使与四川政局》考察分析了楼炤、郑刚中、虞允文三位特使的任职经历,认为通过特派专使,朝廷在一定程度上克服了临安与川陕之间路途遥远、信息交流不畅的不利条件,使朝廷在与川陕地方势力的博弈中逐渐占据了优势。但另一方面,特使与川陕地方势力不时爆发的冲突,也增加了朝廷经营川陕的难度①。

(三)

绍兴三十一年(1161)十月,金海陵帝大举南侵,打破了宋金二十年的和平。战前,南宋川陕战区由文臣王刚中任制置使,王之望任总领,吴璘、姚仲、王彦分任兴州、兴元、金州都统制。为御强敌,朝廷重启宣抚司体制;且高宗并未选用王刚中,而是委任六十岁的老将吴璘为四川宣抚使。吴璘率军击退金兵,并一度收复了秦陇、熙河大片故土。乾道三年(1167)五月,吴璘病逝于兴元,其任四川宣抚使凡五年有余。

吴璘病逝是南宋孝宗朝前期的重大政治事件。陈希丰《吴璘病笃与蜀口谋帅:南宋高孝之际四川军政探析》考察了高孝之际朝廷与四川制置/宣抚使、总领等治蜀代理人围绕吴璘病笃的反应及由此引发的蜀口谋帅事宜。"辛巳之役"前,朝廷迅速调整"以文制武"方针,将川陕十万大军的兵权全数交予吴璘,令其保固蜀口。然而,战事进行期间,对于四川总领王之望调吴氏子弟吴拱归蜀、出掌兴州都统司的建请,朝廷迟迟不肯应允。随着陇右战事进入白热化阶段,为稳定川陕局势,吴拱最终被放回蜀口。乾道初年,孝宗一方面对来朝的吴璘恩遇无二,并承认其子吴挺袭掌兴州大军的局面;另一方面又频频征求治蜀代理人意见、宣召蜀口将领入朝,试图绕过吴氏子弟另觅兴帅人选。在兴州都统制继任者问题上,孝宗希望摒弃吴氏子弟别谋良将,而王之望、汪应辰、虞允文则属意于吴璘之侄吴拱。吴璘去世后,朝廷本已命任天锡、吴胜分掌兴州、兴元大军,就此终结了吴氏将门对蜀口兵柄的主宰。但任、吴二将才能不济,无法担负保蜀重任。最终,在川陕无将可用的窘境下,宣抚使虞允

---

① 王化雨:《宋高宗朝的遣川陕特使与四川政局》,《宋史研究论丛》第 17 辑,2015 年,第 195—218 页。

文与孝宗达成一致,从京湖战场调员琦出任兴州都统,并起用吴拱接掌兴元都统司。在物色兴州都统制人选问题上,朝廷始终摇摆于"抑制吴氏世将"与"保固四川"两种背道而驰的思路。①

之所以任命吴拱为兴元都统制、利州路安抚使,王智勇的解释是,吴拱无论是人望、才识、谋略都难与吴挺相提并论,不足使宋廷产生太大忧虑;吴拱、吴挺之间的隔阂,亦有利于宋廷对吴氏家族成员的驾驭;且兴州都统司并不掌握在吴氏家族成员的手中②。王化雨则认为,吴拱曾因吴璘弹劾而遭到责降,朝廷重用吴拱,既可收市恩之效,又可借否定吴璘前见以彰显自己的权威。朝廷任用吴拱,说明对吴氏子弟既有防范亦有倚重③。

吴拱任职利州路安抚使、兴元都统制期间,名臣虞允文于乾道三年六月至乾道五年六月、乾道八年(1172)九月至淳熙元年(1174)二月两任四川宣抚使,晁公武于乾道四年至六年任四川制置使,王炎于乾道五年三月至乾道八年九月任四川宣抚使。张香宁、孔凡礼、傅璇琮等分别考述其在任期间的治绩④,但目前学界尚缺乏对该时期川陕军政权力运作的考察。

淳熙元年初,四川宣抚使虞允文卒于任上。吴挺随即受命出任兴州都统制,重返蜀口。此后,吴挺掌领南宋川陕边防主力军——兴州屯驻大军长达二十年之久。王化雨《南宋中期朝廷对四川的经营:以吴挺事迹为例》从吴挺事迹的梳理入手,考察南宋中期朝廷对四川的经理及四川军政格局。关于吴挺回归四川,王智勇认为,吴璘去世后,孝宗一直未能在吴氏家族之外找到统帅川陕重兵的合适人选。当虞允文去世后,放眼当时的统兵将帅,唯有吴挺是兴州都统司帅臣的最合适人选。这固然同吴挺的抗金业绩、在川陕的人望及才识密不可分,并且吴挺在中央任职期间的卓越表现也深得宋廷赏识⑤。王化雨

---

① 陈希丰:《吴璘病笃与蜀口谋帅:南宋高孝之际四川军政探析》,《中华文史论丛》2020年第3期,第241—265页。
② 王智勇:《南宋吴氏家族的兴亡——宋代武将家族个案研究》,第188页。
③ 王化雨:《南宋中期朝廷对四川的经营:以吴挺事迹为例》,《四川师范大学》2016年第6期,第152页。
④ 张香宁:《虞允文研究》,浙江大学硕士学位论文,2011年;傅璇琮、孔凡礼:《陆游与王炎的汉中交游》,《杭州师范学院学报》1995年第5期,第1—7页;傅璇琮、孔凡礼:《陆游南郑从军诗失传揭密——兼论南宋抗金大将王炎的悲剧命运》,《文学遗产》2001年第4期,第76—82页。
⑤ 王智勇:《南宋吴氏家族的兴亡——宋代武将家族个案研究》,第192页。

则进一步指出,朝廷在时隔七年后重新将川陕主力部队的统帅权交给吴氏子弟,与孝宗的恢复之志密切相关。王氏还注意到吴挺出掌兴州都统司的同时,吴拱被调离川陕,出任三衙管军,认为这样既可预防吴拱、吴挺在川陕联手,又可对吴挺形成制约,一旦吴挺在兴州任上的表现不符合预期,朝廷可以吴拱取而代之①。

吴挺执掌兴州大军,朝中舆论如何？王智勇据《宋史·李蘩传》《赵汝愚传》、袁说友《论蜀当考其变》、卫泾《与四川制置丘崈侍郎劄》、韩元吉《上贺参政书》认为吴挺于淳熙元年归蜀重掌川陕重兵,在南宋政治生活中引起了一场轩然大波,引发了朝野内外的一片非议。王化雨在辨析史料后发现,相关言论大多发表于吴挺返蜀很长时间之后,而非孝宗任命吴挺为兴州都统制之时;并且,有关吴挺跋扈的说法常含有夸张成分,有些甚至完全经不起推敲。诚如王智勇所说:"吴挺入蜀后,并无非分之想,由于受到吴曦之叛的影响,史籍所载有关吴挺的事迹已很不全面,偏重于言吴挺的骄横跋扈,而对其治绩却语焉不详。"②

吴挺归蜀后,宋廷再次对川陕军政体制作出调整。自绍兴三十一年宋金战起而重新设立的四川宣抚司在运行十三年后再度被废罢,四川制置司重新成为四川最高军政机构。之所以改宣司为制司,杨倩描推测是孝宗北伐中原的雄心突然冰消雪释③。王化雨认为,最重要的一点是虞允文死后,一时难以找到合适的宣帅人选;同时,因武将一般不担任四川制置使,此举亦可消除吴挺成为四川最高军政长官的可能。不过,由于制司的权力弱于宣司,改宣司为制司,吴挺面临的政争风险随之增大。其后,吴挺屡屡被指为跋扈,"从根源上看,实滥觞于宋廷对四川军政体制的调整"(154页)。这是颇有见地的意见。

关于吴挺执掌兴州大军近二十年的川陕军政格局,王化雨发现其与朝廷关系良好,却与蜀中文臣时有龃龉。吴挺与四川总领李蘩、赵彦逾、四川制置使胡元质都曾发生过激烈冲突。有关吴挺与李蘩围绕买马、军粮问题展开的

---

① 王化雨:《南宋中期朝廷对四川的经营:以吴挺事迹为例》,《四川师范大学》2016年第6期,第153—154页。
② 王智勇:《南宋吴氏家族的兴亡——宋代武将家族个案研究》,第197页。
③ 杨倩描:《吴家将——吴玠吴璘吴挺吴曦合传》,第208页。

斗争,杨倩描在《吴家将》一书中作了详细梳理①。胡元质因吴挺弹劾遭罢,更是极引人瞩目。这些都成为吴挺跋扈难制的证据,并促使之后的四川制置使留正、赵汝愚、丘崈等人皆极力主张抑制吴氏势力。

通过史料梳理,王化雨发现,吴挺与蜀中文臣的斗争,多为文臣率先发难;就斗争结果而言,则是各有胜负;至于胡元质被罢事件,则有着更为"复杂的内情"(156页)。南宋川陕文武官员因利益分配,常发生激烈斗争。王化雨认为,到孝、光时期,四川官员内斗已基本可控;利用之,朝廷正可收"异论相搅,则各自不敢为非"之效,从而强化对四川的控制;并且,以吴挺为代表的四川武将,已无法如南宋初年那样对宋廷构成威胁,而更多转化为朝廷在四川的代理人。王氏进而提出:吴曦之叛只是一次偶然事件,而非以往学者所认为的是四川武将势力发展的必然结果②。这点与王智勇的看法相一致,后者同样认为"吴曦返蜀并叛变,是宁宗朝政治斗争造成的偶发事件,彼此之间没有必然的联系"③。

绍熙四年(1193)五月,兴州都统制、知兴州、利州西路安抚使吴挺病逝。四川制置使丘崈闻讯,急命身在利州的四川总领杨辅赶赴兴州"权帅事",摄利西安抚使,并"就近节制诸军"。杨辅"索印即益昌领事",同时令利州提刑杨虞仲前往兴州"权州事"④。在兴州都统制问题上,因光宗不豫,朝廷"久未遣代"⑤,丘崈乃以李世广权摄。翌年,朝廷方定议命荆鄂都统制张诏掌领兴州都统司。为限制兴州都统制的权力,朝廷采取了三大措施:其一:吴璘、吴挺任都统制,皆兼知兴州、利州西路安抚使,张诏则不再兼任知州、安抚使;其二:合利州东、西路为一,以兴元知府章森任利州安抚使;其三,设置副都统制,以制衡张诏。对此过程,杨倩描、王智勇及黄宽重《孙应时的学宦生涯》相关章节皆予以初步关注⑥。王智勇认为,吴挺去世前后的一系列措施,是宋廷防止吴

---

① 杨倩描:《吴家将——吴玠吴璘吴挺吴曦合传》,第213—215页。
② 王化雨:《南宋中期朝廷对四川的经营:以吴挺事迹为例》,《四川师范大学》2016年第6期,第151—158页。
③ 王智勇:《南宋吴氏家族的兴亡——宋代武将家族个案研究》,第207页。
④ 《宋史》卷三九七《杨辅传》,第12096页;《宋史》卷三九八《丘崈传》,第12111页。
⑤ [宋]叶适著,刘公纯、王孝鱼、李哲夫点校:《叶适集》卷一七《运使直阁郎中王公墓志铭》,北京:中华书局,1961年,第323页。
⑥ 杨倩描:《吴家将——吴玠吴璘吴挺吴曦合传》,第230—235页;黄宽重:《孙应时的学宦生涯——道学追随者对南宋中期政局变动的因应》,台北:台大出版中心,2018年,第65—80页。

氏世将的一切努力中"最坚决、最彻底亦最全面的一次";并指出,四川制置使丘崈之议所以能顺利实施,除顺应了宋代臣僚士大夫的心态和得到杨辅、孙应时等许多臣僚的协助外,最主要的是他同朝廷当权重臣留正等不谋而合,从而得到南宋朝廷的全力支持[1]。不过,有关吴挺去世至吴曦变乱十余年间的四川军政格局及制置司之运行状况,目前尚无全面、有深度的专论。

(四)

开禧三年(1207)正月,蜀口大将、四川宣抚副使、兴州都统制、利州西路安抚使吴曦在兴州自称蜀王,叛宋降金,史称"吴曦之乱",又称"武兴之乱"。仅仅四十一天后,吴曦即被杨巨源、李好义等蜀中义士诛杀。随后,随军转运使安丙被推戴为权四川宣抚使,川陕局势迅速得以稳定。

有关吴曦发动变乱,《宋史》《鹤林玉露》《四朝闻见录》等史籍存在颇多歪曲之词。对此,杨倩描、王智勇分别予以辨正。《宋史》称吴曦"潜畜异志""吴曦有逆谋,求归蜀""曦有异志"[2],王智勇认为"吴曦还蜀前后的很长一段时期内并无反谋"(217页),杨倩描《"吴曦之乱"析论》也认为"吴曦之乱并非蓄谋已久,而是一场迫不得已、仓促为之的叛乱"(108页)。《宋史》称"(韩)侂胄日夜望曦进兵,曦阳为持重,按兵河池不进",杨倩描则通过梳理《金史》相关记载,发现开禧用兵期间,吴曦并非按兵不动,而是主动出击,与金激战;并指出吴曦本意是想通过建功立业,依托韩侂胄,重振吴氏势力(108、111页)。又,《宋史》称"(吴曦)阴遣客姚淮源献关外阶、成、和、凤四州于金,求封为蜀王"[3],杨倩描、王智勇皆指出吴曦并未主动降金,其叛乱乃是金方主动策反、诱降的结果。

吴曦为何发动变乱?学界的看法较为一致。张邦炜《吴曦叛宋原因何在》一文认为"吴曦之叛是四川地方势力与南宋中央政府、吴氏武将集团同南宋文官政权长期矛盾和对立的产物"(364页),王智勇也指出,"宋廷铲除吴氏家族在四川的势力的一系列作为,是引发吴曦之叛最重要、最直接的原因"(221

---

[1] 王智勇:《南宋吴氏家族的兴亡——宋代武将家族个案研究》,第205页。
[2] 《宋史》卷四七五《吴曦传》,第13811页;《宋史》卷三九四《陈自强传》,第12035页;《宋史》卷三九七《杨辅传》,第12096页。
[3] 《宋史》卷四七五《吴曦传》,第13812页。

页)①,杨倩描也认为吴曦之所以向金纳款"是吴氏军事集团与南宋朝廷的矛盾"(111页)。至于吴曦之所以能够发动变乱,王智勇认为主要是利用了当时的一些客观条件:第一,吴曦事实上控制了四川的兵权、财权乃至政权;第二,宋军军事上的全面失利,促使吴曦下定决心接受金人的诱降;第三,孝、光时期,雅州等地发生了数起少数民族反抗及绍熙三年泸州的张信起义,使四川境内战争频仍,社会经济遭到极大破坏,而宋廷沉重的赋役,更使阶级矛盾日益尖锐,政局不稳;第四,韩侂胄以程松节制吴曦,是人事安排上最大的失算(291—293页),张邦炜则认为"吴曦叛宋降金,以地方与朝廷的矛盾、武将与文臣的对立为背景,以四川易守难攻、经济自给自足的地理环境为凭借,以引诱其投降的金朝为依托,以韩侂胄既急于北伐又昏聩无能为条件"(364页)②。

何玉红认为应区分吴曦之所以兵变与能够成功兵变的原因。吴曦为何兵变,主要取决于主观愿望、环境迫使、金人诱惑等,而其能够成功实现兵变,则需要诸多条件的支持,最重要的是拥有足够的财力、军力支持。为此,何氏在《南宋四川总领所制度与吴曦之变》一文中分析了财权与财政性官员在吴曦兵变中的重要角色,并指出,吴曦之变能成功实现,是总领所的权力在运行中步步丧失,直至最后被吴曦所剥夺。何玉红还撰文分析了蜀口兵力部署与吴曦之变的关系,认为兴州驻军力量过于强大是吴曦据兴州叛变的关键因素。平叛之后,南宋对兴州军事力量予以分化,则又导致兵力分散和不利于边疆防御的弊端③。

吴曦变乱得以迅速平定,杨倩描认为乃是由于吴曦发动变乱乃出于迫不得已,仓促为之,缺乏应有准备(111页)④。王智勇总结为三点:一是金朝国力衰落,无法给予吴曦强有力的支持,二是吴曦叛宋降金的行为得不到大多数川陕抗金将士的支持,三是安丙等平叛者的主观努力,加速了吴曦政权灭亡的

---

① 王智勇:《南宋吴氏家族的兴亡——宋代武将家族个案研究》。
② 张邦炜:《吴曦叛宋原因何在》,原刊《天府新论》1992年第5期,收入氏著《宋代政治文化史论》,北京:人民出版社,2005年,第354—364页。
③ 何玉红:《南宋川陕战区兵力部署的失衡与吴曦之变》,《中国历史地理论丛》2008年第1辑,第66—73页。
④ 杨倩描:《"吴曦之乱"析论》,《浙江学刊》1990年第5期,第108—111页。

进程（294—296 页）①。伊原弘指出吴氏对四川的统治具有脆弱性；他还注意到，阻碍吴氏世袭，粉碎吴曦君临四川野心的，正是吴挺时代成长起来的四川官僚，他们都渴望宋治下四川的安定②。何玉红则注意到财政官员与变乱失败的关系。他指出，吴曦兵变仅仅四十一天即告失败，乃源于其财政权力的不稳定性。事发之后，四川宣抚副使司随军转运使安丙与监兴州合江仓杨巨源联手反正，意味着在吴曦兵变队伍中，上层财政官员与基层财政官员首先动摇；其他财政官员如利州路转运判官陈咸、前利州路转运判官游仲鸿、夔州路转运判官李埴等也都予以抵制或积极参与平叛③。

作为此次平乱的主要功臣与最大的受益者，安丙在开禧、嘉定年间历任四川宣抚副使、四川制置大使、四川宣抚使，掌领川陕军政长达十年之久。朱瑞熙《论南宋中期四川的官员安丙》列述安丙生平与功过，认为其功绩包括：推翻吴曦伪蜀政权，恢复宋朝在四川的统治；镇压红巾军叛乱，维持四川的社会稳定；治理四川军事和财政方面的政绩。其过失则是嫉贤妒能，残杀平乱功臣杨巨源、李好义；缺乏治蜀之雄才大略，"每忌蜀帅之自东南来者"；致蜀口"军政不立，戎帅多不协和"④。蔡东洲、胡宁《安丙研究》是关于安丙研究最重要的学术著作，该书对安丙家族、安丙与吴曦之乱、安丙与蜀中政要之关系、安丙镇压红巾军、安丙对巴蜀的治理、安丙遗迹等诸多问题进行了开拓性的研究。关于安丙与吴曦之乱的关系，蔡东洲、胡宁认为安丙在结识杨巨源、李好义之前，没有独立平叛的勇气和实力，处于观望和犹豫之中，而在结识杨、李之后，成为平叛集团的首领，成功地领导平定了"吴曦之乱"（34 页）⑤。

吴曦变乱平定后仅仅数月，平乱首倡者与主要功臣李好义、杨巨源先后被杀。对此，《鹤林玉露》《诛吴录》《丁卯实编》《吹剑录》《续编两朝纲目备要》等史籍皆谓安丙为独占功劳而冤杀杨巨源，而王喜毒杀李好义则被认为是与安丙同谋，铲除异己。现代学者如朱瑞熙、陈振也大抵承袭此说⑥。晁芊桦《安丙

---

① 王智勇：《论吴曦之叛》，《宋代文化研究》第 5 辑，1995 年，成都：巴蜀书社，第 286—299 页。
② 伊原弘：《南宋四川における呉氏の勢力——呉曦の亂前史》，第 21 页。
③ 何玉红：《南宋四川总领所制度与吴曦之变》，《文史哲》2011 年第 6 期，第 103—111 页。
④ 朱瑞熙：《论南宋中期四川的官员安丙》，《暨南史学》第 4 辑，2005 年，第 130—140 页。
⑤ 蔡东洲、胡宁：《安丙研究》，成都：巴蜀书社，2004 年。
⑥ 陈振：《宋史》，上海：上海人民出版社，2016 年，第 495 页。

冤杀蜀中义士献疑》在分析吴曦伏诛后的四川政局时,引入"平叛功臣"与"兴州旧将"的群体分类概念,突破了既有认识。该文认为,除安丙外,杨巨源、李好义等平叛功臣皆属四川军政体系中的边缘人物;吴曦伏诛后,朝廷超擢杨、李等人进入四川宣抚司、兴州都统司高层,以制衡王喜为首的兴州旧将,稳定川陕边防。在收复关外四州的战事中,杨、李等人成为主要领军将领,进一步激化了他们与兴州旧将间的矛盾。同时,作为下层官吏与军将,他们的政治行为与四川原有的军政制度也发生了冲突,并最终失去宣抚使安丙的信任,被兴州旧将杀害①。

(五)

吴曦之变平定后,吴氏武将势力被铲除,朝廷对川陕军政权力予以重新配置,一方面重用平叛功臣安丙为四川宣抚副使、兼知兴州,巩固平叛成果,另一方面又任命或选派杨辅、刘甲、吴猎、黄畴若等一批官员帅蜀,意在防范与制约安丙。蔡东洲、胡宁《安丙研究》初步梳理了这些官员与安丙的关系。其中,杨辅、刘甲是四川在地官员。吴曦之变甫平,朝廷以四川制置使杨辅为宣抚使,安丙为宣抚副使。但安丙奏乞"两宣抚分司",不愿居杨之下,朝廷遂仍以杨辅为四川制置使,并诏令四川宣抚、制置司分治兵、民。杨辅不但无法插手宣抚副司之事务,而且不得不协助宣司处置某些蜀地事务。蔡东洲、胡宁认为"宋廷信用杨辅并没有达到制约安丙的效果"(63页)。开禧三年八月,朝廷密授利州东路安抚使、知兴元府刘甲为"四川宣抚使,随所在置司"。然而,作为"宋廷选定的防范安丙和应对蜀地突发事件的'暗帅'"(63页),刘甲很快便同杨辅奉旨离蜀。吴猎、黄畴若则是平乱之后朝廷派往蜀地的帅臣。吴猎先以宣谕使入蜀,后代杨辅为四川制置使,在任三年。蔡东洲、胡宁认为其"与安丙的关系有一个由友好到冲突的过程,在这一过程中安丙的权力也没有得到太多的制约",而只有"黄畴若入蜀确实实现了宋廷制约安丙的意图"(69页)。

军队层面同样如此。安丙帅蜀后,以便宜命王喜、王鉞、薛九龄为都统制,掌控军队。嘉定二年(1209),朝廷委派荆鄂都统制王大才入蜀,任沔州都统制。其后五年间,安丙与王大才的矛盾不断升级,最终导致安丙被罢。蔡东

---

① 晁芊桦:《安丙冤杀蜀中义士献疑》,《成都大学学报》2022年第5期,第70—79页。

洲、胡宁对此过程作了初步梳理,认为嘉定七年安丙出蜀的原因有二,一是"安丙在四川权势的膨胀",二是他"拒绝执行宋廷的对北政策"(74页)①;韦兵也认为嘉定七年安丙罢制置大使就是因为不执行以史弥远为首的朝廷对金和好政策,擅自发动对金秦州之役(115页)。

安丙去位后,朝廷所任用的董居谊、崔与之等人都倾向于对外缓和。崔与之作为南宋后期名臣,其任四川制置使数载的作为受到了一定关注。刘复生师勾勒了崔与之的治蜀政绩②。韦兵则认为,嘉定中后期川陕军政大员从安丙到董居谊,再到安丙,再到崔与之,显示朝廷在力图把控蜀口军政一种"尴尬的平衡",即"南宋四川制置司(宣抚司)既不能久战,也不能久和"(116页)③。

理宗朝前期,蜀口宋军在与金、蒙军队的交锋中连战连北。为此,四川制置使郑损、桂如渊等人的失职被认为是重要原因。《宋史·余玠传》称:"自宝庆三年至淳祐二年,十六年间,(四川)凡授宣抚三人,制置使九人,副四人,或老或暂,或庸或贪,或惨或缪,或遥领而不至,或开隙而各谋,终无成绩。"④据此,陈世松曾撰文考证这一时期四川制置/宣抚使的任官情况⑤,认为郑损、桂如渊只是忠实执行了朝廷授予的对蒙"和约密旨",当他们的一系列屈辱做法遭到了朝野强烈谴责之后,理宗又将其当作替罪羊处理⑥;王超指出,懂政治,是吴曦之变后朝廷对四川主事者的基本要求,至于是否懂军事,似乎并非宋廷选任帅臣时的首要考虑⑦。

大体说来,嘉定中期以后,一方面,困扰南宋川陕多年的吴氏武将问题被彻底根除,另一方面,南宋川陕战区由承平期向持续战争期过渡,对军政、民政、财政权力的集中有着强烈的需求。于是,到嘉定末,不仅宣抚/制置司节制

---

① 蔡东洲、胡宁:《安丙研究》,成都:巴蜀书社,2004年。
② 刘复生:《南宋名臣崔与之治蜀简论》,《西华大学学报》2009年第4期,第32—35页。
③ 韦兵:《陇南过渡地带夷夏互动个案之一:从〈鼎勋堂记〉看南宋嘉定年间陇蜀军政与人物》,收入氏著《完整的天下经验:宋辽夏金元之间的互动》,北京:北京师范大学出版社,2019年,第110—134页。
④ 《宋史》卷四一六《余玠传》,第12469页。
⑤ 陈世松:《南宋四川历任制置使》,《西南师范学院学报》1982年第3期,第66—70页。
⑥ 陈世松:《余玠传》,第31页。
⑦ 王超:《宋蒙(元)四川战局演变新探——以军事指挥模式和地方权力转移为中心》,中山大学硕士学位论文,2017年,第30页。

都统司的两级统兵体系已基本形成①;蜀口丧失后,四川制置使往往兼任四川总领,类似"合官、民、兵为一体,通制(置)、总(领)司为一家"②的格局逐步常态化,南宋前中期四川制置司/宣抚使、总领、都统制三司相争的局面遂基本不复存在。

然而,绍定四年(1231)后的十年间,川陕战区先是在成都与兴元分置四川制置使、副;蜀口丧失后,四川制置使、副又分设成都与重庆。于是,川陕军政又呈现为四川制置使、副间的嫌隙和矛盾。如蜀口丧失后,四川制置使赵彦呐"以丁(黼)有暂行制司事之命",制置副使丁黼"以陈隆之有暂权制置副使之举",皆"引嫌远逼""称疾不眂事"③;嘉熙朝的四川制置使陈隆之与副使彭大雅"不协,交章于朝""勇于私斗"④。这样的局面在淳祐二年(1242)余玠入蜀、被赋以重权后才得以改善。囿于资料的缺失、零散,目前学界对于嘉定以后四川宣抚/制置司及四川军政权力关系演变过程的认识尚十分模糊,亦未见有学者做过专门考察。

二、四川总领所制度与军政研究

关于总领所的起源,《宋史·职官志》载:"建炎间,张浚出使川陕,用赵开总领四川财赋,置所系衔,总领名官自此始。"⑤据此,总领官始于南宋初年四川的赵开。不过,魏了翁却称赵开"虽云总赋,未以名官也"⑥。一些学者也认为,赵开担任的职务乃是随军转运使,当时的"专一总领四川财赋"并非官衔⑦。

绍兴十五年(1145)十一月,宋廷任命赵不弃为四川宣抚司总领官,以分宣司之财权;旋改赵不弃为四川总领财赋官。此为学界公认的四川总领所设置之始。赵不弃到任后,承秦桧意旨,罗织四川宣抚副使郑刚中罪名,致后者罢

---

① 参见王曾瑜:《南宋军制初探(增订本)》,第 227—237 页。
② 《宋史》卷四〇三《赵方传》,第 12206 页。
③ [宋]魏了翁:《鹤山先生大全文集》卷三一《与左丞相书》,《四部丛刊初编》景印宋刊本。
④ 《宋史》卷四一二《孟珙传》,第 12377 页。
⑤ 《宋史》卷一六七《职官志七·总领》,第 3958—3959 页。
⑥ [宋]魏了翁:《鹤山先生大全文集》卷七八《朝奉大夫太府卿四川总领财赋累赠通奉大夫李公墓志铭》。
⑦ 胡宁:《论赵开总领四川财赋》,《西华师范大学学报》2004 年第 3 期,第 131—134 页。

职贬死。对此过程,何玉红、王化雨、雷家圣都作了专门研究①。此后,总领所成为南宋川陕重要的财政、军政及监察机构。

南宋四川总领所的核心职能有两项:一是"掌措置移运应办诸军钱粮"②,即以各种手段筹措钱粮、军器,供给蜀口的兴州、兴元府、金州三支屯驻大军;二是"与闻军政","专一报发御前军马文字"③,制约、监察武将都统制与御前诸军,制衡宣、制司④。这里需要指出两点,第一,"专一报发御前军马文字"的含义,雷家圣认为"意谓御前诸军欲向朝廷有所乞请,朝廷对诸军的指挥,其文书皆须经由总领"⑤,这一解释有误。《朝野杂记》明确记载:"御前军者……得自达于朝廷"⑥,显示御前诸军与朝廷间的联络无须经过总领官。绍兴末,四川总领王之望在朝札中称"某职总四川财赋,专一报发御前军马文字,有大利害、公上所宜知者,不敢不以上闻"⑦;绍定中,淮西总领吴潜在奏疏中称"臣以报发御前军马文字为职,唯是平日小小疆场之故,不足以仰尘圣听"⑧,可见所谓"报发御前军马文字",乃指总领有权单独向朝廷呈报有关御前诸军动向的信息,类似"监军"之职。

第二,史籍中在"各专一报发御前军马文字"之后,往往还有"诸军不/并听节制"一句。"不"与"并"一字之差,含义截然相反。对此,雷家圣曾予辨析,认为当作"不"字,即总领所并没有御前诸军的节制权。王曾瑜亦"疑以'不'字为准"⑨。笔者赞同此说。但也有学者以"诸军并听节制"为是。

除此之外,南宋四川总领所的职能尚有:1. 荐举与监督、按劾地方官员;

---

① 何玉红:《地方权威与中央控制:论郑刚中之死》,《社会科学战线》2010年第3期,第74—80页;王化雨:《南宋绍兴前期的中央遣蜀帅臣》,《四川师范大学学报》2014年第1期,第22—29页;雷家圣:《聚敛谋国:南宋总领所研究》,台北:万卷楼图书股份有限公司,2013年,第37—42页。
② 《宋史》卷一六七《职官志七·总领》,第3958页。
③ 《宋会要辑稿》职官四一之四四,第4021页。
④ 关于总领所对军政的介入程度,学者存在不同意见,汪圣铎认为总领虽带"专一报发御前军马文字"衔,实并不干预军务(《两宋财政史》,北京:中华书局,1995年,第131页)。
⑤ 见雷家圣《聚敛谋国:南宋总领所研究》,第144页。
⑥ [宋]李心传:《建炎以来朝野杂记》甲集卷一八《御前诸军》,第404页。
⑦ [宋]王之望:《汉滨集》卷八《论吴璘多病乞吴拱自襄阳归蜀朝札》,《景印文渊阁四库全书》第1139册,第766页。
⑧ [宋]吴潜撰,汤华泉编校:《吴潜全集》卷一〇《奏论今日进取有甚难者三事》,合肥:安徽大学出版社,2020年,第268页。
⑨ 王曾瑜:《宋朝军制初探(增订本)》,北京:中华书局,2011年,第228页。

2. 参与、监督屯驻大军招选士卒、删汰老疾;3. 负责纸币的发行与管理;4. 参与赈济灾荒;5. 对外支付;等等。对此,山内正博、何玉红、雷家圣等曾作过初步归纳与阐述①。

　　由于四川和临安的空间距离过于遥远,与淮东、淮西、湖广三总领不同,四川总领所的经费收支最为独立,同时也承担了更大的责任。故李心传称:"东南三总领所掌利权,皆有定数,然军旅饥馑,则告乞于朝。惟四川在远,钱币又不通,故无事之际,计臣得以擅取予之权;而一遇军兴,朝廷亦不问。"②这是南宋四川"特殊化"政策的一项重要内容,即地方财政完全独立。

　　就本文所关注的军政关系而言,一般认为,设置四川总领所的目的在于削夺战区长官宣抚使的权力,将军政权与财政权分离,以达到中央集权之效果。绍兴十五年初设时,即诏令总领所"与宣抚司别无统摄,止用公牒行移";淳熙中,四川总领李蘩在奏疏中称:"总领所与宣抚司平牒往来,其职事则诸司不得与"③,显示总领所与宣抚司乃是互不隶属的平行机构。至于总领所与制置司的关系,朝廷亦有制置司"财计、茶马不与"的规定,二司分庭抗礼。正因四川总领独立掌控财权,又有与闻军政之权,故其在行使权力过程中,时常因财赋、供军等问题与宣、制司长官及都统制发生冲突。

　　有关四川总领与宣、制司长官间的矛盾,宋人有着清晰的认知与表述。绍定中,蜀人魏了翁撰《重建四川总领所记》,称"饷所主财粟,宣制司主军民,二司之不相为谋也久矣",并列述南宋前期吴玠与赵开、席益与赵开、吴玠与李迨、郑刚中与赵不弃、沈介与王之望的种种"不咸",称"大抵三四十年之间,二司纷纷,殆如先正所谓'三司取财已尽,而枢密益兵无穷'者,实矛盾之术使然耳"④,认为南宋四川总领所与宣、制司分立的做法,完全承袭自北宋中央三司理财、枢密掌兵的权力分割精神。

　　有关南宋初年总领与宣、制司"不咸"的具体过程,何玉红有专文考述。他

---

① 山内正博:《南宋总领所设置に关する一考察》,《史学杂志》64卷12号,1955年,第81—83页;何玉红:《试析南宋四川总领所的职能》,《四川师范大学学报》2008年第5期,第121—125页;雷家圣:《聚敛谋国:南宋总领所研究》,第58—63页。

② [宋]李心传:《建炎以来朝野杂记》甲集卷一七《四川总领所》,第393页。

③ [宋]魏了翁:《鹤山先生大全文集》卷七八《朝奉大夫太府卿四川总领财赋累赠通奉大夫李公墓志铭》。

④ [宋]魏了翁:《鹤山先生大全文集》卷四四《重建四川总领所记》。

认为，南宋初年川陕宣抚使吴玠与赵开、李迨等人围绕军粮运输方式的争论，表面看来是川陕军粮转运的地理制约问题，核心则是财政官与军事官的权力博弈问题。并且，在此过程中，始终有南宋中央的"在场"与"遥控"①。王化雨指出，席益与赵开、李迨、吴玠的矛盾冲突，其根源在于川陕军、政、财三权分离的体制。

至于南宋中期以后四川总领与宣、制使的关系演变过程，雷家圣《南宋四川总领所地位的演变——以总领所与宣抚司、制置司的关系为中心》作了探讨。该文将不同时期的四川总领概括为"抗衡型""合作型"与"僚属型"三种类型。淳熙中，四川总领李蘩与兴州都统司吴挺相争。雷氏认为，让李蘩担任四川总领，以牵制权力过大的吴挺，是承袭高宗以来"军政权、财政权分立"的政策。然而，宁宗时韩侂胄以兴州都统制吴曦为四川宣抚副使，为保证北伐行动之顺利，给予宣司"节制财赋"之权，"且许（宣司）按劾（总领）"，由是总领所完全成为宣司下属，吴曦独掌军权与财权。吴曦叛乱弭平后，新任四川宣抚副使安丙举荐陈咸为总领，陈对安唯命是从，"总领所隶属于宣抚司"的架构并未改变。直到嘉定初，王釜继任总领，重申"军政、财赋各专任责"的机制，得到朝廷支持，方再现"总领、制置使抗衡"之局面。其后，王铅任四川总领，成功迫使安丙去职②。

对于南宋中期即孝、光时代至吴曦兵变前夕总领的情形，雷家圣着墨不多，何玉红作了颇具价值的补充，他更关注四川总领与统兵大将间的关系。淳熙年间，李蘩任四川总领，"于吴氏之专横，尤切切致意焉"③；赵彦逾担任总领，裁减吴挺军中虚籍，"挺不敢隐"。绍熙四年，吴挺病逝，杨辅为总领，受命"就近节制诸军"，"遂革世将之患"④。据此，何玉红认为孝、光时代"四川总领所对武将发挥了较好的制约作用"（104页）。而在吴挺去世后的数任总领中，王宁屡与兴州都统制郭杲就核实兴州大军军籍、关外营田及减损军中马料发生冲

---

① 何玉红：《地理制约与权力博弈：南宋绍兴前期川陕军粮论争》，《宋史研究论丛》第17辑，2015年，第219—243页。
② 雷家圣：《南宋四川总领所地位的演变——以总领所与宣抚司、制置司的关系为中心》，《台湾师大历史学报》第41期，2009年，第27—66页。
③ ［宋］魏了翁《鹤山先生大全文集》卷七八《朝奉大夫太府卿四川总领财赋累赠通奉大夫李公墓志铭》。
④ 《宋史》卷二四七《赵彦逾传》，第8768页；《宋史》卷三九八《丘崈传》，第12111页。

突,最终因马料事被罢;陈晔以所籴军粮粗恶、赵善宣以支遣军粮违慢先后遭罢;至刘崇之时,朝廷甚至以"总计隶宣司,副使得节制按劾"。何氏认为,从吴挺去世后到吴曦兵变之前的几任四川总领对武将未能起到制约作用,反而导致自身被罢;并指出,早在朝廷赋以宣司"节制财赋"之权以前,总领所的权力已逐步丧失,四川总领在节制武将中陷于束手无策的窘境,这也是吴曦得以成功发动叛变的重要原因①。此外,伊原弘注意到川籍总领官李蘩、游仲鸿、杨辅都未屈从于吴氏,阻碍了吴氏的权力继承,忠实于总领官的任务②。

南宋这种区域军政权与财政权相分离的制度设计更适用于承平时期,其优点是可以有效防范地方势力的过分扩张,有助于中央集权,缺陷则是不利于在战区层面统合力量,应对战争需要。如若战争持续时间较短,尚可勉强维系应付;若战争持续时间较长,势必难以为继。

总领所在战时状态下扮演何种角色?其运行实态如何?何玉红通过考察绍兴三十一年(1161)末至三十二年末秦陇之役期间四川总领王之望的作为,试图回应这一问题。何氏发现,就军务而言,王之望积极参与谋划用兵方略、约束军队;在调解四川宣抚使、兴州都统制吴璘与金州都统制王彦间的冲突中,王也发挥了至关重要的作用。在粮饷调度方面,王之望与吴璘融洽合作,协调一致;但与兴元都统制姚仲却发生了冲突。何氏认为秦陇之役期间,王之望在粮饷供应与制约武将两方面都较好履行了总领的职责,受到时人尤其是高宗的肯定。然而,由于军权与财权分离的制度设计,王之望仍不免在协调武将间关系及处理其自身与武将的冲突中陷入困境,反映出四川总领一职在战时履职之艰难③。

嘉定十年(1217)后,宋金爆发持续战争,接踵而来的则是宋蒙战争的全面打响。雷家圣认为,一方面,战争的迫切形势要求地方不断集权,加重宣、制司权力成为必然之举。如在王铅与四川制置使董居谊对立的情形下,宋廷选择支持董而将王撤换。另一方面,总领所的钱粮供给对象——御前诸军日趋萎缩,不堪作战;而四川地区的军费筹措也已到了山穷水尽的地步,总领所供军

---

① 何玉红:《南宋四川总领所制度与吴曦之变》,《文史哲》2011年第6期,第103—111页。
② 伊原弘:《南宋四川における吴氏の势力——吴曦の乱前史》,第18页。
③ 何玉红:《战争状态下南宋四川总领所的运行:以王之望为中心》,《西北师大学报》2013年第3期,第26—33页。

体制濒临崩溃。早在开禧年间,四川总领陈咸对于财赋筹措便已无计可施,依赖宣抚使安丙"为之移屯、减戍、运粟、括财",才勉强维持四川财政与供军。嘉定年间,总领任处厚更只能"惟沂公(按指宣抚使安丙)与海南崔公(按指制置使崔与之)是依"①。四川总领职权日低,逐渐成为宣、制司的附庸机构。而征收到的财赋,由宣、制司统筹运用,供应财赋的对象,也不再仅限于御前诸军。淳祐二年(1242)以后,四川制置使兼任四川总领成为制度惯例。四川总领所独立理财的功能,至此名存实亡②。当然,这并非四川之特例,而是三大战区的普遍现象。

总的来说,对于南宋四川总领与宣/制司及统兵大将间的关系,学界已有一些成果,但总领所本身的军事财政运行机制,如总领所如何为蜀口屯驻大军调配军粮、其日常运行机制、总领所与各州县之间的日常财政关系等"军事财政"层面的问题,尚待深入。

三、吴氏武将家族

南宋立国之初,面对金军强大的攻势,终能保有四川者,蜀口守将吴玠厥功甚伟。吴玠亦得以凭借军功,受任四川宣抚使,成为南宋王朝在川陕的最高军政长官。绍兴九年(1139)吴玠去世后,吴氏家族的吴璘、吴拱、吴挺、吴曦又相继掌领川陕军权近五十年,并在开禧年间(1205—1207)发生了两宋历史上极为罕见的武将割据为王事件——吴曦之变。南宋一朝,三世建节者,亦仅吴氏一门。其权位之高,兴盛时间之长,影响川陕之深远,在南宋历史上绝无仅有。晚宋杨成称:"夫吴氏当中兴危难之时,能百战以保蜀,传之四世,恩威益张,根本益固,蜀人知有吴氏而不知有朝廷。"③吴氏武将家族长期掌领川陕军权与习惯中宋朝强干弱枝、以文驭武的国策显得格格不入,成为南宋川陕军政一大突出现象,引发了学者持续的研究兴趣。

较早对吴氏家族势力作专题研究的是日本学者山内正博。六十年代初,

---

① [宋]魏了翁:《鹤山先生大全文集》卷四四《重建四川总领所记》。
② 雷家圣:《南宋四川总领所地位的演变——以总领所与宣抚司、制置司的关系为中心》,《台湾师大历史学报》第41期,2009年,第27—66页。
③ 《宋史》卷四一六《余玠传》,第12472页。

山内正博在《南宋四川的张浚与吴玠:以其势力交替过程为中心》一文中详细考察了吴玠获取川陕战区军权与财权的过程。其后,伊原弘《南宋四川的吴氏势力:吴曦之乱前史》在山内研究的基础上,进一步梳理了吴璘、吴挺掌领军权的过程,试图解答南宋蜀口大军如何在吴玠、吴璘、吴挺间传承的问题,并注意到利州路在南宋的频繁分合与朝廷对吴氏的政策变化的关系①。台湾学者陈家秀亦曾发表《吴氏武将势力的成长与发展》《吴氏武将对四川之统治及南宋的对策》二文,前文历述吴玠兄弟的崛起与发展,后文讨论吴氏家族对四川经济的剥夺以及南宋中央的对策②。

九十年代中期,两部关于吴氏武将家族研究的专著几乎同时问世。王智勇《南宋吴氏家族的兴亡》分为四章:第一章,吴玠吴璘早期行迹考述;第二章,吴玠抗金事迹详述;第三章,吴璘抗金保蜀事迹述评;第四章,走向衰亡的吴氏家族③。杨倩描《吴家将——吴玠吴璘吴挺吴曦合传》分为十二章:第一章,动乱年代;第二章,富平之战;第三章,和尚原之战;第四章,饶风关之战;第五章,仙人关之战;第六章,休兵罢战;第七章,蜀中三大将;第八章,秦陇之战;第九章,德顺之战;第十章,权力危机;第十一章,整军护塞;第十二章,吴曦之乱④。二书都属典型的吴氏家族兴衰史,侧重吴玠、吴璘、吴挺、吴曦个人事迹的陈述;又都特别重视吴氏所指挥、参与的宋金川陕战争。二书在写作风格上存在较大差异。王书专论性更强,主旨明晰,抓大放小,且史料引证丰富;杨书之行文颇类似目前流行的"非虚构性写作",论述更绵密、丰富,对史料的解读较细致,但问题意识稍弱。

在《南宋吴氏家族的兴亡》一书中,王智勇提出"吴氏军事集团"的概念,认为"在仙人关之战后,吴氏军事集团开始形成",并对杨政、田晟、姚仲、王彦、雷仲、王俊、王喜等吴氏军事集团主要成员的行迹逐一作了考述,总结出吴氏军事集团的几大特点:一、具有鲜明的地缘特色,集团成员主要都来自川陕地区;二、集团形成的主要原因,是抗金事业的共同要求;三、婚姻是维系该集团

---

① 伊原弘:《南宋四川における吴氏の势力——吴曦の乱前史》,第1—33页。
② 陈家秀:《吴氏武将势力的成长与发展》,《台北师专学报》第11期,1984年;陈家秀:《吴氏武将对四川之统治及南宋的对策》,《台北师专学报》第11期,1985年。
③ 王智勇:《南宋吴氏家族的兴亡——宋代武将家族个案研究》,成都:巴蜀书社,1995年。
④ 杨倩描:《吴家将——吴玠吴璘吴挺吴曦合传》,保定:河北大学出版社,1996年。

的主要方式之一;四、呈波浪型发展,在宋廷的压制、削夺中,集团规模不断缩小,其家族血源的性质越来越突出;五、强大的经济势力①。

稍后,王智勇又发表《吴氏世将与南宋政治》一文,在《南宋吴氏家族的兴亡》研究基础之上,对吴氏家族何以独能四世掌川陕重兵之权,以及南宋君臣采取了哪些防范措施作了集中梳理与分析。该文认为,吴玠成为西部宋军的主帅主要是其彪炳的抗金业绩。吴玠去世后,朝廷本已完成川陕地区以文制武的步骤,结束了武将专权的局面。胡世将、郑刚中皆能较好节制吴璘、杨政等武将。绍兴末宋金战火重燃,迫使朝廷任命当时川陕唯一的宿将吴璘为四川宣抚使,"统一三军,以捍全蜀",川陕战区遂重现武将统兵专权的局面。吴璘去世后,朝廷成功阻隔吴挺继任兴州都统制,任命虞允文为四川宣抚使,再次恢复以文制武体制。然而,至虞允文去世,朝廷始终未能在吴氏家族以外找到统帅川陕大军的合适人选。力图抗金有为的孝宗,在无人可择的情况下,只得任命吴挺为兴州都统制。吴挺返蜀后,朝廷作了一系列限制,如削弱吴挺所辖势力、在吴挺病重之际定策不准吴氏后人袭位等。吴挺死后,朝廷铲除吴氏在蜀势力的努力是成功的。但宁宗朝宋廷内部的政治斗争,促使吴曦返蜀职掌兴州都统司,宣告了宋廷铲除吴氏家族在川陕势力企图的破产。王氏认为,无论是吴玠及吴璘去世以后以文制武的体制,还是吴挺去世后全面铲除吴氏世将的努力,都是成功的②。

在处理南宋川陕军政及吴氏家族时,鉴于以往多强调吴氏武将的家族性而忽略其地域属性,何玉红提出"川陕地方武将势力"与"兴州地域集团"的概念。他认为川陕地区在南宋很长时间内都能看到地方武将势力的影子,"以曲端之死为界,地方武将势力的活动前期是以曲端为代表,后期以吴玠、吴璘、吴挺、吴曦为代表"③。有关"兴州地域集团",何玉红认为,在南宋川陕边防行政运行中,由于特殊的战略地位、战略形势等原因,在以川陕军事重镇兴州为中心的地区形成了以吴氏武将为代表的地域性政治势力,即所谓"兴州地域集团",该集团控制了这一地区的军事与行政事务,对南宋川陕边防行政运行的

---

① 王智勇:《南宋吴氏家族的兴亡——宋代武将家族个案研究》,第89—104页。
② 王智勇:《吴氏世将与南宋政治》,《中国史研究》1996年第4期,第74—82页。
③ 何玉红:《地方武力与中央权威:以曲端之死为中心》,《国学研究》第二十三卷,2009年,第51页。

影响极大,其具体表现为:武将世代统兵、兴州驻军大多来源于当地、兴州军队数量多实力大、军队长期屯驻一地、军中武将与将士联系密切及武将知州干预地方行政事务等。为分化兴州地方势力,朝廷采取了诸多措施:设置制置/宣抚使节制武将,以文驭武;将西兵调入中央或他处,削弱兴州兵力,实现强干弱枝;将川陕大军分隶三大都统制,再到后来分为四都统制,实现武将之间的制衡;实行兵民分离之策,将军队移屯他处就粮,防止军队与地方结成利益集团;实行兵将分离之策,限制武将在士兵招募与将领辟置中的权力;在行政区划中,通过控制利州路的分合,突出兴元府在川陕战区中的地位,削弱兴州的影响力;实施总领所制度,将兵权与财权分离,并以之监督军队动向①。

具体到不同时期吴氏武将与川陕军政大员、机构间的关系,以及吴氏武将的覆灭,已见前文,此处不再赘述。需要指出的是,学界在谈论吴玠、吴璘、吴挺、吴曦担任川陕统兵大将问题时,多使用"世袭为将"或径用"吴氏世将"的说法。(宋人已有类似说法,如《宋史·李蘩传》称李蘩"念吴氏世袭兵柄,必稔蜀乱";《宋史·留正传》载"朝廷议更蜀帅,正言:'西边三将,惟吴氏世袭兵柄,号为吴家军,不知有朝廷'"。②)吴玠、吴璘、吴拱、吴挺、吴曦祖孙三代确实掌领川陕边防主力军超过五十年,但事实上,他们之间并非直接继承的关系。从吴玠到吴璘、从吴璘到吴挺、从吴挺到吴曦,其间都存在不同程度的断裂,或者说朝廷都轻易实现了其承袭关系的阻断。所谓"世握蜀兵",更多是朝廷主动为之。特别是吴挺与吴曦握兵柄。将吴挺调回蜀口,并在其后"纵容"其掌领兴州大军二十年,显然来自孝宗的委信,而非中央对所谓地方武将势力的屈从;吴曦同样如此,若非韩侂胄与吴曦结成政治联盟,前者又谋求北伐,吴曦并无回归蜀口掌兵的可能。吴氏武将家族与中唐时期魏博、成德镇的田氏、王氏世袭节度有着明显区别。

四、宋金、蒙/元川陕战争

宋金、蒙/元川陕战争始于建炎二年(1128)初金军对陕西的进攻,终于景

---

① 何玉红:《南宋川陕边防行政运行体制研究》,上海:上海古籍出版社,2012年,第109—209页。

② 《宋史》卷三九八《李蘩传》,第12119页;《宋史》卷三九一《留正传》,第11974页。

炎三年(元至元十五年,1278)合州钓鱼城的陷落。川陕战场对于南宋政权的维系与稳固起到了至关重要的支撑作用,历来受到宋史学界与蒙元史学界的重视。以下试分别就宋金川陕战事与宋蒙/元川陕战事的既有研究成果略作回顾与评述。

(一) 宋金川陕战事

较早展开宋金川陕战事专题研究的是华山与李蔚。华山在1955年发表《南宋初年的宋金陕西之战》一文,简要梳理了富平、和尚原、饶风关、仙人关四次战役。李蔚于1963年发表《吴玠吴璘抗金史迹述评》的长文,对川陕秦陇地区的战略意义、富平之战前后陕西地区的抗金形势、吴玠吴璘保卫川陕秦陇地区的主要战绩作了详尽的勾勒与分析,其中的一些见地如今读来依旧颇具启发①。此后的宋金川陕战争研究,以王曾瑜、王智勇、杨倩描为代表。

建炎四年(1130)九月,川陕宣抚处置使张浚集合陕西六路兵马约二十万与金军主力会战于耀州富平(今属陕西),遭遇失利,致使陕西五路全部失陷。有关此战的背景、胜负原因及影响等,王曾瑜、吴泰依据《建炎以来系年要录》《三朝北盟会编》《齐东野语》《金史》《宋史》等文献作了专文分析,杨倩描《吴家将》一书亦有论述②。大体来说,囿于史料的缺失,至今仍难以复原此战之细节过程。并且,学者多据史料所呈现之张浚"脸谱化"形象勾勒此战宋军失利原因(如主帅刚愎自用、盲目自信、不懂兵法、贻误战机等),跳脱出宋人书写、客观分析史料的意识尚待加强。此外,一般认为张浚发动富平之战的动机在于缓解东南压力,王泽青认为,张浚还存在向朝廷传递救驾信号、缓解朝廷猜忌的动机③。

"方富平之败,秦凤皆陷",金军"一意睨蜀"④,意欲先占川陕,再顺江而下,

---

① 华山:《南宋初年的宋金陕西之战》,《历史教学》1955年第6期,第19—23页;李蔚:《吴玠吴璘抗金史迹述评》,《兰州大学学报》1963年第3期,第23—56页。
② 王曾瑜:《宋金富平之战》,《中州学刊》1983年第2期,第111—114页;吴泰:《南宋初宋金陕西"富平之战"述论》,《西南师范学院学报》1983年第3期,第36—43页;杨倩描:《吴家将》,第27—35页。
③ 王泽青:《能动与被动:再论张浚与宋金富平之战》,《绵阳师范学院学报》2022年第9期,第147—148页。
④ 《宋史》卷三六六《吴玠传》,第11414页。

与东路军合击江南。此后数年间,川陕成为金军进攻的重点区域,川陕战场也由此成为"宋金战争最主要的甚至是唯一的主战场"①。绍兴元年(1131)五月与十月,以数千残兵据守和尚原(在今陕西宝鸡西南)的吴玠在极为不利的局势下,两度大败金军,成功遏止住宋军在川陕战场的颓势。绍兴三年(1133)初,金军自熙河、秦州(今甘肃天水)、商州(今陕西商县)三路南下蜀口。撒离喝率主力在洵阳(今陕西旬阳)、饶风关(在今陕西石泉西北)先后击败王彦、吴玠部,攻取兴元,一度进逼川蜀门户利州,后因粮草不济而退兵,途中为吴玠邀击于武休关(在今陕西留坝南),死伤惨重。绍兴四年二、三月间,兀术、撒离喝率金军主力进攻仙人关(在今甘肃徽县南),再次惨败于吴玠之手。吴玠利用蜀口地利指挥的和尚原、饶风关、仙人关等一系列战役,有力保障了川蜀内地的安全,使宋、金西线战场得以相持于秦岭一线。这几场战役的背景、过程、胜败原因及影响等,李蔚、王曾瑜、王智勇、杨倩描皆有详细论述②。关于吴玠守蜀之战术战法,王曾瑜总结为四点:第一,依托要塞坚垒,实行纵深防御;第二,发挥强弓劲弩优势;第三,"番休迭战"战术;第四,实行劫营夜战和白刃近战。董春林专文讨论了吴家军所使用的"驻队矢"与"番休迭射"战法③。王超则指出,南宋初四川的几次大战,均是从各处迅速集结重兵,抓住战机,在关隘处击败攻坚的金军。前线大将有权自主决策,及时调派各处兵力,展开大型的拦截会战,是南宋前期蜀口防线得以守住的重要原因④。

仙人关战役后,金、齐战略重心东移。此后数年间,川陕战场未有大规模战事发生。绍兴十年(1140),金方撕毁第一次绍兴和议,撒离喝率军大举进攻陕西。宋金双方在凤翔、泾州(今甘肃泾川)等地展开激战。绍兴十一年九月,吴璘率师主动出击,进攻秦州,大败金军于剡家湾。与和尚原、仙人关之战中金军"以失地利而败"不同,剡家湾之战乃宋军在川陕战场为数不多的进攻型

---

① 王智勇:《南宋吴氏家族的兴亡》,第 59 页。
② 王曾瑜:《和尚原和仙人关之战述评》,原刊《西南师范学院学报》1983 年第 2 期,收入氏著《凝意斋集》,兰州:兰州大学出版社,2003 年,第 130—147 页;王智勇:《南宋吴氏家族的兴亡——宋代武将家族个案研究》,第 43—66、71—81 页;杨倩描:《吴家将——吴玠吴璘吴挺吴曦合传》,第 36—49、60—71、79—84 页。
③ 董春林:《南宋吴家将弓弩战术再探》,《河北大学学报》2020 年第 2 期,第 9—16 页。
④ 王超:《宋蒙(元)四川战局演变新探——以军事指挥模式和地方权力转移为中心》,中山大学硕士学位论文,2017 年,第 21 页。

大捷,"比和尚原、杀金平,论以主客之势、险易之形,功力数倍"(胡世将语)①,故尤为可贵。值得指出的是,李蔚先生早在六十年代初即已注意到剡家湾之战的价值。王智勇、杨倩描、韩志远对绍兴十年至十一年川陕战事之经过作了不同程度的复原②。

绍兴三十一年(1161),金主完颜亮举倾国之兵,五路南征,史称"辛巳之役"。此战之中,徒单合喜所率西路军仅对蜀口作牵制性进攻。吴璘随即指挥宋军北上反击,相继收复整个秦陇与熙河地区,但亦遭遇了原州(今甘肃镇原)之败的重大失利。绍兴三十二年,吴璘以重兵死守德顺军(今甘肃隆德),欲图守住秦陇战果,金方则不断增兵强攻。围绕德顺的争夺战历时半年,成为秦陇之役的关键。岁末,孝宗从史浩之请,强令吴璘退兵。宋军在仓促撤退过程中,为金军邀击,死伤惨重。兴州都统司"正军三万余人","实收到人未及七千"③。王曾瑜、王智勇、杨倩描对秦陇之役及德顺之战皆作过专门研究。其中,杨倩描对德顺之战的过程复原尤为详尽④。近年,何冠环对秦陇之役又作新考,但实质性推进不多⑤。

关于宋军德顺之败的原因,王智勇认为"从总的战局而言,德顺退师之前,形势是有利于宋军的。宋廷的遥控对战争的失利起了决定性的作用"。何冠环也持此论,谓"宋廷的错误决策导致吴璘兵败"⑥。但根据杨倩描的研究,德顺退师前,宋军形势已颇为不利,不仅在德顺周边的战事中,宋军败多胜少;更为重要的是,金军袭取水洛城(今甘肃庄浪),截断了宋军由德顺南退秦州的主

---

① 《要录》卷一四二,绍兴十一年十月条,第2678页。
② 王智勇:《南宋吴氏家族的兴亡——宋代武将家族个案研究》,第121—135页;杨倩描:《吴家将——吴玠吴璘吴挺吴曦合传》,第118—130页;韩志远:《南宋金军事史》,北京:军事科学出版社,1998年,第241—243页。
③ 王之望:《汉滨集》卷六《乞遣重臣入蜀镇抚奏札》,第735页。
④ 王曾瑜:《南宋对金第二次战争的重要战役述评·德顺之战》,原载《纪念陈寅恪先生诞辰百年学术论文集》,北京:北京大学出版社,1989年,收入氏著《点滴编》,保定:河北大学出版社,2010年,第424—432页;王智勇:《南宋吴氏家族的兴亡——宋代武将家族个案研究》,第141—162页;杨倩描:《吴家将——吴玠吴璘吴挺吴曦合传》,第141—190页。
⑤ 何冠环:《绍兴三十一年至隆兴元年宋金秦陇之役新考》,《宋代文化研究》第27辑,2020年,第92—135页。
⑥ 王智勇:《南宋吴氏家族的兴亡——宋代武将家族个案研究》,第163页;何冠环:《绍兴三十一年至隆兴元年宋金秦陇之役新考》,《宋代文化研究》第27辑,2020年,第125页。

路,"断其饷道","扼璘归路"①。王曾瑜也指出"德顺之败的关键在于水洛之失"。不过,王曾瑜还是认为"吴璘军在德顺、秦州一带与金军对峙,处境固然困难,但并非已至不班师则丧师的地步","德顺之败,吴璘本人固然负有责任,而宋廷不动用淮南和京湖战区兵力,积极配合川陕宋军,又迫令吴璘班师,自然负有更大的责任"②,这一意见较为中肯。

开禧二年(1206),在韩侂胄的主持下,南宋对金发动战争。六月至九月,四川宣抚副使吴曦数次遣军北进,进攻秦、巩一线。因吴曦叛宋伏诛,宋方文献对其在开禧年间的用兵作战几无记载。金方文献则显示吴曦发起的针对巩州盐川寨(在今甘肃陇西西)、秦州的几次进攻皆以失败告终。是年冬,陕西金军五路南下,转守为攻,连下旧岷州、西和州、成州等地,迫使吴曦附金叛宋。学界对于此期宋金川陕战事的关注较少,仅杨倩描《吴家将》依据金方文献作了基本勾勒③。

嘉定十年(1217),金朝因受蒙古所逼,决意"取偿于宋",遂连岁南侵,史称"贞祐南侵"。川陕成为此期金军进攻的重点。嘉定十年十一月,陕西金军分出巩州、秦州、凤翔,三路攻蜀。此后数月间,金、宋双方在蜀口外围来回拉锯,宋之"西和、成州及河池、栗亭、将利、大潭县莽为盗区"④,金帅完颜赟、阿邻亦相继战死。嘉定十二年末,金军再次大举南下,兴元都统制吴政战死黄牛堡,金军攻陷兴元府,进至大安军(今陕西宁强阳平关镇),为宋将石宣所败。嘉定十三年九月,四川宣抚使安丙联合西夏发动秦巩之役,宋军五路出师,一度攻克巩州外沿的来远、盐川诸寨,旋罢兵而还。由于嘉定朝已非吴氏守蜀期,相关战事信息又散见于宋金文献之中,极不成系统,故学界对这一阶段川陕战事的关注更少,仅粟品孝《南宋军事史》以两百余字的篇幅简述金军向南拓地之川陕战事⑤。此外,胡宁撰文讨论安丙所发动的秦巩之役,分析其失利原因,认为宋夏各怀目的,战略不统一,是秦巩之役无功的主要原因;而发动此役未得

---

① 《金史》卷八七《徒单合喜传》,第1943页;[宋]楼钥撰,顾大朋点校:《楼钥集》卷九八《太师保宁军节度使致仕魏国公谥文惠追封会稽郡王史公神道碑》,杭州:浙江古籍出版社,2010年,第1706页。
② 王曾瑜:《南宋对金第二次战争的重要战役述评·德顺之战》,第429、431页。
③ 杨倩描:《吴家将——吴玠吴璘吴挺吴曦合传》,第244—254页。
④ [宋]魏了翁:《鹤山先生大全文集》卷六九《显谟阁直学士提举西京嵩山崇福宫许公奕神道碑》。
⑤ 粟品孝等:《南宋军事史》,上海:上海古籍出版社,2008年,第201页。

朝廷应允,蜀口将帅内部意见不一则是另一重要原因①。

总的说来,有关宋金战争,学者的关注点明显集中于战争的前半段,后期开禧以后——特别是嘉定以后宋金战争的研究,受限于材料的缺失、分散,以及蜀势衰微、宋军败多胜少的客观现实,尚十分薄弱。王曾瑜先生在1997年发表的《宋史研究的回顾与展望》一文中指出:"宋宁宗和理宗时对金战争的研究较为薄弱。"②多年以后,这一状况略无改观。并且,有关宋金战争的研究多为战争经过的平面叙述,缺乏在战术战法、军事地理、军队组织、军事后勤等层面具有较强分析力、解释性的力作。

(二) 宋蒙/元川陕战事

蒙古对南宋的军事进攻,始于川陕,前期的进攻重点也一直都在川陕③。宝庆三年(1227),蒙军偏师由洮岷宕阶道南下,破阶(今甘肃武都)、文(今四川文县)二州,围西和,并于兰皋(属将利县,今甘肃康县)大败宋军。时任四川制置使郑损"画守内郡"④,致使关外多地惨遭蒙军摧残,史称"丁亥之变"。对此战经过,李天鸣《宝庆蜀口之役及事后宋人的防务改进建议》一文依据李曾伯《可斋杂稿·丁亥纪蜀百韵》及魏了翁《鹤山先生大全文集》做了基本复原⑤。陈世松认为,蒙军此次行动既是"蒙、宋关系史上的第一次武力交锋",也是"蒙古军为实施借道攻金而采取的一种武装侦查性的行动"⑥。

绍定四年(1231)初,正在凤翔与金激战的蒙军一面遣使至宋境索粮,一面

---

① 胡宁:《论安丙发动联夏攻金的"秦巩之役"》,《西华师范大学学报》2007年第1期,第65—68页。
② 王曾瑜:《宋史研究的回顾与展望》,《历史研究》1997年第4期,第154页。
③ 胡昭曦指出,蒙古贵族的攻宋战争大体可分为三个阶段。第一阶段,从端平元年(1234)到淳祐十一年(1251),蒙古贵族进攻的重点在四川。第二阶段,是蒙哥汗统治时期,从淳祐十一年(1251)到开庆元年(1259)蒙哥汗死于前线,蒙古贵族攻宋的重点仍在四川。第三阶段,从景定元年(1260)到元世祖至元十七年(1280)最后攻占四川全境,忽必烈改变进攻路线,集中力量突破襄汉地区,以控制长江中下游,截断东西联系,直趋临安。参见氏著《略论南宋末年四川军民抗击蒙古贵族的斗争》,收入《宋蒙(元)关系研究》,第16—17页。新近出版的张帆、陈晓伟、邱靖嘉、林鹄、周思成著《辽夏金元史:冲突与交融的时代》仍持此说,谓:"蒙古对南宋的军事行动早已开始,但很长时间内一直将攻宋重点放在四川。"(北京:中信出版集团,2023年,第267页)
④ [宋]魏了翁:《鹤山先生大全集》卷七六《虞公墓志铭》。
⑤ 李天鸣:《宝庆蜀口之役及事后宋人的防务改进建议》,《大陆杂志》1986年第1期,第7—20页。
⑥ 陈世松、匡裕彻、朱清泽、李鹏贵:《宋元战争史》,呼和浩特:内蒙古人民出版社,2010年,第21、23页。

"纵骑焚掠"。对此,四川制置使桂如渊令诸将"毋得擅出兵沮和好",随后又"悉召西和、天水凡并边之师,入保七方(关)"①,作出弃五州、守三关的决议。三月,为实施"假道灭金"战略,拖雷率三万蒙军由陈仓道南下,连破凤州(今陕西凤县凤州镇)、兴元、洋州(今陕西洋县)等地,宋利州路安抚使郭正孙阵亡;西路蒙军由祁山道南下,攻陷天水、西和、成州(今甘肃成县),南宋损失惨重。是冬,蒙军先是攻占蜀口军政中心沔州,又在大安军击溃利州副都统制何进部,随后更是深入利州路南部,"略地至西水县而还"②。蒙军武力假道的成功,暴露出南宋川陕边防的脆弱与桂如渊等地方要员的无能。李天鸣《绍定四年蒙军强行假道宋境考》对此役经过有详细描述③。

端平元年(1234),南宋贸然发动三京之役,为窝阔台全面启动对宋战争提供了口实。川陕再次成为蒙军进攻的首要目标。陈世松认为,窝阔台之所以首先选择四川作为攻宋的目标,很大程度上是当时客观历史条件决定的,如:这是出于追歼聚集于秦、巩、兰、会一带亡金残余势力的需要;金亡以后,中原成为无人之区,当时唯一可供驻军用兵之地,便是秦、蜀一线;当时蒙军尚无水军,西线用兵可扬长避短,发挥骑兵优势④。邹重华在分析蒙哥何以以四川作为战略进攻重点时,同样强调了蒙军长于陆地野战而短于水战的因素⑤。

端平二年(1235)八月,蒙军南下再破沔州。四川制置使赵彦呐被困于青野原,赖利州都统曹友闻救援才得以脱险。随后,曹友闻又在阳平关、鸡冠隘击败蒙军。何以沔州被破后,赵彦呐却进到沔州以北的青野原呢?王超分析了青野原之战中赵彦呐的战略意图,认为此战是四川制置使针对此前主帅远离战场之弊而亲上前线的一次尝试⑥。

端平三年秋,蒙军再攻蜀口。穆直率西路蒙军攻占阶、文、龙州。阔端率东路蒙军击败兴元都统李显忠,攻占兴元府。赵彦呐檄令仙人关守将曹友闻退守

---

① [宋]魏了翁:《鹤山先生大全集》卷八二《故太府寺丞兼知兴元府利州路安抚郭公墓志铭》。
② 《金史》卷一一一《完颜讹可传》,第2446页。
③ 李天鸣:《绍定四年蒙军强行假道宋境考》,《大陆杂志》1985年第6期,第8—24页。
④ 陈世松、匡裕彻、朱清泽、李鹏贵:《宋元战争史》,第63—64页。
⑤ 邹重华:《略论蒙哥、忽必烈的攻宋战略》,原刊《四川大学学报》丛刊第32辑,1986年,收入《宋蒙(元)关系研究》,第353页。
⑥ 王超:《宋蒙(元)四川战局演变新探——以军事指挥模式和地方权力转移为中心》,中山大学硕士学位论文,2017年,第31—33页。

大安。最终,曹友闻在阳平关阵亡,南宋蜀口全部丧失。陈世松认为,"这是蒙古入蜀以来所遭遇的最激烈的正规作战"①。关于曹友闻的个人素质、作战特点、战绩及阳平关鸡冠隘之战的战术,李天鸣《宋元战史》作了梳理与检讨,认为曹友闻运用伏击、夜袭、数路夹击、内外夹击的战法,但由于宋军准备不充分、数量上以寡对众、形势上以弱对强、装备棉袍而非铁甲,故而不幸战败②。

曹友闻败亡后,蒙军遂长驱直入,连岁南下,残酷蹂躏包括成都在内的四川大部地区,四川制置副使丁黼、制置使陈隆之先后战死,全蜀"五十四州俱陷破,独夔州一路及泸、果、合数州仅存"③。最后依仗京湖制置使孟珙率军西上协防四川,加之当时蒙军志在抄掠,并无强烈的略地意识,南宋才得以勉强守住川东防线。对于孟珙坐镇夔门、协防应援四川的方略,陈世松称"襄蜀联防"④。黄宽重《孟珙与四川》对孟珙主政四川时的军事施设作了梳理与探讨,认为孟珙守蜀,主要在巩固长江上流边防,虽非以四川为主,却是把四川纳入整个边防体系之中,而非孤立于宋上流守备圈之外⑤。

淳祐二年(1242)末,宋廷派余玠入蜀主政,将四川制置司迁至川东的重庆。余玠抵达四川后,以重庆为中心,先后在川东地区修筑了神臂(在今四川合江西)、大获(在今四川苍溪东)、钓鱼(在今重庆合川东北)、云顶(在今四川金堂东南)、青居(在今四川南充南)等十余座山城,"因山为垒,棋布星分,为诸郡治所,屯兵聚粮,为必守计"⑥,渐次构建起新的防御体系。依托山城体系,余玠多次击退蒙军的进攻,逐步扭转四川颓势。随着蒙军攻蜀步伐的放缓,余玠还于淳祐十一年(1251)组织了旨在收复兴元府的北伐行动。李天鸣、裴一璞对余玠北伐兴元之役有专文研究⑦。对于余玠在四川的诸般作为及其在任期

---

① 陈世松、匡裕彻、朱清泽、李鹏贵:《宋元战争史》,第 68 页。
② 李天鸣:《宋元战史》,第 557—561 页。
③ 佚名撰,王瑞来笺证:《宋季三朝政要笺证》卷一,端平三年十二月,北京:中华书局,2010 年,第 94 页。
④ 陈世松、匡裕彻、朱清泽、李鹏贵:《宋元战争史》,第 94—95 页。
⑤ 黄宽重:《孟珙与四川》,原载《思与言》1990 年第 2 期,收入氏著《南宋军政与文献探索》,台北:新文丰出版公司,1990 年,第 163—182 页。
⑥ 《宋史》卷四一六《余玠传》,第 12470 页。
⑦ 李天鸣:《余玠北伐汉中之役》,《中华文化复兴月刊》1984 年第 10 期;裴一璞:《南宋余玠出师兴元府之役述论》,《宜宾师范学院学报》2009 年第 5 期,第 50—53 页。

间宋蒙四川战场情势,姚从吾、陈世松作了详尽梳理①。

宝祐五年(蒙哥汗七年,1257)春,蒙哥汗诏令诸王出师攻宋。翌年夏,蒙哥亲率右翼军(西路军)四万进攻四川。除在苦竹隘(在今四川剑阁南)、长宁寨遭遇抵抗外,沿途各山城寨堡如大获、运山、青居、大良(在今四川广安前锋区境)等悉皆投降。蔡东洲等对苦竹隘之战的经过及对巴蜀战局之影响有专文讨论②。开庆元年(1259)二月,蒙哥大军进至合州(今重庆合川),围攻钓鱼城。但宋将王坚、张珏据险死守,蒙军顿兵坚城长达半年。七月,蒙哥汗病逝于钓鱼城前线。

钓鱼城之战是过往有关宋蒙川陕战事研究的重点。早在1955年,姚从吾在《宋余玠设防山城对蒙古入侵的打击》一文已采摭《元史·宪宗纪》《汪德臣传》《董文蔚传》略叙蒙哥攻宋失败之经过③。其后如西南师范学院历史系编《钓鱼城史实考察》,傅宗文、吴如嵩《钓鱼城之战浅论》,陈世松等《宋元战争史》,李天鸣《宋元战史》等都对钓鱼城之战的战前形势、宋蒙军事部署、战斗经过作了详细论述④。1981年、1989年、2015年曾召开"钓鱼城历史学术讨论会""中国钓鱼城暨南宋后期历史国际学术讨论会""2015年钓鱼城国际学术会议",皆出版有论文集⑤。在围困钓鱼城的同时,蒙哥又命都元帅纽璘前往重庆一带阻截南宋援军。宋将吕文德率京湖水军在涪州蔺市一带江面与蒙军相持达七十日,最终突破蒙军层层封锁,进入重庆城。裴一璞对此战经过、宋蒙兵

---

① 姚从吾:《余玠评传》,原载"中央研究院"历史语言研究所庆祝李济先生七十生日论文集》,1967年,收入《宋史研究集》第四辑,第95—158页;陈世松:《余玠传》,重庆:重庆出版社,1982年。

② 蔡东洲、汪建辉、方超:《宋蒙蜀道争夺中的苦竹隘之战》,《西华师范大学学报》2019年第4期,第1—8页。

③ 姚从吾:《宋余玠设防山城对蒙古入侵的打击》,《大陆杂志》1955年第5期,收入《宋史研究集》,第215—226页。另有张靖海《钓鱼城抗元事迹简述》,《历史教学》1955年6月号,第27—29页;吕小园、艾小惠:《钓鱼城卫国战争的民族英雄——余玠、王坚、张珏》,《史学月刊》1955年第12期,将钓鱼城战役置于"卫国战争"的背景下加以叙述。

④ 西南师范学院历史系编:《钓鱼城史实考察》,成都:四川人民出版社,1980年;傅宗文、吴如嵩:《钓鱼城之战浅论》,《厦门大学学报》1982年第2期,第105—111页;陈世松、匡裕彻、朱清泽、李鹏贵:《宋元战争史》,第147—159页。

⑤ 西南师范学院历史系、合川县历史学会编:《钓鱼城历史学术讨论会论文资料集》,1982年;刘道平主编:《钓鱼城与南宋后期历史——中国钓鱼城暨南宋后期历史国际学术讨论会文集》,重庆:重庆出版社,1991年;包伟民、孙华编:《二零一五年钓鱼城国际学术会议论文集》,重庆:重庆出版社,2016年。

力、胜败原因及影响有专文论述①。其后,吕文德欲进一步入援钓鱼城,但面对蒙军独创的水陆协同、三面夹击的水战战法,未能成功。

对于蒙哥汗以四川作为灭宋主攻方向的战略,邹重华直言其为"战略失误"②;陈世松同样认为蒙哥"把战略主攻方向选择在远离南宋政治、军事中心的四川,把主攻战场确定在有利于宋军防御、而不利于蒙古军进攻的崇山峻岭地区,犯了战略决策的错误"③。忽必烈即位后,蒙军放弃重点进攻四川的战略,转而以荆襄为突破口,开启了长达六年的襄樊战役(1267—1273)。在此期间,蒙军对四川罕有大规模的攻势。李则芬指出,忽必烈时代对四川的经略有三大原则:第一,政治重于军事;第二,军事先取守势,待全面伐宋开始,始命四川蒙古汉军配合行动,转取攻势;第三,军事行动避开合州钓鱼山。取守势的表现,一是派到四川主持军政的人物多以政治见长;二是在川蜀到处筑城④。然而,通过李天鸣《宋元战史》所梳理襄樊战役期间四川战事进程,可知这几年间,蒙军仍不分季节地攻掠四川,继续攻势筑城战略,只是未发动大规模的进攻罢了,故不存在所谓蒙军"取守势"之说。陈世松也认为"整个襄樊战役期间,川蜀战区没有大规模战斗,双方继续处于相持态势"⑤。李天鸣还认为,这一时期,"无论是水战或陆战,宋军都是十战九败"(1098页)⑥。只是到咸淳八、九年间(1272—1273),南宋成都路安抚副使、嘉定守将昝万寿突袭成都,一度攻破外城。关于昝万寿的抗蒙事迹,刘砚月有专文考察⑦。

至元十一年(南宋咸淳十年,1274),与忽必烈灭宋战争同步,西川行院也速带儿率军围攻南宋在川西的重要据点嘉定(今四川乐山)。翌年夏,昝万寿

---

① 裴一璞:《宋蒙涪州蔺市之战》,《长江文明》第七辑,2011年,第72—78页。
② 邹重华:《略论蒙哥、忽必烈的攻宋战略》,原刊《四川大学学报》丛刊第32辑,1986年10月出版,收入《宋蒙(元)关系研究》,第352—367页。马强亦认为蒙哥发动四川战役的总体战略是失败的,并指出对川东南地理因素的忽略是其败亡的一个重要因素,见氏著《关于宋蒙钓鱼城之战几个问题的再探讨》,《长江师范学院学报》2015年第6期,第13页。
③ 陈世松、匡裕彻、朱清泽、李鹏贵:《宋元战争史》,第379页。
④ 李则芬:《宋合州守城始末及传奇故事的破惑》,收入氏著《文史杂考》,台北:学生书局,1979年,第209—212页。
⑤ 陈世松、匡裕彻、朱清泽、李鹏贵:《宋元战争史》,第223—224页。
⑥ 李天鸣:《宋元战史》,第954—1100页。
⑦ 刘砚月:《宋元之际南宋降将昝万寿生平事迹钩沉——兼论平宋之初元廷对西南地区的经略》,《宋史研究论丛》第33辑,2023年,第48—62页。

以嘉定、三龟、紫云诸城降。蒙军随即顺江而下,与东川行院合剌部合围南宋在川东的军政中心重庆,但因东、西二川行院各自为战,重庆竟久攻不下。嘉定、重庆二战之经过,陈世松在《宋元战争史》中作了详述①。

到景炎二年(元至元十四年,1277),王世昌镇守的神臂城失陷;景炎三年(元至元十五年,1278),张珏镇守的重庆、张起岩镇守的白帝城(在今重庆奉节东北)、王立镇守的钓鱼城亦相继失陷,元军占领四川全境,宋蒙四川战事宣告结束。相关战事经过,陈世松、李天鸣皆有较为详尽的论述②。杨国宜对《宋史·张珏传》与《元史·世祖本纪》关于钓鱼城投降时间的不同记载作了考析,认为当以《宋史·张珏传》所载至元十五年三月为是③。韦兵根据新出土《贺仁杰墓志铭》证实了这一点④。胡昭曦对张珏是否降元及张珏殉节地点两大问题作了考证,认为《元史·世祖本纪》所载张珏被俘后投降属曲笔;而张珏殉节地点,《宋史·张珏传》所载"安西赵安庵"与《元史·世祖本纪》"京兆"之说相一致,皆为安西王驻地所在⑤。今人论述钓鱼城之战及王坚、张珏、王立守城事,多引《合川县志》所载《钓鱼城记》,姚从吾依据元人文集对该文所述熊耳夫人家世作了精彩考证,并勾陈出王立获得保全的原因⑥。李则芬亦对熊耳夫人的记载有所质疑,但其论未能超越姚氏的研究⑦。

13世纪,宋蒙川蜀战事旷日持久,双方反复拉锯。在李天鸣、陈世松整体勾勒宋蒙川陕战局的基础上,选取某一座山城或城池为空间坐标切入,通过纵向时间轴梳理不同时期该区域所发生的战事经过,并探讨其在整个宋蒙战争中的意义,成为宋蒙战争研究的一个重要模式。相关研究很多,如裴一璞对宋

---

① 陈世松、匡裕彻、朱清泽、李鹏贵:《宋元战争史》,第283—292页。
② 陈世松、匡裕彻、朱清泽、李鹏贵:《宋元战争史》,第351—358页。
③ 杨国宜、萧建新:《王立以合州城降西院内因考实》,载《钓鱼城与南宋后期历史——中国钓鱼城暨南宋后期历史国际学术讨论会文集》,第35—37页。
④ 韦兵:《〈贺仁杰墓志〉与钓鱼城约降、王立系狱事》,收入《二零一五年钓鱼城国际学术会议论文集》,第204—213页。
⑤ 胡昭曦:《略论南宋末年四川军民抗击蒙古贵族的斗争》,收入《宋蒙(元)关系研究》,第36—43页。
⑥ 姚从吾:《宋蒙钓鱼城战役中熊耳夫人家世及王立与合州获得保全考》,《史语所集刊》第29辑下册,1958年。
⑦ 李则芬:《宋合州守城始末及传奇故事的破惑》,收入氏著《文史杂考》,台北:学生书局,1979年,第216—220页。

蒙川东战场之开州(今重庆开县)、涪州(今重庆涪陵)、夔州(今重庆奉节)、万州、忠州(今重庆忠县)战事的逐一论述①,蔡东洲对苦竹隘战事,蒋晓春对礼义城(在今四川渠县北)战事,胡宁、高新雨对大良城与虎啸城战事,罗洪彬、王杰对青居城战事,钟倩对皇华城(在今重庆忠县东)战事分别进行了梳理②。

在蒙古进攻四川的战争中,巩昌汪氏家族、天水杨氏家族作为蒙军的两支重要力量,参与了战争的许多进程。胡小鹏、赵一兵都曾梳理巩昌汪氏家族三代在蒙元进攻四川战争中的事迹③;蔡东洲、刘菊则撰文探讨了杨大渊家族在宋蒙/元川东战局中的作用,指出自宝祐六年(1258)归降蒙古到至元十五年(1278)平定夔州路,杨大渊、杨文安叔侄经略川东地区长达二十年,指挥或参加攻打川东地区大小六十余战,劝降大批宋朝将领,并摸索出"以城对城"作为突破宋军山城防御体系的办法,对宋蒙/元川东乃至整个宋蒙/元战争战局产生了巨大而深刻的影响④。

就军事战术而言,擅长守城与水战是川陕宋军战术上的两大优势。蜀口丧失后,川蜀战场构建的山城防御体系即是宋军对这两大优势的综合运用。宋军利用江河水系,发挥水战优势,将原本孤立的山城据点有机联结。开庆元年,蒙哥顿兵坚城的钓鱼城之战、吕文德救援钓鱼城的蔺市之战,更是宋军守城与水军优势的集中体现。其后,蒙军展现出极强的环境适应能力、学习能力与包容性。依托汉军降将,蒙军一方面采取以山城制山城的战术,利用从宋军手中夺取的蓬溪、大获、青居诸城,并在嘉陵江、渠江沿岸创设虎啸、武胜等山

---

① 裴一璞:《宋蒙涪州战事述论》,《长江师范学院学报》2009年第3期,第79—83页;裴一璞:《宋蒙忠州战事述论》,《长江文明》第3辑,2009年,第56—63页;裴一璞:《宋蒙开州战事述论》,《乐山师范学院学报》2009年第9期,第83—86页;裴一璞:《宋蒙(元)之战中的万州》,《长江文明》第5辑,2010年,第58—65页。

② 蔡东洲、汪建辉、方超:《宋蒙蜀道争夺中的苦竹隘之战》,《西华师范大学学报》2019年第4期,第1—8页;胡宁、高新雨:《宋蒙战争中的大良城与虎啸城》,载《西华师范大学学报》2016年第1期,第41—47页;蒋晓春:《礼义城与宋蒙战争》,《长江文明》2021年第2辑,第32—39页;罗洪彬、王杰:《宋蒙战争中的青居城》,《西华师范大学学报》2018年第5期,第46—53页;钟倩、蒋晓春:《皇华城与宋蒙(元)战争》,《长江文明》2023年第1辑,第23—31页。

③ 胡小鹏:《元代巩昌汪氏家族事略》,《西北师大学报》1990年第3期,第57—62页;赵一兵:《试论巩昌汪氏家族在蒙元时期进攻四川战争中的作用》,《内蒙古社会科学》2008年第6期,第54—58页。

④ 蔡东洲、刘菊:《杨大渊家族归降与宋蒙(元)东川战局》,《西华师范大学学报》2016年第1期,第48—55页。

城,构筑蒙军的山城体系。过去对于蒙军修建山城寨堡的关注相对较少,新近出版的蒋晓春、蔡东洲等《巴蜀地区宋蒙山城遗址考古调查与研究》一书对于蒙军山城体系的建立、特点、历史作用作了论述①。另一方面,蒙古的水军与攻城部队也在短时期内从无到有,迅速壮大。萧启庆《蒙元水军之兴起与蒙宋战争》详细论述了蒙元水军从无到有、由弱到强的过程及其在宋蒙战争中所起作用,指出蒙元水军壮大是对环境的适应和充分利用中原的人力、物力与技术②。李天鸣探讨了蒙元水军在宋蒙战争中所采用的旨在发挥蒙军骑兵优势的水陆协同、三面夹击的水战战法③。

五、川陕军事防御体系

(一)蜀口防御体系

南宋立国凡一百五十年,川陕作为一个独立的军事战区,前一百年的主要边防作战区域是北部的利州路,更确切地说,是利州路巴山以北的区域,即宋人所谓蜀口(或称川口)地区,约略相当于今陕西南部、四川北部与甘肃南部的三省交叉地带。南宋川陕战区在蜀口长期屯驻重兵,并利用秦岭南北山脉的特有地形,构筑了一个军队、城池、关隘、道路有机结合的军事防御体系。有学者称之为"川陕军事戍防体系",笔者称"蜀口防御体系"。正如何玉红所指出的:"以往学界在评价南宋川陕抗金与边防巩固的原因时,多突出吴玠、吴璘等抗金将领的重要功绩……在川陕边防的巩固中,独特的军事戍防体系也发挥了重要作用。"④然而,与宋蒙川陕战争的研究极为重视四川山城防御体系不同,过往学界对于蜀口防御体系的关注明显不足。宋金/蒙川陕战史研究多年来难有提升,亦与此密切相关。以下仅从军队、城池、关隘、道路等要素予以简要梳理。

---

① 蒋晓春、蔡东洲、符永利、罗洪彬:《巴蜀地区宋蒙山城遗址考古调查与研究》,北京:学苑出版社,2024年。
② 萧启庆:《蒙元水军之兴起与蒙宋战争》,原刊《汉学研究》1990年第2期,收入氏著《内北国而外中国:蒙元史研究》,北京:中华书局,2007年,第346—370页。
③ 李天鸣:《宋元战争中元军的水陆协同、三面夹击水战战法》,《国际宋史研讨会论文集》,中国文化大学史学研究所,1988年,第270—278页。
④ 何玉红:《南宋川陕军事戍防体系考述》,《中国边疆史地研究》2010年第4期,第32页。

首先是军队。南宋川陕战区的边防军以蜀口守将吴玠的右护军为班底，而右护军的兵力则主要来自吴玠对曲端、刘子羽、王庶、关师古及宣司直辖部队的整合。此过程，李心传《建炎以来朝野杂记》"关外军马钱粮数"条已有简要勾勒①。山内正博《南宋四川的张浚与吴玠：以其势力交替过程为中心》一文则作了更为详尽的梳理与分析②。吴玠死后，川陕大军由吴璘、杨政等分领。绍兴和议后，蜀口大军逐步形成兴州、兴元府、金州三支御前屯驻大军，由兴州、兴元府、金州三大军的都统制分别统领。乾道初定额，兴州屯驻大军管军六万，兴元屯驻大军两万七千，金州屯驻大军一万一千。南宋后期，四川军队数量持续下滑。开禧年间，四川兵力降至七万余人。到理宗初年，四川边防军仅剩六万余。及至端平三年（1236）蜀口丧失前夕，四川兵力已不足三万。王曾瑜《宋朝军制初探》对蜀口屯驻大军的建制、总兵力情况及变迁作了基本梳理③。然而，蜀口大军具体如何分布于各缘边关隘、边州、本司及内里州郡？不同时期的分布格局存在怎样的演变？屯戍机制如何？目前尚无专门研究。

其次是道路。地理交通形势往往极大影响军事行动与军队部署。川、陕间最主要的交通要道，如陈仓道、祁山道等，往往成为金、蒙大军南下进攻川蜀的通道，其沿线关隘、城池自然也是宋军布防的重点。有关南宋川陕间古道的研究主要参考历史地理学者的论著。首推史念海《秦岭巴山间在历史上的军事活动及其战地》，其他如严耕望《唐代交通图考·秦岭仇池区》中相关篇章、黄盛璋《川陕交通的历史发展》、李之勤《论故道在川陕诸驿中的特殊地位》、高天佑《陇蜀古道考略》以及苏海洋、王宏谋编著《陇蜀古道历史地理研究》中相关论文等都对南宋蜀口道路、行军路线的认识与研究有重要参考价值④。

---

① ［宋］李心传：《建炎以来朝野杂记》甲集卷18《关外军马钱粮数》，第406页。
② 山内正博：《南宋の四川における張浚と吳玠——その勢力交替の過程を中心として一》，《史林》四四——一，1961年，第107—115页。
③ 王曾瑜：《宋朝军制初探（增订本）》，第178—181页。
④ 黄盛璋：《川陕交通的历史发展》，《地理学报》1957年第4期，收入氏著《历史地理论集》，北京：人民出版社，1982年，第215—216页；严耕望：《唐代交通图考》第三卷《秦岭仇池区》，台北："中央研究院"历史语言研究所，1985年；史念海：《秦岭巴山间在历史上的军事活动及其战地》，收入《史念海全集》第四卷《河山集四集》，北京：人民出版社，2013年，第183—187页；李之勤：《论古驿道发展的特点和长安在全国驿道网中的地位》，收入氏著《西北史地研究》，郑州：中州古籍出版社，1994年，第3—8页；高天佑：《陇蜀古道考略》，《文博》1995年第2期，第60—67页；苏海洋、王宏谋编著：《陇蜀古道历史地理研究》，北京：科学出版社，2019年。

再就是蜀口防线与相关的城池、关隘。南宋蜀口地区自北向南大致分为北秦岭、徽成西礼盆地、南秦岭、汉中盆地与米仓山五大东西向的自然地理板块,蜀口防线的构建即依托于此。李天鸣在《宋元战史》中对南宋利州路的自然地形、战略地位、秦岭巴山军事交通作了基本介绍,提出南宋蜀口的三层防线:第一层是位于北秦岭弧上的大散关、黄牛堡与皂郊堡,即宋人所说的蜀口"外三关";第二层是"外三关"以南的阶州、成州、西和州、凤州与天水军,即宋人所说的"关外五州";第三层则是南秦岭弧上的武休关、仙人关与七方关,宋人称"内三关";并勾勒了晚宋蜀口四大都统司的大致防区[①]。何玉红《南宋川陕军事成防体系考述》对蜀口地区重要的城池、关隘,如兴州、金州、兴元府、阶州、成州、西和州、凤州、和尚原、大散关、饶风关、仙人关、武休关等在进攻与防御中的战略地位作了简要勾勒与分析,指出南宋川陕军事成防体系以兴州、金州与兴元府为屯驻重心,阶、成、西和、凤等关外诸州为外部屏障,以关隘与堡寨等为战略据点,形成一个有机的整体。何氏认为,兴州、金州、兴元府三大军事屯驻重心中,兴州处于防线西部,抵御金蒙以秦州、宝鸡为基地发起的进攻,是川陕防线西部的指挥中心;金州处于川陕防线东部,抵御金蒙以商州为基地发起的进攻;兴元府处于兴州、金州之间,不但承担抵御金蒙以西安为基地发起的进攻,而且地处川陕防线居中位置,发挥着连接兴、金的战略作用。[②] 梁中效亦对兴元与金州的战略地位作了专门阐述[③]。王超《宋蒙(元)四川战局演变新探》对蜀口防御体系的认识有进一步突破。该文认为,蜀口宋军沿北秦岭、徽成盆地、南秦岭、汉中盆地、米仓山五块地形区及其连接区部署了五道东西向排列的防线,外三关、关外五州、内三关、兴元府、沔州、大安军、利州分别应对五道防线。从洮州、秦州、凤翔入蜀的交通线,"呈现为倒三角的形状,与五层南北排列的地形区和防线叠合,可模型化为一种多层扇形结构"(14页),并认为"蜀口防务的首要目的是围堵,外三关围堵敌军进入徽成盆地,内三关围堵敌人进入汉中盆地,大安、利州围堵敌人进入四川盆地",只要某层防线中有

---

① 李天鸣:《宝庆蜀口之役及事后宋人的防务改进建议》,第7—8页;另见氏著《宋元战史》,北京:食货出版社,1988年,第75—81页。
② 何玉红:《南宋川陕军事成防体系考述》,《中国边疆史地研究》2010年第4期。
③ 梁中效:《汉中安康在南宋时期的战略地位》,《汉中师范学院学报》1996年第1期,第33—41页。

一处据点被攻破,同层防线中几路宋军便共同退守下一层①。

有学者指出:"南宋川陕军事戍防体系有一个建立、完善、变化与解体的过程。"②这是很重要的认识。然而,目前学界有关蜀口防御体系的认知尚处于大致轮廓层面与静态描述层面。南宋蜀口所打造的军事据点,如兴元府、仙人关、皂郊堡、西和州,究竟在蜀口防御体系中扮演怎样的角色?相较于中国古代其他南北对峙时期,其战略价值有何特殊性?兴州、金州与兴元府三大屯驻中心的格局如何形成?三大都统司的防区存在怎样的演变过程?川陕兵力如何在蜀口防御体系中具体分布?诸战略要地在不同的军事形势下存在怎样的变化?兵力分布又呈现怎样的变化?在中国古代川陕交通变迁史中,南宋川陕军事交通线路是否存在特殊性?凡此皆有待进一步梳理、廓清。

再者,对于一些重要关隘、堡寨的具体位置,尚不明确,如仙人关、隔芽关、黄牛堡、青野原等。这既不利于对蜀口防御体系研究的开展,亦极大限制了宋金/蒙川陕战史研究的深入。类似冯岁平对武休关的文献考索与田野踏勘工作有待进一步系统展开③。

(二) 晚宋四川山城防御体系

端平三年(1236)后,蜀口沦陷,蒙古兵锋直指略无防备的川蜀腹地,各州县只得将治所与民众迁往周边山地避难。淳祐三年(1243),余玠入蜀主政,以川东地区的重庆城为核心,有计划地新建或增筑了约二十座山城据点,屯兵、积粮、保民、战守,各山城据点之间相互声援,又以各通航江河或官道为联络线,点线结合,很快形成一套新的四川防御体系。胡昭曦将其概括为"依山筑城、恃险拒守的战术"④。余玠去职后,继任的四川军政长官蒲择之、朱禩孙等人又不断修筑山城据点,完善山城体系。

---

① 王超:《宋蒙(元)四川战局演变新探——以军事指挥模式和地方权力转移为中心》,中山大学硕士学位论文,2017 年,第 21 页。
② 何玉红:《南宋川陕军事戍防体系考述》,《中国边疆史地研究》2010 年第 4 期,第 33 页。
③ 冯岁平:《武休古关今尚在?——结合于文献考索与田野踏勘》,《陕西理工大学学报》2019 年第 6 期,第 34—37 页。
④ 胡昭曦:《略论南宋末年四川军民抗击蒙古贵族的斗争》,收入《宋蒙(元)关系研究》,第 20 页。

对于晚宋四川山城防御体系的系统研究始于二十世纪五十年代,姚从吾《宋余玠设防山城对蒙古入侵的打击》一文探讨了余玠构筑山城防御体系的大略经过、山城构筑的自然条件,并列举出余玠所筑山城十座①。其后,李天鸣、胡昭曦、陈世松、何平立、孙华、周思言、王超、蒋晓春等都对晚宋四川山城防御体系作过专门研究。

对于晚宋四川山城防御体系,学者多强调余玠的重要性。如胡昭曦指出,晚宋四川山城寨堡的修筑,并非完全始自余玠,而是在此以前就开始构筑,但构成一个防御体系,则是从余玠开始的②。陈世松扼要列举了余玠入蜀前四川境内的结寨筑城活动,并将其分为挈家筑寨、在旧城基础上加固增筑(如泸州城、重庆城、成都城)、创筑新的驻兵城寨(如大获城、三江碛城、钓鱼城、赤牛城)、搬迁府州治所于新城(如迁遂宁府于蓬溪寨、徙隆庆府于苦竹隘、移夔州治于白帝城)四类③。蒋晓春则以余玠帅蜀期作为节点,将晚宋四川山城体系的构建过程分为三个阶段:一是余玠主持四川防务之前(1243年前)。这一阶段已建成一批据点,这些城寨是蜀口防线内迁的必然结果,但规制简陋,防御能力不强,只能算作孤立的军事据点。二是余玠主持四川防务期间(1243—1253)。这一阶段实现了城寨建设由零散军事据点向完备战略体系的转变。三是余玠离职之后(1253—1278)。这一阶段修建山城主要集中于长江沿岸和夔达一线,数量众多,使宋军山城体系在这两个区域更加完备,一定程度上解决了蜀口和内水防线大量山城失陷所带来的防守难题④。

具体到余玠主政期内的山城修筑,陈世松将其分作三个阶段:一是普遍创筑阶段(1243—1244),共修建、扩建山城十六座;二是重点充实加固阶段(1245—1248),创筑了小宁城;三是进一步完善阶段(1249—1251),创筑青居、得汉、平梁三城⑤。蒋晓春则在陈氏基础上,将二、三阶段合并,分作前、后两期:前期为淳祐三年(1243)到淳祐四年(1244);后期为淳祐五年(1245)至宝

---

① 姚从吾:《宋余玠设防山城对蒙古入侵的打击》,《大陆杂志》1955年第5期,收入《宋史研究集》,第215—226页。
② 胡昭曦:《略论南宋末年四川军民抗击蒙古贵族的斗争》,收入《宋蒙(元)关系研究》,第24页。
③ 陈世松:《余玠传》,第52—53页。
④ 蒋晓春、蔡东洲、符永利、罗洪彬:《巴蜀地区宋蒙山城遗址考古调查与研究》,第28—32页。
⑤ 陈世松:《余玠传》,第54—59页。

祐元年(1253)①。尽管余玠修建了众多山城,但当时四川仍存在许多城池是郡治所在地。故李天鸣认为,余玠所实施的战略是"一种山城城池混合的防御战略"②。

关于晚宋四川诸山城选址之条件,陈世松总结为四点:其一,多坐落于天生的险崖峭壁之上;其二,在壁立四周的峰峦上,山顶宽平,周回数十百亩至数十里不等,有田土可耕,有林木可用,有泉水可饮;其三,各山城大多依凭江河,或居两江、三江之会,或座峻峡、险滩之旁,或以水陆舟车可与大江相连;其四,多数山城与旧城相距不远,彼此互为犄角之势③。胡昭曦亦有四点总结:一、恃险凭夷,控扼要冲;二、交通较便,利于攻守;三、水源不竭,粮秣有继;四、就地取材,修筑较便④。大抵内容接近。

有关山城防御体系的空间布局,陈世松较早正面探讨。考虑到晚宋四川防线以长江北部为防御正面、以南部为防御纵深的基本格局,他将余玠构筑的山城划分为前后两组:一组是后卫线上的,以重庆为中心,西起嘉定,东抵夔门,横贯长江沿线的嘉定(凌云)、紫云、神臂、重庆、天生、白帝、瞿塘以及梁山赤牛,共八座城。"重庆为保蜀之根本,夔门为蔽吴之根本,嘉定为镇西之根本",三城鼎立。一组是前沿线上的,以钓鱼城为支柱,由会注于合州的三条南北向江上的十一座城(嘉陵江沿线的苦竹、大获、运山、青居、钓鱼、多功;渠江沿线的得汉、平梁、小宁、大良;涪江沿线的铁峰城)以及沱江沿线的云顶城所组成,形成一道以合州钓鱼城为支柱的天然叉状防御网。这一前一后的两组山城,交相掩翼,蜀江为之连接,钓鱼城在前屏障,重庆大本营居中指挥,从而结成一个完整的防御体系⑤。陈世松还提炼出晚宋四川山城防御体系的四大特点:第一,防守层次分明;第二,防御重点突出;第三,防御阵地坚固;第四,充分发挥地理优势,有力扬长避短⑥。

在陈世松研究的基础上,何平立将余玠所构筑的山城防御体系进一步细

---

① 蒋晓春、蔡东洲、符永利、罗洪彬:《巴蜀地区宋蒙山城遗址考古调查与研究》,第29—30页。
② 李天鸣:《宋元战史》,第519页。
③ 陈世松:《余玠传》,第62—63页。
④ 胡昭曦:《略论南宋末年四川军民抗击蒙古贵族的斗争》,收入《宋蒙(元)关系研究》,第26页。
⑤ 陈世松:《余玠传》,第65—66页。
⑥ 陈世松、匡裕彻、朱清泽、李鹏贵:《宋元战争史》,第79—80页。

分作三个层次：一是前沿阵地带，有得汉、小宁、平梁、大获、苦竹等城，主要作用为警戒，阻滞延缓蒙军进攻，为主力军赢得准备时间；二是主要防御地带，以合州钓鱼城为支柱，有赤牛、运山、青居、蓬溪、铁峰、云顶等城，其中以钓鱼城作为防御要点，以控制渠江、嘉陵江、涪江而屏障重庆；三是后方阵地带，以指挥中枢和预备队控制地域的重庆为中心，东起夔门、西至嘉定，横贯长江沿线的有瞿塘、白帝、天生、多功、神臂、紫云等城。这三条防线上的山寨城堡互相联系，前后支援，交相掩护。防线之间，有由岷江、沱江、涪江、嘉陵江、渠江与长江组成的交通网络，联结各要点与指挥中枢重庆，从而形成一个完整的点、线、面结合的山城防御体系①。

近年来，周思言、蒋晓春、王超皆有山城防御体系布局结构的论述发表。蒋晓春指出，晚宋四川山城体系主要由"两个核心"(重庆城、钓鱼城)、"三条防线"(蜀口、内水、外水)、"八大支柱"(云顶、运山、大获、得汉、白帝、钓鱼、青居、苦竹)构成②。王超《宋蒙(元)四川战局演变新探》认为，晚宋四川山城防御体系的布局是一种放射状缓冲结构，以重庆为中心，山城建设沿着几条大江以犄角的形式向五个方向(金牛道+岷江+长江、嘉陵江、米仓道+渠江、大理+思播、京湖+夔万)延伸，分别遮蔽五条重要交通路线。这一结构的特点是各支犄角相对独立，即使砍断一角，其他犄角仍可正常发挥功能③。

晚宋四川山城多有遗址留存。早在二十世纪八十年代，以胡昭曦、陈世松为代表的四川地方学者已开始重视山城遗址的调查与考察。胡昭曦将考察成果撰成三十多篇札记，汇集于《四川古史考察札记》一书，陈世松对以泸州神臂城为代表的川南地区山城着力尤多④。大致同时，第二次全国文物普查开展，四川地方文物部门对所属区域开展了大量调查工作，在八十年代末九十年代初的《四川文物》上形成了一批调查研究文章⑤。进入二十一世纪后，随着考

---

① 何平立：《略论南宋时期四川抗蒙山城防御体系》，《军事历史研究》1996年第1期，第112页。
② 蒋晓春、蔡东洲、符永利、罗洪彬：《巴蜀地区宋蒙山城遗址考古调查与研究》，第32—36页。
③ 王超：《宋蒙(元)四川战局演变新探——以军事指挥模式和地方权力转移为中心》，中山大学硕士学位论文，2017年，第42—46页。
④ 胡昭曦：《四川古史考察札记》，重庆：重庆出版社，1986年；陈世松、喻亨仁、赵永康：《宋元之际的泸州》，重庆：重庆出版社，1985年。
⑤ 此处不枚举，详参蒋晓春、蔡东洲、符永利、罗洪彬：《巴蜀地区宋蒙山城遗址考古调查与研究》，第4页。

古、调查工作的进一步推进,学者对于钓鱼城①、神臂城②、云顶城③、得汉城④、青居城⑤、大良城⑥、天生城⑦、白帝城⑧、平梁城⑨、礼义城⑩、小宁城⑪、多功城⑫、皇华城⑬等山城的选址原则、城防要素、修筑技术、构造特征、防御系统等问题形成了更多详尽的个案研究与报告。2024 年出版的蒋晓春、蔡东洲、符永利、罗洪彬合著《巴蜀地区宋蒙山城遗址考古调查与研究》是有关四川山城防御体系的集大成之作。该书对云顶城、苦竹隘、鹅顶堡、大获城、青居城、得汉城、平梁城、虎头城、神臂城、钓鱼城、重庆城、白帝城十二座宋军山城遗址和武胜城、虎啸城等蒙军山城遗址的地理环境、创建过程、战事经过、城防遗址、建

---

① 谢璇:《钓鱼城山地城池构筑特征》,《广州大学学报》2007 年第 3 期,第 91—94 页;蔡亚林:《重庆合川钓鱼城城坊设施的考古学观察》,《四川文物》2018 年第 5 期,第 79—87 页;重庆市文物考古研究院、钓鱼城古战场遗址博物馆编著:《钓鱼城遗址考古报告集》,北京:科学出版社,2021 年。

② 符永利:《泸州神臂城调查纪略》,载《长江文化论丛》第 9 辑,2013 年,第 100—114 页;蒋晓春、林邱:《宋代泸州神臂城城防体系分析》,载《中国国家博物馆馆刊》2017 年第 9 期,第 59—73 页。

③ 刘炜、任瑞龙:《四川云顶城防御空间形态研究》,载《华中建筑》2020 年第 6 期,第 99—102 页;符永利、周南西、付蓉:《云顶城军事遗迹的调查与初步认识》,载《长江文明》2021 年第 1 辑,第 24—38 页。

④ 刘欢欢:《通江得汉城历史遗存的调查与研究》,西华师范大学硕士学位论文,2016 年。

⑤ 龙鹰、王积厚:《南宋抗元遗址淳祐故城》,《四川文物》2003 年第 2 期,第 69—71 页;符永利、罗洪彬、唐鹏:《四川南充青居城遗址调查与初步研究》,《西华师范大学学报》2015 年第 2 期,第 18—27 页。

⑥ 符永利、于瑞琴、蒋九菊:《广安大良城寨堡聚落浅析》,《西华师范大学学报》2016 年第 1 期,第 34—40 页。

⑦ 蔡亚林:《万州天生城布局结构与沿革变迁新探》,载《文物鉴定与鉴赏》2018 年第 15 期,第 67—69 页;重庆市文物考古研究院、重庆三峡移民纪念馆:《重庆万州天生城宋代遗址 2019 年年度发掘简报》,《中国国家博物馆馆刊》2023 年第 10 期,第 6—28 页。

⑧ 重庆市文化遗产研究院、奉节县文物管理所:《重庆奉节白帝城遗址 2017 年度发掘简报》,《江汉考古》2018 年增刊,第 76—93 页。

⑨ 罗洪彬、李修正:《四川巴州平梁城城防设施调查简报》,《西华师范大学学报》2021 年第 1 期,第 50—57 页。

⑩ 郭健:《南宋抗元遗址——礼义城》,《四川文物》2007 年第 3 期,第 67—70 页;四川省文物考古研究院、达州市博物馆、渠县博物馆:《四川渠县礼义城遗址调查简报》,《四川文物》2020 年第 1 期,第 39—53 页。

⑪ 四川省文物考古研究院、西华师范大学历史文化学院、平昌县文物局:《四川平昌县小宁城遗址调查简报》,《四川文物》2019 年第 1 期,第 32—43 页。

⑫ 重庆市文化遗产研究院:《重庆两江新区多功城遗址 2017 年度考古发掘简报》,《江汉考古》2018 年增刊,第 94—105 页。

⑬ 袁东山、王胜利:《忠县皇华城遗址文物调查简报》,《江汉考古》2018 年增刊,第 13—28 页。

筑基址、城防特点一一作了详细梳理,并对南宋山城防御系统、内部格局等进行了归纳性研究,认为余玠所建的山城体系实际上是带有进攻性质的积极防御体系,不能简单视为"山城防御体系"①。

以陈世松、胡昭曦为代表的前辈学人较少论及四川山城体系的隐患与弱点问题。对此,蒋晓春指出,余玠所建山城体系中的山城有明显的控扼水陆两路意图;并且,在控扼陆路和水路方面,似乎更倾向于水路。正因为余玠的防御体系过于注重水路,导致对夔州路北部的达州、开州至夔州一线防范不够,留下了严重隐患,给宋蒙战争后期的四川战局带来很大困难②。这是很重要的意见。彭锋注意到四川山城防御体系"各自为战的特点较为突出",其后勤补给一方面考验山城的独立生产能力,另一方面则对于水运舟楫的传送功能要求较高。随着蒙军筑城技术和舟师水战能力的提升,一旦蒙军集中力量各个击破,切断城池与外部联系,尤其是切断水路支援,城池坚守将非常艰难③。

总的来说,有关晚宋四川山城防御体系的研究积淀极为深厚。不过,既有研究仍呈现为"静态描述"的特点,学者极少关注晚宋四川山城防御体系可能存在的演变问题。王超认为,晚宋四川山城防御体系存在一个分化、独立的过程。具体来说,宝祐、景定间,四川山城间的紧密联系被严重破坏,开始分化为三个相对独立的攻防区:一是以开州为中心的四川东部攻防区,核心区域包括夔州、开州、达州、礼义城(渠州)、龙爪城(洋州)、宁西城(广安);二是以重庆为中心的四川中部攻防区,核心区域包括重庆、钓鱼城(合州)、神臂城(江安)、涪州、咸淳(忠州)、播州;三是以嘉定为中心的四川西部攻防区,核心区域包括嘉定、登高城(叙州)、长宁。宝祐六年(1258)后,东部和西部攻防区逐渐脱离重庆制置司的权威,形成相对独立的内部权力网④。类似观察未必全然正确,但值得重视与提倡。

---

① 蒋晓春、蔡东洲、符永利、罗洪彬:《巴蜀地区宋蒙山城遗址考古调查与研究》,北京:学苑出版社,2024年,第256页。
② 蒋晓春、蔡东洲、符永利、罗洪彬:《巴蜀地区宋蒙山城遗址考古调查与研究》,第256—257页。
③ 彭锋:《"筑城固守"与"荆蜀相资":晚宋川蜀防御政策的调证及影响——以钓鱼城战役前后为中心》,《四川师范大学学报》2016年第2期,第164页。
④ 王超:《宋蒙(元)四川战局演变新探——以军事指挥模式和地方权力转移为中心》,中山大学硕士学位论文,2017年,第50—65页。

结　语

回顾近百年南宋川陕军政问题的研究历程,研究议题整体呈现为以考评人物、叙述战争经过为主到探讨军政权力运行、央地关系为主的转向。二十一世纪以来,大陆地区在南宋川陕军政领域所取得的成绩,尤为引人瞩目。最后,笔者结合前文综述,试就"新""老"研究议题提出一些可能的方向。

第一,军政人物研究。近二十年来有关南宋川陕军政人物研究的面向已大为拓宽,研究方式也朝着探寻多方面的关系转变,但仍有一些颇具牵动性、且材料较为丰富的重要军政人物尚未进入研究者视野,如孝宗朝前期守蜀十余载的吴氏家族第二代领军人物吴拱、理宗朝前期曾任四川总领的安丙之子安仲癸、理宗朝前期的蜀口统帅赵彦呐等。

第二,川陕战史研究。南宋川陕战史研究曾是两岸宋元史研究的热点,涌现出不少学术经典。然自《宋元战史》《宋元战争史》问世后,有关南宋川陕战史的研究基本停滞不前。这大致是由于过往研究范式主要是整体军事战略检讨与战事过程的复原、叙述,在未有新材料出现的情况下,欲循袭旧路,进一步细化、丰富战事过程,难度较大。但川陕战史研究绝非题无剩意。若能关注战争与南宋四川军政制度、边防体制、军队人事间的多元关系,在战术战法、军队组织、军事地理、军事后勤等层面用力,有关宋金、蒙/元川陕战争研究必将焕发新的生机。

第三,川陕军政权力关系与运行研究。在研究时段上,"前重后轻"的格局十分明显。如曹家齐所观察的,近年南宋川陕军政的研究推进"突出"在"前期";何玉红也说,其论著标题"虽为'南宋',但所阐述之川陕边防行政运行体制的演变主要发生在南宋中前期"①。南宋中期以后,特别是宁宗嘉定后数十年间的情况,相关研究还十分薄弱。此外,就政务分层的视角而言,宣抚、制置、总领、都统、安抚、转运诸司相关机构、属员在川陕军政事务运作中的角色,亦待进一步揭示。

第四,川陕军事防御体系研究。学界有关南宋蜀口防御体系的研究尚处

---

① 何玉红:《南宋川陕边防行政运行体制研究》,第3页。

起步阶段,有关认识仅停留于大致轮廓描述层面。蜀口防御体系诸要素,从防区的划分、军队的部署与调动、边州守臣的任命、边防指挥中心与军事据点的打造,到军队屯驻地、就粮地、大军仓分布地、军粮中转地、粮产地与军粮运输线路所构成的军事补给网络,军政指挥中心与军队的信息传递网络等,皆不甚明晰。甚至蜀口一些重要的军事据点、军事交通路线的定位尚未摸清,更不用说蜀口防御体系运作方式、演变过程的呈现。相较而言,晚宋四川山城防御体系的研究积淀要深厚得多,但也同样存在变化过程不明的缺陷。军事防御体系研究的深入开展,或将成为激活南宋川陕军政研究的一把钥匙。

南宋川陕军政是一个各军政主体、要素相互牵动、多元动态的体系。近年来,有关南宋川陕前期军政制度与军政格局的研究之所以取得一定进展,原因之一在于对具体运行过程的揭示。然就整体而言,不论是川陕军事财政体制、人物群体,抑或川陕战争、边防体系的研究,仍偏于静态描述,演变路径不明。同时,相关研究多呈现为点状或条状,议题之间的铆合不够紧密,缺乏宏观视野。正因如此,很多研究只能带来史实细节层面"量的丰富",而难以形成认识论层面"质的推进"。欲求新的学术增长点,仍在于努力实现各议题版块的进一步融通,在全局中、在比较中凸显意义。此外,不论是探讨川陕军政运行与格局演变,抑或考察边防体系、军队屯驻体系、供军体系、文书信息传递系统的运转,在时间维度上重视"演变"的同时,更应强调空间视角,重视地理空间维度下的"位移"。

《宋代文化研究》稿约

《宋代文化研究》由四川大学古籍整理研究所、四川大学中华文化研究院、四川大学宋代文化研究中心共同主办,1991年作为"四川大学学报丛刊"第五十三辑正式创刊发行。自第二辑起,以年刊方式发行,先后由四川大学出版社、线装书局、巴蜀书社等担任出版工作。本刊现为一年两辑,由上海古籍出版社出版发行。

本刊内容以宋代历史、文学、哲学、文献及宋代文化等专题研究为主,同时欢迎《宋史》《宋会要辑稿》订误、校正类与《全宋文》补遗类文章。祈盼海内外学者不吝赐稿。

一、来稿须未曾在任何公开出版物或网站上发表过,既欢迎三五万字的长文,也接受千字短论,论点新颖,字体规范,标点正确,引文无误。文章层次一般不超过四级,用序号一、(一)、1、(1)表示。

二、来稿须提供作者简介(包括姓名、性别、出生年、籍贯、工作单位、邮编、学位、职称、研究方向、电话、电子邮件等;若为学生,须征求导师同意并注明导师姓名)。

三、来稿须提供200字以内的论文摘要。摘要主要说明文章的主要观点,或选录出该文最重要及富有新意的观点,并予以客观呈现,不举例证,不叙述研究过程,不做自我评价。

四、来稿须提供3～6个关键词。关键词是反映文章主要内容的术语,用以描述文献资料主题,以及检索文献资料情报搜集的标准化语言词汇。选词以能迅速并准确地搜寻到该篇论文为原则,如:人名、时代、作品、术语等。

五、来稿统一使用简体字,引文标注采用当页脚注形式,用阿拉伯圈码数字(①②③……)统一编码,编码置于引文右上角。具体格式说明如下:

1. 现代专著,依著者、文献题名、出版地、出版者、出版年、页码标注。

例如:皮庆生:《宋代民众祠神信仰研究》,上海:上海古籍出版社,2020

年,第 256 页。

2. 古籍类,依著者、文献题名、版本、出版地、出版者、出版年、页码标注。

例如：[宋]乐史撰,王文楚等点校：《太平寰宇记》卷一三五《山南西道三·兴州》,北京：中华书局,2007 年,第 2643 页。

[宋]李心传：《建炎以来系年要录》卷三,建炎元年三月壬辰条,《景印文渊阁四库全书》第 325 册,台北：台湾商务印书馆,1986 年,第 60 页。

[宋]沈与求：《沈忠敏公龟溪集》卷四《赐川陕宣抚处置使司诏》,《四部丛刊续编》影印海盐张氏涉园藏明刊本。

3. 析出文献,依作者、析出篇名、文集题名、卷次、出版地、出版者、出版年、页码标注。

例如：陈寅恪：《论唐高祖称臣于突厥事》,收入氏著《寒柳堂集》,北京：生活·读书·新知三联书店,2001 年,第 108—121 页。

[宋]辛弃疾：《论荆襄上流为东南重地疏》,见[明]黄淮、杨士奇编：《历代名臣奏议》卷三三六《御边》,上海：上海古籍出版社,1989 年,第 4361 页。

4. 期刊文章,依作者、文献题名、刊名、年期、页码标注。

例如：王水照：《南宋文学的时代特点与历史定位》,《文学遗产》2010 年第 1 期。

叶舒宪：《比较文学到比较文化——后文学时代的文学研究展望》,《东方丛刊》第 3 辑,桂林：广西师范大学出版社,1995 年,第 116 页。

5. 报纸文章,依作者、文献题名、报名、日期标注。

例如：周扬：《三次伟大的思想解放运动》,《人民日报》,1979-05-07。

6. 西文书名、刊名采用斜体,文章篇名用双引号。

例如：Parrick H. Hutton,"*The Role of Memory in the Historiography of the French Revolution*", *History and Theory* 30(1991), 59.

7. 凡同篇文章中脚注,再次出现时可省略出版地、出版社、出版时间。

例如：皮庆生：《宋代民众祠神信仰研究》,第 256 页。

[宋]乐史：《太平寰宇记》卷一三五《山南西道三·兴州》,第 2643 页。

六、本刊仅接受电子稿投稿,请以.doc 或.docx 格式投稿。

七、本刊对来稿实行专家匿名审稿,随到随审。在投稿规范和撰写格式方面存在明显问题的稿件,无法通过编辑部初审。凡于寄出后的两个月内(以电子邮件发出时间为准)未接到处理意见,作者即可自行处理;在此期限内,若因一稿多投产生不良后果,均由作者负责。

八、来稿文责自负,但本刊有权删改或作技术性处理;重大删改当与作者商量,不愿删改者请注明。

九、文章一经刊用,酌付稿酬,并赠与样刊两册。作者之著作权使用费与稿费一次性付清。

十、根据《中华人民共和国著作权法》有关规定,凡向本刊投稿者,皆被认定遵守上述约定。

十一、来稿请发送至四川大学古籍整理研究所《宋代文化研究》编辑部。编辑部邮箱 songdaiwenhua1991@163.com,编辑部联系电话:028-85412427。请优先使用电子邮件联系。

四川大学古籍整理研究所
《宋代文化研究》编辑部